Preparação para Orais de Acesso ao CEJ – TAF

CASOS PRÁTICOS

Preparação para Orais de Acesso ao CEJ – TAF

CASOS PRÁTICOS

2023 • 2ª Edição

Catarina Gomes Mendes Noronha

Mestre em Direito Fiscal pela Universidade Católica Portuguesa – Porto

Auditora de Justiça do 8.º curso TAF

ALMEDINA

PREPARAÇÃO PARA ORAIS DE ACESSO AO CEJ – TAF
CASOS PRÁTICOS

AUTORA
Catarina Gomes Mendes Noronha

EDITOR
EDIÇÕES ALMEDINA, S.A.
Avenida Emídio Navarro, 81, 3D
3000-151 Coimbra
Tel.: 239 851 904 · Fax: 239 851 901
www.almedina.net · editora@almedina.net

DESIGN DE CAPA
EDIÇÕES ALMEDINA, S.A.

PRÉ-IMPRESSÃO
EDIÇÕES ALMEDINA, S.A.

IMPRESSÃO E ACABAMENTO

Abril, 2023

ISBN
978-989-40-1181-1

DEPÓSITO LEGAL

ALMEDINA | GRUPOALMEDINA

Para todos aqueles que me estenderam a mão e aqueceram a alma
em dias que pareciam infindáveis.

PREFÁCIO

É com enorme honra que aceitei o convite, endereçado pela Mestre e Auditora de Justiça, Catarina Gomes Mendes Noronha, para escrever o prefácio da sua segunda monografia, intitulada *preparação das orais de acesso ao CEJ – TAF*. Todavia, devo, desde já, confessar aos leitores que, após a leitura e análise atenta da presente obra, outros sentimentos, além da honra, despoletaram em mim, são estes o orgulho e a inveja.

A obra *preparação das orais de acesso ao CEJ – TAF* resulta de um trabalho de investigação rigoroso e verdadeiramente inovador, sem qualquer paralelo na nossa literatura jurídica, uma vez que, até à data, não existia qualquer manual de preparação para o acesso aos concursos de Magistratura do Centro de Estudos Judiciários (CEJ).

Com base nesta investigação, a autora, num trabalho quase hercúleo, consegue fornecer ao leitor um verdeiro simulacro dos métodos de seleção de candidatos ao CEJ pela via académica, mais concretamente da fase oral, relativa à prova de conhecimento.

O leitor deste manual não deve esperar uma exaustiva discussão doutrinária e jurisprudencial das matérias, aqui, tratadas, pois não é esse o propósito deste manual, nem tão-pouco da fase oral, anteriormente indicada. Deve, sim, esperar ser confrontado com um conjunto heterogéneo de perguntas e repostas, divididas por quatro capítulos respeitantes às diferentes áreas abordadas nos concursos de acesso à magistratura dos Tribunais Administrativos e Fiscais, nomeadamente: *(I) Direito Constitucional / Direito da União Europeia / Organização Judiciária; (II) Civil /Processo Civil; (III) Direito/Procedimento/Processo Administrativo; (IV) Direito/Procedimento/Processo Tributário.*

O conjunto de perguntas e respostas que a autora nos fornece, além de heterogéneo, refletindo assim em "ambiente literário real" o decurso da prova oral, é também ele bastante atual, contando com inúmeras hipóteses práticas onde a autora, pese embora não o refira especificamente, procura aludir a hipóteses práticas, onde se discutem aspetos referentes a alterações legislativas recentes, tais como no domínio do processo administrativo, contratação pública, direito do urbanismo, direito do ambiente, processo tributário e, também, cenários práticos envolvendo a COVID-19.

O carácter inovador, rigoroso, sério e atualista desta obra obrigam o "prefaciador", que acompanhou, de perto, o percurso académico da autora, a dizer com orgulho que a comunidade jurídica e os concursos de acesso ao CEJ, em especial à magistratura nos Tribunais administrativos e fiscais, ficarão notoriamente mais ricos após a contribuição da Mestre Catarina Gomes Mendes Noronha. E quanto à inveja digo-o, sem qualquer pudor, que gostaria eu próprio de ter tido o engenho e a mestria de escrever uma obra como aquela que agora é publicada.

Porto, 28 de junho de 2021

PEDRO CERQUEIRA GOMES
Advogado
Professor auxiliar convidado da Escola de Direito do Porto, Universidade Católica Portuguesa

NOTA PRÉVIA

Com a nova edição deste livro, atualizada e ampliada, pretendeu-se proceder à sua atualização em função da importância que os temas de direito civil (substantivo e processual) revestem não só nas provas orais de acesso ao Centro de Estudos Judiciários como na vida prática de quem pretende seguir a carreira da Magistratura nos Tribunais Administrativos e Fiscais.

Assim o sendo, foi julgado oportuno proceder, neste momento, à publicação de uma nova edição, na qual, para além da correção de múltiplas deficiências de ordem formal entretanto detetadas, se procurou ir um pouco mais além no tratamento dos aspetos mais relevantes da revisão, abordando questões em relação às quais as anteriores edições eram omissas. Muitos dos casos práticos e questões agora presentes neste livro foram fruto do ano de formação intensiva no Centro de Estudos Judiciários e, mais recentemente, da experiência em Tribunal da aqui Autora.

A par do aumento significativo das questões de pendor iminentemente prático do direito processual civil, procedeu-se, de igual modo, a uma atualização e divisão na parte do Direito Tributário, entre as matérias do juízo comum e as matérias do juízo de execuções e contraordenações.

De igual modo, foram realizados alguns apontamentos nas matérias de Direito Administrativo, com especial enfoque nas matérias de Contratação Pública, alvo de constante atualização legislativa e jurisprudencial de acordo com o direito da União Europeia.

No futuro haverá oportunidade de aperfeiçoar o texto, em função dos contributos que, com o tempo, possam vir a ser recolhidos não só da vida prática em Tribunal, como do inevitável avanço da doutrina em torno da aplicação dos novos regimes legais introduzidos.

Já vai longa a nota prévia, no entanto, não deixarei, em todo o caso, de acrescentar que, a atualização deste livro tem na sua gênese a esperança em como este manual possa ser útil a todos os que pretendem seguir aquilo que acreditam ser o seu sonho profissional.

Fevereiro de 2023

Vila Nova de Gaia

LISTA DE ABREVIATURAS

Ac. – Acórdão
AIA – Avaliação de Impacto Ambiental
Al. – Alínea
AR – Assembleia da República
Art. – Artigo
Arts. – Artigos
AT – Autoridade Tributária
CAAD – Centro Arbitragem Administrativa
CC – Código Civil
CCG – Cláusulas Contratuais Gerais
CCP – Código dos Contratos Públicos
CDT's – Convenções de Dupla Tributação
CEDH – Convenção Europeia dos Direitos do Homem
Cfr. – confronto
CIRC – Código do Imposto sobre o Rendimento das Pessoas Coletivas
CIRS – Código do Imposto sobre o Rendimento das Pessoas Singulares
CIVA – Código do Imposto sobre o Valor Acrescentado
COVID-19 – Pandemia Coronavírus 2019
CPA – Código do Procedimento Administrativo
CPC – Código Processo Civil
CPP – Código Processo Penal
CPPT – Código do Processo e Procedimento nos Tribunais Tributários
CPTA – Código do Processo nos Tribunais Administrativos
CRP – Constituição da República Portuguesa
CT – Código do Trabalho

DESC – Direitos Económicos Sociais e Culturais
DF's – Direitos Fundamentais
DL – Decreto-Lei
DLG – Direito liberdade e garantia
DUE – Direito da União Europeia
EBF – Estatuto dos Benefícios Fiscais
EM – Estado Membro
EM's – Estados Membros
EMJ – Estatuto dos Magistrados Judiciais
EMP – Estatuto do Ministério Público
EPJ – Estatuto do Provedor de Justiça
ETAF – Estatuto dos Tribunais Administrativos e Fiscais
IMI – Imposto Municipal sobre Imóveis
IRC – Imposto sobre o Rendimento das Pessoas Coletivas
IRS – Imposto sobre o Rendimento das Pessoas Singulares
IS – Imposto de Selo
IVA – Imposto sobre o Valor Acrescentado
LAL – Lei Autorização Legislativa
LdAL – Lei das Autarquias Locais
LGT – Lei Geral Tributária
LOSJ – Lei de Organização do Sistema Judiciário
LTC – Lei Orgânica do Tribunal Constitucional
LTFP – Lei do Trabalho em Funções Públicas
MP – Ministério Público
OJ – Ordenamento Jurídico
PR – Presidente da República
RAIA – Regime Avaliação de Impacto Ambiental
RGCO – Regime Geral das Contra Ordenações
RJIGT – Regime Jurídico dos Instrumentos de Gestão Territorial
RJUE – Regime Jurídico da Urbanização e Edificação
RREEP – Regime Responsabilidade Extracontratual do Estado e demais Entidades Públicas
SNC – Sistema de Normalização Contabilística
ss – seguintes
STA – Supremo Tribunal Administrativo
STJ – Supremo Tribunal de Justiça
TAC – Tribunal Administrativo Central
TC – Tribunal Constitucional
TdC – Tribunal de Contas

TEDH – Tribunal Europeu dos Direitos do Homem
TFUE – Tratado de Funcionamento da União Europeia
TJ – Tribunal de Justiça
TUE – Tratado da União Europeia
UE – União Europeia
vs – *versus*

INTRODUÇÃO

O trabalho que conhece agora publicação resulta de uma investigação séria por parte da autora e visa colmatar a escassez de manuais de preparação para o acesso aos concursos de Magistratura do Centro de Estudos Judiciários (CEJ). Para tal, conta com, aproximadamente, 400 respostas rápidas de possíveis questões em sede de prova oral. A obra que conhece agora publicação resultou do estudo realizado pela autora, agora Auditora de Justiça do 8.º curso TAF.

Parte-se de um trabalho que contou com a preciosa colaboração de colegas candidatos ao acesso à Magistratura, atuais auditores de justiça, professores universitários e antigos elementos dos júris das orais de acesso ao CEJ.

A presente obra tem como principal finalidade auxiliar a preparação das provas orais de todos aqueles que pretendam ingressar nos concursos de acesso à magistratura do CEJ.

O livro abrange as **áreas comuns** de acesso à magistratura, conforme os avisos de abertura dos anos transatos, dos Tribunais Judicias e Tribunais Administrativos e Fiscais: Direito Constitucional, Organização Judiciária, Direito da União Europeia, Direito Civil e Direito Processual Civil.

Naturalmente, sendo uma obra orientada para a preparação do acesso aos Tribunais Administrativos e Fiscais, o leitor poderá esperar uma mais completa preparação nas áreas nucleares do Direito, Processo e Procedimento Administrativo e do Direito, Processo e Procedimento Tributário.

A monografia encontra-se dividida por capítulos respeitantes às diferentes áreas abordadas. Contudo, no interior de cada capítulo as matérias encontram-se misturadas propositadamente, de molde a aproximar o leitor da realidade das provas orais, atento o dinamismo da prova oral e a heterogeneidade do júri, composto por advogados, professores universitários e magistrados.

Não se pretende com o presente trabalho uma resolução exaustiva de casos práticos ou o fomento de discussões de cariz doutrinal/jurisprudencial. Ainda que, pontualmente, sejam feitas referências a algumas obras que se têm por essenciais para o desenvolvimento de alguns dos temas tratados, o escopo da obra agora apresentada será uma abordagem sucinta e assertiva em regime de prova oral.

Esperamos que este manual possa servir para esclarecer algumas dúvidas frequentemente levantadas tanto em relação às matérias questionadas, como ao funcionamento das já aludidas provas.

PREPARAÇÃO PARA AS PROVAS ORAIS DE ACESSO AO CEJ – TAF

NOTA PRÉVIA: Os E-books de formação contínua e coletâneas de jurisprudência fornecem elementos de estudo indispensáveis e de suma importância no acompanhamento das matérias mais relevantes[1].

ESCLARECIMENTO: A presente obra, bem como todas as considerações realizadas ao longo do texto, são da exclusiva responsabilidade da autora.
Em nenhum momento a presente obra reflete a posição do Centro de Estudos Judiciários quanto aos temas abordados.

[1] Disponíveis em acesso aberto: http://www.cej.mj.pt/cej/recursos/ebook_civil.php.

I. DIREITO CONSTITUCIONAL/DIREITO DA UNIÃO EUROPEIA/ORGANIZAÇÃO JUDICIÁRIA

1. DIREITO CONSTITUCIONAL

1) DISTINGA DIREITO CONSTITUCIONAL DE DIREITOS HUMANOS[2];

R: **Direito Constitucional** engloba todas as normas previstas de forma explícita na CRP, isto é, existe uma previsão expressa, trata-se de um direito positivado, no caso vertido no texto constitucional.

Já os **Direitos humanos**, são situações jurídicas que valendo para todos os povos e sendo comuns a todos os homens assumem pelo menos uma validade moral, não carecendo do mesmo grau de positivação uma vez que são tidos como inerentes à condição humana – resultam da sua natureza ou da condição do homem que o direito internacional reconhece.

2) TODOS OS JUÍZES PODEM FISCALIZAR A CRP[3]?

R: Sim. Tal resulta do art. 204.º CRP e trata-se da fiscalização difusa, que originou o chamado **"modelo constitucional misto"**, caracterizador do modelo constitucional português. Contrariamente ao que acontece na generalidade dos países que dispõem de um Tribunal constitucional ou órgão análogo

[2] Para mais desenvolvimentos, De Melo Alexandrino, J., "Direitos Fundamentais – Introdução Geral", 2.ª ed, p. 35, Principia, 2015.

[3] Para mais desenvolvimentos, Gomes Canotilho, J.J. & Moreira, V.. "Constituição da República Portuguesa Anotada – Artigos 108.º a 209.º, Volume II", 4.ª ed, p. 517 e ss, Coimbra Editora.

– em Portugal **qualquer tribunal,** incluindo qualquer juiz de paz e qualquer tribunal arbitral, conhece e decide da questão da inconstitucionalidade.

3) CONSIDERA QUE PORTUGAL CUMPRE A JURISPRUDÊNCIA DO TRIBUNAL EUROPEU DOS DIREITOS HUMANOS?

R: Grande parte das condenações de Portugal versam sobre questões de atraso no acesso à justiça[4]. Por exemplo, o caso muito recente de fevereiro de 2021: criança que, por complicações ao longo do parto desenvolveu deficiências sérias, todavia não ficou provada a negligência médica, mas, os tribunais demoraram mais de 20 anos a decidir[5]. A espera foi tão longa que a criança, em estado vegetativo, viria a falecer no decorrer do processo. O TEDH condenou Portugal a pagar uma indeminização por atraso no acesso à justiça.

Assim sendo, a resposta é que, de um modo geral, Portugal cumpre a CEDH e a jurisprudência do TEDH, contudo as suas condenações nesta sede centram-se essencialmente:

(i) na morosidade do acesso à justiça, como o caso supra descrito e,
(ii) violação do direito de liberdade de expressão.

4) CONSELHO DA EUROPA – QUAL O DOCUMENTO IMPORTANTE PARA A TUTELA DE DIREITOS HUMANOS? E QUAL O ÓRGÃO JURISDICIONAL QUE APLICA ESTA CONVENÇÃO NO ÂMBITO INTERNACIONAL E NACIONAL?

R: Trata-se da CEDH e o órgão responsável pela sua aplicação no âmbito nacional são os tribunais em qualquer instância. Já no prisma internacional, importa sublinhar o papel do TEDH na fiscalização e aplicação da CEDH. Por fim, as condições de admissibilidade de uma ação para o TEDH são as constantes do art. 35.º da CEDH.

5) PIRÂMIDE DE KELSEN, O QUE É? PORQUE PERDEU APLICABILIDADE?

R: Para Hans Kelsen, o Direito é um sistema de normas hierarquizadas em que cada uma tira a sua força da conformidade a uma norma superior que se entra na constituição. Haverá, contudo, que destacar o facto de que Hans Kelsen nasceu em 1881, ou seja, quando elaborou a sua pirâmide não existia os instrumentos regulatórios e uma caracterização tão estanque entre a hierarquia de normas.

[4] Ver Ebook CEJ, "Jurisprudência do Tribunal Europeu dos Direitos Humanos – Sumários", julho 2020, disponível em: http://www.cej.mj.pt/cej/recursos/ebooks/outros/eb_TEDH2020.pdf.

[5] Notícia pode ser consultada em https://www.tsf.pt/portugal/sociedade/portugal-condenado-pelo-tribunal-europeu-familia-de-pedrinho-recebe-apenas-6500-euros-13386103.html.

A pirâmide de Kelsen revelar-se-ia fulcral, por exemplo, no cenário da I ou II Guerra Mundial, na qual os instrumentos legislativos de proteção dos direitos humanos eram inexistentes ou bastante pobres e deficitários. Hoje em dia, nomeadamente com a CEDH, o problema não se coloca, estando assegurado nos vários ordenamentos jurídicos que os direitos humanos e as denominadas normas *Ius cognes* têm aplicabilidade primordial face a quaisquer outras.

6) A CONVENÇÃO EUROPEIA DE DIREITOS HUMANOS É SUPRACONSTITUCIONAL?

R: Sim, falamos aqui do princípio do primado, decorrente do art. 8.º da CRP. Tratando-se de uma convenção ao nível mundial, sobrepõem-se à lei nacional, mesmo que seja à lei fundamental do país, trata-se das regras da hierarquia de normas (CRP).

7) ART. 8.º/4 DA CRP – PRINCÍPIO DO PRIMADO DA UE, EXISTEM LIMITES?

R: O art. 8.º/4 da CRP consagra os limites ao primado da UE – funciona como uma espécie de **cláusula de salvaguarda**, mas importa salientar que recentemente (Ac. do TC 422/2020[6]) o TC frisou **a sua posição muito restritiva** quanto a estes limites, sendo **a sua aplicação de carácter absolutamente excecional** e em situações de especial gravidade, como o próprio nome indica, apenas em situações de violação dos princípios fundamentais do Estado de direito democrático.

8) FISCALIZAÇÃO CONCRETA – QUAIS OS CASOS DE RECURSO OBRIGATÓRIO PARA O MP?

R: A fiscalização concreta contrapõe-se à fiscalização abstrata e, como o seu próprio nome indica, esta surge a propósito **da aplicação de normas ou quaisquer atos a casos concretos.**

Para o MP existe recurso obrigatório nos casos do art. 280.º/3 e 5 da CRP[7] sendo que estes artigos deverão ser lidos em conjunto com o art. 72.º/3 da LTC – haverá ainda que realizar uma chamada de atenção para os casos em que **este recurso obrigatório por parte do MP poderá ser dispensado, são estes os casos do art. 72.º/4 LTC.**

9) FISCALIZAÇÃO ABSTRATA E SUAS RAMIFICAÇÕES (PREVENTIVA E SUCESSIVA);

R: A fiscalização abstrata dirige-se aos comportamentos dos órgãos de poder público ou às normas em si, por aquilo que significam na ordem jurídica,

[6] Disponível em https://dre.pt/home/-/dre/144272939/details/maximized.

[7] Para mais desenvolvimentos ver, Miranda. J., "Curso de Direito Constitucional – Vol.2", 2.ª ed, p. 280 e ss, Universidade Católica Editora.

independentemente da sua incidência em quaisquer relações ou situações da vida (por contraposição à fiscalização concreta).

A fiscalização abstrata pode ser[8]:

(i) **preventiva:** quando se exerce antes de concluído o procedimento de formação ou antes do momento de consumação da obrigatoriedade ou eventualmente, da executoriedade do ato.

(ii) **sucessiva:** quando se exerce sobre comportamentos ou atos já perfeitos e eficazes – quando estejamos perante atos normativos, o ponto de separação vem a ser a publicação e não a entrada em vigor das normas;

10) UM JUIZ DE UM TAF/TRIBUNAL JUDICIAL PODE PRONUNCIAR-SE SOBRE A EVENTUAL INCONSTITUCIONALIDADE DE UMA NORMA?

R: Sim, nos moldes do art. 204.º CRP – Contrariamente ao que acontece na generalidade dos países que dispõem de um Tribunal constitucional ou órgão análogo – em Portugal qualquer tribunal, incluindo qualquer juiz de paz e qualquer tribunal arbitral, conhece e decide da questão da inconstitucionalidade – é o chamado sistema de **fiscalização mista**, também apelidado de fiscalização difusa[9].

11) UM ATO ADMINISTRATIVO NULO, NOS TERMOS DO ART. 161.º/2/D) CPA, POR OFENDER O CONTEÚDO ESSENCIAL DE UM DIREITO FUNDAMENTAL VAI À JURISDIÇÃO ADMINISTRATIVA. TEM QUE HAVER RECURSO PARA O TRIBUNAL CONSTITUCIONAL NOS TERMOS ARTIGO 280.º DA CRP?

R: O recurso para o TC opera em 3 hipóteses:

(i) quando o tribunal em causa não aplica uma norma com fundamento em inconstitucionalidade;

(ii) quando, pelo contrário, tenha sido suscitada a questão da inconstitucionalidade, o tribunal não a acolha e aplique a norma e,

(iii) quando um tribunal aplique uma norma julgada anteriormente inconstitucional pelo TC;

Não existe na CRP uma obrigatoriedade para os particulares de recorrerem para o TC, esta apenas existe para o MP nos casos do art. 280.º/3 e 5 da CRP que deverão ser lidos em conjunto com o art. 72.º/3 da LTC.

[8] Para mais desenvolvimentos ver, Miranda. J., "Curso de Direito Constitucional – Vol.2", 2.ª ed, p. 283 e ss, Universidade Católica Editora.

[9] Para mais desenvolvimentos ver, Miranda. J., "Curso de Direito Constitucional – Vol.2", 2.ª ed, p. 243 e ss, Universidade Católica Editora.

12) É VÁLIDO UM CONTRATO (V.G. UM COMPROMISSO ARBITRAL) EM QUE SE PRESCINDA DO DIREITO DE RECORRER PARA O TRIBUNAL CONSTITUCIONAL?

R: Não, tendo em consideração o art. 73.º da LTC, o direito de recurso para o TC é **irrenunciável.**

13) PRAZO PARA RECORRER DE UMA DECISÃO QUE APLIQUE NORMA QUE O TRIBUNAL CONSTITUCIONAL TENHA JÁ DECLARADO ILEGAL/INCONSTITUCIONAL (ART. 70.º/1/G) LTC)?

R: O prazo é de 10 dias conforme dispõe o art. 75.º da LTC.

14) QUE RECURSOS PARA O TRIBUNAL CONSTITUCIONAL É QUE, SENDO ADMISSÍVEIS, PRESSUPÕEM O ESGOTAMENTO DAS VIAS DE RECURSO?

R: Os casos previstos no art. 70.º/2 LTC, recursos previstos na alínea b) e f).

15) CASO PRÁTICO: UM ESTABELECIMENTO ARMÉNIO, NA BAIXA DE LISBOA, TEM UMA PLACA DIZENDO QUE "NÃO SERVE TURCOS", *QUID IURIS*?

R: **Violação ostensiva do princípio da igualdade** do art. 13.º da CRP – o princípio da igualdade é um valor constitucional que modela todo o ordenamento jurídico, designadamente como critério de interpretação desse ordenamento e da CRP – a igualdade é ainda um requisito do Estado de Direito, pois este pressupõe a igual proteção dos direitos e é, portanto, absolutamente indispensável num Estado democrático. Assim, neste caso há uma clara discriminação – as discriminações não são proibidas *à priori*, **o que são proibidas são as discriminações infundadas conforme dispõe o art. 13.º/2 CRP.**

No caso trata-se claramente de uma violação ostensiva e infundada, sendo baseada em função da nacionalidade, aliás a este propósito a Lei. n.º 93/2017 que estabelece o regime jurídico da prevenção, da proibição e do combate à discriminação, em razão da origem racial e étnica, cor, nacionalidade, ascendência e território de origem.

16) CASO PRÁTICO: A REVISTA *CHARLIE HEBDO* PODERIA SER LEGALMENTE IMPEDIDA DE PUBLICAR CARTOONS DE MAOMÉ?

R: Colisão de DF's[10] entre o DLG de liberdade de imprensa e meios de comunicação social (art. 38.º CRP) e a liberdade de consciência, religião, culto (art. 41.º CRP). A colisão de direitos ocorre quando, num caso concreto, a proteção jurídica emergente do DF de alguém colida com a de um direito fundamental

[10] Para mais desenvolvimentos, De Melo Alexandrino, J., "Direitos Fundamentais – Introdução Geral", 2.ª ed, p. 126, Principia, 2015.

de terceiro ou com a necessidade de proteger outros bens ou interesses constitucionais. A resolução da colisão de direitos no caso concreto não cabe ao legislador, mas sim aos titulares do direito em presença, às entidades eventualmente chamadas a intervir e em **última instância aos tribunais.**

Caso **não seja possível a decisão com base no escalonamento abstrato de direitos e na ausência ou insuficiência das disposições legais harmonizadoras**, a solução deverá ser encontrada tendo em consideração um **leque variável de fatores** – tais como, natureza e importância abstrata dos direitos, relevância concreta dos direitos e interesses em presença, qualidade dos intervenientes, peso das demais circunstâncias do caso – orientado **para um principio de harmonização e concordância prática**, que possibilite uma equilibrada distribuição dos custos do conflito.

Contudo, na maior parte dos casos, não se poderá escapar à metodologia da ponderação dos bens, nem à aplicação do critério da proporcionalidade (na sua dimensão de necessidade, adequação e proporcionalidade), podendo no limite chegar-se à conclusão de que um dos direitos ou interesses terá de ceder sobre o outro.

17) HÁ SITUAÇÕES QUE JUSTIFIQUEM A TORTURA?

R: Não. Nos termos da CRP (art. 25.º/2) ninguém, em nenhuma circunstância, pode ser submetido a tortura, tal representaria uma violação da dignidade da pessoa humana, sendo intolerável e inadmissível num estado de direito democrático.

18) UMA ESCOLA PÚBLICA PODERÁ AFIXAR CRUCIFIXOS NA SALA DE AULA[11]?

R: A questão foi amplamente debatida, primeiro em França e posteriormente em Itália – contudo o TEDH foi perentório ao afirmar que a presença de crucifixos nas salas de aulas públicas não viola a CEDH.

19) UMA PESSOA PODE PRESCINDIR DA SUA LIBERDADE, FAZENDO UM CONTRATO DE ESCRAVIDÃO?

R: A questão orienta-se para a renúncia a **posições de DLG** – sendo que a renúncia se traduz no **enfraquecimento voluntário** (e aqui **se distingue da suspensão** – uma vez que esta não é determinada por uma vontade individual,

[11] Para mais desenvolvimentos ver, Jerónimo P., "Símbolos e símbolos. o véu islâmico e o crucifixo na jurisprudência recente do Tribunal Europeu dos Direitos do Homem", disponível em http://repositorium.sdum.uminho.pt/bitstream/1822/22926/4/JER%C3%93NIMO%2C%20P.%2C%20S%C3%ADmbolos%20e%20s%C3%ADmbolos%20na%20jurisprud%C3%AAncia%20do%20TEDH.pdf.

mas sim pela necessidade de adoção de medidas em função do estado de sítio/ emergência – art. 19.º/1 CRP) de uma posição jurídica individual protegida por uma norma de direito fundamental, determinado por uma declaração de vontade do titular dessa mesma posição, que o vinculou juridicamente a aceitar o correspondente alargamento da margem de atuação da entidade pública face às pretensões que decorriam daquela posição.

A renúncia[12] constitui, então, a afetação de uma posição de direito fundamental, traduzida na redução dos efeitos de proteção desses direitos **por força da vontade do respetivo titular**.

A renúncia constitui, então, uma modalidade de afetação voluntária de uma posição que tanto pode surgir no quadro das relações entre Estado e o cidadão, como no âmbito das relações jurídico privadas.

No que concerne à possibilidade de renunciar a um DF importa esclarecer em primeira linha que **esta não se encontra prevista na constituição**, assim haverá que levar 5 pontos em consideração:

(i) um DF é indisponível e inalienável, assim os DF são, em princípio, inseparáveis e inalienáveis da própria pessoa;

(ii) vigora ainda o **postulado da diferenciação**, pelo que a admissibilidade da renúncia terá de ser avaliada **em função do direito fundamental em concreto**, em função das circunstâncias particulares do caso, em função da condição do respetivo titular e em função do fim da renúncia;

(iii) Ainda a necessidade de ter **sempre em consideração a dignidade da pessoa humana**;

(iv) **margem de decisão**: isto é, **a possibilidade de dispor sobre certos efeitos de proteção de uma posição de DF's** por parte do titular – **poder jurídico de dispor**, no sentido da sua redução, numa certa parcela, dos efeitos de um DF;

(v) nas relações cidadão/estado haverá sempre que respeitar o postulado da **idoneidade** (entre a redução operada e o fim visado), **indispensabilidade** (se houver formas menos agressivas de atingir o mesmo fim, a renúncia não deve ser permitida) e de **equilíbrio** (entre os efeitos redutivos pretendidos e a importância do fim visado e peso da liberdade pessoal);

Assim sendo, não se encontrará, conforme os requisitos mencionados, a possibilidade de realizar um contrato de escravidão – não será possível renunciar livremente ao direito à liberdade do art. 27.º CRP e paralelamente à

[12] Para mais desenvolvimentos, De Melo Alexandrino, J., "Direitos Fundamentais – Introdução Geral", 2.ª ed, p. 146, Principia, 2015.

integridade moral e física das pessoas, viola a dignidade da pessoa humana que é inviolável.

20) AINDA PARTINDO DA PREMISSA DA QUESTÃO ANTERIOR, IMAGINE-SE ESTE CONTRATO QUE ESTAMOS PERANTE UM CONTRATO QUE PERMITE A AGRESSÃO FÍSICA, ESTE SERÁ VÁLIDO? EQUACIONE PARALELAMENTE OS CASOS DE LUTADORES DE LUTA LIVRE – ESTAREMOS PERANTE QUESTÕES IDÊNTICAS?

R: Mais uma vez trata-se de uma renúncia a um direito fundamental (porque voluntária – caso contrário seria uma suspensão) – neste caso à integridade física pessoal do art. 25.º da CRP, contudo, há que diferenciar as situações. Uma situação é a agressão física sem razão, desmedida, quase como em tom de "violência gratuita", outra questão bastante diferente é a prática de um desporto como o de luta livre. Ora, a prática desse desporto está sujeita a uma série de regulamentação e regras, sendo certificada por federações nacionais e internacionais. Ainda relativamente à luta livre, haverá que ter em consideração o art. 79.º CRP relativamente a todos terem direito à cultura física e ao desporto.

Posto isto se conclui que não são situações comparáveis. A primeira versa sobre a violência gratuita, na medida em que não existe uma razão aparente ou válida para renunciar ao DLG da integridade pessoal, já a segunda situação prende-se com o exercício de um determinado desporto que, por sinal, é violento e envolve luta – não devendo ser encarado como um mero contrato que promove a violência sem mais e *per si*.

21) SERÁ VÁLIDO UM COMPROMISSO CONTRATUAL A NÃO CASAR, A NÃO ENGRAVIDAR OU A ABANDONAR UMA DADA RELIGIÃO?

R: No que concerne à possibilidade de renunciar a DF's importa esclarecer em primeira linha **que esta não se encontra prevista na constituição**, assim haverá que levar **5 pontos em consideração**, fruto de construções doutrinais[13]:

(i) um DF é **indisponível e inalienável**, assim os DF's são em princípio inseparáveis e inalienáveis da própria pessoa;

(ii) vigora ainda o **postulado da diferenciação**, pelo que a admissibilidade da renúncia terá de ser avaliada **em função do direito fundamental em concreto**, em função das circunstâncias particulares do caso, em função da condição do respetivo titular e em função do fim da renúncia;

(iii) Ainda a necessidade de ter **sempre em consideração a dignidade da pessoa humana**;

[13] Para mais desenvolvimentos, De Melo Alexandrino, J., "Direitos Fundamentais – Introdução Geral", 2.ª ed, p. 146 e ss, Principia, 2015.

(iv) **margem de decisão:** isto é, a possibilidade de dispor sobre certos efeitos de proteção de uma posição de DF's por parte do titular – poder jurídico de dispor, no sentido da sua redução, numa certa parcela, dos efeitos de um DF;

(v) nas relações cidadão/estado haverá sempre que respeitar o postulado da idoneidade (entre a redução operada e o fim visado com a renúncia), indispensabilidade (se houver formas menos agressivas de atingir o mesmo fim, a renúncia não deve ser permitida) e de equilíbrio (entre os efeitos redutivos pretendidos e a importância do fim visado e peso da liberdade pessoal);

Haverá igualmente aqui que se abordar a questão do mínimo de equilíbrio – ou seja, há que elaborar **sempre uma análise casuística sobre a questão colocada em concreto.**

22) O GOVERNO PODE ACABAR COM O SUBSÍDIO DE DESEMPREGO? E REDUZI-LO PARA UM TERÇO DO SALÁRIO MÍNIMO? E REDUZIR A SUA DURAÇÃO DE 2 ANOS PARA 10 MESES? SERIA POSSÍVEL PÔR FIM AO SERVIÇO NACIONAL DE SAÚDE?

R: Discussão sobre o **princípio da proibição do retrocesso social**[14] – ainda que a doutrina seja um pouco mais radical quanto a este ponto, o TC tem sido bastante mais cauteloso na sua argumentação, não afastando de forma imediata que este possa existir. Aliás, a crise económico-financeira de 2009 veio revelar que este cenário da proibição absoluta do retrocesso social não seria absoluto como se idealizava na teoria doutrinal mais conservadora.

Em Portugal, o princípio da proibição do retrocesso social nunca foi dogmaticamente presente com suficiente precisão, assentando em vários princípios ínsitos ao Estado de Direito, decorrentes da CRP: (i) a proteção da confiança (art. 2.º), (ii) igualdade, em especial na vertente da proibição da discriminação (art. 13.º) e, por fim, (ii) princípio da proporcionalidade (18.º/2), nas suas três vertentes: adequação, necessidade e proporcionalidade.

Assim sendo, não existe uma resposta exata de sim ou não, o que o TC veio a decidir mais recentemente é a realização de uma leitura restritiva na matéria e que o apelo **à proibição do retrocesso social** *"apenas pode funcionar em casos-limite, uma vez que, desde logo o princípio da alternância democrática inculca a revisibilidade das opções politico-legislativas, ainda que estas assumem o carácter de opções legislativas fundamentais"*. Idealmente, **num Estado de direito democrático,**

[14] Para mais desenvolvimentos, Santos Botelho, C., "Os direitos sociais num contexto de austeridade: um elogio fúnebre ao princípio da proibição do retrocesso social?", disponível em https://www.oa.pt/upl/%7B3b5c2948-c1e2-41db-b892-0a97b602b483%7D.pdf.

não existiria retrocesso social, contudo, infelizmente, não foi a isso que assistimos nos últimos anos, nomeadamente em vários Estados europeus num contexto de austeridade, poderão ser aqui exemplos de atitudes estaduais que vão contra o princípio do retrocesso social: redução de vencimentos da função pública, congelamento de concursos, aumento das propinas, etc.

23) OS MUSEUS PÚBLICOS PODEM COBRAR ENTRADAS? DE QUALQUER VALOR?

R: A questão insere-se no âmbito de um dos DESC – art. 73.º CRP, estando relacionados com a educação, cultura e ciência. Neste caso em específico, a discussão assenta no acesso à cultura previsto nos termos do art. 73.º/3 CRP. Assim sendo, o valor a ser cobrado pelo museu configura uma taxa – uma vez que é pago pela prestação de um serviço, i.e, a abertura do museu, sua organização, limpeza, exposições, cuidados que as obras requerem –, pelo que o valor não poderá ser "qualquer valor", deverá sim obedecer ao **princípio da equivalência** – isto é, necessariamente deverá existir uma correlação entre o valor de entrada e o que é oferecido/prestado, em função dos custos adjacentes ao funcionamento do museu.

Tratando-se de um DESC, engloba o conceito que alguma doutrina apelida de "norma programática", ou seja, **estará a cargo do Estado densificar e garantir o acesso à cultura,** não existindo necessariamente uma obrigatoriedade do acesso à cultura ser totalmente gratuito, p.ex: museu de Serralves, em um domingo por mês tem entradas livres, mas nos restantes dias será pago.

24) DIREITOS FUNDAMENTAIS DAS PESSOAS COLETIVAS QUID IURIS? QUAIS SERÃO ADMITIDOS E QUAIS SERÃO EXCLUÍDOS?

R: A natureza dos DF's das pessoas coletivas decorre do art 12.º/2 CRP, sendo de sublinhar que deverão ser "compatíveis com a sua natureza" excluem-se, portanto: direitos estritamente pessoais (v.g. direito à vida, à integridade física), direitos políticos principais (v.g. direitos de voto) e os direitos sociais (v.g. direito à habitação). A pessoa coletiva deverá ser encarada como um instrumento de realização da dignidade individual.

25) O REGIME DOS DLG'S (ART. 18.º) É APLICÁVEL AOS DIREITOS ANÁLOGOS (ART. 17.º)?

R: Os **DF's de natureza análoga estão integralmente sujeitos ao regime dos DLG[15],** regime que dispõe de uma componente material (arts. 18.º-23.º),

[15] Para mais desenvolvimentos, DE MELO ALEXANDRINO, J., "Direitos Fundamentais – Introdução Geral", 2.ª ed, p. 47 e ss, Principia, 2015.

orgânica (art. 165.º/1 al. b), e de revisão constitucional (art. 288.º al. d). No entanto, haverá que ter em consideração que nem sempre é análogo todo o direito fundamental, mas apenas as várias dimensões de um DF como um todo, **razão pela qual o regime qualificado apenas se estenderá a essa dimensão análoga.**

26) COMO SE DETERMINA SE UM DIREITO TEM NATUREZA ANÁLOGA A DLG?

R: Para determinar a natureza análoga de um direito há a considerar **dois momentos** relativamente autónomos[16]: (i) num momento prévio, impõe-se **a identificação de um direito que sirva o estatuto básico da pessoa na sua relação com o Estado, tem de tratar-se de uma expressão qualificada da "igual dignidade"** de todas as pessoas, por intermediação de alguns dos elementos estruturantes do sistema; (ii) num segundo momento, a analogia pressupõe **a satisfação de uma medida de equivalência ao DLG's**, valendo aqui o critério da **determinabilidade constitucional do conteúdo**, nos termos do qual será análogo aquele direito cujo conteúdo possa ser extraído imediatamente por interpretação das normas constitucionais que o reconhecem.

Exemplos, na CRP: o direito de acesso ao provedor de justiça e o direito de resistência (Art. 21.º e 23.º) e na lei ordinária: v.g. art. 483.º do CC.

27) DF'S: DEFINIÇÃO, ONDE É QUE ESTÃO PREVISTOS, EXEMPLOS, DIFERENÇAS ENTRE DLG'S E DIREITOS ECONÓMICOS, SOCIAIS E CULTURAIS. QUAL A RAZÃO DA SUA EXISTÊNCIA, COMO SURGIRAM?

R: Os direitos fundamentais são a expressão constitucional que designa **as situações jurídicas fundamentais das pessoas, reconhecidas nos artigos 24.º a 79.º** da CRP ou que sejam, como tais, admitidas pela Constituição – por força dos artigos 16.º e 17.º. Os DF's estão previstos na CRP nos arts. 24.º a 79.º, exemplos de DF serão, portanto, o direito à vida e à integridade físíca, assim como à liberdade e à segurança;

No que concerne à diferença entre DLG/DESC:

DLG's: Previstos no título II, parte I, apresentam um acentuado cunho preceptivo. O seu conteúdo traduz-se em direitos negativos (ou ainda em competências, situações, direitos a proteção); Tratam-se de direitos determinados ou juridicamente determináveis e, como tal, são **diretamente aplicáveis (art. 18.º/1 CRP), são inalienáveis e absolutos (salvo exceções da suspensão – em conformidade com os arts. 18.º/2 e 19.º).**

[16] Para mais desenvolvimentos, De Melo Alexandrino, J., "Direitos Fundamentais – Introdução Geral", 2.ª ed, p. 47 e ss, Principia, 2015.

DESC: Previstos no título III, parte I, apresentam-se em geral como ações do Estado. Enquanto que o conteúdo essencial dos DESC se traduz em direitos positivos (impondo ao Estado sobretudo deveres de promoção), os direitos sociais são indeterminados e, por isso, para serem exigíveis, **carecem de prévia determinação por parte do legislador**, isto é, não são diretamente aplicáveis.

Os DESC surgiram da impossibilidade de prever, com exaustão e de forma imediata, direitos fundamentais da sociedade. Deste modo, **através da criação das chamadas normas programáticas**, o direito em si, na sua essência, encontra-se plasmado, sendo garantido pela fonte constitucional, contudo não dispondo de uma aplicabilidade imediata, ou seja, carecendo de concretização por parte do Estado, que assim poderá adaptá-lo da melhor forma possível à Sociedade.

28) DÊ EXEMPLOS DE DLG'S E DE DLG'S FORA DO CATÁLOGO (DE NATUREZA ANÁLOGA) E ENUNCIE COMO SE DETERMINA SE UM DLG TEM NATUREZA ANÁLOGA.

R: Exemplos de DLG's: art. 24.º – direito à vida, art. 25.º – direito à integridade física, art. 36.º – direito ao casamento e constituir família, art. 45.º – direito de reunião.

DLG's fora do catálogo: art. 23.º (provedor de justiça) ou art. 20.º (direito à resistência).

Para determinar um DLG de natureza análoga haverá que combinar um duplo exercício[17]:

(i) num momento prévio impõe-se **a identificação de um direito que sirva o estatuto básico da pessoa na sua relação com o Estado, tem de tratar-se de uma expressão qualificada da "igual dignidade"** de todas as pessoas, por intermediação de alguns dos elementos estruturantes do sistema;

(ii) Num segundo momento, a analogia pressupõe **a satisfação de uma medida de equivalência ao DLG**, valendo aqui o critério da **determinabilidade constitucional do conteúdo**, nos termos do qual será análogo aquele direito cujo conteúdo possa ser extraído imediatamente por interpretação das normas constitucionais que o reconhecem.

[17] Seguindo os ditames doutrinais de DE MELO ALEXANDRINO, J., "Direitos Fundamentais – Introdução Geral", 2.ª ed, p. 47 e ss, Principia, 2015.

29) CASO PRÁTICO: CRISTIANO RONALDO, BARRIGA DE ALUGUER E O CORREIO DA MANHÃ. O CRISTIANO RONALDO INTENTOU UMA AÇÃO CONTRA O JORNAL PELAS NOTÍCIAS DIVULGADAS QUANTO AO CASO DA BARRIGA DE ALUGUER (O JORNAL FOI INCLUSIVAMENTE FALAR COM A AMA DO FILHO DELE). O JORNAL INVOCOU O INTERESSE PÚBLICO DA NOTÍCIA. COMO DECIDIRIA?

R: Configura-se uma situação de **colisão de direitos** quando, num caso concreto, a proteção jurídica emergente do direito fundamental de alguém colida com a de um direito fundamental de terceiro ou com a necessidade de proteger outros interesses/bens constitucionalmente protegidos.

Importará agora analisar **como se processa a resolução de uma situação de colisão de direitos.** A resolução de uma situação de colisão de direitos no caso concreto não cabe ao legislador, mas sim aos titulares dos direitos em presença, às entidades eventualmente chamadas a intervir e, **em última instância, aos tribunais.** Assim, se não for possível resolver a colisão com base no denominado "escalonamento abstrato dos direitos" e na ausência ou insuficiência das disposições legais harmonizadoras, a solução deverá ser encontrada tendo em consideração um leque variável de fatores, segundo **um princípio de harmonização e concordância prática** que possibilite uma equilibrada distribuição dos **custos em conflito.** Assim sendo, deverá ser levado em consideração o **princípio da harmonização** e da **concordância prática** que possibilite uma equilibrada distribuição dos custos do conflito. Sem prejuízo da aplicação destes dois princípios, haverá que sublinhar que, na maior parte dos casos, **não se poderá escapar nem à metodologia da ponderação de bens, nem à aplicação do critério da proporcionalidade** (nas suas diferentes dimensões: adequação, necessidade e proporcionalidade) – podendo, no limite, chegar-se à conclusão que um dos direitos ou interesses terá de ceder totalmente perante o outro.

Assim sendo, *in casu*, os direitos em confronto caracterizam-se como a liberdade de imprensa, por um lado e, por outro, a reserva da intimidade da vida privada – ora, parece ser de assumir que tendo em consideração os custos em conflito e realizando uma análise ao princípio da harmonização e concordância prática, é francamente mais importante o direito à reserva e intimidade da vida privada, ainda mais num domínio tão delicado como o da parentalidade – uma vez que, ao proferir este género de notícias, a intrusão não é realizada apenas na vida do sujeito, no caso a de Cristiano Ronaldo, mas também dos seus filhos e afetando inevitavelmente a sua família, tudo isto em prol de realizar notícias recorrendo ao escrutínio das suas vidas. Assim sendo, estaremos perante um dos casos limite em que um dos direitos deverá ceder totalmente perante o outro – neste caso, o direito de liberdade de imprensa deveria ceder perante a reserva da intimidade da vida privada.

30) QUE EXIGÊNCIAS IMPÔS A CRP À RESTRIÇÃO DE DLG'S?

R: Existem 6 requisitos para tornar possível a restrição de DLG's. Decorrem do art. 18.º/2 CRP:

(i) previsão constitucional expressa;
(ii) restrição justificada pela necessidade de proteção de bens constitucionalmente relevantes;
(iii) observância do princípio da proporcionalidade nas suas 3 vertentes: adequação, necessidade e proporcionalidade;
(iv) restrições com carácter geral e abstrato;
(v) carácter prospetivo – isto é, as restrições valem para um plano futuro;
(vi) respeito pelo conteúdo essencial do direito.

31) CASO PRÁTICO: UM JORNAL PUBLICA UMA NOTÍCIA: "BUSCAS DOMICILIÁRIAS A GOVERNANTE SUSPEITO DE CORRUPÇÃO". SUPONHA QUE O GOVERNANTE NÃO FOI ALVO DE BUSCA E, ASSIM O SENDO, APRESENTOU QUEIXA POR DIFAMAÇÃO. CONTUDO, O JORNAL DEFENDE-SE DIZENDO QUE TINHA RAZÕES PARA CRER NA VERACIDADE DA INFORMAÇÃO.

Quid juris?

R: Neste caso até poderia ser de destacar o estatuto deontológico da profissão de jornalista, que logo nos seus artigos iniciais faz menção à obrigatoriedade de a informação veiculada ser fidedigna. Contudo, analisando a questão do prisma do direito constitucional, existe uma colisão entre a liberdade de imprensa (art. 38.º CRP) e o direito ao bom nome e reputação (art. 26.º CRP) – neste caso, partindo do pressuposto de que não é possível um escalonamento abstrato dos direitos e ausência ou insuficiência de disposições legais harmonizadoras, a solução deverá ter por base um leque variável de fatores, tais como: **natureza e importância abstrata dos direitos, relevância concreta dos direitos, grau de afetação, interesses envolvidos**, tal como já referido nos casos supra.

32) NUM ESTADO DE DIREITO O DIREITO À LIBERDADE DE EXPRESSÃO PREVALECE SOBRE OUTROS DIREITOS?

R: O direito à liberdade de expressão é consagrado na CRP no seu artigo 37.º e não prevalece à partida sobre os outros direitos – não existe um direito absoluto e que sempre prevalece (com exceção, talvez, do da dignidade da pessoa humana). Assim sendo, o facto de um direito prevalecer sobre outro ocorrerá numa situação de colisão de direitos e terá de ser analisado tendo em consideração uma série de fatores e casuisticamente – assim sendo, de forma isolada não é possível dizer que o direito à liberdade de expressão prevalece sobre os demais direitos.

33) QUAL O PODER CONFERIDO AOS TRIBUNAIS EM MATÉRIA DE FISCALIZAÇÃO DA CONSTITUCIONALIDADE?

R: Trata-se de um poder de fiscalização concreta da constitucionalidade (art. 204.º CRP) e significa que todos os tribunais, seja qual for a sua categoria (art. 209.º CRP), exercem a fiscalização, ainda que não disponham de poderes de molde a declarar uma decisão com força obrigatória geral – a qual implica uma apreciação e não simplesmente a não aplicação. De sublinhar ainda que a fiscalização dá-se nos feitos submetidos a julgamento, nos processos em curso no tribunal, incidentalmente, não a título principal, não sendo possível uma decisão com força obrigatória geral, estando este domínio reservado para as competências do TC.

34) DA DECISÃO DO TRIBUNAL DE NÃO APLICAR UMA NORMA QUE JULGA INCONSTITUCIONAL HÁ RECURSO DIRETO PARA O TRIBUNAL CONSTITUCIONAL?

R: Sim, pode existir recurso para o TC nos termos e moldes do art. 280.º/1/a) e n.º 2, al. a), b), c) da CRP. Para os particulares trata-se de um direito, **ou seja, estes poderão exercê-lo ou não**, todavia em determinados casos, para o MP este é obrigatório nos casos do art. 280.º/3 e 280.º/5 da CRP em ligação com o art. 72.º/3 LTC, tendo sempre em consideração a exceção prevista no nr. 4.

35) QUANDO É QUE HÁ RECURSO OBRIGATÓRIO PELO MP?

R: O recurso é obrigatório nas seguintes situações (fiscalização concreta da constitucionalidade):

(i) Art. 280.º/3 CRP e 72.º/3 LTC, quando a norma cuja aplicação tenha sido recusada conste de convenção internacional, de ato legislativo ou de decreto regulamentar;

(ii) Art. 280.º/5 CRP e art. 72.º/2 LTC, quando seja aplicada norma anteriormente julgada inconstitucional ou ilegal pelo TC ou pela Comissão Constitucional ou norma anteriormente julgada contrária à convenção internacional pelo TC;

Exceção: Nos moldes do art. 72.º/4 LTC – **o MP pode abster-se de interpor recurso** de decisões conformes com a orientação que se encontre já estabelecida, a respeito da questão em causa, na jurisprudência do TC.

36) SE O TRIBUNAL APLICAR UMA NORMA JULGADA INCONSTITUCIONAL QUEM TEM LEGITIMIDADE PARA RECORRER? E PARA QUE TRIBUNAL?

R: Têm legitimidade para recorrer, nos termos do art. 72.º/1 LTC, as pessoas que, de acordo com a lei reguladora do processo em que a decisão foi proferida, tenham legitimidade para dela interpor recurso e o MP – todavia sublinhe-se que nos casos de aplicação pelo tribunal de uma norma julgada inconstitucional, **existe, nos termos do art. 280.º/5 CRP, uma obrigatoriedade de recurso por parte do MP.** Para os particulares nunca existe uma obrigatoriedade de recurso, existe um direito e, como tal, estes poderão, ou não, lançar mão deste.

37) PORQUE SE CONSIDERA QUE OS TRIBUNAIS CONSTITUCIONAIS SÃO LEGISLADORES NEGATIVOS?

R: Tal parte da premissa e doutrina veiculada por Hans Kelsen – o TC atuaria como um "legislador negativo", **pois não tem a faculdade de criar leis, mas no caso de entender que uma das leis/normas promulgadas viola o disposto na Constituição, tem o poder para retirá-la do ordenamento jurídico**, revogando-a total ou parcialmente.

38) COMO É QUE TAL SE CONCRETIZA NO NOSSO SISTEMA?

R: Através de 4 mecanismos de fiscalização da constitucionalidade:

(i) a **fiscalização preventiva da constitucionalidade** (arts. 277.º e 278.º CRP), em que o TC se pronuncia quanto à inconstitucionalidade de determinadas normas jurídicas antes de as mesmas entrarem em vigor na ordem jurídica;

(ii) a **fiscalização sucessiva (concreta** – arts. 277.º e 280.º CRP), pela qual qualquer tribunal pode julgar ou não quaisquer atos normativos inconstitucionais – surge quando no decorrer de uma ação proposta nos tribunais comuns, para a defesa de um direito ou interesse de um particular, seja suscita a inconstitucionalidade de uma norma aplicável ao caso concreto;

(iii) a **fiscalização sucessiva (abstrata** – arts. 277.º e 281.º CRP), através da qual somente o TC tem legitimidade processual passiva e poder de declarar ou não a inconstitucionalidade de certa norma jurídica;

(iv) a **fiscalização da inconstitucionalidade por omissão** (art. 283.º CRP) pelo TC, que ocorre em virtude de um silencio inconstitucional dos órgãos legislativos;

39) O TC TEM O PODER DE SUBTRAIR AO ORDENAMENTO JURÍDICO NORMAS QUE ESTEJAM EM VIGOR?

R: Sim. Relativamente a normas que já se encontrem em vigor, estas podem ser pelo TC subtraídas ao OJ através do processo de:

(i) fiscalização sucessiva concreta (arts. 277.º e 280.º CRP);

(ii) fiscalização sucessiva abstrata (arts. 277.º e 281.º CRP);

Como o próprio nome indica – "sucessiva" – suscita-se a sua inconstitucionalidade posteriormente à sua entrada em vigor e, consequentemente, à produção de efeitos jurídicos, que deverão ser retroativamente destruídos, sempre com respeito pelo princípio da segurança jurídica.

40) REFIRA QUAL É O OBJETO DA FISCALIZAÇÃO ABSTRATA SUCESSIVA

R: A fiscalização sucessiva é uma fiscalização, como o próprio nome indica, que ocorre em momento posterior ao da publicação. É caracterizada como "abstrata" porque não se refere a um caso/norma individualizado/concreto, mas sim a uma questão abstrata. **Os cidadãos não têm a possibilidade de diretamente desencadear a fiscalização sucessiva abstrata (no OJ português não existe recurso de amparo, como existe p. ex. no OJ espanhol),** assim sendo deverão sempre fazê-lo por pessoa interposta, usando do seu direito de petição (art. 52.º CRP) e dirigindo a uma qualquer entidade prevista no art. 281.º/2 CRP, sendo certo que o mais naturalmente adequado será o provedor de justiça – art. 23.º CRP (DLG de natureza análoga). Portanto, o cidadão deverá rogar-lhe pedido obviamente de modo fundamentado, que desencadeia a fiscalização sucessiva abstrata de determinada norma.

41) A FISCALIZAÇÃO CONCRETA NO TC OPERA POR VIA DE RECURSO?

R: De modo a desencadear um processo de fiscalização sucessiva concreta é necessário que o processo se encontre num tribunal do OJ. Assim, a fiscalização concreta ocorre por via incidental, isto é, através da interposição de um incidente de instância, o que significa que **o pedido principal nunca pode corresponder ao pedido de declaração de inconstitucionalidade.** Um bom exemplo nos tribunais administrativos prende-se com o contencioso regulamentar e o pedido da sua decisão com força obrigatória geral – art. 72.º e ss CPTA.

42) QUE RECURSOS CONSTITUCIONAIS CONHECE?

Os recursos são 4:

(i) a **fiscalização preventiva da constitucionalidade** (arts. 277.º e 278.º CRP), em que o TC se pronuncia quanto à inconstitucionalidade de determinadas normas jurídicas, antes de as mesmas entrarem em vigor na ordem jurídica;

(ii) a **fiscalização sucessiva (concreta)** – (arts. 277.º e 280.º CRP), pela qual qualquer tribunal pode julgar ou não quaisquer atos normativos inconstitucionais – surge quando no decorrer de uma ação proposta nos tribunais comuns, para a defesa de um direito ou interesse de um particular, seja suscitada a inconstitucionalidade de uma norma aplicável ao caso concreto;

(iii) a **fiscalização sucessiva (abstrata)** – (arts. 277.º e 281.º CRP), através da qual somente o TC tem legitimidade processual passiva e poder de declarar ou não a inconstitucionalidade de certa norma jurídica;

(iv) a **fiscalização da inconstitucionalidade por omissão** (art. 283.º CRP) pelo TC, que ocorre em virtude de um silêncio inconstitucional dos órgãos legislativos;

43) QUE TIPO DE DECISÕES DOS TRIBUNAIS PODEM CHEGAR AO TC?

R: Decisões respeitantes a constitucionalidade sejam formais, materiais ou orgânicas.

44) CASO PRÁTICO: O GOVERNO APROVAVA UM DL PELO QUAL CONSAGRAVA MEDIDAS DE EXCEÇÃO, NOMEADAMENTE, CONCEDENDO PODERES ÀS FORÇAS POLICIAIS PARA PRENDEREM CIDADÃOS SEM NECESSIDADE DE INTERROGATÓRIO.

Quid iuris?

R: Questão relacionada com a inconstitucionalidade do diploma, ao nível da intervenção legislativa dos DF's – trata-se de legislação sobre DLG's, como está é da exclusiva competência da AR nos moldes e termos do art. 165.º/1/b), como tal inferia de **vício orgânico por incompetência absoluta**.

Trata-se de uma restrição a DLG's, como tal estará sujeita a pressupostos para este tipo de intervenção – o art. 18.º CRP declara que a restrição de DLG's apenas é possível mediante a análise de vários parâmetros:

(i) previsão constitucional expressa;

(ii) restrição justificada pela necessidade de proteção de bens constitucionalmente relevantes;

(iii) princípio da proporcionalidade (nas suas 3 dimensões: adequação, necessidade e proporcionalidade);

(iv) a restrição tem de revestir carácter geral e abstrato;

(v) tem carácter prospetivo, isto é, apenas poderá dispor para o futuro;

(vi) respeito pelo conteúdo essencial do direito.

45) NO CASO CONCRETO COMO AVALIA A MEDIDA TOMADA? O GOVERNO PODERIA APROVAR UMA INTERVENÇÃO LEGISLATIVA DESTE TIPO?

R: Não, trata-se de uma matéria reservada, de **âmbito exclusivo da AR (art. 164.º CRP),** assim sendo e tendo em consideração o que está na génese desta proibição – a garantia de um exercício democrático feito pelos representantes dos cidadãos em matérias tão sensíveis quanto os DLG's –, a única forma de o Governo legislar **seria através de um DL autorizado.**

46) CASO PRÁTICO: SUPONHA QUE O PRESIDENTE DA REPÚBLICA ACABA POR PROMULGAR ESTE DL DO GOVERNO E QUE ELE ENTRA EM VIGOR. NA SEQUÊNCIA DE DESACATOS PROVOCADOS POR ADEPTOS HOLANDESES, UM DELES É PRESO E VAI PARA UM ESTABELECIMENTO PRISIONAL SENDO-LHE COMUNICADO QUE SÓ DAQUI A 1 MÊS SERÁ OUVIDO POR UM JUIZ.

Quid iuris?

R: Possibilidade de requerer *Habeas Corpus*. Fiscalização da constitucionalidade da norma (do tipo abstrata sucessiva – art. 281.º/2, uma vez que versará sobre a totalidade do diploma em questão e não sobre uma norma em concreto e, o diploma em questão, já se encontra em vigor).

47) CASO PRÁTICO: SUPONHA QUE O TC É CHAMADO A PRONUNCIAR-SE E CONSIDERA QUE O DL É INCONSTITUCIONAL. QUAIS OS EFEITOS DESSA DECISÃO?

R: A norma considerada inconstitucional é apagada (efeitos retroativos, desde entrada em vigor) – daí, Kelsen, apelidar o tribunal constitucional como "legislador negativo", ainda que não produza normas, porém tem a possibilidade de as retirar do OJ.

48) HÁ SITUAÇÕES EM QUE A DECLARAÇÃO DE INCONSTITUCIONALIDADE ACABA POR NÃO TER EFEITOS RETROATIVOS. QUAIS?

R: Exceções: Caso julgado (situações julgadas à luz da norma constitucional) – em nome do princípio da segurança jurídica[18].

49) O PROVEDOR DE JUSTIÇA ESTÁ CONVENCIDO DA INCONSTITUCIONALIDADE DO DL. QUAIS OS EFEITOS DESSA DECLARAÇÃO?

R: Art. 22.º/1 EPJ, que dispõe que o provedor de justiça não tem competência para anular, revogar ou modificar os atos dos poderes públicos – isto é, o seu poder assenta no **"poder de recomendação"** – sendo que, este poder de recomendação, pode ter uma natureza "normativa" e "não normativa". Na questão apresentada, isto é, quando o PJ está convencido da inconstitucionalidade do DL, tratar-se-á de uma **recomendação normativa**, uma vez que procedem à verificação de deficiências normativas e levam em si uma proposta para a interpretação, alteração ou revogação das normas em causa, ou ainda a sugestão para a elaboração da regulação em falta[19].

[18] Para mais desenvolvimentos acerca da questão da retroatividade da declaração, ver, MIRANDA. J., "Curso de Direito Constitucional – Vol.2", 2.ª ed, p. 298 e ss, Universidade Católica Editora.

[19] Sobre os poderes do Provedor de Justiça, REIS NOVAIS, J., "A intervenção do Provedor de Justiça nas Relações entre Privados", disponível em https://www.icjp.pt/sites/default/files/media/268-124.pdf.

50) O TC DECLARA A INCONSTITUCIONALIDADE FORMAL. EM QUE MEDIDA É QUE ESTA DECLARAÇÃO DE INCONSTITUCIONALIDADE VINCULA O LEGISLADOR?

R: A fixação dos efeitos pelo tribunal constitucional obriga, nos termos gerais das suas decisões, todos os tribunais e tratando-se de fiscalização concreta, o tribunal em causa. Se um tribunal não acatar a decisão do TC e se ela constar de declaração de inconstitucionalidade com força obrigatória geral, poderá haver recurso para o próprio TC para que este, fazendo prevalecer a sua autoridade, **revogue a decisão recorrida.** Assim, a norma é eliminada do ordenamento jurídico. Foram estes efeitos que conduziram Hans Kelsen a apelidar o TC de "legislador negativo", **pois não tem a faculdade de criar leis, mas no caso de que entenda que uma das promulgadas viola o disposto na Constituição, tem o poder para retirá-la do ordenamento jurídico**, revogando-a total ou parcialmente.

51) CASO PRÁTICO: A RESIDE NO 1.º ANDAR DE UM PRÉDIO, EM CUJO RÉS DO CHÃO ESTÁ INSTALADO UM CAFÉ. COMO PODE A, QUE VÊ O SEU SONO E DESCANSO PERTURBADOS DIARIAMENTE, REAGIR CONTRA OS RUÍDOS E DISTÚRBIOS RESULTANTES DO FUNCIONAMENTO DO MESMO? DEVERÁ PREVALECER O DIREITO DE PERSONALIDADE DE A NO CASO DE ESTE SOFRER DE UMA ESPECIAL SENSIBILIDADE E QUEIXAR-SE DE TAIS PERTURBAÇÕES, MESMO RESULTANDO AQUELES RUÍDOS DO NORMAL FUNCIONAMENTO DO CAFÉ E DEPOIS DE SE TER PROCEDIDO A TODAS AS REPARAÇÕES E ISOLAMENTOS NECESSÁRIOS?[20]

R: Trata-se de um caso clássico de colisão de direitos.

Direitos de personalidade (na vertente do direito ao descanso) *vs* direito ao livre exercício de uma atividade comercial.

Em caso de colisão de direitos, a chave para uma tomada de decisão por parte do juiz, sobre qual dos direitos deve prevalecer e do modo como devem ser harmonizados os direitos em causa, **está no princípio da proporcionalidade, consagrado na parte final do n.º 2 do art. 18.º da CRP**, que por via dos seus três subprincípios da **adequação**, da **exigibilidade** e da **justa medida**, fornece uma estrutura formal tripartida à ponderação, a fazer em concreto e casuisticamente, **entre os fins prosseguidos pelas normas, os bens, interesses e valores em conflito**, as medidas possíveis e os seus efeitos, por forma a estabelecer uma relação equilibrada entre os direitos em confronto.

No confronto entre os direitos fundamentais de personalidade dos autores – direito à integridade física e moral, à proteção à saúde e a um ambiente de

[20] Inspirado num caso real, o Ac. do STJ de 18/10/2018, disponível em http://www.dgsi.pt/jstj.nsf/954f0ce6ad9dd8b980256b5f003fa814/05c3c30b36cf0fc98025832a005979db?OpenDocument.

vida humana sadio e ecologicamente equilibrado, consagrados nos arts. 25.º, 64.º, n.º 1 e 66.º, n.º 1, todos da CRP – e os direitos à livre iniciativa económica da contraparte e à propriedade privada, também garantidos nos arts 61.º e 62.º da CRP, a busca do instrumento que melhor promova o valor supremo da dignidade da pessoa humana não pode deixar de constituir um instituto norteador da solução do caso concreto. Impõe-se **dar prevalência ao direito dos autores ao repouso, ao sono e à tranquilidade, enquanto emanação dos direitos fundamentais de personalidade, sobre os interesses empresariais da ré**. Assim sendo, no horário de descanso (23h-7h) impõe-se que sejam seguidas as orientações quanto ao volume a lei do Ruído.

52) QUE ATOS LEGISLATIVOS EXISTEM?

R: Art. 112.º/1 CRP – Lei, DL, DL regional.

53) APONTE A DIFERENÇA ENTRE LEIS HARMONIZADORAS E LEIS RESTRITIVAS

(i) **Harmonizadoras:** a lei harmonizadora limitar-se-ia ao estabelecimento de um equilíbrio abstrato dos bens, interesses ou valores em conflito ou colisão e deixaria o essencial da ponderação dos interesses em presença para o juízo concreto. As leis harmonizadoras deixam ao decisor do caso concreto uma maior margem de ponderação do que as leis restritivas.

(ii) **Restritivas:** as leis restritivas apenas podem ser emitidas desde que preenchidos os pressupostos do art. 18.º/2 CRP, isto é:

(i) nos casos expressamente previstos na CRP;
(ii) restrição justificada pela necessidade de proteção de bens constitucionalmente relevantes;
(iii) princípio da proporcionalidade nas várias dimensões (adequação, necessidade, proporcionalidade);
(iv) obrigatoriedade de revestir um carácter geral e abstrato;
(v) obrigatoriedade de revestir um carácter prospetivo – isto é, apenas dispõe para o futuro;
(vi) respeito pelo conteúdo essencial do direito.

54) UM JUIZ PODE SER RESPONSABILIZADO PELA SENTENÇA QUE PROFERIU? EM QUE CASOS PODE HAVER RESPONSABILIZAÇÃO DO JUIZ?

R: Nos termos e moldes do art. 216.º/2 CRP – os juízes **não podem ser responsabilizados pelas suas decisões**, salvo as exceções previstas na lei. Os juízes, relativamente às suas sentenças, estão protegidos pelo denominado **"privilégio da *juridicto*"**, que se traduz na força jurídica das sentenças contra quaisquer repetições de processos com fundamento em falsidade, erro, injustiça.

Contra as decisões dos juízes recorre-se para os tribunais superiores, não se intentam ações de responsabilidade para contestar a interpretação de normas e valoração dos factos/meios probatórios.

Os juízes podem ser responsabilizados em 3 situações:

(i) **responsabilidade criminal:** responsabilidade por qualquer crime cometido no exercício das respetivas funções, assim, não se pode falar de irresponsabilidade neste caso;

(ii) **responsabilidade disciplinar:** diz respeito à sua conduta profissional, havendo normas especificamente reguladores da disciplina dos magistrados – sendo a responsabilidade disciplinar aplicada pelo Conselho Superior de Magistratura;

(iii) **responsabilidade civil-pública:** por danos provocados no exercício das funções e por causa desse exercício, ou seja, por danos decorrentes do exercício da função jurisdicional;

55) O QUE É A INDEPENDÊNCIA DOS JUÍZES? EM QUE SE TRADUZ?

R: O princípio da independência dos juízes exige não apenas a sua **inamovibilidade** e **irresponsabilidade** (art. 216.º CRP), mas também a sua **liberdade perante quaisquer ordens ou instruções das demais autoridades**, além de um regime adequado de designação, com garantias de isenção e imparcialidade que evitem o preenchimento dos quadros da magistratura com os interesses dos demais poderes do Estado –arts. 215.º e 218.º CRP.

O direito do juiz à independência convoca várias dimensões:

(i) liberdade contra injunções/instruções de qualquer autoridade;

(ii) liberdade de decisão perante coações ou pressões destinadas a influenciar a atividade jurisidicional;

(iii) liberdade de ação pois só ao juiz cabe aplicar o direito e obter a solução mais justa do feito submetido à sua apreciação.

56) O QUE ENTENDE PELO CONCEITO DE "INDEPENDÊNCIA DOS TRIBUNAIS"?

R: Prevista no art. 203.º CRP. A independência dos tribunais (e dos respetivos juízes) é um elemento essencial da sua própria definição, uma das regras clássicas do estado constitucional e uma das garantias essenciais do Estado de Direito democrático. O princípio da independência visa defender os tribunais dos demais poderes do Estado, pondo-o a coberto das suas ingerências ou pressões e garantindo, assim, a defesa dos direitos e interesses legítimos dos cidadãos perante o Estado. Sendo independentes, em conjunto, os demais poderes do Estado, os tribunais são também independentes, entre si – salvo as relações de hierarquia existentes.

Os tribunais apenas estão sujeitos à lei, a lei designa aqui todas as normas jurídicas.

Por fim, a garantia da independência do tribunal compreende a autonomia na interpretação do direito.

57) QUAIS SÃO AS CARACTERÍSTICAS DOS DLG'S?

R: Art. 18.º/2: (i) são diretamente aplicáveis, isto é, não carecem de uma lei que os execute e (ii) vinculam tanto entidades públicas como entidades privadas.

Podemos ainda caracterizar os DLG's como indisponíveis e inalienáveis.

Porém, haverá que levar em consideração que determinado setor doutrinal, nomeadamente José de Melo Alexandrino, defende a existência de uma possibilidade de "renúncia de DLG's"[21] – isto é, do seu enfraquecimento voluntário por parte dos sujeitos.

58) COMO AFERIR SE SE TRATA DE UM DLG FORA DO CATÁLOGO? QUAIS OS PONTOS A TER EM CONSIDERAÇÃO? E AINDA, QUAL É O REGIME APLICÁVEL A UM DLG DE NATUREZA ANÁLOGA?

R: Para aferir se se trata de um DLG fora do catálogo, a doutrina e jurisprudência têm vindo a descortinar dois critérios:

(i) proceder à identificação do direito como estatuto básico da pessoa na sua relação com o Estado;

(ii) a analogia pressupõe a satisfação de uma medida de equivalência aos DLG's – isto é, há uma determinabilidade do conteúdo, são aplicáveis diretamente, vinculando entidades públicas e privadas.

Exemplos de DLG's de natureza análoga: art. 21.º direito de resistência e o art. 22.º responsabilidade das entidades públicas.

Os DLG's de natureza análoga estão integralmente sujeitos ao regime dos DLG's, tendo estes uma componente material (arts. 18.º-23.º), orgânico (art. 165.º/1, al. b) e constitucional (art. 288.º, al. d)).

No entanto e conforme nos alertam Vital Moreira e José de Melo Alexandrino[22] – nem sempre é análogo todo o DF, mas apenas uma ou várias dimensões de um DF como um todo, razão pela qual **o regime qualificado apenas se estenderá a essa dimensão análoga**, assim, por exemplo, a aplicação imediata nas relações privadas não pode valer para aqueles direitos funda-

[21] Para mais desenvolvimentos sobre este ponto, De Melo Alexandrino, J., "Direitos Fundamentais – Introdução Geral", 2.ª ed, p. 146 e ss, Principia, 2015.

[22] Para mais desenvolvimentos sobre a aplicabilidade do art. 18.º CRP, bem como o recurso a exemplos práticos, a obra de Gomes Canotilho, J.J & Moreira, V. "Constituição da República Portuguesa Anotada – Artigos 108.º a 209.º, Volume I", 4.º ed, p. 381 e ss, Coimbra Editora.

mentais que só podem ter por sujeito passivo o Estado ou as autoridades públicas em geral, p. ex. o direito de petição.

59) NO DIA 25 DE JUNHO DE 2019, CERCA DE 1500 MANIFESTANTES DA ASSOCIAÇÃO AMBIENTALISTA VERDES UNIDOS MARCHARAM PELAS RUAS DA CIDADE, O QUE VEIO A CAUSAR FORTES CONSTRANGIMENTOS NO FLUIR NORMAL DO TRÂNSITO.

Tenha em consideração as seguintes situações:

a) **Pedro, residente no Porto e trabalhador numa empresa de software da zona de Braga, não conseguiu, nesse dia, chegar ao trabalho a tempo, o que implicou a perda do bónus salarial a que normalmente – e numa base mensal – tem direito pela sua conduta exemplar;**

b) **A Avestran, empresa de transporte de carnes, com sede na baixa do Porto, teve um prejuízo total de €2.500, na medida em que a manifestação se deu a uma sexta-feira, o que implicou que os seus veículos estivessem parados durante três dias seguidos, impedindo a distribuição contratualizada das carnes;**

c) **No decurso da manifestação, Maria e António, agricultores, insurgiram-se contra um cartaz, nas mãos de Margarida, onde se lia "Morte aos assassinos de animais", por entenderem que o seu ganha-pão ficaria seriamente comprometido caso deixassem de poder abater as galinhas e os porcos do seu quintal. Além de insultarem Margarida, considerando-a uma "miúda que não sabe o que a vida custa", o casal decidiu atirar-lhe três ovos à cabeça.**

R: A situação *subjudice* reconduz-se ao caso típico de colisão de direitos, sendo que neste estão englobados tanto DLG's como DESC[23].

Cumpre desde logo clarificar que entre estes há diferenças assinaláveis: os DLG's são caracterizados por serem diretamente aplicáveis e vincularem entidades públicas e privadas, paralelamente dispõem de um regime específico que abrange uma componente material (arts. 18.º-23.º), uma componente orgânica (art. 165.º/1, al. b) – isto é, encontram-se no âmbito da reserva relativa da AR) e do material de revisão (art. 288.º, al. d)) – isto é, fazem parte dos denominados limites imanentes). Podemos, portanto, concluir que os DLG's são uma das bases do Estado de direito democrático tendo um cunho marcadamente negativo, isto é, são direitos à não ingerência do Estado na esfera de liberdade dos cidadãos – implicam por parte do Estado um direito à abstenção de proibições ou limitações.

[23] Para mais desenvolvimentos sobre a divisão sistemática entre DLG's e DESC, De Melo Alexandrino, J., "Direitos Fundamentais – Introdução Geral", 2.ª ed, p. 146 e ss, Principia, 2015.

Relativamente aos DESC, estes, em regra, não têm natureza análoga aos DLG's, tratam-se em geral de direitos de natureza positiva (direitos a prestações), sem densidade bastante para alcançarem o nível de determinabilidade necessário para fruir do regime dos DLG's. A inércia do Estado relativamente a este DESC e à sua obrigação de cumprir a obrigação constitucional poderá dar origem à inconstitucionalidade por omissão do art. 283.º CRP.

a) Em causa está o direito de associação, defesa de interesses difusos e/ou ao ambiente, liberdade de expressão, liberdade de manifestação: situação de concorrência – arts. 37.º, 45.º, 46.º, 66.º, todos da CRP.
b) Liberdade de deslocação, direitos dos trabalhadores (remuneração) – arts. 44.º, 58.º, 59.º, todos da CRP.
c) Liberdade de deslocação, liberdade de iniciativa económica – arts. 44.º e 61.º, ambos da CRP.
d) Desenvolvimento da personalidade, liberdade de consciência, honra, liberdade de expressão e liberdade de manifestação – arts. 26.º, 37.º, 41.º e 45.º, todos da CRP.

Configura-se uma situação de "colisão de direitos" quando num caso concreto, a proteção jurídica emergente do direito fundamental de alguém colida com a de um direito fundamental de terceiro ou com a necessidade de proteger outros bens e interesses constitucionais.

A colisão de direitos não dispõe de uma solução clara na lei, **não cabe ao legislador efetuar a resolução destes litígios**, caberá sim às partes ou, em último lugar, ao tribunal. Assim sendo, se não for possível resolver a colisão com base no escalonamento abstrato dos direitos e na ausência ou insuficiência de disposições legais harmonizadoras, a solução deverá ser encontrada tendo em consideração um leque variável de fatores:

(i) a natureza e importância abstrata dos direitos;
(ii) relevância concreta dos direitos e dos interesses em presença;
(iii) qualidade dos intervenientes;
(iv) peso das demais circunstâncias do caso;

Deste modo, todos estes pontos deverão ser levados em consideração com **o princípio da harmonização e concordância prática** que possibilite uma equilibrada distribuição dos custos do conflito. Porém, haverá que sublinhar que, na maior parte dos casos, não se poderá escapar nem à metodologia da **ponderação de bens, nem à aplicação do critério da proporcionalidade**, sendo este entendido nas suas distintas dimensões: **adequação, necessidade e proporcionalidade.** Podendo, no limite, chegar-se à conclusão de que um dos direitos (ou um dos interesses) terá de ceder totalmente perante o(s) outro(s).

60) IMAGINE QUE NO PASSADO DIA 7 DE JANEIRO FOI PUBLICADA UMA LEI DA ASSEMBLEIA DA REPÚBLICA, ESTABELECENDO A PROIBIÇÃO DE USO DE SÍMBOLOS RELIGIOSOS POR PROFESSORES E POR ESTUDANTES NAS ESCOLAS PÚBLICAS DE ENSINO OBRIGATÓRIO, E ESTABELECENDO SANÇÕES. NESSE MESMO DIPLOMA, ALTERAVA-SE A ESTRUTURA DO GOVERNO, CRIANDO O NOVO MINISTÉRIO PARA A DIVERSIDADE E ASSUNTOS INTERCULTURAIS.

Num artigo de jornal, António, constitucionalista, criticou a referida lei, que acusou de atentar contra a liberdade religiosa, constitucionalmente protegida.

Uma semana mais tarde, um grupo de cidadãos apresentou à Assembleia da República uma proposta de lei de revisão constitucional, visando retirar do artigo 288.º o princípio da separação entre a Igreja e o Estado, por entender que o mesmo é um entrave à cooperação entre Estado e confissões religiosas e ao reconhecimento da plena liberdade religiosa dos cidadãos.

R: Estamos perante um caso que impende sobre DLG's – mais concretamente o direito à liberdade religiosa do art. 41.º CRP. Relativamente aos DLG's, estes dispõem de duas características específicas: (i) serem diretamente aplicáveis, isto é, não carecem de uma lei de aplicação/execução para produzirem os seus efeitos, (ii) vinculam as entidades públicas e privadas.

Por outro lado, o regime dos DLG's comporta uma natureza tripla: material (a que decorre dos arts 18.º-23.º), orgânica (decorrente do art. 165.º/1, al. b) – isto é, trata-se de matéria reservada à AR) e constitui ainda um dos limites à revisão constitucional – conforme discorre o art. 288.º, al. d).

Trata-se, portanto, de uma questão em que existe uma restrição sobre DLG's, tal encontra-se prevista e regulada nos moldes e termos do art. 18.º e obriga ao preenchimento de 6 requisitos fulcrais, sendo estes:

(i) previsão constitucional expressa;
(ii) restrição justificada pela necessidade de proteção de bens constitucionalmente relevantes;
(iii) princípio da proporcionalidade – nas suas 3 vertentes: adequação, necessidade, proporcionalidade em sentido estrito;
(iv) carácter geral e abstrato;
(v) carácter prospetivo – isto é, apenas produzem efeitos para o futuro;
(vi) respeito pelo conteúdo essencial do direito;

Assim, a restrição apenas poderia ser eventualmente válida caso se verificassem os aludidos pressupostos.

Por outro lado, no que concerne à organização do governo pela AR – a auto-organização é uma **competência exclusiva do Governo**, conforme dispõe o art. 183.º/3 e o art. 198.º/2 da CRP.

Paralelamente, a revisão constitucional encontra-se prevista e regulada nos moldes do art. 284.º e ss CRP e a sua iniciativa parte dos deputados – em conformidade com o art. 285.º CRP, como tal, não seria possível esta partir dos estudantes, trata-se de uma competência que não se encontra na esfera de disponibilidade dos cidadãos.

61) SUPONHA QUE FRUTO DE INUNDAÇÕES RESULTANTES DE CHUVAS INTENSAS DE UM INVERNO RIGOROSO, A ASSEMBLEIA DA REPÚBLICA APROVA UMA LEI QUE REQUISITA TODOS OS BARCOS DE RECREIO DOS MUNÍCIPES LISBOETAS DURANTE O DIA SEGUINTE, PARA RESGATE DE PESSOAS E BENS SUBMERSOS.

Quid iuris?

R: Aplicação do art. 165.º/1, al. e) CRP – AR tem competência para a criação do regime geral da requisição por utilidade pública.

O direito de propriedade encontra-se previsto nos termos e moldes do art. 62.º CRP e é considerado um DLG de natureza análoga, estando previstos os seus 2 pressupostos: (i) direito que sirva de estatuto básico da pessoa na sua relação com o Estado e (ii) satisfação de medida de equivalência a DLG pelo seu elevado valor jurídico.

Deste modo, a classificação com um DLG de natureza análoga, implica a aplicação do regime dos DLG's, *ex vi.* art. 17.º, sendo que deste regime resulta uma tripla componente: (i) material (art. 18.º), (ii) orgânica (art. 165.º/1, al. b)) e de (iii) revisão constitucional (art. 288.º, al. d)).

Trata-se de uma lei de carácter restritivo de DLG, assim sendo obriga ao preenchimento de 6 requisitos:

(i) previsão constitucional expressa;
(ii) restrição justificada pela necessidade de proteção de bens constitucionalmente relevantes;
(iii) princípio da proporcionalidade na sua vertente tríplice: adequação, necessidade e proporcionalidade;
(iv) restrição com carácter geral e abstrato;
(v) que disponha de carácter prospetivo, isto é, apenas dispõe para situações futuras;
(vi) respeito pelo conteúdo essencial do direito.

Estes são os 6 requisitos que deverão ser levados em consideração para operar uma restrição válida – *in casu* é discutível se tal seria possível, uma vez que a lei não dispõe de um carácter geral e abstrato, abrangendo apenas os barcos dos munícipes de lisboa – podendo comprometer a sua generalidade e abstração.

62) SUPONHA AGORA QUE A ASSEMBLEIA DA REPÚBLICA APROVA UMA LEI QUE REGULA A REQUISIÇÃO DE BARCOS DE RESIDENTES DE ZONAS AFETADAS PARA RESGATE DE PESSOAS E BENS SUBMERSOS.

R: Discussão idêntica à da alínea anterior – direito de propriedade *vs* direito à segurança e necessidade de requisitar bens privados por parte do Estado.

Requisitos da lei que prevê a restrição de DLG's: neste caso, existe já um maior respeito pela abstração e generalidade que uma lei deste tipo deverá revestir, em conformidade com o art. 18.º/3 CRP.

63) AINDA SOBRE A QUESTÃO DA REQUISIÇÃO DE BARCOS DE RESIDENTES, SUPONHA QUE O TRIBUNAL CONSTITUCIONAL VEM A PRONUNCIAR-SE, NO DIA 14 DE MAIO, NO SENTIDO DA SUA INCONSTITUCIONALIDADE POR VIOLAÇÃO DO DIREITO DE PROPRIEDADE. O PRESIDENTE DA REPÚBLICA VETA O DIPLOMA E DEVOLVE-O AO GOVERNO, QUE O CONFIRMA, POR MAIORIA ABSOLUTA DOS MINISTROS PRESENTES NO CONSELHO DE MINISTROS. O PRESIDENTE DA REPÚBLICA PROMULGA O DIPLOMA CONFIRMADO, POR ENTENDER QUE ESTAVA OBRIGADO A FAZÊ-LO, MAS DECIDE SOLICITAR, DE IMEDIATO, A FISCALIZAÇÃO SUCESSIVA DA SUA CONSTITUCIONALIDADE. O QUE LHE APRAZ DIZER SOBRE ESTAS QUESTÕES?

R: Foi desencadeado um processo de fiscalização preventiva da constitucionalidade – tal é regulado nos moldes do art. 279.º CRP e no art. 51.º da LTC. Antes de mais, cumpre sublinhar que o PR tem competência para desencadear este processo nos termos do art. 134.º/al. g). Assim sendo, nestes casos o TC dispõe de 25 dias para decidir sobre a questão e apenas se pronuncia sobre a sua inconstitucionalidade ou não inconstitucionalidade.

Neste caso existiu pronúncia sobre a inconstitucionalidade da norma, assim o sendo, prevê o art. 279.º que o PR deverá vetar o diploma e devolver ao órgão que o tiver aprovado. Posteriormente, o Governo não pode, sem mais, confirmar por maioria absoluta o DL vetado – deste modo, conforme dispõe o art. 279.º/2, este não poderá ser promulgado sem que o órgão que o tiver aprovado: (i) expurgue a norma que o tiver julgado inconstitucional e (ii) a confirme por maioria de 2/3 (dois terços) dos deputados presentes desde que superior à maioria absoluta dos deputados em efetividade de funções.

Paralelamente, importa mencionar que se o diploma vier a ser reformulado poderá o PR, conforme os casos, requerer a fiscalização preventiva de qualquer das suas normas.

64) INDIGNADOS COM A MEDIDA, OS DEPUTADOS DA OPOSIÇÃO ANUNCIARAM QUE IRIAM FAZER TODOS OS POSSÍVEIS PARA FAZER CESSAR A VIGÊNCIA DO DL. QUE INSTRUMENTO TERÃO AO SEU DISPOR?

R: Os deputados têm a possibilidade de requerer a fiscalização sucessiva nos termos do art. 281.º. Dispõem de legitimidade ativa nos moldes e termos do art. 281.º/2, al. f) – tendo em consideração que a oposição tem um valor superior a um décimo dos deputados da AR. Paralelamente, nos termos da lei orgânica, importa mencionar que este processo se realizará nos moldes e termos do art. 51.º e ss LTC.

65) SUPONHA QUE O VALOR DO SUBSÍDIO DE DESEMPREGO SOFRE UM CORTE FRUTO DE MEDIDAS DE COMBATE À CRISE ECONÓMICA QUE SE ESPERA ASSOLAR PORTUGAL. BERTA, JURISTA E DESEMPREGADA QUE BENEFICIAVA DO SUBSÍDIO DE DESEMPREGO, CONSIDERA QUE A REDUÇÃO É INCONSTITUCIONAL POR VIOLAÇÃO DO PRINCÍPIO DA TUTELA DA CONFIANÇA E PRETENDE REAGIR À REDUÇÃO DO SEU MONTANTE. PODERÁ FAZÊ-LO?

R: Ao contrário do que acontece, por exemplo, no OJ alemão, em Portugal não se prevê a figura do recurso de amparo – ou seja, não existe a possibilidade de um particular recorrer automaticamente para o TC.

Assim sendo, Berta deveria realizar queixa ao Provedor de Justiça – entidade com legitimidade para desencadear o respetivo processo de fiscalização abstrata sucessiva, nos moldes e termos do art. 281.º/2, al. d) CRP – tendo sempre em consideração que o Provedor de Justiça tem o poder meramente recomendativo, não ficando o TC vinculado à suas conclusões.

Para tal poderia ser alegado, para além do princípio da tutela da confiança, o princípio da proibição do retrocesso social[24]. A questão do retrocesso social foi amplamente debatida na doutrina e jurisprudência, especialmente com o

[24] Sobre esta questão veja-se os controversos acórdãos do TC n.º 474/02 e "" n.º 39/84, do qual se retira o seguinte excerto, "(...) Em nossa opinião, é difícil aceitar um princípio geral do *«acquis social»* ou da «proibição do retrocesso», sob pena de se sacrificar a «liberdade constitutiva» do legislador, sobretudo numa época em que ficou demonstrado que não existe uma via única e progressiva para atingir a sociedade justa.", acrescentando-se "(...) Contudo, isso não implica a aceitação de um princípio geral de proibição do retrocesso, nem uma «eficácia irradiante» dos preceitos relativos aos direitos sociais, encarados como um «bloco constitucional dirigente». A proibição do retrocesso não pode constituir um princípio jurídico geral nesta matéria, sob pena de se destruir a autonomia da função legislativa, degradando-a a mera função executiva da Constituição. A liberdade constitutiva e a auto-revisibilidade, ainda que limitadas, constituem características típicas da função legislativa e elas seriam praticamente eliminadas se, em matérias tão vastas como as abrangidas pelos direitos sociais, o legislador fosse obrigado a manter integralmente o nível de realização e a respeitar os direitos por ele criados."

eclodir da crise económico-financeira de 2009. Fruto de todas estas discussões, tornou-se claro que a questão não era tão linear como poderia parecer a uma primeira análise doutrinal. O debate deste tema carece sempre de um juízo de casualidade, tendo em consideração uma série de vetores relacionados com a proporcionalidade como a: adequação, necessidade e proporcionalidade.

66) O PR RECECIONOU EM BELÉM UM DIPLOMA DA AR E REQUEREU AO TRIBUNAL A FISCALIZAÇÃO DA SUA CONSTITUCIONALIDADE. O TC RECEBEU O DIPLOMA, MAS APENAS SE PRONUNCIOU PASSADOS 2 MESES, PRONUNCIANDO-SE PELA INCONSTITUCIONALIDADE COM FORÇA OBRIGATÓRIA GERAL – QUID IURIS?

R: O PR desencadeou o processo de fiscalização preventiva da constitucionalidade, tendo legitimidade para o realizar nos termos e moldes do art. 278.º/1 – dispondo de um prazo de 8 dias, nos termos do nr. 3 do mesmo artigo.

Paralelamente, e em conformidade com o nr. 8, o TC deveria ter decidido a questão num **prazo de 25 dias** – prazo esse que foi largamente ultrapassado – podendo ser debatido em sede doutrinal quais serão os efeitos deste atrasado da pronúncia por parte do TC.

Paralelamente importa mencionar que, em sede de fiscalização preventiva, o TC não declara a inconstitucionalidade das normas com força obrigatória geral, apenas se pronunciando no sentido da inconstitucionalidade ou não.

67) O PR DECIDIU, ENTÃO, DEVOLVÊ-LO À AR. INCONFORMADOS, E COMO FORMA DE ULTRAPASSAR A REFERIDA DECISÃO, OS DEPUTADOS APROVARAM POR UNANIMIDADE UMA LAL QUE PERMITIA À PRÓPRIA AR APROVAR A ALTERAÇÃO À LEI EM QUESTÃO. CONSIDERANDO NÃO TER QUALQUER OPÇÃO, POR SE TRATAR DE UMA MAIORIA SUPERIOR À MAIORIA NECESSÁRIA PARA A ASSUNÇÃO DE PODERES EXTRAORDINÁRIOS DE REVISÃO CONSTITUCIONAL, O PR PROMULGOU-A A 1 DE AGOSTO.

R: O efeito típico da pronúncia do TC no sentido de inconstitucionalidade em fiscalização preventiva é precisamente a devolução do decreto ao PR para que este o vete e devolva à AR – tal decorre expressamente do art. 279.º/1 CRP. A AR não pode, de modo algum, aprovar uma LAL como forma de ultrapassar o veto (art. 165.º). As opções da AR são as do art. 279.º – caso se optasse pela confirmação nos termos do art. 279.º/2, seria necessária uma maioria de 2/3 dos deputados presentes, desde que superior à maioria absoluta dos deputados em efetividade de funções (art. 279.º/2). Depois de confirmado um decreto nestas circunstâncias, deverá discutir-se se o PR mantém, ou não, a liberdade de escolher promulgá-lo ou vetá-lo, em face do teor do art. 279.º/2 da CRP.

68) NA SEMANA SEGUINTE, CONTUDO, O PR ARREPENDEU-SE E RESOLVEU REQUERER A FISCALIZAÇÃO SUCESSIVA DA CONSTITUCIONALIDADE DO DIPLOMA EM GERAL. EM 2022, O TRIBUNAL DECLAROU A INCONSTITUCIONALIDADE DA LEI COM FORÇA OBRIGATÓRIA GERAL. AURORA, JUÍZA DO TC, RECUSA-SE EM TRIBUNAL A DEVOLVER OS RENDIMENTOS ENTRETANTO GANHOS. *QUID IURIS*?

R: O PR tem poderes para requerer a fiscalização sucessiva abstrata da constitucionalidade – conforme dispõe o art. 281.º/2, al. a) CRP. O facto de o TC apenas ter declarado em 2022 não assume especial relevância, uma vez que o **prazo para pronúncia por parte do TC apenas existe nos casos de fiscalização preventiva da constitucionalidade**, pelo que a sua pronúncia é tempestiva e totalmente válida. A declaração de inconstitucionalidade com força obrigatória geral é uma das decisões típicas em fiscalização sucessiva abstrata, cujos efeitos típicos são a retroatividade *ex tunc*, o efeito repristinatório[25] e a proibição de reedição da norma – art. 282.º/1/2 CRP.

69) A ASSEMBLEIA DA REPÚBLICA EMITIU UMA LEI DE AUTORIZAÇÃO LEGISLATIVA NOS TERMOS DA QUAL O GOVERNO PODERIA APROVAR UM DECRETO-LEI REGULADOR DA RELAÇÃO ENTRE AS ORDENS PROFISSIONAIS. NÃO SE DESCORTINANDO NO TEXTO LEGAL UMA IMPOSIÇÃO TEMPORAL ESPECÍFICA, O GOVERNO APROVOU, 6 MESES DEPOIS, O SOLICITADO DIPLOMA.

Durante um processo que corria termos no Tribunal Administrativo de Círculo de Lisboa, Berta alegou que o DL não respeitava o sentido da correspondente Lei de Autorização e que, consequentemente, padecia de inconstitucionalidade orgânica.

O Tribunal Administrativo de Círculo de Lisboa concordou com a alegação e sentenciou em conformidade, não tendo sido interposto recurso para o TC.

R: *In casu* estamos perante uma lei de valor reforçado, por se tratar de uma LAL – assim decorre do art. 112.º/2/3 CRP. Paralelamente, a regulamentação sobre ordens profissionais enquadra-se nos termos e moldes do art. 165.º/1, al. s), pelo que se trata de matéria de competência relativa da AR – passível de ser regulamentada pelo Governo desde que cumpridos os pressupostos da LAL – art. 165.º/2.

Todavia, é fulcral que todos os elementos da LAL se encontrem preenchidos – sob pena de gerar uma inconstitucionalidade material. *In casu* não foi definida a duração da autorização, pelo que **faltou um dos pressupostos.**

[25] Para mais desenvolvimentos acerca da repristinação e seu *modus operandi*, a explicação de, Miranda. J., "Curso de Direito Constitucional – Vol.2", 2.ª ed, p. 298 e ss, Universidade Católica Editora.

Berta lançou mão do processo de fiscalização difusa – decorrente do art. 204.º CRP e traço distintivo do modelo constitucional misto adotado no ordenamento jurídico português. Ainda sublinhar que o TAC de Lisboa era competente para conhecer e decidir a sua não aplicação.

Paralelamente, importa sublinhar que o TAC, ao recusar a aplicação de uma norma com base na sua inconstitucionalidade, originaria obrigatoriedade de recurso para o MP nos moldes do art. 280.º/2/a/3 CRP. Esta obrigatoriedade decorre ainda da LTC – art. 72.º/3. Sendo ainda de sublinhar que esta obrigatoriedade comporta a exceção do art. 72.º/4, ou seja, o MP pode abster-se de interpor recurso de decisões conformes com a orientação que se encontre já estabelecida com a questão em causa.

70) ESTANDO PRESENTES 114 DEPUTADOS, A AR APROVA UMA ALTERAÇÃO DA ORGANIZAÇÃO DO GOVERNO, TIDA POR INADEQUADA AO COMBATE À COVID-19. ENVIADO O DIPLOMA PARA PROMULGAÇÃO, O PRESIDENTE DA REPÚBLICA REQUER A FISCALIZAÇÃO PREVENTIVA. DEPOIS DE PRONÚNCIA PELA INCONSTITUCIONALIDADE, O DIPLOMA É CONFIRMADO PELA AR COM 180 VOTOS FAVORÁVEIS. PERANTE ISSO, O PR AFIRMA-SE OBRIGADO A PROMULGAR.

Quid iuris?

R: O art. 116.º/2 CRP foi violado – teria de estar presente a maioria dos deputados para se poder decidir, sendo que a maioria são 116 deputados e só estavam 114. Assim sendo, há uma inconstitucionalidade material fruto da falta de quórum.

Quanto à organização do governo – dispõe o art. 198.º/2 da CRP quanto à sua organização e funcionamento como sendo da exclusiva competência legislativa do Governo.

A fiscalização preventiva requerida pelo PR decorre do art. 278.º e este tem legitimidade nos termos do nr. 1 – quanto a questões de índole processual, este processo é regido pela LTC, mais propriamente os seus artigos 51.º e ss – assim sendo, este processo deverá ser despoletado no prazo de 8 dias e o TC deverá proferir decisão no prazo de 25 dias. Importa sublinhar que, nestes casos, o TC não se pronuncia sobre a inconstitucionalidade com força obrigatória geral, pronuncia-se sim, simplesmente, sobre a mera existência de inconstitucionalidade.

Assim sendo, o TC pronunciando-se, produzem-se os efeitos do art. 279.º isto é: (i) o diploma deverá ser vetado pelo PR e posteriormente (ii) devolvido ao órgão que o tiver aprovado.

Importa, contudo, sublinhar que, nos termos do nr.2, não poderá ser promulgado ou assinado sem que o órgão que o tiver aprovado: (i) expurgue a norma julgada inconstitucional ou alternativamente (ii) o confirme por maioria de dois terços dos deputados presentes, desde que superior à maioria absoluta dos deputados em efetividade de funções.

Ainda no que concerne ao art. 279.º/2 – poderia discutir-se a problemática da possibilidade de promulgação e não o dever de promulgação nos termos do disposto no art. 279.º/2 CRP.

71) **SUPONHA QUE O TESTAMENTO DE ANTÓNIA DESERDA TODAS AS SUAS HERDEIRAS FEMININAS COM HABILITAÇÕES LITERÁRIAS SUPERIORES, POR ENTENDER QUE ESSA OPÇÃO CORRESPONDE A DESCURAR A VERDADEIRA FUNÇÃO DA MULHER.**
***Quid iuris*?**

R: *In casu* verifica-se uma colisão de direitos, isto é, quando num caso concreto, a proteção jurídica emergente do DF de um determinado sujeito colida com a de um DF de terceiro ou com a necessidade de proteger/compatibilizar interesses constitucionais.

Na situação em apreço será de sublinhar a existência de uma discriminação em função do género – art. 13.º/2 da CRP – por contraposição à autonomia privada e ao direito de testar, isto claro, partindo do pressuposto que estamos a falar da "quota disponível" de Antónia.

Assim sendo, havendo uma situação de colisão de direitos/conflitos de interesses, não existe na CRP uma norma específica que permita a sua resolução, assim sendo, na falta de disposições legais harmonizadoras, a resolução da questão caberá às partes ou numa última instância ao tribunal.

A resolução de uma situação de colisão de direitos não tem uma resolução una, deverão ser ponderados uma série de fatores casuisticamente, nomeadamente:

(i) natureza e a importância abstrata dos direitos;
(ii) relevância concreta dos direitos e interesses em presença;
(iii) qualidade dos intervenientes;

Deverá, portanto, ser realizado um rigoroso exercício de concordância prática tendo sempre por base o princípio da proporcionalidade nas suas 3 dimensões: adequação, necessidade e proporcionalidade.

Deste modo, chegados aqui, tendo em consideração que estamos a falar de "herdeiras" e não "legatárias", iremos presumir que se tratam das suas herdeiras legais – não sendo admissível como causa de deserdação os argumentos deduzidos pela Antónia (relembre-se que, as causas de deserdação se encontram taxativamente previstas na lei, no art. 2166.º CC). Assim sendo, a autonomia privada e vontade da Antónia deveria ceder perante o princípio da igualdade e da não discriminação pelo sexo.

72) BERTO PRETENDE FAZER UMA EXPERIÊNCIA DE *BUNGEE JUMPING* NA PONTE DA ARRÁBIDA, TENDO REQUERIDO TER À SUA DISPOSIÇÃO, PARA O EFEITO DE ALGO CORRER MENOS BEM, DOIS HELICÓPTEROS DO INEM.

R: Haverá, desde logo, de identificar os direitos em confronto: assim sendo, Berto tem direito à sua liberdade e, paralelamente, o direito a praticar desporto. Está na sua esfera de atuação e liberdade escolher o desporto que mais lhe aprouver, ainda que seja arriscado do prisma da sua integridade física. A questão coloca-se, pois, Berto deseja ter à sua disposição dois helicópteros do INEM – sendo que tal imposição poderá colocar em risco o DLG à segurança de outros que, naquele momento, possam verdadeiramente necessitar de um helicóptero para fins de emergência médica.

Assim sendo, seria de abordar, para além da questão da colisão de direitos, a existência de uma renúncia a DLG[26] (neste caso, o DLG do direito à liberdade e à segurança – art. 27.º CRP) por parte de Berto. A renúncia traduz-se no enfraquecimento voluntário, por força da vontade do próprio titular, de um DF. Assim sendo, a primeira questão a colocar-se e a aferir é a da legitimidade constitucional dessa figura, uma vez que esta não se encontra expressamente prevista na CRP. Deste modo, a doutrina desenvolveu uma série de pressupostos sobre a renúncia que haverão de ser levados em consideração:

(i) O primeiro pressuposto é a existência de um DF, sendo este indisponível e inalieável – a renúncia não opera ao nível da totalidade do direito, mas sim ao nível de uma posição individual ou ao nível de determinados efeitos de proteção avaliados em concreto;

(ii) A análise do direito fundamental no caso concreto – há que ter em consideração as circunstâncias particulares do caso concreto, em função da condição do respetivo titular e em função do fim da renúncia;

(iii) Margem de decisão: possibilidade de dispor sobre certos direitos – há certos direitos que são inalienáveis e indisponíveis, é por exemplo o caso do direito á vida – poderia ser discutível se este caso se enquadra no direito à vida;

(iv) Indispensabilidade, levando em consideração o equilíbrio de efetuar aquela renúncia – este parece o pressuposto mais difícil de estar preenchido no caso, uma vez que se trata de uma pura atividade desportiva, de lazer, não existindo qualquer bem ou direito constitucional em confronto;

[26] Para mais desenvolvimentos sobre a renúncia a (posições de) DLG's e seguindo a orientação veiculada por Reis Novais, J, cfr. De Melo Alexandrino, J., "Direitos Fundamentais – Introdução Geral", 2.ª ed, p. 146 e ss, Principia, 2015.

(v) Consideração da dignidade da pessoa humana – poderá ser debatido se neste caso a dignidade da pessoa humana é colocada em causa e se tal é possível.

73) A EMPRESA X DETERMINA QUE OS TRABALHADORES QUE ESTEJAM EM TELETRABALHO NÃO TEM DIREITO A GOZAR FÉRIAS. TAL ESTIPULAÇÃO SERIA VÁLIDA?

Quid iuris?

R: Discussão do confronto entre a livre iniciativa económica/privada (art. 61.º CRP) *vs* direitos dos trabalhadores (art. 59.º/1/d) CRP) – assim sendo, todos os trabalhadores tem direito a gozar férias pagas e tal não poderá estar na disponibilidade de qualquer ónus para além dos já previstos no CT, nomeadamente dos dias de trabalho necessário para usufruir de férias. Tal seria fortemente atentatório dos direitos basilares dos trabalhadores. Deste modo, o facto de os trabalhadores efetuarem o seu trabalho em regime de teletrabalho não poderá nunca ser atentatório do seu direito ao descanso. Como tal, tendo em consideração:

(i) o princípio de concordância prática;

(ii) a natureza e a importância dos direitos;

(iii) a relevância concreta dos direitos e interesses em presença;

E ainda,

(iv) a qualidade dos intervenientes;

Estes 4 pontos deverão ser levados em consideração com o princípio da proporcionalidade nas suas 3 vertentes, isto é: adequação, necessidade e proporcionalidade em sentido estrito.

Será, pois, de concluir que tal não seria admissível por ser atentatório ao direito ao descanso do trabalhador, pelo que tal estipulação nunca seria admissível no quadro legislativo português.

74) O ÓRGÃO DE COMUNICAÇÃO SOCIAL Y TEM NO SEU ESTATUTO EDITORIAL UMA NORMA QUE AFASTA A POSSIBILIDADE DE EXERCÍCIO DO DIREITO DE RETIFICAÇÃO E RESPOSTA. SERIA VÁLIDO?

Quid iuris?

R: Discussão do confronto entre o direito à livre iniciativa económica do art. 61.º CRP *vs* direito de antena e de resposta do art. 40.º CRP – assim sendo, tendo em consideração o art. 18.º, com especial enfoque no domínio do princípio da proporcionalidade nas suas 3 vertentes, isto é: (i) adequação, (ii) necessidade e (iii) proporcionalidade – haverá de considerar-se que o princípio de resposta e antena, num Estado de direito democrático, terá de prevalecer sobre a livre iniciativa económica.

75) ATENDENDO ÀS NOVAS AMEAÇAS DO TERRORISMO INTERNACIONAL, UMA NOVA LEI AUTORIZA OS SERVIÇOS SECRETOS PORTUGUESES A FAZER ESCUTAS QUANDO TENHAM "FORTES E FUNDAMENTADAS SUSPEITAS" DE ENVOLVIMENTO DOS 'ESCUTADOS' NA PREPARAÇÃO DE ATOS DE TERRORISMO.

Quid iuris?

R: Estamos perante uma situação de colisão/conflito de DF's (DLGs) – A intimidade da vida privada (art. 26.º/1 CRP) e a inviolabilidade do domicílio e correspondência (art. 34.º CRP) *vs* direito à segurança (art. 27.º CRP).

Assim sendo, para uma restrição a um DLG ser válida deverão estar cumpridos 6 pressupostos:

(i) previsão constitucional expressa;
(ii) restrição justificada pela necessidade de proteção de bens constitucionalmente relevantes;
(iii) necessidade de a lei revestir um carácter geral e abstrato;
(iv) efeitos prospetivos, isto é, obrigatoriedade da lei dispor para futuro;
(v) respeito pelo conteúdo essencial do direito
(vi) princípio da proporcionalidade nas suas 3 dimensões: adequação, necessidade e proporcionalidade em sentido estrito.

A questão da admissibilidade das escutas telefónicas encontra-se prevista e regulada nos termos do art. 34.º/4 CRP, salvo os casos previstos na lei criminal[27] – ou seja, poderá ser admissível em nome do princípio da segurança jurídica, em casos devidamente justificados.

76) ATENDENDO À INJUSTIÇA DA DISPARIDADE ENTRE O MONTANTE DE PENSÕES DE REFORMA NO SETOR PÚBLICO E NO SETOR PRIVADO, UMA NOVA LEI DETERMINOU UM CORTE DE 10% EM TODAS AS PENSÕES DO SETOR PÚBLICO, COM A RESSALVA DE QUE O MONTANTE DO CORTE SERÁ REPOSTO ASSIM QUE A SITUAÇÃO FINANCEIRA DO PAÍS ESTEJA MAIS EQUILIBRADA (DÉFICE INFERIOR A 2%).

R: Colisão entre o direito à proteção social do art. 63.º CRP e a proteção na terceira idade (art. 72.º CRP).

Regime dos direitos sociais – proteção da confiança e reserva do possível. Realização de referência ao princípio da proibição do retrocesso – Referir que o nosso TC tem revelado uma posição bastante cautelosa quanto a este princípio, isto é, a função legislativa não pode ser encarada como uma função estática – esta deve moldar-se à realidade do estado, como tal não deverá admitir-se *ab initio* uma proibição.

[27] Cfr. art. 187.º CPP.

Portanto, o cerne da questão reside no princípio da proporcionalidade encarado nas suas 3 vertentes: adequação, necessidade e proporcionalidade.

2. DIREITO DA UNIÃO EUROPEIA

1) EFEITO DIRETO HORIZONTAL – AC. MARSHALL[28], O QUE É? CARACTERIZAÇÃO?

R: Firmado pela primeira vez no Ac. Van Gen & Loos[29] – o efeito direto de uma norma da UE consiste, pois, na possibilidade **de um particular invocar essa norma no seu ordenamento jurídico interno.** O Tribunal concluiu que estaríamos perante uma nova OJ de direito internacional para a qual os EMs transferiram os seus poderes soberanos e que, além dos Estados, teria como destinatários, os particulares. O efeito direto verifica-se no plano vertical e horizontal.

No que concerne ao efeito direto horizontal relativamente a diretivas, este foi referido pela primeira vez no Ac. Marshall. Assim, concluiu-se que não existe efeito direto horizontal entre particulares. Isto é, um particular **não poderá invocar disposições decorrentes de diretivas do OJ europeu contra outro particular**. Assim, não podem os particulares invocar, contra outros particulares, o efeito direto das diretivas em tribunal contra outros particulares, mesmo estas sendo claras, precisas, incondicionais.

Qual será a solução de proteção dos particulares nestes casos? Requerer **a interpretação conforme o DUE** (Ac. Mazzalai[30]).

Quanto a regulamentos/tratados/decisões:

Regulamentos: Esta questão da impossibilidade de invocar diretivas na modalidade de efeito direto horizontal, não se aplica a regulamentos – uma vez que estes podem ter efeito diretivo vertical e horizontal.

Tratados: Os tratados também poderão revestir efeito direto vertical e horizontal, irá depender da questão de direito suscitada pelo artigo em questão, terá de ser analisado casuisticamente.

Decisões: São dirigidas contra uma parte em particular, como tal são invocáveis apenas perante essa parte.

[28] Disponível em https://eur-lex.europa.eu/legal-content/PT/TXT/?uri=CELEX%3A61991CJ0271.

[29] Disponível em https://eur-lex.europa.eu/legal-content/PT/TXT/?uri=CELEX%3A61962CJ0026.

[30] Disponível em https://eur-lex.europa.eu/legal-content/PT/TXT/?uri=CELEX:61975CJ0111.

2) EFEITO DO PRIMADO E SEUS LIMITES – ART. 4.º TFUE EM LIGAÇÃO COM O ART. 8.º CRP, COMO DEVERÁ SER INTERPRETADO E COMPATIBILIZADO?

R: O primado do direito europeu foi firmado pela primeira vez no Ac. Costa contra E.N.E.L[31]. Não se encontra formalmente delimitado nos tratados. Para o TJ o princípio **tem um valor absoluto**, ou seja, **todo o DUE prevalece sobre o direito nacional contrário.** Ficando assim os tribunais nacionais obrigados a não aplicar a norma nacional contrária ao DUE – tendo o legislador nacional o dever de a revogar.

Seu limite: A nossa CRP no art. 8.º/4 prevê limites ao primado, isto é, quando na última parte do preceito fala dos princípios do Estado de direito democrático. O DUE só prevalece desde que essas mesmas disposições do DUE sejam compatíveis com os princípios do Estado de direito democrático.

O ac. recente do **TC 422/2020**[32], veio dizer que estes limites do art. 8.º/4 da CRP têm que ver com o acesso à jurisdição, identidade constitucional da república, entre outros – o TC encarou, portanto, esta limitação **de modo muito restrito,** sendo apenas aplicável como última ratio e em casos de violação quase gritante.

Por outro lado, o TJ, em 2021, no acórdão A.B e O[33]. frisou novamente a importância do primado para a construção de uma Europa coesa e equilibrada do prisma legislativo.

3) INTERPRETAÇÃO CONFORME – O QUE É, SEUS LIMITES E EFEITOS;

R: Foi inicialmente proclamada pelo TJ no ac. Mazzalai[34]. O TJ decidiu que ao aplicar o direito interno, os órgãos jurisdicionais nacionais são obrigados a interpretá-lo, na medida do possível, à luz do texto e da finalidade da diretiva em causa, para atingir o resultado por ela prosseguido e cumprir dessa forma o art. 288.º do TFUE. Esta obrigação de interpretação conforme prende-se essencialmente com o garante da eficácia do DUE – Ac. Maribel Dominguez[35].

A **obrigação de interpretação conforme aplica-se ao OJ nacional como um todo**.

[31] Disponível em https://eur-lex.europa.eu/legal-content/PT/TXT/?uri=CELEX%3A61964CJ0006.
[32] Disponível em https://www.tribunalconstitucional.pt/tc/acordaos/20200422.html.
[33] Disponível em https://curia.europa.eu/juris/liste.jsf?num=C-824/18.
[34] Disponível em https://eur-lex.europa.eu/legal-content/PT/TXT/?uri=CELEX:61975CJ0111.
[35] Disponível em https://eur-lex.europa.eu/legal-content/pt/TXT/?uri=CELEX:62010CJ0282.

Limites da interpretação conforme[36]:

(i) quando imponha a um particular uma obrigação prevista numa diretiva não transposta ou, por maioria de razão, quando leve a determinar ou a agravar, com base numa diretiva e na falta de uma lei adotada para a sua aplicação, a responsabilidade penal daqueles que atuem em violação das suas disposições;

(ii) aplicação dos princípios gerais do direito, não pode dar origem a uma interpretação *contra legem* do direito nacional (sublinha-se o respeito pelo princípio da segurança jurídica);

4) O QUE ENTENDE POR "MECANISMO DE REENVIO PREJUDICIAL"?

R: Constitui **o meio contencioso destinado a garantir a uniformidade na interpretação e na aplicação do DUE.** Configura-se como um instrumento de cooperação entre o TJUE e os tribunais nacionais, à sua apreciação e decisão recorrer ao supra aludido mecanismo.

Sobre o reenvio obrigatório ou facultativo (267, 2.º. 3.º §, TFUE).

5) CONCEITO DE ÓRGÃO JURISDICIONAL NACIONAL PARA EFEITOS DE REENVIO;

R: Estes critérios foram firmados pela jurisprudência do TJ, nomeadamente no Ac. Vaassen-Gobles[37] e Dorsch Consult[38].

Os elementos são:

(i) a origem legal do órgão;
(ii) a sua permanência;
(iii) o carácter obrigatório da sua jurisdição;
(iv) a natureza contraditória do processo;
(v) aplicação pelo órgão das normas de direito e,
(vi) a sua independência;

Por exemplo, no caso português a questão colocou-se sobre o tribunal arbitral tributário (CAAD), sendo que o TJUE concluiu pela sua procedência como órgão jurisdicional nacional para efeitos de reenvio.

[36] Sobre esta questão e a forma como o STJ encarou a questão, ver, MACHADO C., "A interpretação (des) conforme ao direito da União Europeia patente no acórdão uniformizador de jurisprudência n.º 15/2013 do Supremo Tribunal de Justiça português", EU Law Jornal, vol. 2, n.º 2, 2016.

[37] Disponível em https://eur-lex.europa.eu/legal-content/PT/ALL/?uri=CELEX%3A61965CJ0061.

[38] Disponível em https://eur-lex.europa.eu/legal-content/PT/TXT/?uri=CELEX%3A61996CJ0054.

6) LIMITES AO PRINCÍPIO DO PRIMADO;

R: A CRP no art. 8.º/4 prevê limites ao primado, isto é, quando na última parte do preceito refere o princípio do estado de direito democrático. O DUE apenas prevalece desde que essas mesmas disposições sejam compatíveis com os princípios do estado de direito democrático. O ac. recente do **TC 422/2020**[39]**,** veio dizer que estes limites do art. 8.º/4 têm que ver com o acesso à jurisdição, identidade constitucional da república, entre outros.

Em suma, a visão do nosso **TC é muito restritiva quanto à possibilidade de afastar o DUE de molde a proceder à aplicação do direito nacional.**

7) DISTINGA REGULAMENTO DE DIRETIVA;

R: Art. 288.º TFUE.

(i) Regulamento: tem caráter geral, sendo obrigatório em todos os seus elementos e diretamente aplicável em todos os EM's.

(ii) Diretiva: Vincula o EM destinatário quanto ao resultado a alcançar, deixando, no entanto, às instâncias nacionais a competência quanto à forma e aos meios – em Portugal, a forma de transposição resulta do art. 112.º/8 CRP. Aliás, a doutrina, no que às diretivas concerne, faz ainda uma distinção entre as diretivas de *minimus* e de *maximus*, conforme a margem de discricionariedade que é dada ao EM na sua transposição para o seu OJ.

8) PROBLEMAS DE INVALIDADE DE UMA DIRETIVA OU REGULAMENTO, QUAL É A MODALIDADE DE REENVIO?

R: Nos casos de **invalidade, o reenvio é obrigatório**, tal resulta do Ac, Foto-Frost[40], e é **independente de se tratar da última instância ou não**.

9) PROBLEMAS DE INTERPRETAÇÃO DE UMA DIRETIVA OU REGULAMENTO, QUAL É A MODALIDADE DE REENVIO?

R: Estando em causa problemas de interpretação, o reenvio é facultativo, exceto se o caso estiver a ser decidido em última instância, em conformidade com o disposto no art. 267.º/3 TFUE – ac. Lyckeskog[41]. A *ratio* desta norma é o garante da interpretação e aplicação correta e uniforme do DUE.

[39] Disponível em https://www.tribunalconstitucional.pt/tc/acordaos/20200422.html.

[40] Disponível em https://eur-lex.europa.eu/legal-content/PT/ALL/?uri=CELEX%3A61985CJ0314.

41 Disponível em https://eur-lex.europa.eu/legal-content/EN/TXT/?uri=CELEX%3A62000CJ0099.

10) COMO SE DEVERÁ PROCEDER CASO NÃO EXISTA RECURSO NO CASO CONCRETO?

R: Caso não exista recurso no caso concreto e tal como o TJ clarificou no ac. Lyckeskog[42] – é imperativo o seu reenvio para o TJUE, salvo se estiverem preenchidos os 3 requisitos do ac. CILFIT[43]:

(i) ser a questão a resolver muito clara (teoria do ato claro);
(ii) ser a questão posta pelas partes impertinente (não possa ter nenhuma influência na decisão do litígio);
(iii) já haver jurisprudência do TJUE sobre essa questão.

11) EXISTEM EXCEÇÕES À OBRIGAÇÃO DE REENVIO? SE SIM, INDIQUE QUAIS.

R: Sim – decorrem da jurisprudência CILFIT[44]:

(i) ser a questão a resolver muito clara (teoria do ato claro);
(ii) ser a questão posta pelas partes impertinente (não possa ter nenhuma influência na decisão do litígio);
(iii) já haver jurisprudência do TJUE sobre essa questão.

12) QUAL O EFEITO PRINCIPAL DO REENVIO PREJUDICIAL EM SEDE DE PROCESSO NA OJ NACIONAL?

R: A apresentação de um pedido de decisão prejudicial acarreta **a suspensão da instância** no processo nacional até à decisão do Tribunal de Justiça.

13) CASO PRÁTICO: IMAGINE QUE O CONSELHO EUROPEU E A COMISSÃO APROVARAM UM REGULAMENTO QUE IMPUNHA AOS TEATROS DOS EM DA UNIÃO EUROPEIA PASSAR UMA PEÇA DE SHAKESPEARE UMA VEZ POR ANO. PARECE-LHE ADMISSÍVEL?

R: Em primeira linha haverá que ter em conta os poderes atribuídos às instituições europeias agora em análise – o conselho europeu previsto no art. 15.º e a comissão do art. 17.º TUE – nenhuma das instituições agora em confronto dispõe de poder legislativo. O poder legislativo está reservado ao parlamento e ao conselho, conforme resulta do TUE.

Paralelamente, a adoção de um regulamento não pode ser feita sem o garante de que será observado o processo legislativo ordinário – estando este regulado nos termos e moldes do art. 289.º em ligação com o art. 294.º ambos do TFUE. Pelo que, as disposições que não observem estes processos **serão inválidas.**

Todavia, ainda que assim não o fosse, importa ressalvar:

Os poderes que a UE dispõe em matéria de cultura figuram do art. 167.º TFUE. Analisando o artigo inferimos que uma peça de Shakespeare poderá ser

[42] Disponível em https://eur-lex.europa.eu/legal-content/EN/TXT/?uri=CELEX%3A62000CJ0099.
[43] Disponível em https://eur-lex.europa.eu/legal-content/EN/TXT/?uri=CELEX%3A61981CJ0283.
[44] Disponível em https://eur-lex.europa.eu/legal-content/EN/TXT/?uri=CELEX%3A61981CJ0283.

considerada como "património cultural comum", todavia tal não deveria ser imposto com carácter de obrigatoriedade em forma de regulamento – até porque poderia, no limite, ser violador do princípio da igualdade – porquê Shakespeare e não, por exemplo, Camões? Assim sendo, poderia ser emitida uma Recomendação, nos moldes do art. 288.º TFUE, que se traduz num convite a um determinado comportamento – não dispondo esta de carácter vinculativo.

14) PROCESSO LEGISLATIVO ORDINÁRIO, PRINCÍPIO DA SUBSIDIARIEDADE, PRINCÍPIO DA ATRIBUIÇÃO – DISTINGA-OS ENTRE SI.

R: **Princípio da subsidiariedade:** Art. 5.º/3 TUE, o princípio da subsidiariedade tem como escopo a regulamentação do exercício das competências não exclusivas da UE.

Exclui a intervenção da UE quando uma questão possa ser tratada de forma eficaz pelos próprios EMs a nível central, regional e local. É assim conferida legitimidade à UE para exercer os seus poderes **apenas quando os EM's não puderem realizar satisfatoriamente** os objetivos de uma ação proposta e a ação da União conferia um valor acrescentado.

Princípio da atribuição: Ao abrigo deste princípio fundamental do direito, previsto no art. 5.º do TUE, a UE atua unicamente dentro dos limites das competências que os países da UE lhe tenham atribuído nos Tratados. Estas competências estão definidas nos artigos 2.º e 6.º do TFUE. As competências que não sejam especificamente atribuídas à EU pelos Tratados pertencem assim aos países da UE.

Processo legislativo ordinário: Regulado nos moldes e termos do art. 289.º e 294.º TFUE. O processo legislativo ordinário consiste na adoção de um regulamento, de uma diretiva ou de uma decisão em conjunto com o Parlamento Europeu e o Conselho (que dispõem de função legislativa) – este processo é definidos nos termos e moldes do art. 294.º TFUE.

15) REENVIO PREJUDICIAL, PODERÁ REVESTIR AS MODALIDADES DE OBRIGATÓRIO E FACULTATIVO? SE SIM, DISTINGA-OS QUANTO AOS SEUS EFEITOS.

R: Obrigatório: Distinguir entre **2 situações**[45]:

(i) **problemas de interpretação:** reenvio facultativo, exceto se última instância, tal decorre de jurisprudência firmada do Ac. Lycheskog em ligação com

[45] Para maiores desenvolvimentos sobre questões de reenvio prejudicial, Oliveira Pais, S., "Estudos de Direito da União Europeia", Almedina, 4.ª ed, 2020, p. 99 e ss. E ainda, Rangel de Mesquita, M.J, "Introdução ao Contencioso da União Europeia", Almedina, 3.ª ed, 2020, p. 156 e ss.

o art. 267.º/3 TFUE. A *ratio* desta norma é o **garante da interpretação e aplicação correta e uniforme do DUE**;

Facultativo: Quando a questão é de interpretação e não foi colocada numa última instância, ou seja, há a probabilidade de ela vir a ser reapreciada na ordem jurídica nacional e se a questão voltar a ser suscitada/partilhada pela última instância, então aí sim – tendo em consideração o Ac. Lyckeskog, o reenvio é obrigatório.

(ii) **casos de invalidade**, o reenvio é obrigatório, tal resulta do Ac, Foto-Frost, e é **independente de se tratar da última instância** ou não.

Efeitos do reenvio: A apresentação de um pedido de decisão prejudicial acarreta a suspensão da instância no processo nacional até à decisão da instância europeia.

Exceção: O reenvio **não é obrigatório** caso estejam preenchidos os requisitos do Ac. CILFIT:

(i) ser a questão a resolver muito clara (teoria do ato claro);
(ii) ser a questão posta pelas partes impertinente (não possa ter nenhuma influência na decisão do litígio);
(iii) já haver jurisprudência do TJCE sobre essa questão.

16) APLICABILIDADE DIRETA E EFEITO DIRETO: QUAL É A DIFERENÇA ENTRE ESTES DOIS CONCEITOS?

R: A **aplicabilidade direta** é um dos traços distintivos dos regulamentos, conforme dispõe o art. 288.º do TFUE, por contraposição às diretivas estes não carecem de transposição para o OJ nacional, produzindo os seus efeitos *per si* e de modo imediato.

Relativamente ao **efeito direto** – este trata a possibilidade de legislação europeia (diretivas, regulamentos, tratados ou decisões), serem invocadas em litígios, seja contra o Estado (efeito direto vertical), seja contra particulares (efeito direto horizontal).

Quanto às diretivas, o efeito direto foi referido pela primeira vez no ac. Van Geen and Loos.

Relativamente ao efeito direito vertical, ou seja, invocação de normas por particulares contra o Estado, este apenas será possível mediante a observação de 2 critérios:

(i) serem claras, precisas, incondicionais;
(ii) ter sido ultrapassado o prazo de transposição da diretiva;

Por outro lado, o efeito direto horizontal, em sede de diretivas, isto é, a possibilidade de invocar normas entre particulares, não é admitido. Deste modo, perante esta situação deverá ser requerida à instância jurisdicional a interpretação conforme ao DUE.

Relativamente aos regulamentos, o efeito direto funciona na vertente vertical e horizontal.

No que respeita às decisões, estas em princípio apenas produzirão os seus efeitos *inter-partes.*

No que respeita às normas dos Tratados, em princípio, dispõe de efeito direto vertical e horizontal, mas haverá que analisar casuisticamente qual é a norma em análise.

17) UM REGULAMENTO DA UE VINCULA UM NACIONAL DE UM ESTADO TERCEIRO FORA DA UE?

R: Regra geral, não. Mas podem existir regulamentos que por força das relações de EM's com países terceiros acabem por afetar Estados terceiros, por exemplo: transferência de dados de um EM europeu para um país terceiro, tem que respeitar o regulamento geral da proteção de dados[46].

18) QUAL O CONTEÚDO DE UM REGULAMENTO?

R: A principal característica assenta no seu conteúdo dispor de carácter **geral, abstrato e contém disposições imediatamente aplicáveis e imediatamente operativas**, diretamente aplicável na ordem jurídica dos EM's, em conformidade com o disposto no art. 288.º TFUE.

19) QUAL A LIBERDADE DE FORMA CONCEDIDA PELA CRP AO LEGISLADOR NACIONAL PARA IMPLEMENTAR DIRETIVAS DA UE?

R: Resulta de forma taxativa do art. 112.º/8 da CRP, isto é, pode revestir a forma de: Lei ou DL.

20) UMA CIRCULAR INTERNA É UMA FORMA DE TRANSPOR UMA DIRETIVA PARA A ORDEM INTERNA?

R: Não, mais uma vez o art. 112.º/8 CRP é taxativo, identificando como formas de transposição de Diretivas a modalidade de Lei ou DL.

[46] Veja-se, a este propósito e como excelente exemplo da questão colocada, o célebre caso de envio dos dados dos manifestantes anti-Putin residentes em Portugal ao governo russo, notícia disponível em https://www.publico.pt/2021/06/10/local/noticia/camara-lisboa-enviou-dados-manifestantes-antiputin-residentes-portugal-governo-russo-1965956.

21) SE UM JUIZ DE 1.ª INSTÂNCIA TEM DÚVIDAS SOBRE A VALIDADE DE UM TRATADO PODE USAR O REENVIO PARA O TRIBUNAL DA UE? E OS TRIBUNAIS DE ÚLTIMA INSTÂNCIA?

R: Nos casos de invalidade, o reenvio é obrigatório, tal resulta do Ac. Foto-Frost, e é independente de se tratar da última instância ou não. Deste modo, tanto o juíz de 1.ª instância como o de última estão obrigados a reenviar.

A questão do reenvio facultativo apenas se coloca com questões de interpretação e caso não seja na 1.º. Instância, isto é, caso a questão seja passível de ser reavaliada por um tribunal nacional. Já no caso de se tratar de uma última instância é obrigatoriamente reenviada, tal resulta da jurisprudência firmada do Ac. Lickeskog, exceto se se verificarem os 3 **requisitos cumulativos do Ac. Cilfit,** isto é:

(i) ser a questão a resolver muito clara (teoria do ato claro);
(ii) ser a questão posta pelas partes impertinente (não possa ter nenhuma influência na decisão do litígio);
(iii) já haver jurisprudência do TJCE sobre essa questão.)

22) QUAIS SÃO AS CONSEQUÊNCIAS JURÍDICAS DA NÃO UTILIZAÇÃO DO REENVIO?

R: Aplicação do contencioso de incumprimento estadual, conforme o previsto nos moldes e termos do art. 260.º TFUE[47].

23) DESCREVER E DISTINGUIR SUCINTAMENTE AS INSTITUIÇÕES DA UE;

R: Art. 13.º TFUE[48].

São **7 as instituições da UE**:

i) **Parlamento Europeu:** Art. 14.º TUE. Composto por representantes dos cidadãos da UE, eleitos por mandato de cinco anos, por sufrágio universal. **Consagra a função legislativa + função orçamental**;

ii) **Conselho Europeu:** Art. 15.º TUE. Composto pelos chefes de estado/de governo dos EM's. **Não tem função legislativa**, sendo a sua função a de definir as orientações e políticas gerais da União – as suas atribuições estão distribuídas pelo TFUE (art. 68.º, 121.º, 148.º, 222.º) e TUE (art. 15.º, 26.º, 48.º, 49.º);

iii) **Conselho (da União Europeia):** Art. 16.º TUE, composto por um representante de cada EM com poderes de vincular o respetivo EM e exercer o seu

[47] Para um estudo mais desenvolvido sobre a questão do processo por incumprimento estadual, veja-se Rangel de Mesquita, M.J, "Introdução ao Contencioso da União Europeia", Almedina, 3.ª ed, 2020, p. 180 e ss.

[48] Sobre as instituições, bem como a sua explicação e distinção entre si, veja-se Oliveira Pais, S., "Estudos de Direito da União Europeia", Almedina, 4.ª ed, 2020, p. 37 e ss.

direito ao voto. **A par do parlamento europeu, desempenha uma função legislativa e orçamental.**

iv) **Comissão Europeia:** Art. 17.º/1 TUE. Tem funções de coordenação, execução e gestão – cabendo-lhe, designadamente, a execução do orçamento e a gestão de programas. Assegura igualmente a representação externa da União, negoceia acordos com países terceiros ou organizações internacionais, etc.

v) **TJUE:** Art. 19.º TUE. Composto por um juiz de cada EM e assistido por advogados gerais. O TJ dá pareceres sobre a compatibilidade de convenções internacionais com o DUE, tem iniciativa legislativa em certas áreas, coopera com os tribunais nacionais e decide recursos de anulação, ações de omissão e ações por incumprimento.

vi) **Banco central europeu;**

vii) **Tribunal de contas;**

24) QUE TRATADO VEIO ALARGAR DE FORMA GENÉRICA A COMPETÊNCIA DESTAS INSTITUIÇÕES?

R: Tratado de Lisboa[49].

25) A UE TEM PERSONALIDADE JURÍDICA?

R: Sim, tal resulta expressamente do consagrado no art. 47.º TUE.

26) AS COMPETÊNCIAS DA UE SÃO ORIGINÁRIAS OU ATRIBUÍDAS?

R: De acordo com o Tratado de Lisboa, a delimitação das competências da União Europeia rege-se pelo **princípio da atribuição, segundo o qual a União atua dentro dos limites das competências atribuídas pelos Estados--Membros para atingir os objetivos consagrados no Tratado.** O artigo 5.º TUE consagra o princípio da atribuição das competências. À UE são atribuídas as competências previstas no art. 2.º e ss TFUE.

27) HOUVE ALGUM TRATADO QUE TIVESSE INSTITUÍDO NA UE A COOPERAÇÃO JUDICIÁRIA?

R: Sim. O Tratado de Lisboa[50].

[49] Para mais desenvolvimentos acerca das mudanças implementadas pelo Tratado de Lisboa, cfr. Oliveira Pais, S., "Estudos de Direito da União Europeia", Almedina, 4.ª ed, 2020, p. 99 e ss.

[50] Para mais desenvolvimentos acerca das mudanças implementadas pelo Tratado de Lisboa, nomeadamente ao nível da cooperação judiciária e seu *modus operandi*, cfr. Oliveira Pais, S., "Estudos de Direito da União Europeia", Almedina, 4.ª ed, 2020, p. 99 e ss.

28) QUAL O PRINCÍPIO BASILAR DESSA COOPERAÇÃO?

R: Princípio da aplicação uniforme na interpretação e aplicação do DUE.

29) SABE DIZER, PARA EFEITOS DE REENVIO, QUAL É A NOÇÃO DE ÓRGÃO JURISDICIONAL NACIONAL RECONHECIDA PELO TRIBUNAL DE JUSTIÇA?

R: Ac. Vaassen Gobels e Dorsch Consult, existem **5 requisitos**:

(i) a origem legal do órgão;

(ii) a sua permanência;

(iii) o carácter obrigatório da sua jurisdição;

(iv) a natureza contraditória do processo;

(v) a aplicação pelo órgão de normas de direito, bem como a sua independência – no OJ PT esta questão colocou-se com o tribunal arbitral (CAAD) – tendo o TJUE decidido que este preenchia os requisitos de órgão jurisdicional nacional.

30) EXISTE UMA OBRIGAÇÃO DE REENVIO QUANDO AS PARTES, NO PROCESSO, CHAMAM A ATENÇÃO PARA DÚVIDAS PERTINENTES DE INTERPRETAÇÃO OU VALIDADE DO DIREITO DA UNIÃO?

R: Depende. O **reenvio é obrigatório** quando se trate de **uma questão de invalidade**, independentemente da instância em que se encontre, isto é, existindo recurso ou não – Ac. Foto-Frost, a não ser que estejam preenchidos os 3 requisitos cumulativos do Ac. Cilfit:

(i) teoria do ato claro – isto é, tendo em consideração a questão suscitada é de tal modo clara que não suscita dúvidas;

(ii) ser a questão posta pelas partes impertinente (não possa ter nenhuma influência na decisão do litígio);

(iii) já haver jurisprudência do TJUE sobre essa questão;

Caso se trate de **uma questão de interpretação,** o reenvio apenas é obrigatório se se tratar da última instância, ou seja, a questão não seja suscetível de apreciação novamente, em conformidade com o definido pelo Ac. Lyckeskog.

31) SE O JUIZ DOS TRIBUNAIS JUDICIAIS, CUJA DECISÃO ADMITA RECURSO, SE INCLINAR PELA INVALIDADE DE UM REGULAMENTO OU DIRETIVA, É OBRIGADO A REENVIAR?

R: Sim. Ac. Foto-frost. Tratando-se de uma **questão de invalidade é independente o facto de se tratar ou não de uma última instância.**

32) EXISTEM EXCEÇÕES À OBRIGAÇÃO DE REENVIO?

R: Sim. A verificação dos 3 requisitos cumulativos do Ac. Cilfit: (i) teoria do ato claro – isto é, tendo em consideração a questão suscitada é de tal modo clara que não suscita dúvidas; (ii) ser a questão posta pelas partes impertinente (não possa ter nenhuma influência na decisão do litígio); (iii) já haver jurisprudência do TJCE sobre essa questão.)

33) QUAL A FASE DO PROCESSO PARA SUSCITAR A QUESTÃO PREJUDICIAL?

R: O reenvio prejudicial deverá ser feito **após os factos já se encontrarem assentes**[51], e os problemas de direito nacional resolvidos, pois só então estará definido o quadro jurídico-factual em que se irá actuar a interpretação ou apreciação de validade pedida.

34) QUAIS OS EFEITOS DA COLOCAÇÃO DE UMA QUESTÃO PREJUDICIAL SOBRE O PROCESSO?

R: Proferindo o juiz nacional despacho de reenvio, e até obter a pronúncia desejada, a instância do processo que julga será suspensa, no que se refere à futura prolação da decisão de mérito[52].

35) QUAIS OS EFEITOS DA DECISÃO PREJUDICIAL SOBRE A DECISÃO A PROFERIR NO PROCESSO PRINCIPAL EM QUE A QUESTÃO FOI COLOCADA?

R: Há que distinguir dois planos:

(i) **efeitos temporais:** regra geral, a produção de efeitos é *ex tunc*, por razões de segurança jurídica;

(ii) **efeitos materiais:** na falta de disposição expressa dos tratados sobre a questão, a jurisprudência consagrou a obrigatoriedade das questões prejudiciais de interpretação para órgãos jurisdicionais nacionais que julguem a causa (incluindo assim os órgãos de recurso).

Questão diferente é a de saber se o próprio TJUE fica vinculado pelos seus acórdãos prejudiciais de interpretação – podendo este órgão jurisdicional alterar a sua interpretação anterior atendendo à evolução da ordem jurídica e posterior jurisprudência.

[51] Neste sentido, "Guia prático do reenvio prejudicial", Centro de Estudos Judiciários, p. 10, disponível em http://www.cej.mj.pt/cej/recursos/ebooks/GuiaReenvioPrejudicial/guia.pratico.reenvio.prejudicial.pdf.

[52] Neste sentido, "Guia prático do reenvio prejudicial", Centro de Estudos Judiciários, p. 12, disponível em http://www.cej.mj.pt/cej/recursos/ebooks/GuiaReenvioPrejudicial/guia.pratico.reenvio.prejudicial.pdf.

36) QUAIS AS CONSEQUÊNCIAS DO NÃO RESPEITO DA DECISÃO DO TJ PELOS ÓRGÃOS JURISDICIONAIS NACIONAIS?

R: Aplicação do contencioso de incumprimento estadual, art. 260.º/2 TFUE[53].

37) QUAIS AS FONTES DE DIREITO DA UNIÃO EUROPEIA QUE CONHECE?

R: (i) **Primário/originário:** Aqui se incluem os tratados da UE: TUE e TFUE (bem como os tratados que as alteraram, protocolos e anexos) + Carta Direitos Fundamentais da UE + Princípios gerais e fundamentais da UE.

(ii) **Secundário/derivado:** Regulamentos, Diretivas, Recomendações, Pareceres;

38) QUAL É O OBJETIVO DE UM RECURSO DE ANULAÇÃO?

R: Encontra-se previsto no art. 263.º TFUE e o seu escopo prende-se com a fiscalização da legalidade dos atos da UE, proteção dos particulares, promoção da transparência e ainda com a aplicação adequada e conforme do DUE[54].

39) QUEM TEM LEGITIMIDADE ATIVA NO ÂMBITO DO RECURSO DE ANULAÇÃO?

R: Há que diferenciar 3 tipos de recorrentes, tendo em consideração a disposição do art. 263.º TFUE:

(i) Privilegiados: Conselho, Parlamento Europeu, Comissão, EM's;
(ii) Semi previlegiados: Tribunal de Contas, Banco Central Europeu;
(iii) Ordinários: Pessoas singulares ou coletivas contra atos de que sejam destinatários ou que lhes digam direta e individualmente respeito;

Importa ainda sublinhar que com a entrada em vigor do Tratado de Lisboa existiu uma tentativa de aproximar os particulares do TJUE (i.e, os recorrentes ordinários). Contudo, existe ainda um longo caminho a percorrer neste sentido – tal resulta expressamente do art. 263.º/4 TFUE – isto é, qualquer pessoa singular ou coletiva pode interpor, nas condições previstas no primeiro e segundo parágrafos, recursos contra: (i) atos **de que seja destinatária** e (ii) que lhe **digam individual e diretamente respeito** – estes requisitos foram

[53] Neste sentido, "Guia prático do reenvio prejudicial", Centro de Estudos Judiciários, p. 12, disponível em http://www.cej.mj.pt/cej/recursos/ebooks/GuiaReenvioPrejudicial/guia.pratico.reenvio.prejudicial.pdf. E ainda, de forma mais desenvolvida e num plano doutrinal. Para um estudo mais desenvolvido sobre a questão do processo por incumprimento estadual, veja-se Rangel de Mesquita, M.J, "Introdução ao Contencioso da União Europeia", Almedina, 3.ª ed, 2020, p. 180 e ss.

[54] Maiores desenvolvimentos poderão ser encontrados em Oliveira Pais, S., "Estudos de Direito da União Europeia", Almedina, 4.ª ed, 2020, p. 116 e ss.

firmados pela jurisprudência no Ac. Plauman[55] e Ac. Front National[56] – **ficando claro que a afetação direta e individual é um requisito essencial no que à legitimidade ativa concerne[57].**

3. ORGANIZAÇÃO JUDICIÁRIA

1) QUAL A REGRA SOBRE A PUBLICIDADE DAS AUDIÊNCIAS?

R: A regra é a da sua publicidade nos moldes e termos do art. 206.º CRP[58]. O princípio da publicidade da audiência tem assento constitucional, no art.º 206.º CRP que dispõe: *"As audiências dos tribunais são públicas, salvo quando o próprio tribunal decidir o contrário, em despacho fundamentado, para salvaguarda da dignidade das pessoas e da moral pública ou para garantir o seu normal funcionamento"*, normativo este que de acordo com a interpretação do TC abrange no princípio da publicidade a publicitação das decisões judiciais.

2) QUAL A FUNÇÃO DOS TRIBUNAIS?

R: Tendo em consideração o art. 202.º/1 e 203.º[59] da CRP, é de concluir que os tribunais são os órgãos de soberania, dotados de independência, cuja sua função é a de **administrar a justiça em nome do povo**.

3) QUE CATEGORIAS DE TRIBUNAIS CONHECE?

R: Existem duas categorias de tribunais[60]:

(i) Estaduais: art. 209.º da CRP, nos quais se englobam STA, STJ de 1.º e 2.ª instância + STA e respetivos tribunais administrativos e fiscais (de círculo e centrais) + Tribunal de Contas + Tribunal Constitucional + Tribunais de competência especializada;

[55] Disponível em https://eur-lex.europa.eu/legal-content/EN/TXT/?uri=CELEX%3A61962CJ0025.

[56] Disponível em https://eur-lex.europa.eu/legal-content/EN/TXT/?uri=CELEX%3A62001CJ0486.

[57] Maiores desenvolvimentos, nomeadamente quanto à modificação que o Tratado de Lisboa incutiu na legitimidade ativa dos particulares, poderão ser encontrados em Oliveira Pais, S., "Estudos de Direito da União Europeia", Almedina, 4.ª ed, 2020, p. 135 e ss.

[58] Quanto a este ponto, a posição do TC poderá ser consultada em www.tribunalconstitucional.pt/tc/acordaos/20040698.html.

[59] Para maiores desenvolvimentos Cura Viera, A., "Curso de Organização Judiciária", 2.ª ed., Coimbra Editora, p. 15 e ss.

[60] Para maiores desenvolvimentos Cura Viera, A., "Curso de Organização Judiciária", 2.ª ed., Coimbra Editora, p. 33 e ss.

(ii) Arbitrais: art. 209.º/2 CRP – recentemente tem assumido maior importância na tentativa de realizar um "descongestionamento" dos tribunais estaduais.

4) ÓRGÃO SUPERIOR DE HIERARQUIA DOS TRIBUNAIS JUDICIAIS;

R: Decorre expressamente do art. 210.º CRP – STJ.

Porém, caso estejamos a falar do órgão de cúpula da ordem jurídica portuguesa – aí já seria o TC.

5) PRINCÍPIO DO ACESSO AO DIREITO E TUTELA JURISDICIONAL EFETIVA – COMO SE DEFINE?

R: Visa assegurar um dos principais pilares do Estado de direito democrático, isto é: a todos é assegurado o acesso ao direito e aos tribunais para defesa dos seus direitos e interesses legalmente protegidos (art. 20.º CRP[61]), não podendo a justiça ser denegada por insuficiência de meios económicos. O acesso ao direito e a uma tutela jurisdicional efetiva, tem em alguns casos, vindo a ser considerado pelo TC como um direito análogo a DLG – ou seja, imediatamente aplicável, vinculando entidades públicas e privadas (art. 18.º CRP). Dispondo de um regime tríplice, (i) material (arts. 18.º-23.º), orgânico (art. 165.º/1, al. b)) e de revisão constitucional (ou seja, funciona como limite – art. 288.º).

6) O CONCEITO, EFEITOS E *RATIO* DA INDEPENDÊNCIA DOS TRIBUNAIS, COMO DEFINIRIA ESTES CONCEITOS E QUAL O SEU SUPORTE LEGAL?

R: Decorre do art. 203.º CRP[62]. A independência dos tribunais (e dos respetivos juízes) é um elemento essencial da sua própria definição, uma das regras clássicas do estado constitucional e uma das garantias essenciais do Estado de Direito democrático. O princípio da independência **visa defender os tribunais dos demais poderes do Estado,** pondo-o a coberto das suas ingerências ou pressões e garantindo, assim, a defesa dos direitos e interesses legítimos dos cidadãos perante o Estado. Sendo independentes, em conjunto, os demais poderes do Estado, **os tribunais são também independentes entre si** – salvo as relações de hierarquia existentes.

Os tribunais apenas estão sujeitos à lei, a lei designa aqui todas as normas jurídicas.

[61] Para mais desenvolvimentos, GOMES CANOTILHO, J.J & MOREIRA, V. "Constituição da República Portuguesa Anotada – Artigos 1 a 107.º, Volume I", 4.º ed, Coimbra Editora.

[62] Sobre esta questão, de modo mais aprofundado ver, CURA VIERA, A., "Curso de Organização Judiciária", 2.ª ed., Coimbra Editora, p. 36 e ss.

Por fim, a garantia da independência do tribunal compreende a autonomia na interpretação do direito, a par da irresponsabilização do juiz[63] pelas decisões tomadas (irresponsabilização na medida das decisões dos casos e não uma irresponsabilização total, uma vez que é prevista uma responsabilidade sancionatória em determinados casos – No EMP e responsabilidade de índole criminal, bem como responsabilidade no exercício da função jurisdicional.) O que se pretende clarificar com este preceito é que um juiz não pode ser responsabilizado ou sancionado por danos que cause à outra parte mediante a decisão que tome num determinado caso concreto. Da discordância de uma decisão de um juiz recorre-se para a instância superior e não para uma responsabilidade criminal – mas claro que, como não poderia deixar de ser num Estado de direito democrático, tal não significa que não haja responsabilização em matéria criminal ou por violação do exercício das suas funções, aliás bastante ilustrativo desta possibilidade de responsabilização dos juízes é, a título exemplificativo, o art. 5.º EMJ – possibilidade de os juízes incorrerem em responsabilidade criminal, disciplinar e civil-pública.

7) DESENVOLVA A FUNÇÃO DOS TRIBUNAIS E QUAIS OS SEUS CONCEITOS CHAVE?

R: Art. 202.º, n.º 1 e 2 CRP. Os tribunais caracterizaram-se como órgãos de soberania, dotados de independência, aos quais compete administrar a justiça em nome do povo.

No que concerne aos tribunais, no cerne da sua noção estão algumas expressões-chave:

(i) "órgãos de soberania" – art. 2.º e art. 110.º/1 CRP;
(ii) "dotados de independência" – art. 203.º CRP;
(iii) "tem a seu cargo a função jurisdicional" – art. 202.º/1 CRP, cujo exercício lhe pertence de modo exclusivo (através dos juízes) estando vedado aos restantes órgãos de soberania e quaisquer outros órgãos estaduais.
(iv) "administram a justiça em nome do povo" – referência que encontra a sua justificação no facto de não serem eles os titulares da soberania – pertencendo esta ao povo, arts. 2.º, 3.º, 108.º CRP.

8) DISCUTA A NOÇÃO DE ACESSO AO DIREITO DO ART. 20.º CRP.

R: Visa assegurar um dos principais pilares do Estado de Direito democrático, isto é: a todos **é assegurado o acesso ao direito** e aos tribunais para defesa dos seus direitos e interesses legalmente protegidos, não podendo a justiça ser denegada por insuficiência de meios económicos.

[63] Sobre a irresponsabilidade e o "autogoverno" dos tribunais, bem como as suas manifestações, veja-se ver, Cura Viera, A., "Curso de Organização Judiciária", 2.ª ed., Coimbra Editora, p. 45 e ss.

O acesso ao direito e a uma tutela jurisdicional efetiva tem, em alguns casos, vindo a ser considerado pelo TC como um direito análogo a DLG e assim o sendo, isto é, tendo natureza análoga a DLG desde logo apresenta duas características essenciais a destacar: (i) diretamente aplicáveis e (ii) vinculam entidades públicas e privadas. Paralelamente, um DLG de natureza análoga dispõe igualmente do regime legal aplicável aos DLG's do catálogo, assim sendo, há uma componente tríplice a ter em consideração: (i) material – arts. 18.º-23.º, (ii) orgânica – art. 165.º/1, al. b)) e por fim – (iii) limites de revisão constitucional em conformidade com o art. 288.º.

9) QUAIS AS CATEGORIAS DE TRIBUNAIS EXISTENTES EM PORTUGAL?

R: Tribunais estaduais, nos quais se incluem os tribunais judiciais (1.ª, 2.ª instância e ainda, o STJ) e os TAF (de círculo, central, STA). Ainda o TdC, tribunal marítimo, tribunal militar, outros tribunais de competência especializada (como o de propriedade intelectual, p. exemplo) e o TC.

Tribunais arbitrais: como por exemplo, o CAAD. Desenvolvidos com o objetivo de combater a morosidade inerente ao acesso à justiça em Portugal.

10) QUAL O ÓRGÃO SUPERIOR NA HIERARQUIA DOS TRIBUNAIS JUDICIAIS?

R: É o STJ – em conformidade com o art. 210.º/1 CRP.

11) DIGA QUAL O OBJETIVO A ALCANÇAR ATRAVÉS DA ESTATUIÇÃO DO REGIME DAS GARANTIAS E INCOMPATIBILIDADES DOS JUÍZES?

R: Estas encontram-se previstas no art. 216.º CRP e nos arts. 5.º, 6.º, 13.º do EMJ, p. ex. Visam garantir a imparcialidade do juiz e consequentemente a boa administração do direito e da justiça.

12) QUAL A ALÇADA DOS TRIBUNAIS TRIBUTÁRIOS?

R: Conforme resulta do art.º. 6 do ETAF – a alçada dos tribunais de círculo é de 5000 euros, enquanto que a dos tribunais centrais é de 30.000,00 euros – conforme resulta da Lei n.º 62/2013[64].

13) NUM TRIBUNAL ADMINISTRATIVO DE CÍRCULO, QUAL A REGRA EM TERMOS DE COMPOSIÇÃO?

R: A regra é a resultante do art. 40.º ETAF (juiz singular), excetuando-se nos casos em que a lei processual administrativa preveja o julgamento em formação alargada.

[64] Disponível em http://www.pgdlisboa.pt/leis/lei_mostra_articulado.php?nid=1974&tabela=leis.

14) RELAÇÃO JURÍDICA DE EMPREGO PÚBLICO, QUAL A JURISDIÇÃO E O TRIBUNAL COMPETENTE?

R: O DL n.º 174/2019[65] criou os juízos de competência especializada na área dos TAF. Assim sendo, tendo em consideração o disposto no art. 9.º em ligação com o art. 44.ºA do ETAF, para as situações de vínculo de emprego público a competência é atribuída ao "juízo administrativo social" correspondente ao desdobramento dos tribunais administrativos, art. 44.º/1 al. b).

15) QUEM TEM COMPETÊNCIA DISCIPLINAR SOBRE O JUIZ?

R: A competência disciplinar sobre o juiz está regulada nos termos e moldes do art. 110.º EMJ, pertencendo ao Conselho Superior de Magistratura.

16) A ATIVIDADE POLITICO-PARTIDÁRIA ESTÁ VEDADA A TODOS OS JUÍZES?

R: Não. Apenas aos magistrados judiciais (e não aos do MP) – art. 6.º-A, do EMJ.

17) QUANTAS INSTÂNCIAS EXISTEM?

R: Tanto nos tribunais judiciais como nos TAF existem 3 instâncias.

Nos tribunais judiciais: 1.º instância (tribunal de comarca), 2.º instância (tribunal da relação) e 3.ª instancia (STJ);

Nos TAF: 1.º instância (tribunal de círculo), 2.º instância (tribunal central), 3.º instância (STA).

18) QUANDO É QUE O STA FUNCIONA EM PRIMEIRA INSTÂNCIA?

R: Excecionalmente nos casos do art. 24.º do ETAF.

19) QUEM CONCEDE A LIBERDADE CONDICIONAL?

R: O juiz de execução de penas, sendo estas questões previstas e reguladas pelo Código da Execução das Penas e Medidas Privativas da Liberdade – Lei n.º 115/2009[66].

20) ONDE SÃO JULGADOS OS CRIMES MILITARES?

R: Tribunais militares, de constituição *ad. hoc*, regulados pela Lei n.º 100/2003[67] (Código de Justiça Militar).

[65] Disponível em https://dre.pt/home/-/dre/127176910/details/maximized.

[66] Disponível em https://dre.pt/web/guest/legislacao-consolidada/-/lc/1683/201704030911/586597/diploma/indice.

[67] Disponível em https://dre.pt/pesquisa/-/search/446475/details/maximized.

21) DISTINGA E IDENTIFIQUE AS COMPETÊNCIAS DO TRIBUNAL DE CÍRCULO E DO TRIBUNAL COLETIVO (TCA).

R: **TCA:** Tribunal que decide através de júri coletivo, por conferência (art. 35.º ETAF), sendo que as questões para as quais tem competência decorrem de previsão expressa e taxativa do art. 37.º, do mesmo diploma.

Tribunal Círculo: Corresponde à 1.ª instância, encontra-se regulado nos termos do art. 39.º e ss ETAF. A regra é a sua decisão ser proferida por juiz singular. No que concerne à competência, será aplicável o art. 44.º, com as exceções dos arts. 24.º e 37.º – casos nos quais a primeira instância não será o tribunal de círculo.

22) EXISTEM TRIBUNAIS NÃO ESTADUAIS?

R: Sim, os tribunais arbitrais – art. 209.º/2 CRP[68].

23) QUAL A HIERARQUIA DO MP NO ÂMBITO JUDICIAL?

R: A hierarquia do MP decorre expressamente da lei.

Assim no seu art. 14.º do EMP: "No exercício das suas funções detêm poderes de direção, hierarquia e, nos termos da lei, intervenção processual, os seguintes magistrados:

a) O Procurador-Geral da República;
b) O Vice-Procurador-Geral da República;
c) O procurador-geral regional;
d) O diretor do departamento central de investigação e ação penal (DCIAP);
e) O diretor do departamento central de contencioso do Estado e de interesses coletivos e difusos;
f) O magistrado do ministério Público coordenador de Procuradoria da República de comarca;
g) O magistrado do Ministério Público coordenador de Procuradoria da República administrativa e fiscal;
h) O diretor do departamento de investigação e ação penal (DIAP) regional;
i) O diretor do DIAP".

24) QUANDO É QUE UM JUIZ PODE SER ADVOGADO?

R: Nos termos e moldes do art. 21.º EMJ – os magistrados judiciais podem advogar em causa própria do seu cônjuge ou descendente. Aplica-se o mesmo

[68] Sobre a questão dos tribunais arbitrais, veja-se Cura Viera, A., "Curso de Organização Judiciária", 2.ª ed., Coimbra Editora, p. 285 e ss.

raciocínio relativamente a magistrados do MP – contudo, quanto a estes últimos o artigo correspondente é o art. 114.º do EMP.

25) COMO SE DIVIDE O TRIBUNAL DA RELAÇÃO?

R: Divide-se por secções, conforme dispõe a LOSJ[69], no seu art. 67.º Matéria cível, penal, social, família e menores, comércio, de propriedade intelectual e de concorrência, regulação e supervisão.

26) QUANTOS DISTRITOS JUDICIAIS EXISTEM?

R: Tal decorre de previsão expressa da LOSJ. Existem, no total, 23 comarcas, Açores, Aveiro, Beja, Braga, Bragança, Castelo Branco, Coimbra, Évora, Faro, Guarda, Leiria, Lisboa, Lisboa Norte, Lisboa Oeste, Madeira, Portalegre, Porto, Porto Este, Santarém, Setúbal, Viana do Castelo, Vila Real e Viseu – Sumário do DL n.º 49/2014, de 27 de março.

27) QUANTOS CÍRCULOS JUDICIAIS?

R: Existem, no total, 16 círculos – tal como decorre do mapa anexo ao DL n.º 325/2003[70].

28) QUANTOS TRIBUNAIS DA RELAÇÃO?

R: Conforme decorre da previsão do art. 32.º da LOSJ existem 5 tribunais da relação, sendo estes: Porto, Guimarães, Coimbra, Lisboa, Évora.

29) QUAL A FUNÇÃO DO TRIBUNAL DE CONFLITOS?

R: O tribunal de conflitos decide, quer em caso de conflito negativo ou conflito positivo, qual será o tribunal responsável para dirimir aquele determinado litígio – arts. 3.º e 9.º da Lei n.º 91/2019[71] para aferir dos pressupostos. O TDC **não decide a causa ou se pronuncia sobre o seu mérito,** apenas sobre a competência do prisma jurisdicional para definir aquela matéria em concreto.

30) QUEM É O PRESIDENTE DO TRIBUNAL DE CONFLITOS?

R: Em conformidade com a Lei n.º 91/2019 de 4 de setembro, no seu art. 2.º: "O Tribunal dos Conflitos **é presidido pelo Presidente do Supremo Tribunal de Justiça ou pelo Presidente do Supremo Tribunal Administrativo**, consoante a última das decisões que originam o conflito ou a decisão recorrida

[69] Disponível em https://dre.pt/web/guest/legislacao-consolidada/-/lc/34581275/view.

[70] Disponível em https://dre.pt/pesquisa/-/search/424313/details/maximized.

[71] Disponível em https://www.pgdlisboa.pt/leis/lei_mostra_articulado.php?nid=3176&tabela=leis&ficha=1&pagina=1&so_miolo=.

tenha sido proferida, ou a consulta tenha sido submetida, respetivamente, por um tribunal judicial ou por um tribunal da jurisdição administrativa e fiscal."

31) O TRIBUNAL MARÍTIMO É DE COMPETÊNCIA TERRITORIAL ALARGADA?

R: Sim. O Tribunal Marítimo (Lisboa) detém competência territorial alargada a toda a área dos Departamentos Marítimos do Norte, Centro e Sul (Portugal Continental) e especializada nas matérias de direito civil, comercial e contraordenacional marítimo, que lhe são próprias – conforme dispõe a Lei n.º 35/86[72].

32) ÓRGÃO SUPERIOR DE HIERARQUIA DOS TRIBUNAIS JUDICIAIS;

R: Art. 210.º CRP – STJ. Caso estejamos a falar do órgão de cúpula da ordem jurídica portuguesa – trata-se do TC.

33) O QUE É UMA UNIDADE DE CONTA? ONDE SE ENCONTRA REGULADA?

R: Trata-se do pagamento de uma taxa de acesso à justiça.

A sua previsão decorre expressamente do art. 5.º do Regulamento das custas processuais – DL n.º 34/2008[73]. Sendo as suas regras definidas no mesmo diploma legal.

34) QUAL O PRAZO PARA PEDIR CUSTAS DE PARTE E NOTA JUSTIFICATIVA?

R: As partes que tenham direito a custas de parte deverão enviar ao tribunal e à parte vencida a nota justificativa de custas de parte no prazo impreterível de dez dias contados a partir do trânsito em julgado da decisão judicial – art. 25.º do DL n.º 34/2008. O decurso do prazo referido preclude o direito à apresentação da nota discriminativa e justificativa de custas de parte.

[72] Disponível em http://www.pgdlisboa.pt/leis/lei_mostra_articulado.php?nid=1729&tabela=leis.

[73] Disponível em https://dre.pt/web/guest/legislacao-consolidada/-/lc/105630985/201612280000/73354929/diploma/indice.

II. CIVIL/PROCESSO CIVIL

1) SUSPENSÃO DA INSTÂNCIA, PODERES DO JUIZ E PRAZOS PARA A SUSPENSÃO, DEFINA.

R: A suspensão da instância é regulada nos termos e moldes do art. 269.º e ss CPC, as suas causas são taxativas e decorrem do elenco do art. 269.º No caso dos poderes do juiz, haverá quanto a este ponto que analisar o art. 272.º – poderá ordenar a suspensão da instância em duas situações:

(i) quando a causa estiver dependente do julgamento de outra já proposta ou,

(ii) quando ocorrer outro motivo justificado – ou seja, existe aqui uma determinada discricionariedade do juiz na decisão do que será um "motivo justificado" idóneo a produzir a suspensão da instância.

No que concerne ao prazo para a suspensão da instância, este não se encontra tipificado, contudo é dito no art. 272.º/2 que não será possível a suspensão **se a causa dependente estiver de tal modo adiantada que os prejuízos da suspensão irão superar as suas vantagens.** Já se se tratar da remessa do processo para mediação, conforme dispõe o art. 273.º poderá ser realizado em qualquer estado da causa.

2) QUAL A DIFERENÇA ENTRE PRESCRIÇÃO E CADUCIDADE?

R: A prescrição e caducidade tem regimes diferentes no CC – art.º 300 e ss e art.º 328 e ss, respetivamente.

Caducidade: é uma forma de extinção de direitos (e dos correspondentes deveres) em consequência do seu não exercício durante um determinado período de tempo. O regime jurídico da caducidade admite a criação de situações especiais de caducidade, a modelação convencional das consequências legais ou mesmo a renúncia à caducidade por via negocial – art. 330.º CC.

A caducidade implica a extinção definitiva do direito (e do correlativo dever) que não subsiste sequer a título de obrigação natural.

Paralelamente, a caducidade determina a absolvição do pedido nas ações judicias, **podendo ser conhecida oficiosamente** pelo tribunal, já que não carece de ser invocada por aquele a quem aproveita. Por outro lado, a caducidade não reconhece causas interruptivas.

≠

Prescrição: A prescrição é uma forma de extinção de direitos (e dos correspondentes deveres) em consequência do seu não exercício durante um determinado período de tempo.

Ao contrário da caducidade (art. 330.º CC) trata-se de um regime injuntivo que não pode ser afastado ou modelado pelas partes no negócio jurídico.

O beneficiário da prescrição tem a faculdade de se opor ao exercício do direito prescrito. No entanto, se ultrapassado o prazo de prescrição o beneficiário cumprir a obrigação prescrita, com ou sem conhecimento do decurso do prazo de prescrição, não poderá mais tarde alegar que cumpriu indevidamente – ou seja, vale o regime das obrigações naturais.

A prescrição, ao contrário da caducidade, **não é de conhecimento oficioso**, carece de ser invocada por aquele a quem aproveita – tal como decorre do art. 303.º CC.

A prescrição consagra um regime bastante mais complexo que a caducidade, uma vez que o seu prazo geral é de 20 anos – todavia existem algumas derrogações a este prazo. A prescrição em 5 anos (art. 310.º CC) e as prescrições presuntivas.

As prescrições presuntivas, como o próprio nome indica, assentam em presunções – art. 312.º CC e ss. Estas prescrições presuntivas por serem fundadas numa presunção de cumprimento, podem ao contrário do regime geral da prescrição, **serem ilididas por meio de confissão do devedor.** As prescrições presuntivas podem ser de 6 meses ou de 3 anos – art. 316.º CC e art. 317.º CC.

De sublinhar ainda que a prescrição comporta causas de suspensão e de interrupção.

3) IMPUGNAÇÃO PAULIANA, COMO SE DEFINE? QUAIS AS CONDIÇÕES PARA A SUA PROCEDÊNCIA?

R: A impugnação pauliana funciona como uma das garantias das obrigações, na modalidade de garantia geral – tem como escopo a satisfação da dívida do credor e visa evitar a dissipação do património do devedor.

Encontra-se prevista no art. 610.º CC e obriga ao preenchimento de determinados pressupostos:

(i) atos que envolvam diminuição da garantia patrimonial do crédito e,

(ii) atos que não comportem natureza pessoal – desde que estejam cumpridos os pressupostos das alíneas a) e b).

De sublinhar que se se tratar de um ato oneroso – está dependente do requisito da má fé (art. 612.º CC). Mas se se tratar de um ato gratuito, não depende desse requisito de má fé.

4) CASO PRÁTICO: A COMPRA UMA SÉRIE DE MÁSCARAS PARA COMBATE À COVID-19. POSTERIORMENTE PERCEBE QUE AS MÁSCARAS NÃO SÃO CERTIFICADAS E COMO TAL NÃO SE ADAPTAM CORRETAMENTE AO CENÁRIO PANDÉMICO.

Quid iuris?

R: Aplicação do regime da compra e venda defeituosa, encontrando-se prevista e regulada nos moldes do art. 913.º e ss estando sujeita à verificação de determinados pressupostos[74].

Assim sendo, as máscaras não certificadas e, consequentemente, não adequadas para a proteção do vírus, enquadra-se em **"impeça a realização do fim a que se destina"** e **"não tem as qualidades asseguradas pelo vendedor necessárias para a realização daquele fim".**

Assim sendo, o comprador poderá optar entre:

(i) redução equitativa da contraprestação – o que neste caso, não parece ser adequado uma vez que as máscaras são inutilizáveis, não cumprindo padrões mínimos de utilização;

(ii) resolução do contrato – referir que neste caso há doutrina (ANTUNES VARELA/BRANDÃO PROENÇA) que chama a atenção para a possibilidade **de caso o defeito seja de "escassa relevância" não haverá lugar à resolução.** Ora, não parece de todo que seja este o caso. Há uma clara violação dos parâmetros conformadores da relação jurídica, encontrando-se esta totalmente esvaziada de sentido – pelo que haverá lugar à resolução contratual.

Paralelamente, importará mencionar que o lesado poderá exigir uma indemnização nos termos do art. 798.º e art. 562.º CC.

5) DISTINGA A RESPONSABILIDADE CIVIL: EXTRACONTRATUAL (POR FACTOS ÍLICITOS) E PRÉ-CONTRATUAL;

R: **A responsabilidade pré contratual** encontra-se prevista e regulada nos termos e moldes do art. 227.º CC, e obriga ao preenchimento de 4 pressupostos:

[74] Tendo em consideração o carácter iminentemente prático e sucinto da presente obra, irei abster-me de fazer referência à responsabilidade pelo risco nos termos do art. 499.º e ss CC e ainda do DL n.º 383/89 de 6 de Novembro que prevê a responsabilização do produtor. Contudo, trata-se de questões que deverão ser levadas em consideração/ponderação na resolução da aludida questão.

(i) situa-se entre o período de negociações e o momento de conclusão do contrato; (ii) abrange a violação de todos os deveres secundários: informação e lealdade;
(iii) obrigatoriedade de reparar os danos causados à contraparte;
(iv) indemnização será em princípio pelo interesse contratual negativo, ou seja a vantagem que não foi alcançada tendo em consideração a expectativa frustrada de negócio.

Os tribunais têm vindo a entender que, regra geral, a indemnização é pelo interesse contratual negativo, isto é: visa colocar o lesado na situação que estaria caso não houvesse iniciado as negociações.

O prazo é de natureza prescricional e é de 3 anos.

A responsabilidade extracontratual encontra-se prevista nos termos e moldes do art. 483.º e ss, e obriga sempre ao preenchimento de 5 pressupostos:

(i) facto;
(ii) ilicitude;
(iii) dano;
(iv) culpa – dolo ou negligência;
(v) nexo causal entre o facto e o dano;

O prazo de prescrição é de 3 anos e a possibilidade de requerer indemnização encontra-se prevista nos termos e moldes do art. 562.º – coloca-se a clássica questão jurisprudencial: a indemnização é pelo interesse contratual negativo ou positivo? Cumpre diferenciar ambos:

Interesse contratual negativo: tende a colocar o lesado na situação em que estaria caso não houvesse celebrado o contrato ou iniciado as negociações com vista à sua conclusão.

Interesse contratual positivo: tende a colocar o lesado na situação em que se encontraria caso o contrato fosse exatamente cumprido – isto é, abrange os prejuízos que decorrem do não cumprimento definitivo ou do cumprimento defeituoso/tardio.

Há uma certa relutância por parte dos tribunais em aceitar que a indemnização pelo interesse contratual positivo pudesse incorrer na admissão e consagração dos danos punitivos – que não são considerados no OJ português.

6) QUAL O FUNCIONAMENTO DO CONTRATO PROMESSA DE BEM IMÓVEL E SUA RELAÇÃO COM A EXECUÇÃO ESPECÍFICA?

R: O contrato promessa encontra-se regulado nos termos e moldes do art. 410.º e ss CC e obedece a regras específicas tratando-se de um bem imóvel – cfr. art. 410.º/3. Assim sendo é imperativo a existência de:

(i) reconhecimento presencial das assinaturas do promitente ou promitentes e,

(ii) certificação, pela entidade que realiza aquele reconhecimento, da existência da respetiva licença de utilização ou construção.

Só é possível a invocação da omissão destes requisitos quando esta tenha sido culposamente causada pela contraparte.

Relativamente à execução específica do CPC, haverá que sublinhar o art. 830.º CC, e para tal mecanismo ser ativado não deverá ter existido pagamento de sinal ou tendo sido fixada uma pena para o caso de não cumprimento da promessa – isto é, uma sanção pecuniária compulsória nos moldes do art. 829.º CC.

Caso tenha existido sinal será aplicável o disposto no artigo 442.º, assim sendo, o comprador, partindo do pressuposto que o devedor estava em incumprimento, teria o direito a requerer a restituição em dobro do que prestou.

Todavia, o facto de existir sinal não invalida a utilização do mecanismo de execução específica (art. 830.º CC), conforme dispõe o art. 442.º/3 – o credor terá sempre essa possibilidade – sendo certo que, nesse caso, já não disporá da possibilidade de receber o sinal em dobro, sob pena de incorrer em enriquecimento sem causa.

7) CASO PRÁTICO: A COMPRA UMA MÁQUINA DE LAVAR ROUPA QUE ACABA POR NÃO PAGAR. B, CREDOR, TEM EM SUA POSSE AS FATURAS DA MÁQUINA DE LAVAR QUE COMPROVAM A COMPRA. NO ENTANTO, TEM DÚVIDAS SOBRE A NATUREZA DA PRESCRIÇÃO EM CAUSA, BEM COMO SOBRE O SEU PRAZO E A POSSIBILIDADE (OU NÃO) DE O TRIBUNAL CONHECER DESTA EXCEÇÃO.

Quid iuris?

R: A prescrição é uma das modalidades de extinção das obrigações, encontra-se prevista e regulada nos termos do art. 312.º e ss CC.

Na situação *in casu*, a uma fatura de uma venda de máquina de lavar roupa, não se aplicará o prazo de prescrição ordinário que é de 20 anos – art. 309.º. Aplicar-se-á sim a modalidade de prescrição presuntiva – estas por serem fundadas numa presunção de cumprimento, podem ao contrário do regime geral da prescrição serem ilididas por confissão do devedor.

No caso em concreto, tratando-se de créditos relativos a máquina de lavar roupa, aplicar-se-á o disposto no art. 317.º, al. b) como tal prescreverá no prazo de 2 anos.

De sublinhar que o regime da prescrição não é de conhecimento oficioso (ao contrário da caducidade) e como tal **não pode ser conhecida pelo tribunal oficiosamente** – obrigando, nos termos **do art. 303.º, à invocação da prescrição.**

A forma de invocação da prescrição é a dedução da defesa por exceção – na modalidade de exceção perentória.

8) QUAL A FORMA LEGAL A UTILIZAR NA REALIZAÇÃO DE UMA TRANSAÇÃO?

R: A transação encontra-se prevista nos termos do art. 1248.º CC e deverá ser entendida em ligação com o art. 277.º CPC – causas de extinção da instância. A sua realização é prevista e regulada nos moldes e termos do art. 290.º CPC.

9) QUAL A DEFINIÇÃO DE GARANTIAS PESSOAIS E REAIS? DIFERENÇAS ENTRE SI? DÊ ALGUNS EXEMPLOS.

R: As garantias têm como principal função assegurar o pagamento da dívida ao credor, ou seja, assegurar de que o devedor disponha de património bastante para solver a sua dívida.

As garantias dividem-se entre gerais: nos termos do art. 601.º e ss – a garantia geral é o património:

(i) garantias reais: incidem sobre **bens,** ex: hipoteca e o penhor;

(ii) garantias **pessoais:** incidem sobre o património de uma pessoa para além do devedor, ex: fiança e aval pessoal;

10) CASO PRÁTICO: SUPONHA A EXISTÊNCIA DE UM CONTRATO PROMESSA DE UM IMÓVEL COM EFICÁCIA MERAMENTE OBRIGACIONAL. A ENTREGOU AS CHAVES DA CASA A B, DIZENDO A B QUE ESTE PODERIA FAZER USO DO IMÓVEL ATÉ À CONCLUSÃO DEFINITIVA DO CONTRATO. B ENTREGOU A A UMA DETERMINADA QUANTIA MONETÁRIA. A ENTRETANTO VENDEU A CASA A C. COMO PODE B REAGIR?

R: A eficácia do contrato promessa é meramente obrigacional, não existe efeito translativo, isto é, transmissão de propriedade através da sua celebração.

O contrato promessa relativamente a bem imóvel está previsto nos termos e moldes do art. 410.º/3, sendo que na situação em apreço existiu tradição da coisa (entrega das chaves) e, paralelamente, existiu uma antecipação de pagamento. Isto é, a existência de sinal remete-nos de imediato para o regime do art. 442.º que faz presumir que qualquer entrega de dinheiro seja considerada como sinal, assim sendo B dispõe de duas opções tendo em consideração que existiu tradição e sinal:

(i) exigir o recebimento do sinal em dobro, em concordância com o art. 442.º/2;

(ii) em alternativa recorrer à execução específica nos termos e moldes do art. 830.º CC.

11) QUE NOME SE DÁ À ENTREGA DAS CHAVES?

R: Tradição da coisa (*traditio*, no latim).

12) COMO CLASSIFICARIA O DIREITO DE RETENÇÃO? QUAIS OS SEUS REQUISITOS?

R: O direito de retenção classifica-se como um direito real de garantia – uma vez que incide sobre bens – pressupondo sempre uma conexão fática entre o direito do retentor e o bem.

Para tal deverão estar preenchidos os seguintes pressupostos:

(i) devedor tem de dispor de crédito contra o seu credor;
(ii) o devedor está obrigado a entregar certa coisa e,
(iii) o seu crédito resulta de despesas feitas por causa dela ou por danos por ela causados;

Todavia, o art. 755.º CC vai mais além do preceituado no art. 754.º CC e consagra um elenco especial de casos que poderão ser igualmente abrangidos pelo direito de retenção.

13) B PODE OPOR O SEU DIREITO DE RETENÇÃO A C, PROPRIETÁRIO DA CASA? PORQUÊ?

R: B poderá opor o seu direito de retenção com base no caso especial do art. 755.º/1, al. f) CC – uma vez que existiu tradição da coisa, trata-se de uma das exceções consagradas por lei.

14) RESOLUÇÃO DE UM CONTRATO: INDEMNIZAÇÃO PELO INTERESSE CONTRATUAL POSITIVO E/OU NEGATIVO? QUAL A POSIÇÃO DOMINANTE DA JURISPRUDÊNCIA MAIS ATUAL QUANTO A ESTE ASSUNTO? PORQUE É QUE A JURISPRUDÊNCIA TINHA TANTOS PROBLEMAS EM ACEITAR A INDEMNIZAÇÃO PELO INTERESSE CONTRATUAL POSITIVO?

R: A jurisprudência divide-se quanto à modalidade de indemnização que deverá ser adotada: interesse contratual negativo e interesse contratual positivo.

Interesse contratual positivo: Visa colocar o lesado na situação em que se encontraria se o contrato fosse exatamente cumprido – ou seja, prejuízos que decorrem do não cumprimento ou do cumprimento defeituoso/tardio.

Interesse contratual negativo: Visa colocar o lesado na situação em que estaria se não houvesse celebrado o contrato ou iniciado a negociação com vista à sua conclusão.

Regra geral a jurisprudência mostrava-se bastante reticente no que concerne à atribuição de uma indeminização pelo interesse contratual positivo, pois tal poderia reconduzir-nos aos denominados "danos punitivos", não sendo admissível a sua consagração no ordenamento jurídico português.

Contudo, a jurisprudência atual consagra já uma maior abertura quanto a este ponto.

15) CASO: IMAGINE QUE OFERECE UM JANTAR EM SUA CASA E ACENDE VELAS PARA CRIAR UM AMBIENTE ELEGANTE. NESSE JANTAR, O VESTIDO DE UMA CONVIDADA INCENDEIA-SE, ACABANDO POR QUEIMAR A DITA CONVIDADA. ELA PRETENDE INSTAURAR UMA AÇÃO PARA REPARAR OS DANOS. PODE FAZÊ-LO?

R: Sim. Trata-se de uma situação de eventual responsabilidade civil extracontratual, pelo que poderá interpor ação de condenação ao ressarcimento dos danos sofridos.

16) POR REFERÊNCIA AO CASO ANTERIOR VERIFICAM-SE OS PRESSUPOSTOS NECESSÁRIOS PARA INSTAURAR UMA AÇÃO BASEADA NA RESPONSABILIDADE CIVIL?

R: A questão agora em discussão reconduz-se a um caso de responsabilidade civil, assim sendo nos termos do art. 483.º CC, importa perceber se estão verificados os 5 pressupostos necessários, sendo estes:

(i) facto;
(ii) ilicitude;
(iii) dano;
(iv) culpa – dolo ou negligência;
(v) nexo causal entre o facto e o dano.

Assim, será de analisar se estará em causa a aplicação do art. 493.º CC – por se tratar de uma atividade perigosa. Seria a utilização de velas, num jantar entre amigos, de modo a causar ambiente, considerada uma atividade perigosa? Colocamos dúvidas, seria algo a discutir mediante a apresentação de maiores detalhes. Assim sendo, haverá que ter sempre em consideração que se tratará de negligência e não de dolo (art. 487.º CC) e como tal, nos moldes do art. 494.º CC tal irá influir na eventual indemnização devida – no que concerne à indemnização e seus modos de cálculo, haverá que ter em consideração o disposto no art. 562.º CC e ss e especial atenção ao art. 570.º CC – isto é, a existência de culpa de lesado – a existência de um facto culposo que concorreu para a produção ou o agravamento dos danos, para tal seria necessário levar em consideração como e por que é que o vestido se incendiou.

17) AINDA TENDO POR REFERÊNCIA O CASO ANTERIOR CONSIDERA QUE O DONO DA CASA OMITE UM DEVER DE CUIDADO?

R: É no mínimo discutível perceber se existe um dever de cuidado omitido pela utilização de velas em um jantar de amigos para "criar ambiente" – haveria que analisar outros pressupostos do caso, eventualmente: o tipo de velas utilizados, onde estavam colocadas (demasiado próximo dos convidados ou não), p. exemplo. Todavia, a utilização de velas é uma atividade comum e passível de ser classificada como corriqueira, pelo que resulta de regras gerais de experiência comum o dever de não existir uma aproximação demasiada a estas. Pelo que, em princípio, a mera utilização de velas num jantar não produzirá a omissão de um dever de cuidado.

18) EXISTE ALGUMA PRESUNÇÃO DE CULPA POR ESTAR EM CAUSA UMA ATIVIDADE PERIGOSA?

R: Sim existe, decorre do art. 493.º/2 CC a culpa será presumida, "(...) exceto se se mostrar que empregou todas as providências exigidas pelas circunstâncias com o fim de os prevenir".

19) QUE CAMINHO SEGUIRÁ O ADVOGADO DA CONVIDADA?

R: Em princípio invocará a presunção de culpa de uma atividade perigosa e irá salvaguardar-se alegando que a sua cliente não contribuiu para o agravamento da situação, afastando assim o efeito da culpa do lesado do art. 570.º CC.

20) SE SE JUNTAREM DOCUMENTOS (PROVA POR DOCUMENTOS) COM A OPOSIÇÃO O JUIZ DEVE ADMITI-LOS?

R: A oposição é considerada um incidente da instância e encontra-se regulada nos termos e moldes do art. 333.º e ss CPC. No que concerne a aceitar os documentos, haverá que se ter em consideração o disposto no art. 423.º CPC, ou seja, os documentos poderão ser apresentados até 20 dias antes da data em que se realize a audiência final – mas a parte é condenada em multa, exceto se provar que não era possível juntar a prova por documentação em momento anterior.

21) QUANDO É QUE O AUTOR/REQUERENTE RESPONDE?

R: A resposta está prevista e regulada nos moldes do art. 448.º CPC – responderá assim que for notificada para tal. Importa sublinhar que, não existindo resposta ou caso a parte declarar que não tenciona fazer uso do documento, este não poderá ser atendido na causa para efeito algum – assim dispõe o art. 448.º/2.

22) E SE O AUTOR/REQUERENTE NA RESPOSTA INVOCAR A FALSIDADE DOS DOCUMENTOS?

R: A arguição da falsidade dos documentos pode ser realizada nos termos e moldes do art. 446.º CPC e ss. Pode invocar a falsidade do documento e a resposta à invocação desta falsidade será realizada nos termos e moldes do art. 448.º CPC.

Com a arguição e a resposta podem as partes requerer a produção de prova nos termos do art. 449.º/1 CPC.

23) NUM PROCESSO DECLARATIVO PODEM SER JUNTOS DOCUMENTOS APÓS OS ARTICULADOS?

R: Importa ainda de mais esclarecer que vigora no processo civil um princípio da concentração da defesa na contestação. Assim sendo, haverá que levar em consideração o disposto no art. 423.º CPC – os documentos poderão ser apresentados até **20 dias antes da realização da audiência final,** mediante o pagamento de uma multa, sendo que tal multa não se aplica caso faça prova que não pode ser junta com o respetivo articulado.

Após o aludido limite temporal, só são admitidos os documentos:

(i) cuja apresentação não tenha sido possível até àquele momento, bem como aqueles cuja,

(ii) a apresentação se tenha tornado necessária em virtude de ocorrência posterior;

24) O CONTRATO DE CV ESTÁ SUJEITO A FORMA? EXISTEM EXCEÇÕES?

R: Regra geral, não – liberdade de forma do art. 219.º CC. Contudo, existem exceções à regra, ex. CV de um imóvel, art. 875.º CC, apenas é valido se celebrado por escritura pública ou documento particular autenticado.

25) QUAL A FUNÇÃO DO REGISTO? QUAIS OS SEUS EFEITOS E IMPORTÂNCIA NA COMPRA E VENDA DE UM IMÓVEL? TEM EFEITO CONSTITUTIVO NA COMPRA E VENDA DE IMÓVEIS?

R: Não. Existe apenas uma presunção ilidível de como o direito pertence ao titular inscrito – art 7.º CRPredial, está relacionado com a segurança jurídica que o registo confere.

26) O QUE CONSAGRA O REGISTO A FAVOR DA PESSOA INSCRITA?

R: Art. 6.º CRPredial – consagração da prioridade do registo, ou seja, o registo inscrito em primeiro lugar prevalece sobre os que lhe seguirem relativamente aos mesmos bens. E, paralelamente, consagra uma presunção no seu art. 7.º, ainda que seja uma presunção ilidível, presume-se que o direito existe e pertence ao titular inscrito.

27) QUAL É A GARANTIA GERAL DAS OBRIGAÇÕES?

R: O património do devedor, art. 601.º CC.

28) PARA A CONSERVAÇÃO DA GARANTIA PATRIMONIAL HÁ VÁRIOS MEIOS, DIGA QUAIS.

R: Garantia geral – art. 601.º CC, é o património geral do devedor.

Por outro lado, as garantias especiais, dividem-se entre:

(i) reais: uma vez que incidem sobre bens, ex: hipoteca e penhor;

(ii) pessoais: incidem sobre o património de uma pessoa para além do devedor, ex: fiança, aval pessoal;

29) NÃO USO DO DIREITO – O QUE É?

R: Decorre do art. 298.º CC e é uma das repercursões do tempo nas relações jurídicas – o "não uso" aplica-se aos direitos de propriedade, usufruto, uso e habitação que podem extinguir-se pelo seu não uso.

30) A PROMETEU VENDER A B, EM JUNHO DE 2020, UM APARTAMENTO, TENDO FICADO ACORDADO QUE A APENAS LEVANTARIA O CHEQUE DO SINAL EM OUTUBRO DE 2020. MAS EM AGOSTO DE 2020 ENVIA UMA CARTA A B, COMUNICANDO-LHE QUE JÁ TINHA VENDIDO O APARTAMENTO E DEVOLVENDO-LHE O CHEQUE DO SINAL. O SR. B INTENTOU UMA AÇÃO DE INCUMPRIMENTO, REQUERENDO O PAGAMENTO DO SINAL EM DOBRO. TERÁ ESTA AÇÃO PROCEDÊNCIA?

R: Caracterização do contrato promessa de compra e venda de bens imóveis regulado nos termos e moldes do art. 410.º/3 CC.

A questão prende-se com a interpretação das normas sobre a "antecipação de pagamento" – art. 440.º e ss. Assim dispõe o art. 440.º que "(...) um dos contraentes obrigado a entregar ao outro coisa que coincida, no todo ou em parte, com a prestação a que fica adstrito, é a entrega havida como antecipação total ou parcial(...)" e ainda a análise do art. 441.º, "(...) presume-se que tem carácter de sinal toda a quantia entregue(...)".

Deste modo, não parece ser especialmente relevante o facto de o cheque ainda não ter sido depositado, uma vez que se encontrava na disponibilidade do devedor. Pelo que, a situação parece enquadrar-se nos termos do art. 442.º/2, no segmento que preceitua, "(...) tem aquele a faculdade de exigir o dobro do que prestou".

Pelo que, teria direito à restituição do sinal em dobro, nunca olvidando a menção à possibilidade consagrada no art. 442.º/3, que deverá ser lida em conjunto com o art. 830.º – isto é, a possibilidade de recurso ao mecanismo da execução específica.

31) NA RESPONSABILIDADE CIVIL POR FACTOS ILÍCITOS, QUAIS SÃO OS REQUISITOS DA OBRIGAÇÃO DE INDEMNIZAR? O QUE INCLUI A INDEMNIZAÇÃO? QUE TIPOS DE DANOS? QUE CRITÉRIOS HÁ QUE ATENDER NO CÁLCULO DA INDEMNIZAÇÃO POR DANOS NÃO PATRIMONIAIS? QUE TIPO DE AÇÃO SE UTILIZA PARA REQUERER ESTA INDEMNIZAÇÃO? QUAL É O SEU PRAZO?

R: A responsabilidade civil por factos ilícitos (extracontratual) decorre dos art. 483.º e ss, e deverão estar preenchidos 5 pressupostos:

(i) facto,
(ii) ilicitude,
(iii) dano,
(iv) culpa (dolo ou negligência),
(v) nexo causal entre o facto e o dano.

O preenchimento dos pressupostos da responsabilidade civil poderá ou não, em função de uma série de fatores, dar origem ao pagamento de uma indeminização.

A preferência, seguindo a orientação da maioria da doutrina, seria sempre a indemnização natural, contudo na maioria dos casos esta afigura-se como de muito difícil concretização, pelo que resta a possibilidade da indemnização ser realizada em dinheiro – art. 566.º CC.

A questão dos danos que deverão ser indemnizáveis ou não, refere-se ao facto da indemnização ser pelo interesse contratual negativo ou positivo, isto é:

(i) interesse contratual negativo: tende a repor o lesado na situação em que estaria se não houvesse celebrado o contrato ou iniciado a negociação com vista à sua conclusão;
(ii) interesse contratual positivo: colocar o lesado na situação em que se encontraria caso o contrato fosse exatamente cumprido – engloba os prejuízos que decorrem do não cumprimento definitivo ou de um cumprimento defeituoso/tardio.

No que concerne ao interesse contratual positivo, existe uma certa relutância por parte dos tribunais em aceitarem esta modalidade, uma vez que poderia reconduzir-se aos danos punitivos – criando uma relutância por parte dos tribunais.

Relativamente aos danos não patrimoniais, haverá que ter-se em consideração o disposto no art. 496.º CC, estes serão fixados tendo em atenção a sua gravidade e se merecem ou não a tutela do direito.

No que concerne ao tipo de ação a utilizar – terá de ser uma ação declarativa de condenação, nos termos do art. 10.º/2, al. b) CPC, que deverá ser interposta no prazo prescricional de 3 anos, conforme dispõe o art. 498.º CC.

32) NO DIA 12.11.1996, A VENDEU UM APARTAMENTO A B. NO DIA 9.11.2001, B INTENTOU UMA AÇÃO CONTRA A, INVOCANDO VÍCIOS E DEFEITOS QUE REMONTAM AO ANO DE 2000. A FOI CITADO A 14.11.2001.

Quid iuris?

R: Estamos perante uma situação de compra e venda defeituosa, como tal regulada pelo disposto no art. 913.º e ss CC.

De sublinhar que o prazo de denúncia de defeito é regulado pelo disposto no art. 916.º, pois trata-se de um imóvel, ou seja, o comprador dispõe de 5 anos após a venda do imóvel para invocar os defeitos e, simultaneamente, a partir do momento que se verifica o defeito dispõe de 1 ano.

33) DISTINGA OS CONCEITOS DE "MANDATO" E "PROCURAÇÃO";

R: Procuração: prevista no art. 262.º do CC, é o ato pelo qual alguém atribui a outrem, voluntariamente, poderes representativos. A procuração revestirá a forma do negócio que o procurador deva realizar. A procuração é um negócio jurídico unilateral autónomo.

Mandato: Trata-se de um contrato pelo qual uma das partes se obriga a praticar um ou mais atos jurídicos por conta de outrem.

Portanto, a diferença essencial é que o mandato é um contrato e a procuração é um negócio jurídico unilateral autónomo.

34) DANO DECORRENTE DA PRIVAÇÃO DE USO – QUE AÇÃO INTERPOR PARA RESSARCIR OS DANOS? QUAIS OS PRESSUPOSTOS?

R: Deverá ser interposta ação declarativa comum de condenação – nos termos do art. 10.º, al. b) CPC.

Ação de responsabilidade civil, encontra-se prevista e regulada nos moldes e termos do art. 483.º e ss CC e obriga sempre à verificação de 5 pressupostos cumulativos:

(i) o facto,
(ii) ilicitude,
(iii) dano,
(iv) culpa – dolo ou negligência,
(v) nexo causal entre facto e o dano,

No que concerne aos danos – a questão reconduz-nos para a obrigação de indemnização prevista e regulada nos termos do art. 562.º CC e ss e a consequente determinação dos danos passíveis de indemnização, sendo desde logo de sublinhar a impossibilidade de uma reconstituição natural, sendo este o modo preferencial – art. 562.º CC, uma vez que não é possível reverter naturalmente a privação de uso que se verificou durante um determinado lapso temporal.

No que concerne aos danos, haverá que ser levado em consideração a discussão doutrinal existente entre interesse contratual positivo e negativo – a regra da jurisprudência é a opção pelo interesse contratual negativo, isto é, tende a repor o lesado na situação que se encontraria se não se tivesse verificado aquele determinado acontecimento

Já se considerarmos pelo interesse contratual positivo, será de colocar o lesado na posição que se encontraria se o negócio tivesse sido inteiramente celebrado.

35) CASO: A ENCONTRAVA-SE NO HOSPITAL A RECEBER TRATAMENTO MÉDICO, NO DECORRER DESSE TRATAMENTO CAIU NAS INSTALAÇÕES DO HOSPITAL – *QUID IURIS* QUANTO À RESPONSABILIDADE CIVIL DO HOSPITAL?

R: Discussão entre ser um hospital público ou uma clínica privada – uma vez que tratando-se de um hospital público será aplicável o regime da responsabilidade extracontratual e, tratando-se de uma clínica privada, poderá ser aplicável o regime da responsabilidade civil contratual – alusão à discussão doutrinal em torno de alguns autores e jurisprudência dos tribunais superiores considerarem que esta distinção é desprovida de sentido, uma vez o atendimento ser médico e este ser feito de forma igual em todas as instituições de saúde[75].

Assim, os pressupostos da responsabilidade médica, em instalações de saúde aferem-se pelos iguais pressupostos da responsabilidade civil:

(i) facto;
(ii) ilicitude;
(iii) dano;
(iv) culpa – dolo ou negligência;
(v) nexo causal entre o facto e o dano.

Tratando-se de uma responsabilidade médica, ocorrendo dentro das instalações de um hospital público, ou seja E.P.E pertencente à administração indireta, será aplicável a Lei n.º 67/2007 de 31 de Dezembro[76]. Tratando-se de uma questão em que exista negligência ou culpa leve, será aplicável **o art. 7.º – isto é, o Estado é exclusivamente responsável** pela atuação dos seus agentes, nomeadamente em questões daquilo que Aroso de Almeida apelida de *"faute de servisse"* – art. 7.º, n.º 3 e 4.

[75] Para mais desenvolvimentos quanto à posição maioritária da doutrina e jurisprudência ver, "A Responsabilidade Civil Médica – decorrente de atos médicos praticados em hospitais públicos", e-book do CEJ, junho 2018, disponível em http://www.cej.mj.pt/cej/recursos/ebooks/Administrativo_fiscal/eb_ResponsabilidadeMedica2018.pdf.

[76] Poderá ser consultada em https://www.pgdlisboa.pt/leis/lei_mostra_articulado.php?nid=2073&tabela=leis.

Paralelamente, nestes casos é fulcral analisar a **questão da culpa do lesado, estando esta prevista nos moldes e termos do art. 4.º** – isto é perceber se existiu algum comportamento que agravasse a situação em que o lesado se encontra, pois tal irá determinar o modo de cálculo da indemnização e os danos que serão atendíveis, ou em último caso a exclusão desta.

No que concerne aos prazos, importa sublinhar que se trata de um prazo de natureza prescricional e regulado nos moldes do art. 5.º, com remissão explícita para o art. 498.º CC – assim sendo, será de 3 anos.

36) CASO PRÁTICO: A ENTREGA A B O SEU RELÓGIO PARA ESTE SER ARRANJADO – FICA ACORDADO O RELÓGIO ESTARÁ PRONTO NO DIA X. NO DIA X, A APRESENTA-SE NA LOJA DE B PARA LEVANTAR O RELÓGIO, ESTE INFORMA-O QUE NÃO SE ENCONTRA AINDA PRONTO, DEMORANDO MAIS UMAS HORAS – A, INDIGNADO QUER REAGIR. QUAL O INSTITUTO EM CAUSA?

R: Trata-se de um caso de mora do devedor, sendo este instituto regulado nos termos e moldes do art. 804.º e ss CC.

Na situação em análise trata-se de uma obrigação com prazo certo, estava acordado um determinado dia e hora, assim sendo, **a constituição em mora não carece de interpelação.** Se B, não cumprir o dia e hora acordado, entra automaticamente em mora.

Estaremos perante um caso de perda de interesse por parte do credor? Para tal haverá que levar em consideração o art. 808.º/2 – isto é, a perda do interesse na prestação é apreciada objetivamente – ou seja, não basta que o credor informe o devedor que a prestação já não é do seu interesse – haverá sim que analisar se, face às circunstâncias, a perda do interesse corresponde à realidade dos factos – esta deverá ser analisada tendo por base critérios de razoabilidade entendidos pela generalidade das pessoas, deverá ser realizada uma análise casuística tendo em consideração as especificidades de cada situação.

37) SUPONHA QUE A ACEITA DIFERIR O CUMPRIMENTO PARA O DIA SEGUINTE, MAS NESSA NOITE HÁ UM INCÊNDIO NA SUA LOJA E O RELÓGIO É DESTRUÍDO, *QUID IURIS*?

R: A questão prende-se com o art. 807.º CC – transferência do risco – pelo facto de estar em mora, o devedor torna-se responsável pelo prejuízo que o credor tiver em consequência da perda ou deterioração daquilo que deveria entregar.

38) B PRETENDE ALEGAR QUE NÃO TEVE QUALQUER RESPONSABILIDADE NO INCÊNDIO, TENDO ESTE ACONTECIDO POR CAUSAS FORTUITAS – SERÁ PROCEDENTE A SUA ALEGAÇÃO?

R: Não, em conformidade com o art. 807.º/1 *in fine,* este será responsável mesmo que estes factos não lhe sejam imputáveis – trata-se das regras da transferência do risco.

39) A PRETENDE ALEGAR A PERDA DE INTERESSE NO CUMPRIMENTO DA OBRIGAÇÃO (O ARRANJO DO RELÓGIO) MAS PRETENDE RECEBER O ARRANJO NA MESMA E NÃO TENCIONA PAGAR POR TER ALEGADAMENTE PERDIDO O INTERESSE FRUTO DO ATRASO DO DEVEDOR.

Quid iuris?

R: A incorrerá em enriquecimento sem causa conforme dispõe o art. 473.º CC – estão cumpridos os pressupostos:

(i) inexistência de causa justificativa,
(ii) enriquecimento,
(iii) à custa de outrem.

40) IMAGINE QUE A E B TINHAM UM CONTRATO DE DISTRIBUIÇÃO. A, DEVEDOR, DESLOCA-SE AO ARMAZÉM DE B PARA CUMPRIR COM A SUA PRESTAÇÃO, TODAVIA B TEM O SEU ARMAZÉM FECHADO UMA VEZ QUE OS SEUS FUNCIONÁRIOS SOFRERAM UM SURTO DE COVID-19.

***Quid iuris?* Haverá mora ainda que B não tenha qualquer culpa da impossibilidade, fruto da pandemia, de praticar atos idóneos ao cumprimento?**

R: A questão centra-se na mora do credor – prevista e regulada pelo art. 813.º e ss sendo que para tal deverão estar cumpridos 3 pressupostos:

(i) inexistência de motivo justificado,
(ii) não aceitação da prestação que lhe é oferecida nos termos legais,
(iii) não pratica os atos necessários ao cumprimento.

A questão relacionada com o COVID-19 coloca-se num plano mais delicado e leva-nos para considerações de **índole da culpa:** isto é, poderia B, credor, ser responsabilizado pela impossibilidade de cumprimento quando se limitava a cumprir ordens sanitárias? O cerne da questão assenta no facto de a mora não estar dependente de um juízo de censurabilidade/culpa, assim sendo, independentemente do juízo de culpa/censura e obrigatoriedade do armazém estar fechado, o credor incorreria sempre em mora com as respetivas consequências – nomeadamente, o art. 815.º relativamente à transferência do risco. Assim sendo, a mora faz recair sobre o credor o risco da impossibilidade superveniente da prestação que resulte de facto não imputável a dolo do devedor.

Ainda de sublinhar será a indemnização resultante do art. 816.º – assim, o credor indemnizará das maiores despesas que este seja obrigado a fazer com o oferecimento infrutífero da prestação e ainda da guarda e conservação do respetivo objeto – aqui se incluiria, por exemplo, o valor despendido em deslocações, bem como o valor de depósito dos objetos.

41) IMAGINE QUE A COMPRA UM APARELHO QUE PROMETE PURIFICAR O AR DE MODO A EVITAR O CONTÁGIO POR COVID-19, TODAVIA, DIAS DEPOIS, O MINISTÉRIO DA SAÚDE EMITE UM COMUNICADO EM COMO O PRODUTO QUE A COMPROU SE TRATA DE UMA BURLA, NÃO TENDO QUALQUER INFLUÊNCIA NA DETERMINAÇÃO DA QUALIDADE DO AR. ANALISE DO PONTO DE VISTA CIVIL.

R: Trata-se de uma situação de compra e venda defeituosa, prevista e regulada nos termos e moldes do art. 913.º CC – trata-se de uma responsabilidade pelo risco – ainda no que concerne a esta responsabilização por venda de coisas defeituosas, haverá que ter-se em consideração a responsabilidade do produtor - DL 383/89 de 6 de novembro.

Assim sendo, estaríamos perante uma situação na qual a coisa vendida não tem as qualidades asseguradas pelo vendedor necessárias para a realização daquele fim. Deste modo e tendo por pressuposto que a denúncia do defeito nos moldes do art. 916.º foi feita tempestivamente, o comprador dispunha de duas opções:

(i) redução equitativa da contraprestação

ou,

(ii) resolução do contrato.

No que concerne à resolução do contrato, determinado setor doutrinal, nomeadamente ANTUNES VARELA, entende que não haverá lugar se o defeito for de **"escassa relevância"**, uma vez que esta resolução pressupõe a violação de deveres laterais significativos. Este conceito carece de necessária densificação por parte do julgador, devendo por isso ser analisado em função de cada caso.

42) A, CONDUTOR DO AUTOCARRO DO COLÉGIO B, TRAVOU BRUSCAMENTE DE MODO A EVITAR ATROPELAR C, ALUNO DO COLÉGIO, DE 8 ANOS DE IDADE, QUE SE DIRIGIA DISTRAIDAMENTE PARA OUTRO AUTOCARRO ESCOLAR. D, TAMBÉM ALUNO, DE 6 ANOS, LEVANTARA-SE NO PRINCÍPIO DO MOMENTO DA TRAVAGEM, CONTRARIANDO AS ORDENS DA PROFESSORA E, NO SENTIDO DE APENAS SER POSSÍVEL "SAIR DOS ASSENTOS" NO LOCAL DE DESTINO DA EXCURSÃO, O FLUVIÁRIO DE MORA.

Sabendo que D sofreu graves lesões em virtude da queda e do embate, diga quem, e com que fundamento, poderá ser responsabilizado pelos danos ocorridos. Sabendo ainda que muitas das crianças (FF) acabaram

por solicitar e receber apoio psicológico em virtude do trauma por terem assistido ao acidente, pronuncie-se sobre se as mesmas têm direito a ser indemnizadas.

R: O caso prático em análise refere-se à problemática da responsabilidade civil, uma das grandes fontes das obrigações. A responsabilidade civil é um instituto em que alguém, verificados determinados pressupostos, está obrigado a indemnizar outra pessoa.

Na responsabilidade extracontratual, está em causa a violação de direitos absolutos ou outros factos que, embora lícitos, causam prejuízos a alguém – art. 798.º e ss. Para que exista responsabilidade extracontratual, deverão estar verificados determinados pressupostos:

(i) facto voluntário do agente: comportamento humano voluntário, controlável pela vontade que se pode traduzir na ação ou omissão;
(ii) facto ilícito: a contrariedade com o direito, que se pode consubstanciar na violação de um direito absoluto, de uma disposição legal destinada a proteger interesses alheios ou abuso de direito;
(iii) nexo de imputação do agente ao facto: imputabilidade do art. 488.º e a culpa do art. 487.º;
(iv) nexo de causalidade entre facto e dano: art. 563.º;
(v) dano.

No caso trata-se de um acidente causado por veículo, assim sendo corresponde a uma situação de "responsabilidade pelo risco" – isto é, trata-se de uma situação na qual o agente responde independentemente da culpa.

No caso trata-se de uma situação de comitente/comissário, que se encontra regulada nos moldes e termos do art. 500.º CC.

A é comissário e B é comitente, uma vez que B se encontra a conduzir um veículo por conta de outrem, no exercício das suas funções. Assim sendo, o art. 503.º é claro quando consagra uma responsabilidade por acidentes de viação – aquele que tiver direção efetiva de um veículo e o utilizar no seu próprio interesse, ainda que por intermédio de comissário, responde pelos danos provenientes dos riscos do veículo. Paralelamente o art. 503.º/3 consagra uma presunção de culpa no caso do veículo ser conduzido pelo comissário.

A responsabilidade do comitente está prevista no art. 500.º e é uma responsabilidade do comitente, para tal é necessário que se verifiquem 3 requisitos:

(i) relação de comissão: no sentido amplo de serviço ou atividade realizada por conta e sob direção de outrem;
(ii) prática do facto no âmbito das suas funções: o comissário agiu no exercício das suas funções e por causa delas;
(iii) responsabilidade do comissário.

Não se aplicaria o art. 505.º – relativo à exclusão de responsabilidade, uma vez que D, por ter 7 anos, será entendido como inimputável – como tal, não poderá ser responsabilizado.

Relativamente aos beneficiários da responsabilidade – conforme dispõe o art. 504.º, esta respeita a terceiros, bem como às pessoas transportadas – no caso, trata-se de um **transporte por virtude de contrato (nr.2), assim sendo a responsabilidade abrange não só os danos que atinjam a própria pessoa como as coisas por ela transportadas.**

43) C COMPROU ROSAS A A, TODAVIA AS ROSAS ESTAVAM ENVOLVIDAS NUM CELOFANE TÓXICO E EM VIRTUDE DESTE FORAM PROVOCADOS DANOS NÃO PATRIMONIAIS EM C – *QUID IURIS*?

R: Trata-se de um caso de responsabilidade objetiva por existir responsabilidade do produtor – ou seja, há uma responsabilidade pelo risco, o agente irá responder independentemente da culpa – como tal, configura-se como uma situação de responsabilidade excecional, apenas existe nos casos previstos na lei.

Assim sendo o comprador poderá optar:

(i) redução equitativa da contraprestação;

Ou,

(ii) resolução do contrato: se o defeito for de escassa relevância poderá precludir este meio;

A resolução do contrato terá por base: violação de deveres laterais significativos ou incumprimento.

44) POR CONTRATO CELEBRADO EM AGOSTO DE 2019, A OLÉ MOTORS, QUE SE DEDICA AO COMÉRCIO DE MOTOCICLOS, VENDEU A A. PELO PREÇO DE 5000 EUROS, PAGÁVEL EM 10 PRESTAÇÕES MENSAIS DE 500 EUROS, UMA SCOOTER.

No verso do documento assinado por ambos os contraentes existe uma cláusula que dispõe que, pelo não cumprimento atempado da sua obrigação, o comprador obriga-se ao pagamento de uma indemnização do triplo do valor convencionado.

Em dezembro de 2019, A não pagou a prestação mensal respetiva e a vendedora pede a indemnização no valor de 15 mil euros.

Quid iuris?

R: Trata-se de um contrato de adesão, realizado tendo por base cláusulas contratuais gerais, como tal deverá ser levado em consideração o DL n.º 446/85[77].

[77] Disponível em http://www.pgdlisboa.pt/leis/lei_mostra_articulado.php?nid=837&tabela=leis&so_miolo.

Trata-se de uma venda a prestações, como tal é regulada pelo art. 934.º e ss – assim sendo, apenas haveria lugar à resolução do contrato caso esta se enquadrasse no facto de a falta de pagamento de 1 só prestação que exceda a oitava parte do preço – não seria este o caso. Como tal, entende-se não haver lugar à resolução do contrato e contrariamente ao alegado pelo credor, não existe qualquer dever de pagamento de indemnização no valor de 15 mil euros.

45) CARLOS, TENDO EM VISTA A COMPRA DE UM IMÓVEL, ENTROU EM CONTACTO COM BERTO. AS PARTES ENCETARAM AS RESPETIVAS NEGOCIAÇÕES, ACORDARAM A MAIORIA DAS CLÁUSULAS DO CONTRATO E CARLOS CONTRATOU UM CONSTRUTOR CIVIL PARA PROCEDER ÀS OBRAS NECESSÁRIAS. PORÉM, NA VÉSPERA DA ÚLTIMA REUNIÃO, BERTO TEVE UMA MELHOR PROPOSTA E COMUNICOU A CARLOS QUE JÁ NÃO ESTARIA DISPOSTO A VENDER-LHE O IMÓVEL.

Quid iuris?

R: Situação de responsabilidade pré-contratual (ou culpa *in contrahendo*) e como tal enquadrável nos termos e moldes do art. 227.º CC. Esta responsabilidade assenta na violação de deveres de lealdade, informação e esclarecimento.

Assim quanto à responsabilidade por culpa *in contrahendo* há que sublinhar que:

(i) abrange o período das negociações + momento da conclusão do contrato;

(ii) abrange a violação de todos os deveres secundários: informação + lealdade;

(iii) existe uma obrigatoriedade de reparar os danos causados à contraparte;

A doutrina, a par da jurisprudência, discutia frequentemente se esta indemnização deveria ser, pelo interesse contratual, negativo ou positivo: a posição da jurisprudência maioritária é a da indemnização pelo interesse contratual negativo, ou seja, colocar o lesado na situação em que se encontraria se não houvesse iniciado as negociações.

O prazo para arguir desta responsabilidade é de natureza prescricional, conforme dispõe o art. 498.º CC e é de 3 anos.

46) A E B VINCULARAM-SE A CELEBRAR UM CONTRATO DE CV DE UM PRECIOSO QUADRO QUE PERTENCIA A Z, AVÔ DE A.

A esperava adquiri-lo em breve já que Z estava gravemente doente e A imaginaria que viria a ser contemplado no testamento.

O acordo entre A e B consta de documento, que aquele assinou, depois de este receber 10.000,00 euros.

Z faleceu, mas contra todas as expectativas de A, legou o quadro à sua prima.

B, quer saber como pode reagir face a toda esta situação.

Quid iuris?

R: Elaboração de um contrato promessa, estando a figura regulada e prevista nos moldes e termos do art. 410.º CC e ss.

O contrato promessa não produz efeitos translativos, mas sim, meramente obrigacionais. Assim sendo, não existe transferência de propriedade no momento da celebração do contrato.

O princípio da equiparação plasmado no art. 410.º/1 não é aplicável porque, apesar de André ter prometido vender uma coisa alheia, não se justifica a extensão ao contrato promessa da nulidade consagrada no art. 892.º, uma vez que este contrato não transmite o direito de propriedade sobre o quadro, produz efeitos meramente obrigacionais e não translativos (transferência de propriedade). Como o contrato prometido (venda de coisa móvel) não exigia documento para a sua validade formal, nem autêntico nem particular, o facto de A e B terem reduzido o contrato promessa a escrito é irrelevante. Trata-se de uma situação de excesso de forma – pelo que, o facto de apenas um deles ter assinado o documento escrito torna-se igualmente irrelevante, pelo que o contrato promessa é valido.

A promessa de A não foi cumprida – nos termos do art. 830.º/1, B não pode recorrer à execução específica porque esta – ao tomar o lugar da declaração negocial de A, implicaria a transmissão do direito de propriedade sobre uma coisa que não pertence à pessoa e a cuja declaração se substituiria – trata-se de um bem alheio.

Aliás, na situação vertida existiria presumidamente sinal tendo em consideração o disposto no art. 44.º1 – i.e, presume-se com carácter de sinal toda a quantia entregue pelo promitente comprador ao promitente vendedor.

Assim, não tendo existido tradição do quadro, B pode exigir apenas a entrega em dobro do que prestou a título de sinal (isto é, 20.000,00 euros) nos termos do art. 442.º/2.

PROCESSO CIVIL

PETIÇÃO INICIAL/INTERVENÇÃO LIMINAR DO JUIZ/CONTESTAÇÃO

1) COMO SE INICIA O PROCESSO EM TRIBUNAL?

R: O processo inicia-se com a apresentação da petição inicial – cf. art. 259.º, n.º 1, CPC.

A petição inicial é o articulado no qual o demandante expõe os fundamentos da ação e deduz o pedido correspondente, introduzindo o feito em juízo e dando início à causa – art. 147.º, n.º 1, e 552.º do CPC. Na petição inicial, o autor deve formular o pedido, isto é, o efeito jurídico pretendido (cf. arts. 552.º, n.º 1, alínea e), e 581.º, n.º 3, ambos do CPC. O pedido do autor, conformando o objeto do processo, condiciona o conteúdo da decisão de mérito, com que o tribunal lhe responderá.

2) EM QUE SITUAÇÕES SE PODE VERIFICAR A INEPTIDÃO DA PETIÇÃO INICIAL?

i. Falta de indicação da causa de pedir[78] – art. 186.º, n.º 2, al. a), CPC

Tomando como referência, por um lado, o quadro normativo das soluções plausíveis em que se inscreve a pretensão deduzida, na esfera do poder de cognição do tribunal delineada no art. 5.º, n.ºs 2 e 3, do CPC, e, por outro lado, o perímetro da *facti species* que legalmente lhe corresponde, ocorrerá falta de indicação da causa de pedir quando o autor ou o reconvinte:

a) Não alegar qualquer factualidade;

[78] Acórdão do Tribunal da Relação de Évora de 09/02/2017, processo n.º 3143/15 e Tribunal da Relação de Coimbra de 14/11/2017, processo n.º 7034/15, ambos disponíveis em www.dgsi.pt.

b) Alegar apenas, de forma abstrata, a *facti species* configurada na norma ou conjunto de normas aplicáveis à situação em apreço ou quando, muito embora aludindo a uma factualidade concreta, o faça em termos tão vagos, genéricos ou conclusivos, que não permita a sua individualização no mundo do "ser" como acontecer fáctico.

Exemplos: Numa ação de anulação ou de resolução, no âmbito de uma venda ou de uma empreitada de coisa ou de obra defeituosa, se limita a alegar que *"A coisa vendida ou a obra realizada apresenta vício que lhe impede de realizar o fim a que se destina"*, não especificando os traços característicos do vício que o permitam identificar enquanto existência real. / Numa ação possessória, se limita a alegar que *"O A. é legítimo possuidor da coisa"*, não especificando os atos materiais em que se consubstancia a posse. / Numa ação para efetivação da responsabilidade civil emergente de acidente de viação, se limita a invocar que o autor sofreu um acidente de trânsito, sem descrever a dinâmica do acidente ou os termos da colisão ou do atropelamento, por forma a permitir, no mínimo, concluir pela imputação do mesmo aos riscos inerentes ao veículo ou aos veículos intervenientes, nos termos previstos no art. 503.º, n.º 1, CC.

ii. Ininteligibilidade da causa de pedir, sendo que esta se subdivide entre:

(a) Ininteligibilidade de facto: A ininteligibilidade da causa de pedir ocorre quando, embora se aleguem factos concretos, a sua narração se mostre, de forma insuperável, equívoca, ambígua, prolixa ou difusa que se torna impossível compreender os contornos essenciais da situação em apreço.

(b) Ininteligibilidade de direito: A ininteligibilidade de direito ocorrerá quando a factualidade alegada seja destituída de qualquer significação jurídica, na perspetiva da pretensão deduzida, em termos de não possibilitar, no mínimo, um juízo de mérito positivo ou negativo. Nos casos em que a situação em apreço possa ser equacionada no quadro de uma determinada norma jurídica, mas em que, face a ela, não se possa concluir pelo efeito pretendido, a questão não é de ininteligibilidade, mas de improcedência da ação.

Embora rara, a ininteligibilidade de direito ocorre, por exemplo, quando o efeito pretendido só possa radicar em situações tipificadas na lei e a situação alegada não seja sequer subsumível a qualquer delas, tratando-se portanto de factos absolutamente irrelevantes sob o prisma da pretensão deduzida.

Por exemplo, invoca-se a nulidade de um ato de registo predial na base de um vício de vontade do ato substantivo, completamente fora do universo das causas típicas do art. 16.º do Código de Registo Predial; ou quando se pede o divórcio, porque o réu marido se filiou em determinado partido político.

iii. Falta de indicação do pedido[79] – art. 186.º, n.º 2, al. a), CPC.

Considerando as diversas vertentes do pedido – seja no plano da afirmação do efeito jurídico pretendido e da descrição do objeto material, seja na indicação da espécie de providência para tanto requerida –, a falta de indicação do pedido pode consistir tanto na omissão absoluta de todos estes segmentos, como na falta de indicação de qualquer deles, quando não possa ser extraída dos termos em que a pretensão vem formulada. Em regra, a omissão parcelar é insuprível quando se omite de todo a indicação do efeito jurídico pretendido ou a descrição do objeto material, embora esta possa, por vezes, ser respigada da parte narrativa da petição.

Já a falta de indicação da espécie processual da providência (declaração de simples apreciação, condenação, declaração constitutiva, etc.) é, em princípio, suscetível de ser deduzida, por interpretação contextual, dos demais termos da pretensão.

A dedução ilegal de pedido genérico tem sido tratada como caso de exceção dilatória inominada.

iv. Ininteligibilidade do pedido[80] – A ininteligibilidade do pedido ocorre **quando este é formulado de forma tão vaga que não é decifrável em qualquer das componentes**, seja *quanto ao* ***efeito jurídico peticionado****, seja quanto à* ***descrição do objeto material*** *sobre que recai, seja ainda quanto ao respetivo* ***modo de tutela judiciária****; por exemplo, se o autor se limita a pedir* que o tribunal lhe dê razão ou que faça cumprir o contrato, não especificando o efeito jurídico que concretamente pretende ver reconhecido ou decretado; ou quando não indica de forma individualizável o objeto material sobre que incide a pretensão.

v. Contradição entre o pedido e a causa de pedir – art. 186.º, n.º 2, al. b) do CPC.

A contradição entre o pedido e a causa de pedir ocorre quando o efeito jurídico pretendido se apresenta numa relação de exclusão lógica com a causa de pedir invocada. Por exemplo, quando se pede o cumprimento do contrato, alegando a sua nulidade.

vi. Incompatibilidade substancial entre causas de pedir ou pedidos cumulados – art. 186.º, n.º 2, al. c), do CPC).

A incompatibilidade substancial entre causas de pedir ou pedidos cumulados verifica-se quando entre umas ou outras exista uma contradição lógica in-

[79] Na jurisprudência, Acórdão do Tribunal da Relação de Lisboa de 13/02/2019, processo n.º 5931/18, disponível em www.dgsi.pt.

[80] Na jurisprudência, Acórdão do Tribunal da Relação de Guimarães de 13/02/2020, processo n.º 267/19, disponível em www.dgsi.pt.

sanável, que coloque as pretensões cumuladas numa relação de recíproca colisão, em termos de não possibilitar saber por qual delas o autor opta.

Exemplos: Quando o autor pede, como efeitos simultâneos, o cumprimento de uma obrigação contratual e a anulação ou a resolução do contrato.

3) A INEPTIDÃO DA PETIÇÃO INICIAL CONDUZIRÁ A QUE CONSEQUÊNCIAS PROCESSUAIS?

R: A ineptidão da petição inicial constitui fundamento de:

i. Indeferimento liminar da petição inicial por determinação legal ou do juiz ou quando a secretaria suscitar a intervenção do juiz, nos termos das disposições conjugadas dos arts. 226.º, n.ºs 4 e 5, 590.º, n.º 1, e 157.º, CPC;
ii. Absolvição do réu da instância no despacho saneador, se o processo o comportar, nos termos dos arts. 200.º, n.º 2, 278.º, n.º 1, al. b), 576.º, n.º 2, 577.º, al. b), e 595.º, n.º 1, al. a), CPC;
iii. Absolvição do réu da instância em sede de sentença final, quando o processo não comporte despacho saneador, em conformidade com o disposto nos arts. 200.º, n.º 2, 2.ª parte, e 608.º, n.º 1, CPC.

De qualquer modo, o juiz pode conhecer da ineptidão da petição inicial antes do despacho saneador, logo que seja arguida e ouvida a parte contrária (arts. 200.º, n.º 2, e 201.º, CPC).

No que respeita à arguição da nulidade, embora a lei estabeleça como termo final a contestação, entende-se que, mesmo depois disso, a parte pode sugerir ao juiz que conheça dela oportunamente, uma vez que o deve fazer *ex officio*.

Por exemplo, o réu que não argui tal nulidade na contestação poderá invocá-la na audiência prévia, aquando da discussão.

4) EM QUE SITUAÇÕES PODE HAVER RECUSA DA PETIÇÃO INICIAL?

R: Nos casos previstos no art. 558.º do CPC, tratando-se de um elenco taxativo.

5) EM QUE SITUAÇÕES É PROFERIDO DESPACHO LIMINAR?

R: O despacho de indeferimento liminar é proferido nos casos de inviabilidade do pedido, sendo certo que tais casos, nos termos do art. 590.º, n.º 1, CPC, são dois:

i. A manifesta improcedência do pedido (inviabilidade *stricto sensu*);
ii. A verificação de exceções dilatórias insupríveis e de conhecimento oficioso (salvo nos casos em que a consequência da verificação da exceção

seja a remessa do processo a outro tribunal, situação em que o despacho não é de indeferimento e sim determinativo dessa remessa).

Note-se, porém, que:

Nem todos os vícios resultantes da falta de pressupostos processuais podem justificar o indeferimento, mas só aqueles que respeitem a exceções dilatórias insupríveis e de conhecimento oficioso (art. 590.º, n.º 1, CPC): é o caso da generalidade das hipóteses de incompetência absoluta do tribunal (cf. art. 96.º CPC), da falta de personalidade jurídica do autor ou do réu (exceto no caso previsto no art. 14.º CPC), da ilegitimidade (singular) do autor ou do réu, e da inadequação formal absoluta;

A falta dos pressupostos processuais só justifica o indeferimento liminar quando for manifesta ou evidente (cf. art. 590.º, n.º 1, CPC).

6) DEVERÁ O JUIZ, ANTES DE INDEFERIR LIMINARMENTE A PETIÇÃO INICIAL, CUMPRIR O CONTRADITÓRIO, NOTIFICANDO PARA TANTO O AUTOR AO ABRIGO DO ART. 3.º CPC?

R: Duas soluções têm sido apontadas:

i. Uma no sentido de que o indeferimento liminar não é exceção, pelo que se impõe sempre um depacho pré-liminar de audição – cf., por ex., decisões singulares do TRC de 5/12/2017 (proc. 6097/17) e de 29/1/2018 (proc. 3550/17);
ii. Outra corrente sustenta que, em caso de indeferimento liminar da petição inicial, o princípio do contraditório não impõe a audição prévia do autor/exequente sobre o motivo do indeferimento – cf. Ac. STJ 24/2/2015, proc. 116/14.6YLSB; Ac. TRP 4/11/2008, proc. 0826336; Ac. TRL 27/9/2017, proc. 10847/15; Ac. TRL 9/11/2017, proc. 1375/04; Ac. TCAS 18/6/2015, proc. 08710/15; Ac. TRC 27/01/2018, proc. 5500/17; Ac. TRL 10/05/2018, proc. 16173/17; Ac. TRL 16/05/2019, proc. 5578/17; Ac. TRL 4/02/2020, proc. 959/13; Ac. TCAS 15/10/2020, proc. 939/19;

7) O QUE ENTENDE POR "DESPACHO DE APERFEIÇOAMENTO"? EXEMPLIFIQUE.

R: O despacho de aperfeiçoamento ocorre em sede de audiência prévia – que se realiza na fase da gestão processual – que o juiz pode convidar as partes a sanar as exceções dilatórias (cf. art. 590.º, n.º 2, al. a), CPC) e a suprir as irregularidades, insuficiências ou imprecisões dos articulados (cf. art. 590.º, n.º 2, al. b), 3 e 4, CPC).

Este regime é coerente com a regra da inexistência de despacho liminar, mas não impede que, tendo o processo sido apresentado ao juiz para despacho liminar, o juiz possa aproveitar a ocasião para, em vez de indeferir liminarmente a petição inicial, passar a sanar ou a convidar a sanar alguma exceção dilatória (cf. art. 6.º, n.º 2, CPC), ou a convidar o autor a aperfeiçoar o seu articulado (aplicando-se então os termos previstos no art. 590.º, n.º 3 a 7, CPC).

Deve assim, nesses casos, proferir-se despacho liminar de aperfeiçoamento.

Ex: Em ação na qual se peticiona pela anulabilidade do contrato de compra e venda, por vício da vontade do declarante, o Autor vem invocar que *"tem dificuldades de compreensão em virtude da baixa escolaridade"*, que *"ouve mal"* e que por esse motivo vendeu erroneamente um imóvel. Por tal alegação ser fundamental na determinação da (in)existência de um vício de vontade, seria de notificar o Autor, em sede de despacho de aperfeiçoamento, para vir aos autos esclarecer o que deverá ser entendido como "baixa escolaridade", bem como, clarificar se existe algum documento médico que ateste a alegada deficiência auditiva do réu.

8) O QUE ENTENDE POR "CONTESTAÇÃO"? QUAL É O PRAZO PARA A SUA APRESENTAÇÃO?

R: A contestação consiste na peça processual escrita em que o réu responde à petição inicial apresentada pelo autor.

Pode revestir uma dupla função, consoante o seu conteúdo:

- contestação-defesa;
- contestação-reconvenção.

O réu pode contestar no prazo de 30 dias a contar da citação - art. 569.º CPC. O prazo para contestar inicia-se a partir da data da citação ou, havendo dilação, depois de esta findar - art. 132.º, n.º 2 CPC.

Este prazo pode, concretamente, vir a ser maior se os vários réus forem citados em ocasiões diferentes ou em que uns beneficiem de dilação - art. 245.º - e outros não - art. 569.º, n.º 2.

9) SE A CONTESTAÇÃO FOR APRESENTADA INTEMPESTIVAMENTE COMO DEVERÁ PROCEDER O JUIZ?

R: A apresentação da contestação, por intempestiva ou por falta de oportuna comprovação do pagamento da taxa de justiça (e multa), implica o desentranhamento dos documentos que a acompanham, mas não da procuração forense.

A partir desse momento, o processo será tramitado como se o réu não tivesse contestado, mas tendo em atenção que a revelia será relativa, visto que interveio no processo.

10) QUAL A DIFERENÇA ENTRE A DEFESA POR IMPUGNAÇÃO E A DEFESA POR EXCEÇÃO?

R: Defesa por impugnação:

Quando o réu contradiz os factos articulados na petição (alegados pelo autor como constitutivos do seu direito) ou quando afirma que esses factos não podem produzir o efeito jurídico pretendido pelo autor.

Pode tratar-se:

i. de mera negação dos factos (impugnação simples);

ou,

ii. de apresentação de uma versão fáctica diferente, ou seja, na alegação de outros factos distintivos e opostos dos alegados na petição inicial, configurando uma nova versão da realidade (impugnação motivada).

Defesa por exceção:

Quando o réu alega novos factos que:

i. obstam à apreciação do mérito da ação (exceções dilatórias);

ii. ou que, servindo de causa impeditiva, modificativa ou extintiva do direito invocado pelo autor, determinam a improcedência total ou parcial do pedido (exceções perentórias).

11) DÊ EXEMPLOS DE MATÉRIAS QUE, SOB PENA DE PRECLUSÃO, DEVEM SER INCLUÍDAS NA CONTESTAÇÃO OU SUSCITADAS NO SEU PRAZO?

R: São exemplos, todos do CPC:

i. Incidente de incompetência relativa – art. 103.º;

ii. Arguição de nulidade da citação – art. 191.º;

iii. Arguição de outras nulidades processuais – arts. 195.º e 199.º;

iv. Incidente de verificação do valor – art. 305.º, n.º 1;

v. Requerimento de intervenção principal provocada – art. 318.º, n.º 1, al. a);

vi. Resposta ao incidente de intervenção principal provocada suscitado pelo autor na petição inicial- art. 315.º, n.º 1;

vii. Requerimento de intervenção acessória provocada – art. 322.º, n.º 1.

12) O QUE ENTENDE POR "ONÚS DE IMPUGNAÇÃO DEFINIDA"?

R: Previsto no art. 574.º do CPC. A impugnação definida[81] não exige, pois, que seja dirigida individualmente a cada um dos factos articulados na petição inicial, podendo ser dirigida a um conjunto de factos, por exemplo.

[81] Na jurisprudência, Acórdão do Tribunal da Relação de Lisboa de 22/02/2018, processo n.º 20742/16 e do Supremo Tribunal de Justiça de 17/10/2019, processo n.º 617/14, disponíveis em www.dgsi.pt.

Importa é que o réu assuma claramente a sua posição relativamente aos factos articulados pelo autor, não bastando uma impugnação puramente genérica do articulado ou em bloco.

Apesar de não expressamente prevista, essa impugnação definida pode ser feita através da referência do número dos artigos da petição inicial respetivos, e mantém-se a previsão de que corresponde a impugnação a situação de os factos articulados pelo autor estarem em oposição com a defesa considerada no seu conjunto.

13) O ONÚS DE IMPUGNAÇÃO DEFINIDA COMPREENDE EXCECÇÕES?

R: Sim. Não obstante a falta de impugnação, não se podem considerar admitidos por acordo (isto é, plenamente provados por confissão ficta) os factos quando:

i. Estiverem em oposição com a defesa considerada no seu conjunto – art. 574.º, n.º 2;
ii. Não for admissível a confissão sobre eles (a confissão é irrelevante quando declarada insuficiente por lei ou recair sobre facto cujo reconhecimento ou investigação a lei proíba, se recair sobre factos relativos a direitos indisponíveis ou notoriamente inexistentes – art. 354.º do Código Civil) – art. 574.º, n.º 2;
iii. Só puderem ser provados por documento escrito – art. 574.º, n.º 2;
iv. Os réus forem incapazes, ausentes e incertos, representados pelo Ministério Público ou por advogado oficioso (a contrario, os incapazes quando são representados em juízo pelo seu representante legal estão sujeitos ao ónus de impugnação) – art. 574.º, n.º 4.

14) O QUE ENTENDE POR "RECONVENÇÃO"?

R: A lei prevê expressamente, no art. 266.º, n.º 1, que o réu pode deduzir pedidos contra o autor, sendo a sede própria para o efeito a contestação, conforme dispõe o art. 583.º.

Constitui uma espécie de contra-acção, na medida em que passa a existir no processo um cruzamento de ações, uma nova ação dentro do mesmo processo.

A reconvenção deve ser, em sede de contestação, expressamente identificada e deduzida separadamente, expondo-se os seus fundamentos, de facto e de direito, e concluindo-se pelo pedido, em termos semelhantes aos do art. 552.º, n.º 1, alíneas c), e d) – cf. art. 583.º.

O autor reconvinte deve explicitar o valor da reconvenção. Se não o fizer, é proferido um despacho de convite a essa indicação que, na falta de resposta do réu-reconvinte, implica que a reconvenção não possa ser atendida (extinção da instância reconvencional) – art. 583.º, n.º 2.

15) QUAL A CONSEQUÊNCIA DA INEPTIDÃO DA RECONVENÇÃO?

R: Absolvição do autor da instância reconvencional[82].

16) QUAL A FUNÇÃO DA RÉPLICA?

R: A réplica só é admitida para defesa do autor perante a reconvenção deduzida pelo réu (n.º 1 do art. 584.º CPC) e, nas ações de simples apreciação negativa, para impugnação dos factos constitutivos alegados pelo réu e alegação dos factos impeditivos ou extintivos do direito por ele invocado (n.º 2 do art. 584.º CPC)[83].

Ou seja, só é admissível a réplica do autor:

Se a contestação do réu tiver pedido reconvencional, servindo a réplica para o autor responder a essa(s) matéria(s);

Nas ações de simples apreciação negativa, servindo a réplica para o autor impugnar os factos constitutivos que o réu tenha alegado e para alegar os factos impeditivos ou extintivos do direito invocado pelo réu.

17) O AUTOR PODE NA RÉPLICA ALTERAR O REQUERIMENTO PROBATÓRIO INICIALMENTE APRESENTADO?

R: Sim – art. 552.º, n.º 2 CPC.

CITAÇÃO/NOTIFICAÇÃO/REVELIA

1) QUAL A DIFERENÇA ENTRE A CITAÇÃO E A NOTIFICAÇÃO?

R: A citação é o ato pelo qual se dá conhecimento ao réu de que foi proposta contra ele determinada ação e se chama ao processo para se defender (cf. art. 219.º, n.º 1, 1.ª parte do CPC). Emprega-se ainda a citação para chamar, **pela primeira vez**, ao processo alguma pessoa interessada na causa (cf. art. 219.º, n.º 1, 2.ª parte do CPC).

A notificação serve para, em quaisquer outros casos, chamar alguém a juízo ou dar conhecimento de um facto (cf. art. 219.º, n.º 2 do CPC).

[82] Ver na jurisprudência, Acórdão do Tribunal da Relação de Évora de 14/03/2019, processo n.º 305/16, disponível em www.dgsi.pt.

[83] Ver na jurisprudência, Acórdão do Tribunal da Relação de Évora de 02/10/2018, processo n.º 387/16, disponível em www.dgsi.pt.

2) QUAIS OS ELEMENTOS QUE A CITAÇÃO DEVERÁ CONTER?

R: No ato de citação, deve o réu:

i. Ser avisado da propositura contra ele da ação e dos elementos individualizadores desta (art. 219.º, n.º 1 CPC);
ii. Ser informado de que fica citado para a ação e do tribunal por onde corre o processo (art. 227.º, n.º 1), bem como do prazo dentro do qual pode oferecer a defesa, da necessidade de patrocínio judiciário e das cominações em que incorre no caso de revelia (art. 227.º, n.º 2 CPC);
iii. Receber o duplicado da petição inicial e cópia dos documentos que a acompanham (art. 227.º, n.º 1 CPC).

3) QUE REGRAS SE APLICAM À CITAÇÃO DE PESSOAS COLETIVAS?

R: À citação de pessoas coletivas aplica-se o disposto para a citação de pessoas singulares, com as necessárias adaptações, e em tudo o que não estiver especialmente regulado quanto a elas (art. 246.º, n.º 1 CPC).

A remissão envolve também a aplicação do regime da citação com domicílio convencionado (cf. art. 229.º CPC).

Nos termos do art. 246.º, n.º 2 CPC, incumbe à secretaria aceder à base de dados e averiguar qual a sede estatutária da pessoa coletiva para onde será remetida a citação postal, observando-se o disposto nos arts. 227.º e 228.º CPC[84].

Na citação por via postal, a carta é endereçada para a sede da citanda inscrita no ficheiro central de pessoas coletivas do Registo Nacional de Pessoas Coletivas (art. 246.º, n.º 2 CPC).

Se a citação for recebida pelo representante legal, observa-se o art. 228.º, n.º 2 CPC (na parte aplicável) e n.º 3, não havendo que cumprir a advertência do n.º 4 do art. 228.º CPC, atento o disposto no art. 223.º, n.º 3 CPC.

Sendo recebida por empregado, não há igualmente que cumprir a advertência do n.º 4 do art. 228.º CPC, atento o disposto no art. 223.º, n.º 3 CPC.

Em ambos os casos, não tem aplicação a dilação do art. 245.º, n.º 1, al. a) CPC.

4) E SE O FUNCIONÁRIO DA PESSOA COLETIVA SE RECUSAR A ASSINAR O AVISO DE RECEÇÃO DA CITAÇÃO?

R: Se for recusada a assinatura do aviso de receção ou o recebimento da carta por representante legal ou funcionário da citanda, o distribuidor postal

[84] Ver na jurisprudência, Acórdão do Tribunal da Relação de Coimbra 12/12/2017, processo n.º 565/12, disponível em www.dgsi.pt.

lavra nota do incidente antes de a devolver e a citação considera-se efetuada face à certificação da ocorrência (art. 246.º, n.º 3 CPC). Nota: O regime previsto nestes n.ºs 3 e 4 do art. 246.º CPC não se aplica às pessoas coletivas cuja inscrição no Registo Nacional de Pessoas Coletivas não seja obrigatório (art. 246.º, n.º 5 CPC).

5) QUAIS SÃO OS EFEITOS PROCESSUAIS DA CITAÇÃO?

R: São essencialmente 3:

i. Estabilidade dos elementos subjetivos e objetivos da instância (art. 564.º, al. b)); em consequência, a modificação das partes e do objeto só pode ocorrer nas situações previstas na lei (art. 260.º).
ii. A inadmissibilidade da propositura pelo réu de uma ação contra o autor com o mesmo objeto (art. 564.º, al. c)); o réu tem o ónus de se defender na ação proposta pelo autor, não podendo procurar discutir a razão dessa parte numa outra ação por ele proposta.
iii. A constituição da exceção de litispendência, se o réu já tiver sido citado para outra ação idêntica quanto às partes e ao objeto (art. 582.º, n.º 1; cf. arts. 577.º, al. i), 580.º e 581.º).

6) QUAIS SÃO OS EFEITOS SUBSTANTIVOS DA CITAÇÃO?

R: São essencialmente 3:

i. A cessação da boa fé do possuidor (art. 564.º, al. a)); a partir da citação, o possuidor não pode afirmar que ignorava que, ao adquirir a coisa, lesava o direito de outrem (cf. art. 1260.º, n.º 1, CC).
ii. A interrupção da prescrição (art. 323.º, n.º 1, CC), da usucapião (art. 1292.º CC) e, em certos casos, da caducidade (art. 2308.º, n.º 1 e 3, CC); se a citação não ocorrer, por causa não imputável ao autor, dentro de cinco dias depois de ter sido requerida, a prescrição tem-se por interrompida logo que decorra esse prazo (art. 323.º, n.º 2, CC).
iii. A constituição do devedor em mora, se a obrigação for sem prazo (art. 805.º, n.º 1, CC); nesta hipótese, a citação vale como interpelação do devedor (art. 610.º, n.º 2, al. b), CPC).

7) ENUNCIE AS CATEGORIAS DE VÍCIOS DA CITAÇÃO E O RESPETIVO REGIME LEGAL?

R: A saber:

i. A falta de citação (cf. arts. 187.º e 188.º CPC);
ii. A nulidade da citação (cf. art. 191.º CPC);
iii. A falsidade da citação (cf. art. 451.º, n.º 1 e 4 CPC);

8) IMAGINE AGORA QUE É O JUIZ TITULAR DO PROCESSO E QUE OS AUTOS LHE FORAM CONCLUSOS CONSTANDO DOS MESMOS CERTIDÃO LAVRADA PELA SRA. AGENTE DE EXECUÇÃO, ONDE ESTA EXAROU QUE "EM DESLOCAÇÃO AO LOCAL, PELAS 11 HORAS, DO DIA 26 DE ABRIL DE 2017, NÃO PUDE EFETUAR A CITAÇÃO POR ESTAR A CITANDA IMPOSSIBILITADA DE A RECEBER, EM CONSEQUÊNCIA DE NOTÓRIA ANOMALIA PSÍQUICA E FÍSICA".

QUE DESPACHO SE DEVE PROFERIR?

Ex: *"Notifique a Sra. Agente de Execução para, no prazo de 10 dias, vir concretizar como se apercebeu que a citanda estava impossibilitada de receber a citação "em consequência de notória anomalia psíquica".*

9) QUEM DEVERÁ SER CITADO EM CASO DO RÉU SER UMA HERANÇA JACENTE?

R: A herança jacente não é uma pessoa coletiva. É um património autónomo que, não tendo personalidade jurídica, tem, porém, personalidade judiciária. Não se deve confundir herança jacente com a "herança ilíquida e indivisa", já aceite pelos herdeiros (alguma jurisprudência refere mesmo que basta ser aceite por pelo menos um herdeiro para deixar de ser jacente).

A herança jacente é representada em juízo pelo seu **administrador, devendo ser este quem é citado**, nos termos do referido art. 223.º do CPC.

A administração da herança jacente está regulada nos arts. 2047.º e 2048.º CC. Não havendo curador da herança jacente já nomeado previamente, são administradores os sucessíveis chamados à herança. Sendo mais do que um, ter em atenção o disposto no art. 223.º, n.º 2, CPC para saber quem se cita.

10) DEFINA O INSTITUTO DA REVELIA?

R: O instituto da revelia é regulado, essencialmente, nos arts. 566.º a 568.º CPC, sem prejuízo de ser mencionado igualmente noutras disposições dispersas ao longo do Código.

A revelia é, na sua essência, uma cominação estipulada pela lei processual civil para os casos de inobservância do ónus de contestar pelo réu.

Pode ser (i) absoluta ou (ii) relativa:

(i) Absoluta: Caso o réu não comparece de todo em juízo, não praticando qualquer ato no processo: contestação, junção de documentos, defesa separada; a comparência em juízo que não envolve a arguição da falta da citação sana a nulidade daí resultante (art. 189.º CPC).

(ii) Relativa: Caso o réu comparece em juízo (nomeando mandatário ou praticando qualquer outro ato), mas não contesta, desde o momento em que a não contestação seja definitiva.

A mais importante diferença de regime entre a revelia absoluta e a relativa é que, no primeiro caso, se pode legitimamente suspeitar de que não foi, pelo menos corretamente, feita a citação.

Por isso, o art. 566.º do CPC ordena que, se o réu, além de não deduzir qualquer oposição, não constituir mandatário, nem intervier de qualquer forma no processo, o tribunal deve verificar se a citação foi feita com as formalidades legais e mandá-la-á repetir quando encontrar irregularidades.

Neste contexto, e caso o juiz conclua pela regularidade da citação efetuada, entende-se que o réu está numa situação de revelia absoluta. Tal implica que, a partir dessa fase, o réu em revelia absoluta apenas seja notificado caso venha a intervir futuramente no processo, sendo ainda assim sempre notificado da decisão final (art. 249.º, n.ºs 3 e 5, CPC).

PRESSUPOSTOS PROCESSUAIS/INCIDENTES DA INSTÂNCIA

1) DEFINIÇÃO SUCINTA DE "PRESSUPOSTOS PROCESSUAIS"?

R: Os pressupostos processuais apresentam-se como as condições necessárias para o proferimento de uma decisão de mérito (de procedência ou de improcedência).

Os pressupostos processuais podem classificar-se como:

i. Relativos ao tribunal;
ii. Relativos às partes;
iii. Relativos ao objeto do processo;
iv. Relativos à validade dos atos processuais e da instância em geral.

2) QUAL A FUNÇÃO DO DESPACHO SANEADOR NA ANÁLISE DOS PRESSUPOSTOS PROCESSUAIS?

R: O despacho saneador está previsto como regra para a ação declarativa comum, sendo o momento em que, por regra, se analisa a verificação ou falta dos pressupostos processuais necessários ao conhecimento do mérito.

Quanto ao momento da sua prolação, o despacho saneador tem lugar findos os articulados, e eventualmente após o despacho pré-saneador (se existir) – art. 595.º, n.º 2 CPC podendo ocorrer as seguintes hipóteses:

Em audiência prévia, sendo o despacho saneador logo ditado para a ata;

Caso as questões sejam complexas, suspende-se a audiência prévia, fixando o juiz data para a sua continuação e, se for caso disso, nessa altura pode ser proferido o despacho por escrito – artigo 595.º, n.º 2, segunda parte, CPC;

Por escrito, nos casos de não realização ou de dispensa de audiência prévia (arts. 592.º, 593.º e 594.º CPC).

3) EXCEÇÃO DILATÓRIA – O QUE É? QUAL A PRINCIPAL CONSEQUÊNCIA?

R: As exceções dilatórias, estão previstas no art. 576.º/1/2 CPC e obstam a que o tribunal conheça do mérito da causa , dando lugar à absolvição da instância ou à remessa do processo para outro tribunal. O elenco de exceções dilatórias do art. 577.º CPC tem natureza exemplificativa e não taxativa. São dilatórias, entre outras, as exceções seguintes:

A incompetência, quer absoluta, quer relativa, do tribunal;

A nulidade de todo o processo;

A falta de personalidade ou de capacidade judiciária de alguma das partes;

A falta de autorização ou deliberação que o autor devesse obter;

A ilegitimidade de alguma das partes;

A coligação de autores ou réus, quando entre os pedidos não exista a conexão exigida no art. 36.º;

A pluralidade subjetiva subsidiária fora dos casos previstos no art. 39.º;

A falta de constituição de advogado por parte do autor, nos processos a que se refere o n.º 1 do art. 40.º, e a falta, insuficiência ou irregularidade de mandato judicial por parte do mandatário que propôs a ação;

A litispendência ou o caso julgado.

Verificamos assim que o fundamento de uma exceção dilatória pode consistir, além da falta de pressupostos processuais, na nulidade que afete a validade de todo o processo, de acordo com o art. 278.º, n.º 1, al. b).

4) EXCEÇÃO PERENTÓRIA – O QUE É? QUAL É A PRINCIPAL CONSEQUÊNCIA?

R: Previstas no art. 576.º/3, importam a absolvição total ou parcial do pedido, mas não na medida de obstarem a que o tribunal conheça do mérito da causa. Consistem na invocação de factos que impedem, modificação ou extinguem o efeito jurídico dos factos alegados pelo autor. Assim, nos termos do art. 579.º – o tribunal conhece oficiosamente das exceções cuja invocação a lei não torne dependente da vontade do interessado – um exemplo em que a lei torna dependente da vontade do interessado, será o caso dos casos de prescrição do art. 300.º e ss CC. A prescrição carece sempre de invocação por parte do interessado, caso contrário subsiste a título de obrigação natural, o tribunal não conhece da prescrição a título oficioso (art. 403.º CC).

5) DEFINA "PERSONALIDADE JUDICIÁRIA"?

R: É a suscetibilidade de ser parte (cf. art. 11.º, n.º 1 do CPC). Sendo que, vigora o princípio da equiparação, isto é, quem tiver personalidade jurídica, tem personalidade judiciária (n.º 2)[85].

A extensão da personalidade judiciária está prevista no art. 12.º e 13.º do CPC.

Em regra, a falta de personalidade judiciária é insanável.

Exceções – pode ser suprida nas seguintes hipóteses:

i. Quando, em consequência das diligências para a citação do réu, resultar certificado o falecimento deste, ocorrido antes da propositura da ação, não haverá lugar a indeferimento liminar ou a absolvição do réu da instância – como decorreria, em termos gerais, da falta de personalidade judiciária –, mas poderá requerer-se a habilitação dos sucessores do autor – art. 351.º, n.º 2;

ii. Outrossim, se procederá a habilitação dos sucessores do autor, se este tiver falecido depois de ter conferido mandato para a propositura da ação mas antes de esta ser instaurada, nos termos estabelecidos no art. 351.º, n.º 3;

iii. A falta de personalidade judiciária será ainda passível de sanação nas hipóteses previstas no art. 14.º CPC.

Nos casos insanáveis/não sanados, em regra deve determinar indeferimento liminar da petição inicial ou absolvição do réu da instância, se conhecida mais tarde, mormente no despacho saneador.

6) DEFINA "CAPACIDADE JUDICIÁRIA"?

R: Capacidade das pessoas coletivas: têm uma capacidade de exercício que resulta da existência de órgãos através dos quais elas estão (em sentido jurídico) por si em juízo – representação orgânica.

Capacidade das pessoas singulares: natural: as pessoas singulares têm capacidade judiciária quando possam estar por si em juízo, sendo que por si significa pessoal e livremente, na sua individualidade concreta; quanto às pessoas singulares só se pode falar, por isso, de uma representação legal.

Casos de incapacidade:

Menoridade: arts. 122.º e segs. CC. Exceção: art. 127.º CC;

Maiores acompanhados em determinadas situações: art. 19.º CPC.

Suprimento da incapacidade: arts. 16.º a 19.º CPC.

[85] Na jurisprudência ver, Acórdão do Tribunal da Relação de Lisboa, de 17/12/2008, processo n.º

Ónus de prova:

O ónus da prova da capacidade judiciária do réu pertence ao autor e o ónus da prova da incapacidade do autor pertence ao réu.

7) DEFINA "LEGITIMIDADE"?

R: A legitimidade exprime um conceito de relação entre um sujeito e um objeto que se materializa na justificação da posição dessa pessoa na relação enquanto titular daquele objeto. Dito de outro modo, a legitimidade é a coincidência entre o sujeito e o titular do interesse em apreciação.

A adoção do conceito de legitimidade no processo civil, que consubstancia, como se referiu, um pressuposto processual sem o qual o juiz não pode conhecer do mérito do pedido, significa a relação entre a parte no processo e o pedido formulado nesse processo.

Podemos distinguir uma legitimidade direta e uma legitimidade indireta:

i. A legitimidade direta é aquela que é reconhecida ao (alegado) titular da situação subjetiva ou a alguém que tem interesse em discutir com ele a titularidade dessa situação;
ii. A legitimidade indireta é aquela que é concedida a alguém que se substitui ao (alegado) titular do objeto do processo.

Exemplos de legitimidade especial do Código Civil: Arts. 73.º; 125.º; 242.º; 282.º; 286.º; 287.º, n.º 1 (e 247.º, 250.º a 252.º, 256.º, 257.º e 254.º); 610.º; 973.º; 1281.º; 1687.º; e 2279.º.

8) O QUE ENTENDE POR "SUBSTITUIÇÃO PROCESSUAL" EM MATÉRIA DE LEGITIMIDADE?

R: A substituição processual verifica-se nas situações em que a parte legitimada não é o titular do objeto do processo, ou seja, nas hipóteses em que alguém faz valer em juízo, em nome próprio, um direito alheio.

Nessa medida, o art. 30.º, n.º 3, admite que a legitimidade possa ser reconhecida a quem não seja o (alegado) titular do objeto da ação.

A substituição processual pode ocorrer em consequência de:

i. Disposição legal: por exemplo, cf. arts. 512.º, n.º 1, e 1405.º, n.º 2, CC; art. 81.º, n.º 1, CIRE; art. 263.º, n.º 1, CPC;
ii. Ato de vontade com reflexos no processo; por exemplo: um dos cônjuges autoriza o outro a propor ação relativa a um bem comum (art. 34.º, n.º 1); a assembleia de condóminos autoriza o administrador de prédio em regime de propriedade horizontal a agir em juízo, em representação dos condóminos, contra qualquer condómino ou contra um terceiro (art. 1437.º, n.º 1, CC).

9) QUE MODALIDADES DE LITISCONSÓRCIO CONHECE?

R: São duas as modalidades de litisconsórcio:

Voluntário, quando resulta da vontade do ou dos interessados – art. 32.º CPC. Exemplos:

i. obrigações divisíveis – art. 534.º CC;
ii. obrigações solidárias – art. 512.º CC; arts. 467.º, 497.º, n.º 1, 538.º, n.º 1, 649.º, 1139.º, 1405.º, n.º 2, e 2078.º, n.º 1, CC.

Necessário, quando devem estar em juízo todos os interessados na relação controvertida, sob pena de ilegitimidade – art. 33.º CPC.

Modalidades:

(i) legal: quando deriva de exigência de lei. Exemplos: arts. 535.º, n,º 1 do CC e 419.º do CC;
(ii) convencional: resulta de convenção celebrada entre as partes em litígio;
(iii) natural.

10) QUAIS AS REGRAS DE LITISCONSÓRCIO APLICÁVEIS AOS CÔNJUGES EM CASO DE BENS COMUNS/PRÓPRIOS EM SITUAÇÕES DE ADMINISTRAÇÃO/ALIENAÇÃO OU ONERAÇÃO?

R: A resposta resulta da conjugação do art. 34.º, n.º 1 do CC com as normas substantivas, nomeadamente do CC, sobre o regime de bens, administração e alienação de bens, etc., nomeadamente os arts. 1682.º, 1682.º-A, 1683.º e 1678.º.

De modo a esquematizar o raciocínio, veja-se a tabela infra:

	Administração	**Alienação ou oneração**	**Litisconsórcio**
Bens Móveis Comuns	Ambos	Ambos os cônjuges	Necessário
	De um	O cônjuge que administra	Voluntário
Bens Móveis Próprios	Do cônjuge proprietário	Do cônjuge proprietário	Não há
	Do cônjuge não proprietário	Ambos os cônjuges se adm ordinária	Necessário

11) QUAL O CRITÉRIO A USAR PARA DISTINGUIR AS FIGURAS DE LITISCONSÓRICIO E COLIGAÇÃO?

R: A doutrina e a jurisprudência[86] têm assinalado dois critérios para distinguir as figuras, conforme de esquematiza infra:

Pluralidade de relações **arts. 32.º e 33.º**	**Dualismo de pedidos** **art. 36.º**
↓	↓
Se há apenas uma relação jurídica, há litisconsórcio. Se há mais do que uma relação jurídica, há coligação.	Se os pedidos são formulados por todos os autores ou contra todos os réus, há litisconsórcio. Se os vários pedidos são formulados de forma discriminada, por cada um dos autores contra cada um dos réus, há coligação.

Ambas as teses geram dificuldades.

i. A primeira é de aplicação mais complexa do que a segunda.
ii. Porém, para a segunda tese, a dificuldade surge nos casos em que por ou contra cada litisconsorte é formulada a quota-parte dum pedido global respeitante a uma mesma relação jurídica – é o caso típico da obrigação conjunta.

Seguindo a tese do <u>litisconsórcio</u> segundo o critério do pedido, pode ser resumido da seguinte forma:

A	⟶	B e C	<u>Litisconsórcio passivo</u>
A e B	⟶	C	<u>Litisconsórcio ativo</u>
A e B	⟶	C e D	<u>Litisconsórcio ativo e passivo</u>
A e B	⟶ ⟶	C e D	<u>Litisconsórcio ativo e passivo com pluralidade objetiva</u>

Exemplo 1: um credor demanda dois devedores solidários pedido o pagamento da dívida – litisconsórcio passivo.

[86] A este propósito veja-se, Acórdão do Tribunal da Relação de Lisboa, processo n.º 3831/15, disponível em www.dgsi.pt.

Exemplo 2: dois credores solidários propõem contra o devedor o pagamento de uma dívida – litisconsórcio ativo.

Exemplo 3: credor demanda fiador e devedor para pagamento da mesma dívida – as relações jurídicas são diversas, mas o pedido é único – litisconsórcio passivo.

Exemplo 4: dois comproprietários de um automóvel pedem a sua entrega e uma indemnização pela mora naquela prestação – há cumulação de pedidos, mas, para cada pedido, do lado ativo temos A e B e do lado passivo temos C e D.

Seguindo a tese da coligação segundo o critério do pedido, pode ser resumido da seguinte forma:

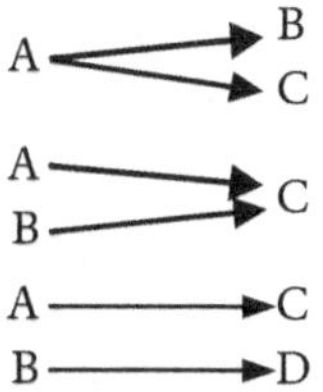

Coligação passiva

Coligação ativa

Coligação ativa e passiva

Na coligação verifica-se **sempre** cumulação de pedidos.

12) EXISTEM SITUAÇÕES DE COLIGAÇÃO NECESSÁRIA?

R: A coligação define-se como uma pluralidade de partes com correspondente pluralidade de relações materiais controvertidas sendo que, em regra, é voluntária. Porém, existem casos excecionais de coligação necessária, sendo um desses exemplos: Ação de indemnização por acidente de viação em que se faça valer a responsabilidade pelo risco (art. 508.º CC) ou em que se demande a seguradora com base em apólice de seguro com capital limitado (art. 741.º CC).

13) QUAIS AS CONDIÇÕES OBJETIVAS DE ADMISSIBILIDADE DA COLIGAÇÃO?

R: São as que resultam do disposto no art. 36.º do CPC, a saber:

i. Causa de pedir única;
ii. Pedido prejudicial ou dependente;
iii. Mesmos factos essenciais;
iv. Mesmas normas de direito;
v. Cláusulas de contratos análogas.

14) O QUE ENTENDE POR "INTERESSE EM AGIR"?

R: O interesse processual (ou interesse em agir) pode ser definido como o interesse da parte ativa em obter a tutela judicial de uma situação subjetiva através de um determinado meio processual e o correspondente interesse da parte passiva em impedir a concessão daquela tutela.

Sendo certo que a enumeração do art. 577.º não é taxativa, o nosso direito adjetivo civil não contempla o interesse em agir como exceção dilatória típica, e, nesta medida, o conceito tem sido tema doutrinal e jurisprudencial, sendo geralmente considerado exceção dilatória inominada de conhecimento oficioso. O interesse de agir assume-se como uma relação entre necessidade e adequação. De necessidade porque, para a solução do conflito é imprescindível a atuação jurisdicional, e adequação porquanto o caminho a seguir deve ter a virtualidade de corrigir a lesão perpetrada ao autor tal como ele a configura[87].

15) QUAL A *RATIO* DA EXCEÇÃO DE LITISPENDÊNCIA E CASO JULGADO?

R: A exceção da litispendência ou do caso julgado visam evitar que o tribunal contradiga ou reproduza a decisão anteriormente proferida noutra ação – cf. art. 580.º, n.º 2 do CPC.

A litispendência e o caso julgado são duas figuras jurídicas que têm por base um mesmo fenómeno: "a repetição de uma causa". Há, assim, lugar à litispendência quando a causa se repete estando a anterior ainda em curso, e ao caso julgado se a repetição se verifica depois de a primeira causa ter sido decidida por sentença que já não admite recurso ordinário.

A distinção entre litispendência e caso julgado reside, pois, essencialmente no momento em que esse fenómeno se verifica, sendo que estaremos perante litispendência quando se verifique a "repetição de uma causa" durante a pendência da causa objeto de repetição, e perante caso julgado quando se verifique a "repetição de uma causa" após o trânsito em julgado da causa objeto de repetição.

A exceção de litispendência não tem obrigatoriamente de ocorrer na ação que for proposta em segundo lugar, porquanto o que prevalece é a citação do réu e não a propositura da ação.

16) QUAIS OS PRESSUPOSTOS PARA A EXISTÊNCIA DE LITISPENDÊNCIA E CASO JULGADO?

R: Os pressupostos encontram-se previstos nos termos do Art. 581.º, n.º 1: a causa repete-se quando se propõe uma ação idêntica a outra quanto:

i. aos sujeitos;
ii. ao pedido;
iii. à causa de pedir.

[87] Na jurisprudência, Acórdão do Supremo Tribunal de Justiça de 19/12/2018, processo n.º 742/16, disponível em www.dgsi.pt.

Relativamente à identidade das partes, é indiferente que o autor figure, na outra ação, como réu e que réu figure como autor.

Além disso, há que atender, como refere o art. 581.º, n.º 2, à qualidade jurídica em que as partes atuam e à extensão subjetiva da eficácia do caso julgado.

A identidade de objeto implica que o pedido seja o mesmo e se baseie na mesma causa de pedir, e pode ser parcial por existirem partes da ação que não são abrangidas pela exceção dilatória em apreço – arts. 580.º a 582.º.

Quanto à identidade de sujeitos:

A identidade jurídica dos sujeitos não é passível de ser confundida com a sua posição processual (autor/réu). O que releva, para este efeito, é a posição jurídica das partes no que tange à relação jurídica material, isto é, a qualidade que as mesmas assumem nessa relação.

A questão tem sido bastante desenvolvida a nível jurisprudencial, sendo de destacar a título de exemplo, e pela sua abrangência, o Ac. TRC 17/09/2013, proc. n.º 507/12, de acordo com o qual *"[a]determinação da identidade dos sujeitos não oferece dificuldades particulares: as partes são as mesmas sob o aspeto jurídico desde que sejam portadoras do mesmo interesse substancial. Não tem de existir coincidência física, sendo indiferente a posição que assumam em ambos os processos. Daí resulta que as partes não têm que coincidir do ponto de vista físico, sendo mesmo indiferente a posição que as mesmas assumam em ambos os processos."*

VICISSITUDES DA INSTÂNCIA

1) DÊ EXEMPLOS DE MODIFICAÇÕES SUBJETIVAS E OBJETIVAS DA INSTÂNCIA?

R: São exemplos de modificações subjetivas da instância (cf. arts. 261.º a 263.º do CPC):

i. Habilitação dos sucessores;
ii. Habilitação do adquirente ou cessionário;
iii. Intervenção de terceiros;

São exemplos de modificações objetivas da instância (cf. arts. 264.º a 268.º do CPC):

i. Pedido (redução, ampliação ou alteração) – esquematicamente exemplificada do seguinte modo:
    i. Modificação por redução;

ii. Modificação por ampliação:
   a) ampliação quantitativa de um único pedido;
   b) ampliação por cumulação dum novo pedido;

iii. Modificação por transformação num pedido de outra natureza – alteração.

   Exemplos:

   Ampliação quantitativa – pede-se 100 quando antes se pediam apenas 50.

   Ampliação qualitativa – pede-se uma coisa mais 100 quando antes se pedia apenas a coisa.

ii. Causa de pedir (redução, ampliação ou alteração);
   a) Ampliação – Quando os novos factos alegados integram outro facto constitutivo do direito do autor, a valer ao lado do primeiro.
   Exemplo: ação de despejo por alteração substancial das divisões do locado, acrescentando-se a utilização do locado para a prática de atos imorais.
   b) Alteração – Quando os novos factos integram um facto constitutivo do direito do autor que este pretende introduzir em substituição do inicial.
   Exemplo: ação de despejo por falta de residência permanente, substituindo-se pela utilização do locado para a prática de atos imorais.

iii. Reconvenção;

iv. Apensação de ações.

2) QUAL O LIMITE TEMPORAL PARA FAZER OPERAR AS MODIFICAÇÕES SUBJETIVAS DA INSTÂNCIA?

R: O limite temporal varia conforme (i) haja acordo ou (ii) na falta de acordo.

(i) Haja acordo: Art. 264.º do CPC. Livremente alteráveis, por acordo, com o limite temporal abaixo referido, salvo se perturbar inconvenientemente a instrução, discussão e julgamento da causa.
Limite temporal da modificação por acordo – julgamento em 2.ª instância, dada a limitação do recurso de revista à matéria de direito (art. 674.º).

(ii) Na falta de acordo: Art. 265.º do CPC. livremente alteráveis, por acordo, com o limite temporal abaixo referido, salvo se perturbar inconvenientemente a instrução, discussão e julgamento da causa.
Limite temporal da modificação por acordo – julgamento em 2.ª instância, dada a limitação do recurso de revista à matéria de direito (art. 674.º).

Quanto à redução do pedido[88], nos termos do artigo 265.º, n.º 2 do CPC, esta é livre.

3) É LÍCITO AO AUTOR AMPLIAR O PEDIDO? DÊ UM EXEMPLO.

R: Sim, em consonância com o art. 265.º, n.º 2 do CPC, desde que a ampliação seja o desenvolvimento ou a consequência do pedido primitivo[89]. Regra geral constituem desenvolvimento do pedido inicial as situações em que o pedido primitivo se altera em termos quantitativos.

Exemplo: O autor pedia inicialmente o reconhecimento da sua propriedade sobre uma parcela de um terreno; pode pedir posteriormente o reconhecimento sobre todo o terreno.

4) OS ARTICULADOS SUPERVENIENTES PODEM SER UTILIZADOS PARA ALEGAR FACTOS INSTRUMENTAIS OU FACTOS ESSENCIAIS COMPLEMENTARES/CONCRETIZADORES? OU SÓ SE ADMITE A ALEGAÇÃO DE FACTOS ESSENCIAIS NUCLEARES ATRAVÉS DOS MESMOS?

R: Os entendimentos divergem.

i. Há decisões na jurisprudência que não admitem o articulado superveniente quando o mesmo se destine à alegação de factos instrumentais ou de factos essenciais complementares/concretizadores, visto que tais factos sempre serão de considerar oficiosamente pelo juiz nos termos do art. 5.º/2, als. a) e b).

Por outro lado,

ii. Argumentos no sentido de não dever ser rejeitado um articulado superveniente em que apenas sejam alegados factos instrumentais e/ou factos essenciais complementares/concretizadores:

Se a parte pode alegar tais factos nos articulados normais da causa, poderá então alegar tais factos em articulados supervenientes – necessário é, para usar deste meio, que os factos sejam supervenientes e pertinentes ao objeto do processo nos termos previstos no art. 588.º.

Por outro lado, é certo que, quanto aos factos instrumentais, a parte não está obrigada a alegar os mesmos, visto que se destinam apenas a permitir a prova de factos essenciais. Nessa medida, incidindo a instrução da causa sobre os factos essenciais, sejam estes nucleares ou complementares/concretizadores, deve a instrução abranger todos os factos instrumentais aptos a provar tais

[88] Na jurisprudência, Acórdão do Supremo Tribunal Administrativo de 14/07/2016, processo n.º 108/15, disponível em www.dgsi.pt.

[89] Na jurisprudência, Acórdão do Tribunal da Relação de Lisboa de 13/09/2016, processo n.º 9112/11, disponível em www.dgsi.pt.

factos essenciais, independentemente de aqueles factos instrumentais terem sido alegados ou não. Ainda assim, poderá haver utilidade em que a parte os alegue, nem que seja como forma de alertar o juiz que a instrução da causa irá incidir também sobre esses factos.

5) QUANDO É QUE DEVE SER FEITA A PROVA DA SUPERVINIÊNCIA DOS FACTOS PARA A APRESENTAÇÃO DE ARTICULADO SUPERVIENTE?

R: O regime dos articulados supervenientes, está previsto no art. 588.º, n.º 2 e n.º 4 CPC, sendo indispensável perceber a prova que o requerente deverá realizar pois, só assim será possível elaborar corretamente o despacho liminar do art. 588.º, n.º 4 do CPC.

Esta fase liminar, quer quanto aos factos objetivamente supervenientes, quer quanto aos factos subjetivamente supervenientes, apenas se destina ao controlo da tempestividade atendendo à versão que é alegada pelo requerente – e, deste modo, apenas será de rejeitar o articulado por extemporaneidade, nesta fase liminar, caso se conclua que, mesmo considerando os factos tal como estão alegados pelo requerente, o articulado é intempestivo (por exemplo, o autor alega no articulado superveniente factos ocorridos antes da propositura da ação, sem alegar o seu conhecimento apenas em momento posterior; ou alega que teve conhecimento deles em momento posterior mas que, ainda assim, em face do disposto no n.º 3 do art. 588.º CPC, não releva para efeitos de permitir a apresentação do articulado no momento em que ela é feita).

A prova da superveniência deverá ser realizada nos seguintes termos:

i. Quanto aos factos objetivamente supervenientes: ou a parte contrária, notificada para responder ao articulado após a admissão liminar deste, não os impugna, ou pelo menos não impugna a data em que os mesmos alegadamente ocorreram, e consideram-se admitidos por acordo nomeadamente quanto à sua superveniência; ou a parte contrária impugna tais factos, ou apenas a data em que os mesmos alegadamente ocorreram, e nesse caso deverá o requerente fazer prova dessa superveniência conjuntamente com os restantes factos alegados que se mantenham controvertidos – devendo, para tanto, ser tal matéria levada aos temas da prova, nos termos do n.º 6 do art. 588.º CPC, com o aditamento necessário a estes temas caso já tenha anteriormente sido proferido o despacho a fixá-los);

ii. Quanto aos factos subjetivamente supervenientes, não há verdadeiras diferenças: ou a a parte contrária, notificada para responder ao articulado após a admissão liminar deste, não os impugna, ou pelo menos não impugna o seu conhecimento superveniente, e consideram-se tais factos, incluindo tal conhecimento superveniente, admitidos por acordo; ou a parte contrária impugna tais factos, ou apenas a data em que os mesmos foram alegadamente conhecidos pelo apresentante do articulado superveniente, e nesse caso deverá o requerente fazer prova dessa superveniência subjetiva conjuntamente com os restantes factos alegados que se mantenham controvertidos.

6) O AUTOR PRETENDE A ALTERAÇÃO/AMPLIAÇÃO DA CAUSA DE PEDIR SEM ALTERAR/AMPLIAR O PEDIDO MAS NÃO HÁ ACORDO DAS PARTES NESSA MODIFICAÇÃO. *QUID IURIS*?

R: Não havendo acordo das partes nessa modificação, a modificação da causa de pedir é admissível, desde logo, nas situações previstas no art. 265.º, n.º 1 do CPC.

Para além deste caso, sendo os factos que se pretende alegar agora, em modificação da causa de pedir, supervenientes, verifica-se que os entendimentos não são unânimes sobre se é de admitir ou não tal modificação.

Em termos sumários:

i. Para uma posição, a causa de pedir poderá ser ampliada/alterada através da apresentação de articulado superveniente, onde sejam alegados os novos factos, desde que respeitados os requisitos respetivos (art. 588.º).
ii. Há, porém, outra posição, segundo a qual a modificação da causa de pedir tem sempre de respeitar os arts. 264.º e 265.º, mesmo quando estejam em causa factos supervenientes90.

7) O AUTOR PRETENDE A ALTERAÇÃO/AMPLIAÇÃO DO PEDIDO, SEM ALTERAR/AMPLIAR A CAUSA DE PEDIR (OU SEJA, SEM ALEGAR MAIS FACTOS DO QUE AQUELES QUE ALEGOU NA PETIÇÃO INICIAL), HAVENDO ACORDO DAS PARTES NESSE SENTIDO. *QUID IURIS*?

R: Aplicação do artigo 264.º CPC, conforme já se explicitou anteriormente.

8) QUAIS OS REQUISITOS PARA SER FEITA A APENSAÇÃO DE AÇÕES?

R: Encontram-se previstos nos termos do art. 267.º, n.º 1 do CPC e prevê casos de proposição separada de ações suscetíveis de ser reunidas no mesmo processo, por se verificarem os pressupostos de admissibilidade do litiscon-

[90] Na jurisprudência, Acórdão do Tribunal da Relação de Lisboa de 10/09/2009, processo n.º 488/2001 ou Acórdão do Tribunal da Relação de Évora, processo n.º 108/16, ambos disponíveis em www.dgsi.pt.

sórcio (voluntário: arts. 32.º a 39.º), da coligação (arts. 36.º e 39.º), da oposição (arts. 333.º e 338.º) ou da reconvenção (art. 266.º) todos do CPC.

9) DÊ EXEMPLOS DA CASOS DE SUSPENSÃO DA INSTÂNCIA POR DETERMINAÇÃO LEGAL.

R: São várias as situações em que a suspensão da instância por determinação legal pode operar, destacamos 3:

i. <u>Falecimento da parte (pessoa singular)</u> – Arts. 269.º, n.º 1, al. a) e 270.º do CPC;
ii. <u>Falecimento ou absoluta incapacidade do advogado, nos casos de patrocínio obrigatório</u> – Arts. 269.º, n.º 1, alínea b), 1.ª parte, e 271.º do CPC;
iii. <u>Falecimento ou absoluta incapacidade do representante do incapaz</u> – Art. 269.º, n.º 1, alínea b), 2.ª parte do CPC.

10) DÊ EXEMPLOS DE CASOS DE SUSPENSÃO POR DETERMINAÇÃO DO JUIZ?

R: São várias as situações em que a suspensão da instância[91] por determinação legal pode operar, destacamos 3:

i. <u>Suspensão por vontade das partes:</u> Art. 272.º, n.º 4 do CPC;
ii. <u>Pendência de causa prejudicial:</u> Art. 272.º, n.º 1, 1.ª parte, 3, e ainda art. 92.º. Artigo 276.º, n.º 1, alínea c), 1.ª parte, CPC.
iii. <u>Por motivo justificado:</u> Art. 269.º, n.º 1, alínea c), 1.ª parte e art. 272.º, n.º 1, 2.ª parte, e n.º 3. Exemplo: não se podendo suspender a audiência de julgamento por acordo das partes, excecionalmente, por razões devidamente justificadas, poderá ser admitida a suspensão da instância por motivo justificado nessa fase quando as partes estão em processo de composição amigável do litígio e a causa admita transação

11) DÊ EXEMPLOS DE CAUSAS DE EXTINÇÃO DA INSTÂNCIA.

R: Decorrem da previsão do art. 277.º do CPC e são as seguintes:

i. Julgamento;
ii. Desistência;
iii. Confissão ou transação;
iv. Impossibilidade ou inutilidade superveniente da lide;
v. Compromisso arbitral;
vi. Deserção;

[91] Na jurisprudência, Acórdão do Tribunal da Relação de Coimbra de 15/09/2015, processo n.º 131/13, disponível em www.dgsi.pt.

12) QUAL A FORMA A ADOTAR NA REALIZAÇÃO DE DESISTÊNCIAS, CONFISSÃO OU TRANSAÇÃO?

R: São efetuadas por termo, ata, documento autêntico ou particular – art. 290.º do CPC, sendo que, a inobservância da forma determina a sua nulidade (art. 220.º do CC).

13) O MANDATÁRIO COM PODERES GERAIS FORENSES PODE DESISTIR? VERIFICADA A FALTA DE PODERES DO MANDATÁRIO, O QUE DEVE FAZER O JUIZ?

R: O mandatário com poderes gerais forenses e o patrono nomeado não podem desistir (da instância ou do pedido), confessar o pedido ou transigir (cf. arts. 45.º, n.º 2, e 291.º, n.º 3 CPC), sem prejuízo do disposto no art. 291.º, n.º 3 CPC.

Para uma posição, o juiz formula convite à junção de procuração com poderes especiais, se necessário com ratificação do processado – art. 48.º.

Para outra posição, mais expedita, o juiz homologa o ato, aplicando o regime do art. 291.º, n.º 3.

14) QUAIS OS LIMITES OBJETIVOS DA DESISTÊNCIA, CONFISSÃO OU TRANSAÇÃO?

R: Limites objetivos – art. 289.º (cf. também os arts. 1249.º, 1412.º, 2101.º e 2008.º do CC). Não é permitida a confissão, desistência ou transação nas ações relativas a direitos indisponíveis, nesta ações é admissível a desistência da instância[92].

15) A CONFISSÃO, DESISTÊNCIA OU TRANSAÇÃO IMPEDEM OU NÃO A APRECIAÇÃO DA LITIGÂNCIA DE MÁ FÉ PELO TRIBUNAL?

R: Não obsta à condenação da parte como litigante de má fé. Existindo factualidade alegada sustentadora do pedido de condenação por má fé carecida de ser comprovada, deverá determinar-se a realização da audiência de discussão e julgamento para apurar da sua verificação, só então se decidindo sobre a mesma[93].

16) QUANDO OCORRE DESERÇÃO DA INSTÂNCIA?

R: A deserção ocorre quando o autor/requerente, por negligência, não impulsiona o processo (ou o incidente com efeito suspensivo) há mais de 6 meses. Em qualquer dos casos, é julgada no tribunal onde se verifique a falta, por simples despacho do juiz – n.º 4 do citado art. 281º do CPC.

[92] Na jurisprudência, Acórdão do Tribunal da Relação de Lisboa de 08/03/2016, processo n.º 7240/11, disponível em www.dgsi.pt.

[93] Na jurisprudência, Acórdão do Tribunal da Relação de Lisboa de 09/01/2020, processo n.º 2487/17 e Supremo Tribunal de Justiça de 20/03/2014, processo n.º

INCIDENTES DE HABILITAÇÃO/INTERVENÇÃO TERCEIROS

1) EM QUE CONSISTEM OS "INCIDENTES DA INSTÂNCIA"?

R: Os incidentes da instância traduzem-se em relações processuais secundárias, intercorrentes no processo principal, de caráter episódico ou eventual, que se destinam a prover, em regra, sobre questões acessórias, nomeadamente respeitantes ao preenchimento ou à modificação de alguns dos elementos da instância em que se inserem, como sucede nos casos de substituição de alguma das partes - art. 262.º, alínea a) CPC.

2) QUAIS AS REGRAS GERAIS DO INCIDENTE DA INSTÂNCIA?

R: A saber:

i. Prazo de oposição ao incidente: 10 dias (art. 293.º, n.º 2)
Efeito da falta de oposição: a falta de oposição no prazo legal determina, quanto à matéria do incidente, a produção do efeito cominatório que vigore na causa em que o incidente se insere - art. 293.º, n.º 3

ii. Indicação das provas: nos articulados (art. 293.º, n.º 1).

iii. Limite do número de testemunhas: 5 (art. 294.º, n.º 1);

iv. Depoimentos prestados antecipadamente ou por carta são sempre gravados (art. 294.º, n.º 2); tal como a audiência final é agora sempre gravada, sem necessidade de requerimento (art. 155.º, n.º 1).

v. Têm lugar, finda a produção de prova, alegações orais (de facto e de direito) - art. 295.º.

vi. A decisão deve ser imediatamente proferida (art. 295.º) - aplicando-se com as necessárias adaptações o regime do art. 607.º (prazo: dez dias - art. 149.º, n.º 1).

vii. Valor do incidente de intervenção - é o da causa, salvo se tiver realmente valor diverso (art. 304.º, n.º 1), caso em que pode ser somado ao valor do pedido do autor (arts. 299.º e 307.º).

viii. É devida taxa de justiça pela dedução do incidente e pela respetiva oposição - arts. 145.º, n.º 1 e 539.º do CPC, e art. 7.º, n.º 4 RCP (Tabela II).

3) QUE TIPOS DE HABILITAÇÃO INCIDENTAL CONHECE?

R: Existem dois tipos de habilitação incidental, a saber:

i. Sucessão obrigatória, porque a causa deve, em princípio, suspender-se desde o falecimento da pessoa ou extinção da pessoa coletiva.

ii. Sucessão entre vivos (facultativa), corre quando a transmissão do direito em litígio não implica a suspensão da instância, pois aquele que transmite continua a ter legitimidade *ad causam* até à habilitação do adquirente, agindo entretanto como seu substituto processual.

iii. Pessoas coletivas, ocorre quando for parte na causa uma pessoa coletiva que se extinga. Nestes casos a habilitação dos sucessores faz-se em conformidade com o regime geral (art. 354.º, n.º 3). Há que considerar, no entanto, o regime especial aplicável às sociedades comerciais: após a extinção da sociedade comercial, esta considera-se substituída pela generalidade dos sócios, representados pelos liquidatários (art. 162.º, n.º 1, CSC), não havendo lugar nem a suspensão da instância, nem à habilitação de sucessores (art. 162.º, n.º 2, CSC).

4) NO CASO DE EXISTIR SUCESSÃO MORTIS CAUSA NA QUAL O HERDEIRO NÃO ACEITOU / REPUDIOU A HERANÇA – COMO SE DISTRIBUI O ONÚS DA PROVA?

R: Quanto à distribuição do ónus da prova, importa saber que:

i. Ónus de alegação e de prova da qualidade de herdeiro do habilitando – pertence ao requerente;
ii. Ónus de prova de que o habilitando não aceitou a herança ou de que a repudiou – pertence ao requerido.

Mais controvertido: é o requerente quem tem de alegar e provar que as pessoas a habilitar são os únicos sucessores do falecido, ou tal é ónus do requerido?

Para o primeiro entendimento[94], a causa de pedir a alegar e provar pelo requerente inclui os factos suscetíveis de revelar que as pessoas a habilitar são os únicos sucessores do falecido – cf. Salvador da Costa, "Os Incidentes da Instância", 11.ª edição, 2020, almedina.

Caso o requerente alegue dificuldade em obter tal informação, pode pedir a colaboração das partes sobrevivas ou do tribunal para obter as informações necessárias – art. 7.º CPC.

Para o outro entendimento[95], sendo tal facto negativo e indeterminado, não cabe tal prova aos requerentes, a qual seria inviável – cf. ABRANTES GERALDES, PIMENTA, P., e PIRES DE SOUSA, L., "CPC Anotado – Vol. I", 3.ª edição, 2022, almedina.

[94] Neste sentido, na jurisprudência, Acórdão do Supremo Tribunal de Justiça de 15/05/2007, processo n.º 07A1002 e Acórdão da Relação do Porto de 28/10/2010, disponíveis em www.dgsi.pt.

[95] Neste sentido, Acórdão da Relação do Porto de 3/03/2009, processo n.º 13/04 e Tribunal da Relação de Coimbra de 8/11/2011, processo n.º 79/09, disponível em www.dgsi.pt.

5) EM CASO DE TRANSFORMAÇÃO OU FUSÃO DE UMA PESSOA COLETIVA OU SOCIEDADE, HÁ LUGAR A HABILITAÇÃO?

R: O falecimento (pessoa singular) ou a extinção (pessoa coletiva) de alguma das partes determina, em regra, a suspensão da instância, até que seja decidida, com trânsito em julgado, a habilitação dos sucessores, nos termos dos arts. 351.º e ss CPC (cf. ainda art. 276.º, n.º 1, al. a) CPC).

Importa atender, porém, que de harmonia com o disposto no art. 269.º, n.º 2 CPC, no caso de transformação ou de fusão de uma pessoa coletiva ou de uma sociedade, não há lugar a habilitação.

6) QUAIS OS TIPOS DE INTERVENÇÃO DE TERCEIROS QUE CONHECE?

R: Existem 3 tipos, a saber:

i. Intervenção principal: arts. 311.º a 320.º do CPC;
ii. Intervenção acessória: arts. 321.º a 332.º do CPC;
iii. Oposição: arts. 333.º a 350.º do CPC;

7) QUANDO É QUE OCORRE A INTERVENÇÃO PRINCIPAL?

R: Ocorre quando um terceiro se constituiu como autor ou reu, em litisconsórcio. Esta intervenção pode ser espontânea (cf. arts. 311.º e ss do CPC) ou provocada (cf. arts. 316.º e ss do CPC).

8) SITUAÇÕES EM QUE OCORRE INTERVENÇÃO PRINCIPAL ESPONTÂNEA?

R: É facultada ao terceiro que podia ter movido a ação juntamente com o autor, ou ter sido demandado juntamente com o réu – litisconsórcio voluntário – art. 32.º CPC. Exemplos:

i. Contitularidade conjunta ou parciária ativa/passiva;
ii. Solidariedade perfeita e imperfeita ativa/passiva nos casos previstos na lei ou negócio jurídico;
iii. Pluralidade de credores em obrigações de prestação indivisível – art. 538.º, n.º 1, CC;
iv. Co-herdeiro de herança impartilhada em ação de petição de herança – art. 2078.º, n.º 1, CC.

2. É facultada ao terceiro que a lei, o negócio ou a natureza da relação jurídica impunham que com o autor movesse a ação ou que com o réu fosse demandado – litisconsórcio necessário – art. 33.º CPC.

3. É facultada ao cônjuge nos especiais de litisconsórcio previstos no art. 34.º CPC.

Em consonância com o disposto no art. 311.º do CPC, este incidente está pensado para situações em que exista *"interesse igual ao do autor ou do réu"*.

Assim o sendo, rege para relações paralelas e relações concorrentes, designadamente nas seguintes matérias:

i. Obrigações solidárias;
ii. Obrigações conjuntas;
iii. Obrigações indivisíveis;
iv. Compropriedade;

9) EM QUE SITUAÇÃO PODE OCORRER INTERVENÇÃO PRINCIPAL PROVOCADA?

R: A intervenção principal provocada encontra-se previsto no art. 316.º do CPC e pode ocorrer das seguintes formas:

i. A requerimento de qualquer das partes: se ocorrer preterição de litisconsórcio necessário, podendo o requerente chamar a juízo o interessado com legitimidade para intervir na causa, seja como seu associado, seja como associado da parte contrária.
ii. Por iniciativa do autor:
   a. Nos casos de litisconsórcio passivo voluntário;
   b. Caso pretenda fazer intervir terceiro nos termos do art. 39.º.
iii. Por iniciativa do réu:
   a. Nos casos previstos no n.º 3;
   b. Sendo que, no caso de o réu pretender efetivar direito de regresso contra condevedores solidários, além da intervenção destes últimos prevista na al. a) do n.º 3 do art. 316.º, é-lhe ainda permitido o recurso ao art. 317.º.

10) DÊ EXEMPLOS DE INTERVENÇÃO PRINCIPAL PROVOCADA AO ABRIGO DOS N.ºS 1, 2 E 3 DO ART. 316.º DO CPC

R: São exemplos:

Art. 316.º, n.º 1: Chamamento por iniciativa do autor ou do réu

Para sanar exceção de ilegitimidade ativa ou passiva por preterição de litisconsórcio necessário – arts. 33.º e 577.º, al. e) CPC.

Exemplo: Em ação em que se pretenda fazer valer o direito de preferência sobre a venda de determinado prédio, em caso de compropriedade, todos os comproprietários têm de estar na ação (arts. 419.º e 1405.º, n.º 1 CC).

Art. 316.º, n.º 2: Chamamento por iniciativa do autor, provocando a intervenção de:

i. litisconsortes voluntários do réu (1.ª parte do n.º 2 do art. 316.º do CPC)

Exemplo: Contrato de mútuo de determinada quantia, garantido por fiança, e que foi incumprido – autor pode propor ação de condenação apenas contra o devedor, mas pode também chamar à ação o fiador (art. 635.º CC).

i. N.º 2: Chamamento por iniciativa do autor, provocando a intervenção de: terceiro contra quem pretenda dirigir o pedido (réu subsidiário) (2.ª parte do n.º 2 do art. 316.º)

Exemplo: Tendo ocorrido um acidente de viação onde estiveram envolvidos 3 automóveis, conduzidos por A, B e C, se A pretender instaurar ação de indemnização mas for duvidoso ou impossível saber qual dos outros dois intervenientes, B ou C, é culpado do acidente, A pode deduzir a mesma pretensão contra a seguradora de B e subsidiariamente contra a seguradora de C.

Art. 316.º, n.º 3: Chamamento por iniciativa do réu, provocando a intervenção de:

i. Litisconsortes passivos quando mostre interesse atendível. Exemplos:
   a. Chamamento de condevedor em obrigação solidária: autor é credor de uma obrigação solidária pelo que, para obter a condenação na totalidade do crédito, pode demandar apenas um dos devedores solidários (art. 512.º, n.º 1 e 518.º CC). O Réu demandado é parte legítima mesmo sozinho, mas poderá ter interesse em chamar à ação os restantes devedores de modo a operar uma defesa conjunta. Cf. ainda art. 535.º CC.
   b. Chamamento do devedor principal da obrigação – arts. 638.º, 641.º e 997.º CC; 175.º e 465.º, n.º 1 CSC; 32.º e 77.º da LULL; 36.º, 38.º e 40.º CSC.
   c. Chamamento do cônjuge também responsável pela dívida comum.

ii. Litisconsortes voluntários do autor:
   Exemplo: Ação de reivindicação da propriedade contra possuidor em que há vários comproprietários, mas apenas um deles intentou a ação (art. 1405.º, n.º 1 e 2, CC); o Réu, que entende que não há lugar à restituição do locado, provoca a intervenção dos restantes comproprietários de forma a evitar posteriores ações por estes e a ver definitivamente resolvido o diferendo.

11) ATÉ QUANDO PODE SER REQUERIDA A INTERVENÇÃO PRINCIPAL PROVOCADA?

R: Cumpre enunciar a regra e as exceções[96]:

Em regra: Só até ao termo da fase dos articulados – art. 318.º CPC.

[96] Na jurisprudência, Acórdão do Tribunal da Relação de Évora de 19/05/2016, processo n.º 127/14, Tribunal da Relação de Lisboa de 12/07/2018, processo n.º 3549/16 e Tribunal da Relação do Porto de 25/06/2019, processo n.º 330/16, disponíveis em www.dgsi.pt.

<u>Exceções</u>:

Para mais: art. 261.º CPC, trânsito da decisão de ilegitimidade; art. 792.º, n.º 5 CPC;

Para menos: art. 318.º, n.º 1, al. c) CPC, prazo da contestação.

Porém, em determinados casos de litisconsórcio necessário, a jurisprudência tem permitido a dedução do incidente após o termo dos articulados e antes da decisão que julga verificar-se a ilegitimidade por preterição daquele litisconsórcio.

12) QUAIS AS MODALIDADES DA INTERVENÇÃO ACESSÓRIA?

R: A intervenção acessória encontra-se prevista nos arts. 321.º e seguintes do CPC e pode subdividir-se em:

i. Intervenção provocada: arts. 321.º a 324.º CPC.
ii. Intervenção acessória do Ministério Público: art. 325.º CPC.
iii. Intervenção acessória espontânea/assistência: arts. 326.º a 332.º CPC.

13) EXEMPLOS DE SITUAÇÕES EM QUE EXISTA INTERVENÇÃO ACESSÓRIA?

R: A intervenção acessória baseia-se na existência de duas relações jurídicas distintas, mas conexas: (i) a relação entre o autor e o réu e (ii) a relação entre o réu e o terceiro.

A perda da ação importa a constituição na esfera jurídica do réu de um direito de crédito, por indemnização, contra um terceiro – o chamado. São exemplificativas as relações entre:

i. Empreiteiro/subempreiteiro;
ii. Concessionário/concedente;
iii. Segurado/segurador quando, em sede de seguro facultativo, não se verifiquem as situações previstas nos n.ºs 2 e 3 do art. 140.º do DL 72/2008, 16-04;
iv. Seguradora da responsabilidade civil automóvel e o condutor sob a influência de álcool ou estupefacientes.

14) COMO SE CARACTERIZA A OPOSIÇÃO?

R: A oposição encontra-se prevista nos termos do artigo 333.º a 350.º do CPC.

Configura-se como uma ação própria em processo alheio. Permite a proteção do direito de terceiros suscetível de ser afetado pela decisão da causa no confronto das partes primitivas. Alarga o âmbito do caso julgado. Evita a prolação de sentenças contraditórias.

Origina:

i. Modificação Objetiva

Alarga o litígio à definição da existência e da titularidade do direito invocado pelo opoente.

A causa passa a abranger não só a relação jurídica apresentada no confronto do autor e do réu, como também aquela que o opoente invoca como sendo incompatível com a discutida por aqueles.

ii. Modificação Subjetiva

O opoente passa a assumir na lide posição de parte principal do lado ativo.

Tem subjacente o princípio da economia processual, uma vez que, permite a apreciação, sob a unidade da ação, de pretensões opostas sobre a titularidade do direito ou dos direitos envolventes, evitando que o terceiro tenha de esperar pelo desfecho do litígio em causa para, em nova ação, pedir o reconhecimento do seu direito. É admissível independentemente da natureza (real ou obrigacional) da relação jurídica material controvertida inicial. O opoente pode invocar que é o titular do próprio direito invocado pelo autor ou réu reconvinte.

15) DISTINGA OPOSIÇÃO TOTAL E PARCIAL.

R: Distinção:

i. Oposição total:

O autor intenta ação pedindo a declaração de que é titular do direito de propriedade sobre dois prédios e a condenação do réu a entregar-lhos com fundamento na presunção constante do registo e na ocupação sem título bastante. O réu vem alegar a titularidade do respetivo direito de propriedade com base na sua aquisição por usucapião.

Por sua vez, o terceiro opoente intervém sob a invocação de que foi ele quem adquiriu o direito de propriedade sobre o prédio por usucapião e, com base na posse formal, pede a declaração desse direito, o cancelamento do registo e a condenação do réu a entregar-lhos.

ii. Oposição parcial:

Se, no mesmo caso, o terceiro alegou os referidos factos apenas em relação a um dos prédios em causa e formulou em conformidade o pedido de condenação do réu na sua entrega.

MEIOS DE PROVA

1) QUAL A DIFERENÇA ESSENCIAL ENTRE A PROVA POR DEPOIMENTO DE PARTE E A PROVA POR DECLARAÇÕES DE PARTE?

R: O depoimento de parte encontra-se regulado no art. 452.º CPC e pode ser requerido pelo tribunal ou pelas partes, sendo que o juiz pode requerer em qualquer estado do processo – manifestação do princípio do inquisitório ligado com os poderes de gestão processual do juiz. Este depoimento tem valor confessório quanto ao reconhecimento de factos desfavoráveis ao depoente e favoráveis à parte contrária, com base na regra da experiência que ninguém confessa um facto que lhe é desfavorável a não ser que seja verdadeiro. Quando é requerido, devem ser discriminadamente indicados os factos sobre que deve recair (cf. art. 452.º, n.º 2 do CPC).[97]

Apenas factos pessoais ou de que o depoente deva ter conhecimento direto são passiveis de depoimento de parte (cf. art. 454.º, n.º 1 do CPC).

Já as declarações de parte, encontram-se previstas no art. 466.º CPC e poderão ser requeridas até ao início das alegações orais em 1.ª instância.

Tal como o depoimento de parte, as declarações de parte versam sobre factos em que as partes tenham intervindo pessoalmente ou de que disponham de conhecimento direto. A doutrina maioritária considera que o carácter estritamente pessoal das declarações de parte impõe que as mesmas sejam obrigatoriamente prestadas pela parte, não podendo as declarações de parte ser prestadas por mandatário ao que contrário do que ocorre com o depoimento de parte.

A jurisprudência foi-se desenvolvendo no sentido de admitir que na eventualidade do depoimento de parte – no que excedesse a confissão de factos desfavoráveis à contraparte – constituiria meio de prova de livre apreciação pelo tribunal[98].

Quanto ao valor probatório das declarações de parte, há que salientar a existência de 3 teses:

i. Tese do carácter supletivo: as declarações de parte têm uma função eminentemente integrativa e subsidiária dos demais meios de prova, tendo particular relevo em situações em que as partes protagonizaram

[97] Ver, a título exemplificativo, Acórdãos do Tribunal da Relação do Porto de 21.01.2014, processo n.º 900/12 e 16/03/2011, processo n.º 237/04, disponíveis em www.dgsi.pt.

[98] Ver, a título exemplificativo, em sentido oposto, Acórdão do Supremo Tribunal de Justiça de 25/11/2010, processo n.º 3070/04, disponível em www.dgsi.pt.

e tiveram conhecimento dos factos em discussão. Defendida por: Lebre de Freiras, Paulo Pimenta e Maria dos Prazeres Beleza.

ii. Tese do princípio da prova[99]: propugna que as declarações de parte não são suficientes, por si só, para estabelecer qualquer juízo de aceitabilidade final, sendo apenas coadjuvantes da prova de um facto desde que em conjugação com outros meios de prova. Defendida por Carolina Henriques Martins.

iii. Tese da autossuficiência ou valor autónomo das declarações de parte: As declarações de parte devem ser atendidas e valoradas com alguns cuidados. As mesmas, como meio probatório, não podem olvidar que são declarações interessadas, parciais e não isentas, em quem as produz tem manifesto interessa na ação. Seria de todo insensato que sem mais, nomeadamente, sem o auxílio de outros meios probatórios, sejam eles documentais ou testemunhais, o Tribunal desse como provados os factos pela própria parte alegados e por ela, tão só, admitidos[100].

Em suma, a jurisprudência dos tribunais superiores tem vindo a entender maioritariamente que a prova por declarações de parte é uma prova autónoma, que vale plenamente para a formação da convicção do juiz, ainda que não se apresente acompanhada de mais elementos de prova. Não se desconhecendo as inegáveis fragilidades deste meio de prova, decorrentes do interesse que é próprio – de quem depõe, nas situações em que inexistem outros meios de prova idóneos, a prova por declaração de parte não pode deixar de ser entendida como autónoma ou válida enquanto verdadeira prova[101].

2) DÊ EXEMPLOS DE SITUAÇÕES NAS QUAIS AS DECLARAÇÕES DE PARTE SE PODEM REVELAR IMPORTANTES

R: São exemplos as seguintes situações:

i. Em julgamento de acidente de viação, em que o Autor/Condutor, por ser parte, não era ouvido quanto ao relato da dinâmica do acidente, enquanto o segurado da Ré (o outro condutor) era arrolado como testemunha.

[99] Na jurisprudência, Acórdãos do Tribunal da Relação do Porto de 23.04.2018 e 20.11.2014, processos n.ºs 482/17 e 1878/11, respetivamente, disponíveis em www.dgsi.pt.

[100] Na jurisprudência, Acórdão do Tribunal da Relação do Porto de 15.09.2014, processo n.º 216/11, disponível em www.dgsi.pt.

[101] Na jurisprudência, Acórdão do Tribunal Central Administrativo Sul de 19.07.2017, processo n.º 985/16, disponível em www.dgsi.pt e TEIXEIRA DE SOUSA, M. ""Para que serve afinal a prova por declarações de parte?" de 25/05/2018, disponível em https://blogippc.blogspot.com/.

ii. Audição de representantes legais de pessoas coletivas (sócios gerentes ou administradores) nas ações que envolvam sociedades comerciais.
iii. Factos de natureza estritamente doméstica, do fora íntimo, privado ou pessoal dos litigantes, e que normalmente não são presenciados por terceiros, de forma direta, estando, por isso, afastado do âmbito de aplicação da prova documental, pericial e testemunhal.

3) A PERÍCIA PODE SER ORDENADA PELO JUIZ? EM CASO AFIRMATIVO, DEVERÁ OBEDECER A ALGUM PRESSUPOSTO ESPECIAL?

R: Sim pode, em conformidade com o art. 467.º/1 CPC – paralelamente, quando se trate de uma perícia ordenada pelo juiz, este, em conformidade com o art. 477.º CPC, terá de indicar no despacho em que determina a realização da diligência o respetivo objeto, podendo as partes sugerir o alargamento da matéria.

4) O JUIZ PODE APRECIAR LIVREMENTE TODOS OS FACTOS?

R: Não – art. 607.º/5 CPC, o juiz está limitado na apreciação de determinados factos, nomeadamente e a título exemplificativo, o disposto nos arts. 371.º/1, 376.º/1, 358.º, todos do CPC.

5) QUE TIPOS DE CONFISSÃO CONHECE?

R: A confissão conhece as seguintes modalidades:

Judicial, a qual se subdivide em:

a) Espontânea: Realizada nos articulados, pela parte ou pelo seu mandatário, ou em qualquer outro ato processual, mas neste caso só pela parte ou mandatário com poderes especiais para o efeito – art. 356.º, n.º 1 do CC.
b) Provocada: Em depoimento de parte ou em ato de prestação de informação ou esclarecimentos pelo tribunal – art. 355.º, n.º 2 do CC.

Extrajudicial: Tem força probatória plena quando exarada em documento com força probatória plena e for feita à parte contraria ou a quem a represente (art. 358.º, n.º 2 do CC). Quando verbal, feita a terceiro ou constando de testamento, constitui uma prova de livre apreciação.

6) QUE MODALIDADES DE CONFISSÃO CONHECE?

R: São 3 as modalidades:

Simples: Quando o facto é reconhecido sem qualquer reserva ou condição ou sem a invocação de qualquer circunstância suscetível de afetar o seu efeito;

Qualificada: Quando o facto é reconhecido com outra qualificação ou eficácia jurídica ou quando o confitente adita à declaração confessória factos que alterem a significação jurídica dos factos reconhecidos;

Complexa: Quando, conjuntamente com o reconhecimento do facto, a parte alega outro que destrói o efeito da confissão, porquanto o confitente adita ao facto conhecido outros factos passíveis de consubstanciarem uma exceção ao direito (do autor ou reconvinte) ou uma contra exceção, ou passíveis de sustentarem uma reconvenção.

Nota: As confissões qualificadas e complexas convocam a aplicação do regime da indivisibilidade da confissão[102], segundo o qual a parte que queira aproveitar-se da eficácia do facto confessado, como prova plena, tem de aceitar também como verdadeiros os outros factos ou circunstâncias, salvo se provar a sua inexatidão (cf. art. 360.º do CC)[103].

Para que a regra da invisibilidade se aplique, é necessário que os factos declarados pelo confitente pertençam à mesma hipótese de facto prevista por determinada norma para a sua aplicação, e que haja uma relação entre os efeitos de una e outros (os factos favoráveis devem ser impeditivos, modificativos ou extintivos dos factos desfavoráveis).

Ainda de sublinhar que, o princípio da indivisibilidade se aplica apenas no âmbito da confissão com força probatória plena, não sendo observável no plano da confissão judicial espontânea em articulado, porquanto os factos narrados em articulado recebem tratamento individualizado.

7) O DEPOIMENTO DE PARTE PODE SER PRESTADO PELO ASSISTENTE?

R: A doutrina e a jurisprudência[104] não são unânimes quanto a esta questão, pelo que, destacam-se duas posições:

i. A que entende que é o facto que é de presumir que a parte tenha conhecimento, pois o dever do artigo tem o sentido de juízo de probabilidade psicológica e não de conduta ética[105];

[102] Para mais desenvolvimentos, na jurisprudência, Acórdão do Supremo Tribunal de Justiça de 16/05/2022, processo 02B1129 e 23/03/2009, processo 09A0451, de 27/20/2009, processo 61/2002, disponíveis em www.dgsi.pt.

[103] Na doutrina, GPS, "Código do Processo Civil Anotado – 1.ª parte", Almedina, 1.ª edição, pág. 527.

[104] Acórdãos do Supremo Tribunal de Justiça de 21/03/2012, processo n.º 190/09 e do Tribunal Central Administrativo Sul de 10/12/2015, processo n.º 12068/15 e Tribunal da Relação de Lisboa de 11/03/2010, processo n.º 180/09, disponíveis em www.dgsi.pt.

[105] Lebre de Freitas e Isabel Alexandre, "CPC Anotado", 2.º Volume, pág. 290 e 573.

ii. A que considera que é o facto que a parte deva conhecer segundo as regras da experiência comum ou em cumprimento de um dever de informação, como sucede, por exemplo, quanto à atividade de um seu empregado ou à deliberação de um dos seus órgãos;

8) QUAL A FORÇA PROBATÓRIA DO DEPOIMENTO DE PARTE?

R: Quando não resulte de confissão: simples elemento probatório a apreciar segundo o prudente critério do julgador – prova livre.

Os casos em que a confissão é inadmissível encontram-se plasmados no artigo 354.º do CC.

9) O JUIZ PODE ORDENAR, OFICIOSAMENTE, O DEPOIMENTO DE PARTE?

R: Sim. Art. 7.º, n.º 2 do CPC – O juiz pode, em qualquer altura do processo, ouvir as partes e também os seus mandatários e formular convite a fornecer os esclarecimentos sobre a matéria de facto ou de direito que se afigurem pertinentes e proceder à aplicação, com as devidas adaptações, das cominações legais previstas no CPC pela recusa de colaboração para a descoberta da verdade (cf. art. 417.º do CPC).

10) AO ABRIGO DO ARTIGO 155.º DO CPC, A GRAVAÇÃO DA AUDIÊNCIA FINAL É SEMPRE GRAVADA. ASSIM SENDO SERÁ QUE A ASSENTADA DO DEPOIMENTO DE PARTE CONSTITUI UM ATO INÚTIL?

R: Não. O art. 463.º, n.º 1 do CPC impõe a redução a escrito do depoimento de parte na sua vertente confessória. A desconsideração dessa formalidade implicaria que a declaração da parte, no segmento confessório, deixasse de ter o valor probatório de prova plena contra o confitente que lhe atribui o n.º 1 do art. 358.º do CC e passasse a ser livremente apreciada pelo tribunal, nos termos do n.º 4 do mesmo normativo.

11) DIGA O QUE ENTENDE POR PROVA TESTEMUNHAL?

R: A prova testemunhal é a que resulta da transmissão ao tribunal, por certa pessoa, de informações de facto que interessam à decisão da causa, e que foram pela mesma pessoa adquiridas sem para isso tenha sido encarregada pelo tribunal. A prova testemunhal é admissível em todos os casos em que não seja direta ou indiretamente afastado (cf. art. 392.º CC).

12) DÊ TRÊS EXEMPLOS DE SITUAÇÕES EM QUE A PROVA TESTEMUNHAL ESTÁ EXCLUÍDA?

R: São exemplos:

i. Contra documento *ad probationem* ou *ad substantiam*, exigido por estipulação das partes (cf. art. 393.º, n.º 1 e 364.º CC), exceto se a prova testemunhal for utilizada quanto à interpretação do documento (cf. art. 393.º, n.º 3 do CC), com a excecção, por exemplo do disposto no art. 394.º, n.º 3 do CC.

ii. Contra ou em substituição do conteúdo de documento autêntico ou particular, isto é, para prova de convenções contrárias ou adicionais ao conteúdo desses documentos (cf. art. 394.º, n.º 1 do CC), exceto se a prova for realizada por terceiros (cf. art. 394.º, n.º 3 do CC).

iii. Contra meio de prova com força probatória plena, isto é, para prova do contrário de facto plenamente provado por documento ou por outro meio de prova (cf. art. 393.º, n.º 2 do CC);

13) QUAL A DIFERENÇA ENTRE O DEPOIMENTO DIRETO E INDIRETO?

R: O depoimento direto é aquele em que a testemunha relata os factos que percecionou com os seus próprios sentidos.

Já o depoimento indireto é aquele a que se chama "testemunho de ouvi dizer", ou seja, o testemunho daquele que relata factos dos quais teve conhecimento através da transmissão oral, escrita ou mecânica por um terceiro. A valoração pelo Tribunal do depoimento indireto acarreta especiais cautelas, uma vez que a testemunha que o presta nada mais fará do que repetir o que lhe disseram[106].

14) NO DECORRER DA AUDIÊNCIA DE JULGAMENTO, A TESTEMNHA RELATA FACTOS TENDO COMO FONTE OUTRA PESSOA NÃO ARROLADA COMO TESTEMUNHA. CASO O JUIZ ENTENDA QUE TAIS FACTOS SÃO IMPORTANTES, O QUE PODERÁ FAZER?

R: Poderá e deverá lançar mão do mecanismo previsto no artigo 526.º, n.º 1 do CPC e convocar essa pessoa.

15) QUAL A CONSEQUÊNCIA DE INQUIRIÇÃO DE UMA TESTEMUNHA INÁBIL?

R: A inquirição de uma testemunha inábil gera uma nulidade secundária (cf. art. 195.º, n.º 1 e 199.º do CPC), ficando sanada se não for arguida tempestivamente, isto é, até terminar a diligência em que o vício correu (sessão de audiência final)[107].

[106] Na jurisprudência, Acórdão do Tribunal da Relação de Évora de 13/12/2007, processo n.º 2251/07 e do Tribunal da Relação de Lisboa de 16/10/2014, processo n.º 179/06, disponível em www.dgsi.pt.

[107] Na jurisprudência, Acórdão do Tribunal da Relação do Porto, de 9/11/1993, processo n.º 9350227, disponível em www.dgsi.pt.

16) DÊ ALGUNS EXEMPLOS DE SITUAÇÕES NAS QUAIS A TESTEMUNHA PODE RECUSAR-SE A DEPOR?

R: A testemunha pode recursar- se a depor quando o seu testemunho:

i. Verse sobre parentes, afins e membros de uniões de facto – cf. art. 497.º do CPC;
ii. Viole a integridade física ou moral das pessoas (cf. art. 417.º, n.º 2, al. a) do CPC);
iii. Violar o sigilo profissional (incluindo o segredo industrial ou comercial) ou de funcionários públicos ou o segredo de Estado (cf. art. 497.º, n.º 4 e 417.º, n.º 3, alínea c) e 4 CPC);
iv. Propuser uma intromissão na vida privada ou familiar, no domicílio, na correspondência ou nas telecomunicações (cf. art. 417.º, n.º 3, al. b) CPC).

17) EM REQUERIMENTO, VEIO A PARTE SOLICITAR, A PRESTAÇÃO DE DEPOIMENTO DE PARTE/DECLARAÇÕES DE PARTE, EM QUE O REQUERENTE NÃO INDICOU A MATÉRIA SOBRE A QUAL IRIAM INCIDIR. COMO DEVE O JUIZ PROCEDER?

R: A questão tem vindo a ser tratada na jurisprudência como impendendo sobre o juiz um dever de desencadear em primeiro lugar um convite ao requerente no sentido de indicar a matéria, só se indeferindo o depoimento/declarações no caso de a parte não corresponder ao convite.

18) QUAL A ORDEM DE INQUIRIÇÃO DE TESTEMUNHAS?

R: Em sede de audiência final, efetuada a chamada são inquiridas primeiro as testemunhas do autor e posteriormente as testemunhas do reu, pela ordem pela qual vêm indicas nos respetivos róis (cf. art. 512.º, n.º 1 do CPC).

19) UMA TESTEMUNHA ARROLADA PELA PARTE QUE, ANTES DE SER OUVIDA, ESTÁ NA SALA DE AUDIÊNCIAS E ASSISTE AOS OUTROS DEPOIMENTOS, EM VEZ DE AGURDAR NA SALA DE TESTEMUNHAS (CF. ART. 512.º DO CPC), FICA IMPEDIDA DE PRESTAR DEPOIMENTO?

R: Não configura uma situação de inabilidade para depor. A circunstância pode ser ponderada em termos de aferição da credibilidade da testemunha, oficiosamente ou a requerimento (incidente de contradita) da parte contra quem a testemunha é apresentada.

20) DIGA O QUE ENTENDE POR INCIDENTE DE ACAREAÇÃO?

R: O incidente de acareação visa confrontar as testemunhas conflituantes, cujas versões contraditórias incidam sobre a matéria de facto alegada pelas partes, com o objetivo de, a título subsidiário, obter elementos probatórios sobre a credibilidade de cada testemunha através do comportamento revelado na acareação. Trata-se de um incidente com natureza instrumental e excecional, sendo apenas admissível quando a oposição entre as declarações das testemunhas coincida na totalidade dos pressupostos que lhe dão força probatória: narração do mesmo facto de forma contraditória, de um fenómeno que ambas sustentaram ter observado.

21) DIGA O QUE ENTENDE POR INCIDENTE DE CONTRADITA?

R: Trata-se de um incidente dirigido a abalar a credibilidade da testemunha. Através deste incidente, a parte contrária pretende afetar a razão de ciência invocada pela testemunha ou diminuir a fé que a mesma possa ter, visando a própria testemunha e a sua credibilidade. O incidente tem lugar logo que o depoimento termine, processando-se nos exatos termos em que se processo a impugnação (cf. art. 521.º e 522.º do CPC).

22) DIGA O QUE ENTENDE POR PROVA PERICIAL E DÊ UM EXEMPLO EM QUE PODE SER ÚTIL?

R: A prova pericial tem por fim a perceção ou apreciação de factos por meio de peritos, quando sejam necessários conhecimentos especiais que os julgadores não possuem, ou quando os factos, relativos a pessoas, não devam ser objeto de inspeção judicial (cf. art. 388.º do CC).

Exemplo: Determinar a falsidade ou autenticidade de uma determinada obra.

23) A PROVA PERICIAL PODE SER ORDENADA OFICIOSAMENTE?

R: Se o Tribunal tiver necessidade de esclarecimentos sobre qualquer facto que interesse à decisão da causa, o juiz pode, oficiosamente ou a requerimento de qualquer das partes, ordenar a realização da prova pericial, com vista a apreciar, narrar e/ou valorar factos, sendo essencial, para que haja perícia, que a perceção desses factos assente sobre conhecimentos especiais que o julgador não possui, seja qual for a natureza desses conhecimentos (científica, técnica, artística, profissional ou outra).

24) A PARTE REQUER A REALIZAÇÃO DE PERÍCIA, CONTUDO NÃO INDICA O OBJETO DA PERÍCIA, NEM AS QUESTÕES DE FACTO QUE PRETENDE VER ESCLARECIDAS ATRAVÉS DA DILIGÊNCIA (CF. ART. 475.º, N.º 1 DO CPC). *QUID IURIS*?

R: No paradigma atual, atento o princípio da cooperação entre o Tribunal e as partes, se as partes requererem a perícia sem indicarem o seu objeto e as questões de facto a esclarecer, o juiz pode/deve convidar a parte a sanar essa falta nesse momento, sob pena, aí sim, de indeferimento[108].

25) A PERÍCIA É SINGULAR OU COLEGIAL?

R: Existe em ambas as modalidades (cf. art. 468.º do CPC).

26) QUAL O VALOR PROBATÓRIO DE UMA PROVA PERICIAL?

R: Decorre do art. 389.º CC – o valor é fixado livremente pelo tribunal.

27) DIGA O QUE ENTENDE POR VERIFICAÇÕES NÃO JUDICIAIS QUALIFICADAS? DÊ UM EXEMPLO EM QUE PODE SER UTILIZADA.

R: Encontram-se previstas no artigo 494.º do CPC. Constituem um meio de prova e prevê-se o recurso a este expediente probatório, sempre que seja legalmente admissível a inspeção judicial, mas o juiz entenda que tal diligência não se justifica face à natureza da matéria. Nesta hipótese, o tribunal pode incumbir um técnico ou uma pessoa qualificada de proceder a atos de inspeção (de coisas ou lugares) ou de reconstituição de factos[109]. De tal atividade será lavrado relatório, apreciado à luz do princípio da livre apreciação, salvo se as atestações constarem de documento emanado de autoridade pública – cf. art. 371.º do CC.

Estes técnicos assumirão uma função meramente auxiliar da atividade jurisdicional.

Importa ter em consideração que o perito é um técnico, mas nem toda a intervenção de um técnico no processo se reconduz a uma perícia.

Exemplo: Um médico pode ser designado como perito, submetendo-se a sua intervenção processual a um procedimento probatório tipificado na lei, ou poderá apenas ser requisitado para participar como mero "assessor técnico" do juiz no momento da audiência final (cf. art. 601.º do CPC) num caso de negligência médica onde o Tribunal preveja, de antemão, que irão ser utilizados conceitos específicos/técnicos da medicina/*legis artis*.

28) A REALIZAÇÃO DE INSPEÇÃO JUDICIAL ESTÁ SUJEITA A UM JUÍZO DE OPORTUNIDADE PELO JUIZ?

R: Sim (cf. art. 490.º do CPC). O preceito faz depender a inspeção judicial de um juízo de oportunidade formulado pelo juiz, estamos no domínio daquilo

[108] Em sentido contrário, Acórdão do Supremo Tribunal Administrativo de 21/03/2003, processo n.º 01183/02, disponível em www.dgsi.pt.

[109] Para maiores desenvolvimentos, Acórdão do Tribunal da Relação de Coimbra de 20/03/2018, processo n.º 66/14, disponível em www.dgsi.pt.

que alguns autores apelidam de um poder discricionário. Note-se que decidir sob a égide de um poder legal discricionário não significar atuar fora ou para além da lei. O uso de um poder legal discricionário é sempre sindicável quanto à verificação dos pressupostos definidos por lei para a prolação de tal tipo de despacho, a determinar se o julgador extravasou o quadro das possibilidades legais de atuação ou se ocorreu desvio de poder (ex: despacho não fundamentado a recusar a inspeção judicial).

29) É POSSÍVEL REQUERER A PRODUÇÃO ANTECIPADA DE PROVA?

R: Sim (cf. art. 419.º do CPC), é uma antecipação da audiência contraditória que teria normalmente lugar ao abrigo do art. 415.º do CPC. Havendo justo receio de tornar-se impossível ou muito difícil o depoimento de certas pessoas ou a verificação de certos factos por meio de perícia ou inspeção, pode o depoimento, a perícia ou a inspeção realizar-se antecipadamente e até antes de proposta a ação.

Exemplo: Inspeção ao local de muro de demarcação muito danificado em iminente derrocada.

30) QUAIS OS TIPOS DE FORÇA PROBATÓRIA DOS DOCUMENTOS QUE CONHECE?

R: Tendo em consideração a maior ou menor força probatória do meio de prova, a prova legal designa-se por:

(i) **pleníssima:** quando o seu valor probatório é insuscetível de ser destruído. É o caso das presunções inilidíveis (arts. 350.º/2 CC, 243.º/3, 1260.º/2/3 CC). A prova pleníssima, no entanto, admite impugnação da base da presunção.

(ii) **plena:** tem uma eficácia probatória inferior à pleníssima, no entanto, apenas pode ser contrariada por meio de prova de que resulte ser falso o facto de prova havendo então inversão do ónus da prova, ex: falsidade de documento autêntico ou presunções *iuris tantum* (cf. arts. 349.º e 350.º do CC).

(iii) **bastante:** é aquela que, possuindo embora força suficiente para se poder decidir pela verificação do facto e, portanto, para conferir a certieza jurídica necessária à prova do mesmo, cede não apenas pela rpova do contraário mas, desde logo pela contraprova (cf. art. 346.º do CC). Quando a simples dúvida do julgador sobre a realidade do facto em princípio provado por imposição legal é suficiente para que cesse o valor probatório para ela fixado (ex: presunção da paternidade estabelecida com base em escrito).

31) QUAL A REGRA GERAL DE DISTRIBUIÇÃO DO ONÚS DA PROVA? PODERÁ ESTE SER INVERTIDO?

R: A regra geral é a resultante do art. 342.º do CC[110], isto é, *"àquele que invocar um direito cabe fazer prova dos factos constitutivos do direito alegado"* e, consequentemente, àquele contra quem a invocação é feita cabe a prova dos factos impeditivos, modificativos ou extintivos do direito invocado. O critério adotado não é apenas o de quem alega, para o qual seria irrelevante a distinção material entre factos constitutivos, impeditivos, modificativos ou extintivos, bastando que o legislador tivesse dito que a prova dos factos compete a quem os alega. É, sim, o critério de quem alega corretamente, ou seja, de quem deve alegar.

Pode haver inversão nos casos do artigo 344.º do CC[111], tendo sempre em consideração que o que se inverte é o ónus de provar, não estando dispensada a parte a quem o facto aproveita de o alegar (ónus de alegação). Por exemplo: quando o réu, em ação de paternidade, se recusa a permitir o exame de sangue.

32) QUAL A DIFERENÇA ENTRE DOCUMENTOS *AD PROBATIONEM* E *AD SUBSTANTIAM*?

R: Documento *ad substantiam*: o documento pode ser exigido, pela lei ou pelas partes (cf. arts. 223.º, n.º 1 do CC), casos em que a lei subordina a validade de um negócio jurídico à formação de um documento escrito. A forma escrita constituiu um requisito essencial para que o negócio exista validamente, bem como um instrumento de prova do conteúdo do negócio. Nesta hipótese, o documento não pode ser substituído por outro meio de prova, nem por outro documento que não seja de força probatória superior. A omissão de uma formalidade *ad substantiam* gera a nulidade do negócio (cf. art. 220.º do CC).

Documento *ad probationem*: o documento pode ser exigido, pela lei ou pelas partes ad probationem (cf. art. 345.º, n.º 2 do CC), ou seja, a forma não é requisito genético do contrato, sendo apenas necessária para efeitos probatórios. O negócio existe e é valido mesmo na ausência de forma, mas a respetiva prova sofre limitações. Neste caso, o documento pode ser substituído por confissão expressa, judicial ou extrajudicial, contando que, neste último caso, a confissão conste de documento de igual ou superior valor probatório (cf. art. 364.º, n.º 2 do CC).

[110] Para mais desenvolvimentos, Acórdão do Supremo Tribunal de Justiça de 24/05/2018, processo n.º 318/05, disponível em www.dgsi.pt.

[111] Para mais desenvolvimentos, Acórdão do Supremo Tribunal de Justiça de 12/04/2018, processo n.º 744/12, disponível em www.dgsi.pt.

33) QUAL A DIFERENÇA ENTRE DOCUMENTOS AUTÊNTICOS E PARTICULARES?

R: Documentos autênticos: São documentos exarados, com as formalidades legais, pelas autoridades públicas nos limites legais da sua competência ou, dentro do círculo de atividade que lhe é atribuído, pelo notário ou no outro oficial público provido de fé pública (cf. artigo 363.º e 369.º do CPC). A presunção de autenticidade pode ser ilidida mediante prova em contrário. A prova de que o documento não foi emitido por quem é o seu autor aparente, ou seja, a elisão da presunção de autenticidade, pode ser feita por qualquer meio de prova. Estabelecida a genuinidade do documento autêntico, o mesmo faz prova plena dos factos que refere como praticados pela autoridade ou oficial público respetivo, assim como dos factos que nele são atestados com base nas perceções da entidade documentadora (cf. art. 371.º, n.º1, 1.º parte do CC).

Documentos particulares: Os restantes documentos são particulares. Não gozam de presunção formal de autenticidade, embora possam vir a ser reconhecidos pela contraparte – art. 376.º CC. Subdividem-se em 3 categorias:

i. Autenticados: Documentos confirmados pelas partes, perante notário, nos termos prescritos nas leis notariais (cf. art. 363.º, n.º 2 CC). Têm a força probatória dos documentos autênticos (cf. art. 377.º do CC).
ii. Com reconhecimento notarial: Documentos particulares cuja letra e assinatura, ou cuja assinatura, se mostre reconhecida por notário (cf. art. 51.º, n.º 4 do Código do Notariado);
iii. Documentos simples: Documentos escritos ou assinados por qualquer pessoa, sem intervenção alguma de funcionário público ou notário.

Quanto à força probatória dos documentos com reconhecimento notarial e simples: Quanto aos documentos não assinados pelo seu autor, estes são livremente apreciados pelo julgador. Quanto aos documentos assinados pelo seu autor, quando genuínos, fazem prova plena quanto às declarações atribuídas ao seu autor (cf. arts. 374.º, n.º 1 e 376.º, n.º 1 do CC).

34) O QUE ENTENDE PELO CONCEITO DE PROVA ILÍCITA? DÊ EXEMPLOS.

R: A prova ilícita é a prova cujo modo de obtenção é reprovado pelo direito material, quer essa ilicitude se situe dentro ou fora da órbita processual[112].

[112] Para mais desenvolvimentos nesta matéria, na doutrina, Alexandre, I., "As provas ilícitas em processo civil", Almedina, 1998, pág. 21. Na jurisprudência, Acórdão do Tribunal Central Administrativo Sul de 11/06/2015, processo n.º 1221/14, disponível em www.dgsi.pt.

Podem ser exemplos, quaisquer provas que tenham sido obtidas em virtude de: furto, gravação ilegal ou sob ameaça à integridade física ou psicológica[113].

[113] Tendo em consideração a extensão da matéria e a impossibilidade de neste manual nos debruçarmos sobre todo o seu âmbito, veja-se neste sentido, as deliberações da Comissão Nacional de Proteção de Dados n.ºs 51/2001 (acesso a dados de saúde), 9/2004 (identificação por radiofrequência), 61/2004 (tratamento de dados por videovigilância), 7680/2014 (tratamento de dados pessoais decorrentes da utilização de tecnologias de geolocalização no contexto laboral), disponíveis em www.cnpd.pt. Vejam-se ainda, os pareceres da Comissão de Acesso aos Documentos Administrativos n.ºs 24/2006 (acesso a dados fiscais para elaboração de relação de bens) e 131/2006, 11/2011 e 346/2015 (todos sobre acesso a dados médicos), disponíveis em www.cada.pt.

III. DIREITO/PROCESSO/PROCEDIMENTO ADMINISTRATIVO

1) CONCEITO DE ATO ADMINISTRATIVO;

R: Decorre do art. 148.º CPA, caracteriza-se como uma decisão emitida no âmbito de poderes jurídico-administrativos que produz efeitos jurídicos externos numa situação individual e concreta.

2) DISTINGA ATO DE REGULAMENTO;

R: O ato administrativo encontra-se previsto nos moldes e termos do art. 148.º CPA e é caracterizado pela produção de efeitos externos numa situação individual e concreta.

Já o regulamento administrativo, encontra-se previsto nos moldes e termos do art. 135.º e tem como característica tratar-se de uma norma jurídica geral e abstrata, igualmente produzindo efeitos jurídicos externos.

3) DIREITO À INFORMAÇÃO EM MATÉRIA ADMINISTRATIVA - EM QUE SE TRADUZ? EXISTE ALGUM PROCEDIMENTO/PROCESSO ESPECÍFICO?

R: O direito à informação constitui uma das mais importantes garantias dos administrados em matéria administrativa e é regulado, para além do CPA, pela lei n.º 26/2016 de 22 de agosto[114].

Relativamente ao procedimento específico para a obtenção de informações, poderá ser interposta uma ação de intimação nos moldes do art. 104.º CPTA, trata-se de um processo especial e urgente que pretende assegurar o acesso à informação sobre processos que a eles dizem respeito.

[114] Disponível em https://dre.pt/pesquisa/-/search/75177807/details/maximized.

A interposição de uma intimação nos moldes do art. 104.º CPTA é válida quer para informações de natureza procedimental ou não procedimental – art. 17.º ou art. 82.º CPA.

4) QUANTO AO DIREITO À INFORMAÇÃO: QUAL A DIFERENÇA ENTRE DIREITO DE NATUREZA PROCEDIMENTAL E NÃO PROCEDIMENTAL?

R: Tem **natureza não procedimental:** Art. 17.º CPA que consagra o princípio da administração aberta encarado de um modo geral e abstrato. Abrange o acesso a documentos administrativos contidos em procedimentos já findos, sendo que o acesso não terá de ser necessariamente requerido por um interessado, **mas sim por qualquer administrado.** O acesso aos arquivos e registos administrativos é independente de o procedimento lhes diga ou não respeito.

Tem **natureza procedimental:** Art. 82.º e ss CPA, quando a informação pretendida está contida em factos, atos ou documentos do procedimento em curso, aqui há uma pretensão de tutela dos interesses e posições jurídico subjetivas num dado procedimento, visando ainda o princípio da publicidade e da transparência. Versa sobre informações, quer relativas ao andamento do processo, quer as que versam sobre resoluções definitivas aí tomadas.

No que se refere à extensão do direito à informação estabelecida no art.º 85.º do CPA, impera esclarecer que **não se exige um interesse "direto",** que permita ao interessado intervir no procedimento ou impugnar um ato administrativo, **mas um mero interesse legítimo no acesso aos documentos**, sendo que, como interesse legítimo, deve entender-se um interesse específico atendível, que deverá ser avaliado casuísticamente, dentro de critérios de razoabilidade, em função da relação existente entre o requerente e a matéria sobre a qual ele pretendeu obter informação.

5) DEFINA O CONCEITO DE DISCRICIONARIEDADE ADMINISTRATIVA E DISCUTA SE PODERÁ SER SINDICADA PELOS TRIBUNAIS.

R: Nas zonas de discricionariedade[115] há uma repartição de competências entre a Administração e o juiz, entendida como uma verdadeira distribuição de tarefas por dois poderes estaduais. A discricionariedade é uma concessão legislativa, **não devendo ser caracterizada como uma liberdade absoluta da Administração** ou como um resto deixado pelos tribunais em campos nos quais existem dificuldades de controlo dos atos administrativos.

[115] Para uma explicação elucidativa quanto a esta questão, desenvolvimento histórico, doutrinal e jurisprudencial, ver Paula Oliveira. F & Figueiredo Dias, J., "Noções Fundamentais de Direito Administrativo", Almedina, 5.ª ed., p. 151 e ss.

O poder discricionário deverá ser hoje concebido como um poder jurídico em que se exige à administração a tomada de decisão sobre um determinado caso concreto.

A discricionariedade não deverá ser encarada como um "mal necessário", que tenha de ser reduzido ao mínimo ou afastada das lides administrativas, esta representa um papel positivo quer para a realização do interesse publico, quer para a proteção dos interesses dos particulares – aliás, ilustrativo deste papel mais vantajoso que desvantajoso é a posição do legislador no que concerne à concessão de poderes discricionários em novas áreas, p. ex. no direito do urbanismo.

Não existem atos verdadeiramente discricionários, a administração está sempre limitada pelo fim definido pela norma e sujeita ao direito – nomeadamente aos princípios gerais reguladores da atividade administrativa. Quando a Administração decide com base em poderes discricionários ela é norteada por tais princípios jurídicos que lhe fornecem os parâmetros ou critérios da decisão que, deste modo, se mostram como limites de uma decisão administrativa discricionária.

Sobre a questão de a discricionariedade administrativa ser ou não sindicável pelos tribunais: o exercício de poderes discricionários é suscetível de fiscalização pelo juiz. O cerne da questão reside em perceber até onde, até que ponto poderão ir estes poderes de fiscalização do juiz – isto é, tendo em consideração o art. 3.º do CPTA.

Assim sendo, haverá que levar-se em consideração **que nenhum ato é totalmente discricionário,** ou seja, haverá sempre fatores que poderão ser questionados, tais como os fins e competências estipulados na norma legal, aqui existirá sempre um vício quanto à competência, assim como por exemplo se se demonstrar que a administração se serviu de poderes discricionários para prosseguir os interesses diferentes daqueles que a lei tinha em vista conceder haverá um desvio de poder. A dificuldade reside, sim, na prova de que a Administração se moveu por interesses diferentes daqueles que, segundo a lei, a deveriam motivar – para tal, contam os particulares com as garantias de fundamentação previstas nos moldes do art. 152.º e ss.

Todavia, quando a **lei é deliberadamente lacunosa** como acontece, por exemplo, no domínio do direito do urbanismo, ordenação de território – o problema da justiciabilidade da discricionariedade administrativa é consideravelmente mais delicado. Assim sendo, apenas poderá haver sindicância por parte do tribunal, **sob pena de incorrerem em dupla administração**, quando a violação for de cariz **ostensivo e intolerável**. Os atos praticados ao abrigo de poderes discricionários poderão ser anulados com base igualmente em (i) erro de facto – isto é, a administração baseou a sua decisão em factos inexistentes ou falseados e (ii) erro manifesto de apreciação – quando se torna evidente que a Administração avaliou ou qualificou mal aquela determinada realidade.

Em suma, não compete aos Tribunais substituírem-se à administração na avaliação de uma determinada situação, **mas compete-lhes anular o ato** quando verificarem que a **avaliação feita pela Administração é manifestamente desacertada e inaceitável**, quando o erro é ostensivo e notório, percetível a uma pessoa sem os conhecimentos da administração.

Assim, os poderes discricionários por parte da Administração são suscetíveis de fiscalização pelo juiz mas não de um reexame. Assim, se à administração cabe a adoção da solução mais adequada a um dado caso concreto, recaindo sobre si a responsabilidade de prosseguir o interesse público, aos **tribunais caberá a fiscalização da atuação administrativa, tendo em conta os vários limites que lhe são impostos, mas abstendo-se de se pronunciar sobre a conveniência dessa atuação.**

Um dos elementos fulcrais relacionados com a discricionariedade e a garantia de que esta não se torna em arbitrariedade é a necessidade de fundamentação que se encontra inerente a todos os atos administrativos – conforme dispõe o art. 152.º CPA, em ligação com a garantia constitucional do art. 268.º/4 CRP. Este dever de fundamentação contribui para reforçar a confiança da comunidade na Administração e mostrar-lhe a importância e razão de ser da autonomia que àquela é concedida, provando a sua capacidade para exercer autónoma e responsavelmente uma função, que possibilita uma melhor aplicação das soluções legalmente previstas aos casos concretos que se vão apresentando e como tal contribuiu para uma efetiva realização do Direito.

6) DEFINA O PRINCÍPIO DA PROPORCIONALIDADE, QUAIS AS SUAS CARACTERÍSTICAS E RATIO?

R: Decorrente do art. 7.º CPA, o STA recentemente caracterizou-o como um limite material interno ao poder discricionário – o princípio da proporcionalidade detém uma índole marcadamente constitucional (art. 18.º/2 CRP) e o seu âmbito de proteção é bastante alargado, não se circunscrevendo apenas a situações de interferência com bens, interesses ou valores de natureza coletiva, como **a saúde pública, qualidade de vida, preservação do ambiente ou ordenamento do território.**

O princípio da proporcionalidade[116] subdivide-se em <u>3 subprincípios</u>:

[116] Maiores desenvolvimentos poderão ser encontrados em Aroso de Almeida, M., "Teoria Geral do Direito Administrativo", Almedina, 6.ª ed., pp. 103 e ss.

(i) **Adequação:** da solução escolhida tendo em consideração o fim legalmente fixado – há que identificar entre as várias soluções disponíveis qual é a mais adequada para as circunstâncias concretas da ação;

(ii) **Necessidade**: custos/benefícios da operação menos gravosa e que imponha menor sacrifício aos valores e bens envolvidos;

(iii) **Proibição do excesso:** necessidade de se levar em consideração o fim escolhido e o valor a atingir – realizar um balanço e verificar se existe desproporção entre o valor do fim e o valor do meio;

7) PRINCÍPIO DA IGUALDADE, QUAIS AS CARACTERÍSTICAS?

R: Consagrado no art. 6.º do CPA[117], exige que no exercício dos seus poderes, a Administração compare o caso que vai decidir com outros casos, reais ou virtuais pertencentes ao mesmo universo e o decida como uma espécie de género, **proibindo-lhe que o considere como um caso único, isolado, irrepetível. Há que tratar igual o que é igual e diferente o que é diferente**. Aliás, veja-se o caso da doutrina e jurisprudência alemãs, que valorizam a própria praxe administrativa, ou seja, as decisões que foram tomadas anteriormente em situações análogas, para decidir sobre uma determinada questão – porém há que levar em consideração que não existe uma totalidade de vinculação da administração às suas decisões anteriormente proferidas, p ex: não existe direito à igualdade na ilegalidade.

O que se pretende alcançar com o princípio da legalidade é a máxima homogeneidade possível no que concerne à tomada de decisões administrativas, que estas sejam tomadas com base na lei e da forma mais abstrata possível.

8) O QUE ENTENDE PELO PRINCÍPIO DA BOA ADMINISTRAÇÃO?

R: Decorre do art. 5.º CPA[118]. A administração **tem o dever de prosseguir da melhor maneira possível o interesse público, a satisfação das necessidades coletivas, adotando para o efeito as melhores soluções possíveis do ponto de vista administrativo.**

A ideia de boa administração tem sido associada à ideia de eficiência da administração – como um dever da Administração prosseguir o bem comum da forma mais eficiente possível – há uma obrigatoriedade da administração de pautar por critérios de eficiência, economicidade e celeridade.

[117] Maiores desenvolvimentos poderão ser encontrados em Aroso de Almeida, M., "Teoria Geral do Direito Administrativo", Almedina, 6.ª ed., pp. 103 e ss.

[118] Maiores desenvolvimentos poderão ser encontrados em Aroso de Almeida, M., "Teoria Geral do Direito Administrativo", Almedina, 6.ª ed., pp. 103 e ss.

A consagração do princípio da boa administração foi consideravelmente reforçada com a reforma do CPA em 2015 e tal representou com certeza um marco e viragem no paradigma da atuação da administração – ou seja, a atribuição de relevância jurídica à administração, não só nas dimensões de atividade administrativa que se pautam pelas regras e princípios gerais, mas também para aquelas que se pautam por padrões extrajurídicos, como a eficiência por exemplo.

O princípio da boa administração estende-se para além dos habituais critérios jurídicos que classificam os outros princípios, isto é – **apela à administração que a sua atuação seja pautada por critérios de eficiência**, utiliza um conceito cuja aplicação faz apelo a conhecimentos não jurídicos, que obedecem a parâmetros próprios elaborados pela ciência económica, transformando-se igualmente em parâmetros também jurídicos.

9) O QUE ENTENDE POR PRINCÍPIO DA IMPARCIALIDADE? DÊ EXEMPLOS DE MANIFESTAÇÕES NA LEI.

R: O princípio da imparcialidade[119] é encarado como um parâmetro conformador da atuação administrativa, colocando-se por isso a questão de saber qual o papel que, nessa dimensão, cumpre a este princípio desempenhar.

O princípio da imparcialidade é basilar no que concerne à atuação da administração e assim o sendo, a lei desenvolveu garantias próprias para assegurar a sua eficácia – p. ex. o art. 69.º CPA (garantias da imparcialidade), assim como o art. 152.º, que assegura a fundamentação das decisões – de modo a evitar a arbitrariedade e decisões repletas de parcialidade – entendeu-se, pois, que as decisões não fundamentadas não ofereciam garantias da existência de uma correta e equilibrada ponderação dos interesses nela envolvidos.

Deste modo, o princípio da imparcialidade pretende garantir que o exercício de valoração própria da administração exige que as decisões administrativas que envolvam a formulação de juízos valorativos assentem numa correta e equilibrada ponderação dos interesses em confronto.

Há uma exigência sobre que a totalidade dos interesses juridicamente protegidos presentes no caso tenha sido considerada, segundo o seu peso certo, no processo de decisão, de tal maneira que a escolha entre as várias soluções admissíveis tenha sido orientada, sem discriminação, pelos fins estabelecidos nas normas jurídicas da atividade administrativa em questão, devidamente interpretadas no quadro do sistema jurídico global.

[119] Maiores desenvolvimentos poderão ser encontrados em Aroso de Almeida, M., "Teoria Geral do Direito Administrativo", Almedina, 6.ª ed., pp. 103 e ss.

10) COMO DEFINIRIA O PRINCÍPIO DA BOA FÉ? A SUA VIOLAÇÃO ACARRETARÁ CONSEQUÊNCIAS JURÍDICAS?

R: O princípio da boa fé[120] está intimamente relacionado com a proteção da confiança – faz-se um apelo à necessidade de um clima de confiança e previsibilidade e ao dever da administração adotar comportamentos consequentes e não contraditórios definidos em função dos objetivos a alcançar em cada situação.

O princípio da boa fé é indissociável dos valores da segurança jurídica e proteção da confiança – a boa fé **assenta na confiança depositada na lealdade de conduta do interlocutor,** trata-se de proteger o que cada um pode esperar da conduta ou das consequências da conduta do outro, sobretudo no que diz **respeito ao cumprimento da palavra dada e expectativas criadas.**

A violação do princípio da boa fé pode inclusivamente ir mais longe e originar a responsabilidade por danos – todavia, haverá que ter em consideração que, para tal, é imperativo que se trate de uma **confiança merecedora de tutela**, nos ditames do direito civil tida como "digna de proteção" – é imperativo que tenha existido um investimento de confiança, isto é – que tenha havido uma atuação baseada na confiança e portanto que a confiança se tenha caracterizado e materializado numa conduta merecedora de proteção.

11) RELATIVAMENTE AO PRINCÍPIO DA JUSTIÇA E DA RAZOABILIDADE, COMO É CARACTERIZADO?

R: Caso o legislador não tivesse optado por densificar um amplo conjunto de princípios, tais como: o da igualdade ou da legalidade, estes certamente caberiam no âmbito deste princípio. Assim, o apelo que o art. 8.º CPA[121] faz, em ligação com a justiça e a razoabilidade, parece orientado no sentido de proibir a administração de violar padrões mínimos de conformidade com a razão justa.

O princípio da justiça e da razoabilidade reconduz-se à ideia de que a conduta da administração se deverá pautar pelo princípio da boa fé, por uma atuação concertada, justa, equilibrada.

Aliás o princípio da justiça e da razoabilidade raramente poderá ser encarado como um só, regra geral terá de ser **conjugado com os seus corolários da proporcionalidade, imparcialidade, legalidade**, entre outros.

Assim sendo, o princípio da justiça e da razoabilidade é de aplicação residual em relação aos outros princípios gerais da atividade administrativa, diri-

[120] Maiores desenvolvimentos poderão ser encontrados em Aroso de Almeida, M., "Teoria Geral do Direito Administrativo", Almedina, 6.ª ed., pp. 103 e ss.

[121] Maiores desenvolvimentos poderão ser encontrados em Aroso de Almeidas, M., "Teoria Geral do Direito Administrativo", Almedina, 6.ª ed., pp. 103 e ss.

gidos a proibir juízos e decisões manifestamente inadmissíveis ou inaceitáveis nos domínios não cobertos pelas exigências mais densificadas.

12) DEFINA A RELAÇÃO JURÍDICO ADMINISTRATIVA:

R: Não basta um critério estatutário, segundo o qual as normas de direito administrativo se definem pelo facto de se dirigirem à disciplina da Administração Pública. O Direito administrativo é o direito comum da função administrativa, o que significa que não é regulado apenas a atuação da administração em sentido orgânico, mas de todos os sujeitos que exerçam a função administrativa (privado ou público).

13) O PRINCÍPIO DA BOA ADMINISTRAÇÃO ENCONTRA-SE CONSAGRADO NO NOSSO CPA?

Qual é a relevância jurídica do princípio da boa administração, isto é, é passível de ser sindicado pelos tribunais? Pode invalidar ou não um determinado ato administrativo?

R: O princípio da boa administração[122], ao impor genericamente o dever de esta se pautar por critérios de eficiência, utiliza um conceito que não faz apelo a critérios jurídicos, mas sim a conceitos próprios elaborados pela ciência económica que permita a formulação por parte da Administração de juízos técnicos e científicos de conteúdo objetivo. Assim, a questão é determinar em que casos é que pode ser afirmado com segurança que a aplicação ao caso concreto de parâmetros de eficiência permite a formulação de juízos técnicos e científicos de conteúdo objetivo que não implique a formulação de juízos de valoração próprios da administração, pelo que são passíveis de ser controlados pelos tribunais.

14) CASO PRÁTICO: IMAGINE QUE EM FEVEREIRO DE 2020, A EMPRESA X SOLICITOU AO CONSELHO DIRETIVO DA AGÊNCIA PORTUGUESA DO AMBIENTE, I.P, UMA LICENÇA DE EXPLORAÇÃO. ADMITA QUE EM JULHO DE 2020, NÃO TENDO SIDO NOTIFICADA DE QUALQUER DECISÃO A EMPRESA X, INICIA A ATIVIDADE DE EXPLORAÇÃO. PODERÁ FAZÊ-LO?

R: Antes de mais importa sublinhar que a Administração se encontra vinculada a dois princípios fundamentais para a resolução desta questão: O princípio da boa administração e o princípio da decisão – ou seja, nos termos do art. 13.º a administração está obrigada a decidir quando lhe sejam colocadas

[122] Maiores desenvolvimentos poderão ser encontrados em Aroso de Almeida, M., "Teoria Geral do Direito Administrativo", Almedina, 6.ª ed., pp. 103 e ss.

questões/pedidos, excetuando-se os casos do art. 13.º/2, que não parece tratar-se da questão agora em análise.

Há, portanto, um silêncio por parte da administração, contudo este silêncio não poderá ser encarado como um deferimento tácito – a administração disporia do prazo de 60 dias, devendo este prazo ser contado nos termos e moldes do art. 87.º/c) CPA – isto é, trata-se de um prazo de natureza procedimental e como tal suspende-se aos sábados, domingos e feriados.

Assim sendo, estamos perante uma situação de um incumprimento do dever de decisão, previsto e regulado nos termos do art. 129.º. Tendo em consideração que não se verificam as exceções a esta obrigação de decidir: art. 13/2.º e art. 130.º.

Assim sendo, é oferecida ao particular a possibilidade de utilizar duas vias de recurso para ver a sua pretensão satisfeita:

(i) **via contenciosa:** interposição de uma ação de condenação à prática de ato devido, regulada nos moldes e termos do art. 66.º e ss CPTA. Aqui a ação de impugnação nunca seria possível pois não existe qualquer ato administrativo passível de ser impugnado.

(ii) **via administrativa:** interposição de reclamação ou recurso hierárquico nos termos e moldes do art. 184.º CPA.

Assim sendo, existia um incumprimento do dever de decisão por parte da administração e consequentemente a violação dos princípios da boa administração e do dever de decidir, mas o particular não poderia iniciar a sua atividade, pois o indeferimento tácito é a exceção e não a regra no direito administrativo procedimental.

15) CLASSIFIQUE A APA. IP, NO ÂMBITO DA ORGANIZAÇÃO ADMINISTRATIVA PORTUGUESA.

R: Trata-se de administração estadual indireta – trata-se de um instituto público, uma pessoa coletiva de direito público de tipo institucional. Criada pelo Estado para prosseguirem diretamente interesses que em princípio caberia prosseguir diretamente à entidade que os criou. São serviços personalizados, departamentos que integravam a estrutura hierarquizada da entidade que os criou, mas que foram dotados de personalidade jurídica e desse modo transformados em pessoas coletivas separados por razões de eficiência e gestão.

A administração estadual indireta cumpre a descentralização de poderes, prevista no art. 267.º/2 da CRP, isto é, o exercício da função administrativa encontra-se repartido pelas diferentes pessoas coletivas para além do Estado. Impede a centralização – isto é, que este exercício esteja unicamente adstrito ao Estado administração. Para tal é necessário que o Estado dote estas entidades de leis de atribuição e competências.

16) SUPONHA QUE, NOS TERMOS DA LEI N.º 62/2018, A CM DO PORTO DECIDE APROVAR UM REGULAMENTO ONDE DEFINE A ZONA DA RIBEIRA DO PORTO COMO UMA ZONA TURÍSTICA DE CONTENÇÃO CONDICIONADA MÁXIMA, PELO QUE NÃO PODERÃO SER ADMITIDOS NOVOS ESTABELECIMENTOS DE ALOJAMENTO LOCAL NESSA ZONA DA CIDADE. IMAGINE QUE O PRESIDENTE DA CAMARA DO PORTO, DECIDE DESAPLICAR REGULAMENTO, ATRAVÉS DE ATO ADMINISTRATIVO, PERMITINDO ASSIM QUE UM GRANDE GRUPO ECONÓMICO INSTALE 10 NOVAS UNIDADES DE ALOJAMENTO LOCAL NA ZONA DA RIBEIRA DO PORTO.

Quid iuris?

R: Conceito de regulamento – art. 135.º CPA, trata-se de uma norma jurídica geral e abstrata visando produzir efeitos jurídicos externos.

Aplicação do princípio da inderrogabilidade singular dos regulamentos nos termos e moldes do art. 142.º CPA – os regulamentos não podem ser derrogados por atos administrativos de caracter individual e concreto.

17) IMAGINE QUE A AMÁLIA, TÉCNICA SUPERIOR NO MUNICÍPIO DE ÁGUEDA, É INSTAURADO UM PROCESSO DISCIPLINAR PELO RESPETIVO PRESIDENTE. DE FACTO, DO RELATÓRIO DO INSTRUTOR CONSTA QUE AMÁLIA FEZ AFIRMAÇÕES CALUNIOSAS E HUMILHANTES SOBRE A DIRIGENTE DO SEU SERVIÇO, REVELADORAS DE UMA TOTAL DESLEALDADE E TORNANDO INSUSTENTÁVEL A MANUTENÇÃO DA RESPETIVA RELAÇÃO DE SERVIÇO. NESTE SENTIDO, O INSTRUTOR PROPÕE A SANÇÃO DE DEMISSÃO, O QUE FOI HOMOLOGADO PELA CÂMARA MUNICIPAL (CM). AMÁLIA NÃO SE CONFORMA COM ESTA DECISÃO E ARGUMENTA EM SUA DEFESA QUE:

A demissão afigura-se claramente excessiva como forma de sancionar palavras proferidas em tom jocoso e num contexto de comentários inconsequentes no *Facebook*. Podemos ter algum vício?

R: Desde logo importará sublinhar que, tratando-se de uma técnica superior de um município, será aplicável a LTFP – assim sendo, o art. 76.º clarifica desde logo que o empregador tem poderes disciplinares sobre o trabalhador enquanto vigorar o vínculo de emprego público. Deste modo seriam aplicáveis as disposições relativas ao estatuto disciplinar dos trabalhadores em funções públicas, os arts. 176.º e ss.

Assim sendo, e partindo do pressuposto que todo o procedimento disciplinar foi cumprido, será de levar em consideração que o art. 180.º/1 LTFP prevê uma escala de sanções, não podendo estas ser aplicadas de uma forma totalmente discricionária. Para tal haverá que ter em consideração com especial ênfase o princípio da proporcionalidade (3 dimensões: adequação, necessidade e proporcionalidade), tendo em consideração que a sanção de despedimento, conforme dispõe o art. 187.º LTFP é sempre a última *ratio*, devendo ser aplicável estritamente nos casos em que tal inviabilize a manutenção do vínculo do emprego público.

Assim sendo, poderíamos ter *in casu* uma violação do princípio da proporcionalidade, por se considerar que a medida foi excessiva face à situação configurada – deste modo, aplicar-se-ia o regime regra do art. 163.º e o ato padeceria do vício quanto ao conteúdo, sendo por isso anulável por violação do mencionado princípio.

Nota: Partimos do pressuposto que existiram os procedimentos corretos da aplicação de uma sanção disciplinar, todavia se não existisse o procedimento por exemplo de audiência prévia da trabalhadora, existiria uma questão de nulidade, por força do disposto no art. 32.º/10 da CRP e o ato inferia de nulidade nos moldes do art. 161.º CPA.

18) O QUE SABE DIZER SOBRE O REGIME DO APROVEITAMENTO DO ATO?

R: O regime do aproveitamento do ato encontra-se intrinsecamente ligado com o princípio da economia processual e traduz-se exatamente no aproveitamento de um ato que *à priori*, fruto das suas deficiências ou insuficiências, não seria válido na ordem jurídica[123]. Tal acontece nas situações previstas no art. 163.º/5/a), que configura situações em que a discricionariedade é reduzida a zero, devido ao ato ser de conteúdo vinculado ou aquele caso concreto vislumbre apenas uma solução como legalmente possível. Já no preceituado na alínea b) trata-se do denominado regime da degradação das formalidades essenciais em não essenciais e, por fim, na alínea c) situações em que se comprove sem margem para dúvidas que mesmo sem existência de vício o ato se praticaria sempre com o mesmo conteúdo[124].

[123] Veja-se, por todos, o Acórdão do TCA Sul, de 23-06-2022, processo 244/09.0BEFUN.

[124] Quanto à interpretação dos limites da al. c), n.º 5, do artigo 165 CPA, o Supremo Tribunal Administrativo no acórdão de 14.01.2021, proferido no âmbito do processo n.º 0195/20.7BEPRT que: "*...O princípio do aproveitamento do acto com fundamento na alínea c) do n.º 5 do artigo 163.º do CPA tem de ser interpretado em conformidade com os princípios que regem o exercício da actividade jurisprudencial, maxime, o princípio da separação dos poderes, do qual deflui, indubitavelmente, que aos Tribunais está vedada a possibilidade de decidir em substituição da Administração: Julgar não é administrar..*".

19) IMAGINE QUE FOI EMITIDO UM ATO ADMINISTRATIVO (LICENÇA), POR PARTE DE UM ÓRGÃO QUE NÃO TINHA COMPETÊNCIA PARA A RESPETIVA EMISSÃO DESSE MESMO ATO.

Pronuncie-se sobre a validade desse mesmo ato.

R: O ato é anulável por vício quanto ao sujeito por incompetência relativa, sendo, portanto, anulável, nos termos do artigo 163.º CPA. Situações com distinto desvalor jurídico seriam aquelas motivadas por incompetência absoluta ou falta de atribuições, onde o ato administrativo estaria ferido de nulidade, nos termos do disposto no art. 161.º/2, al. a) do CPA.

20) CONTUDO, FICOU DEMONSTRADO QUE, PESE EMBORA ESSA MESMA INVALIDADE, TODOS OS RESTANTES PRESSUPOSTOS PARA A EMISSÃO DE ATO SE ENCONTRAVAM DEVIDAMENTE PREENCHIDOS. *QUID IURIS*?

R: Uma vez que estamos perante um ato anulável, poderá se aplicar o regime do aproveitamento do ato, decorrente do art. 163.º/5 CPA.

21) EXISTEM LIMITES À OPOSIÇÃO DE CLÁUSULAS ACESSÓRIAS AOS ATOS ADMINISTRATIVOS? SE SIM, QUAIS?

R: Encontra-se regulada nos moldes e termos do art. 149.º CPA e deverão estar cumpridos os pressupostos que são de natureza cumulativa, isto é:

(i) não sejam contrários à lei ou ao fim a que o ato se destina;
(ii) tenham relação direta com o conteúdo principal do ato e,
(iii) respeitem os princípios jurídicos aplicáveis, designadamente o princípio da proporcionalidade.

22) DISTINGA REGULAMENTOS DE EXECUÇÃO DE REGULAMENTOS INDEPENDENTES;

R: Os regulamentos independentes afirmam-se como um instrumento essencial no âmbito da Administração pública de um Estado de Direito pós-social, à luz classificação do modelo de Estado atual.

O CPA distingue apenas entre regulamentos de execução e regulamentos independentes, à luz do artigo 136.º/2. O problema principal entre o regulamento independente e o regulamento de execução é o seu conteúdo material, ou seja, enquanto que o regulamento de execução corresponde a uma competência materialmente secundária, pois visa apenas dar exequibilidade a uma norma jurídica que fundamenta a sua elaboração, o regulamento independente, por outro lado, não tem um critério material bastante para o distinguir de uma lei, pois ambos vão introduzir uma novidade no ordenamento jurídico, o próprio CPA concretiza este entendimento no artigo 136.º/3.

23) ASSUMA QUE A LEI IMPÕE QUE DETERMINADA MATÉRIA DEVE SER OBJETO DE REGULAMENTAÇÃO QUE SE IRÁ EFETUAR POR DECRETO REGULAMENTAR. PORÉM, A MESMA É FEITA POR FORMA MENOS SOLENE. APRECIE A VALIDADE DO REGULAMENTO.

R: Estaremos perante uma situação de vício por falta de forma. Como tal, será aplicável o regime das invalidades dos regulamentos nos moldes e termos do art. 74.º CPTA, sendo como tal invocável a todo o tempo.

24) ADMITA QUE "A" PRETENDE IMPUGNAR O ATO JURÍDICO REGULAMENTAR MENOS SOLENE 8 MESES DEPOIS DA RESPETIVA PUBLICAÇÃO, PERGUNTANDO-LHE SE AINDA ESTÁ A TEMPO DE O FAZER. O QUE LHE RESPONDERIA?

R: Sim. Ilegalidade formal do regulamento, tratando-se de uma situação de carência absoluta de forma legal nos moldes do art. 144.º/2 CPA. Assim sendo, não está, portanto, sujeita ao prazo de 6 meses, podendo ser interposta a todo o tempo.

25) ASSUMINDO A EXISTÊNCIA DE REGULAMENTAÇÃO VÁLIDA E VIGENTE DO DL N.º 350/2007, SUPONHA QUE ESTE MESMO DL É OBJETO DE REVOGAÇÃO POR UM NOVO ATO LEGISLATIVO QUE SE OCUPA DA MATÉRIA. IDENTIFIQUE AS CONSEQUÊNCIAS JURÍDICAS GERAIS ASSOCIADAS A TAL FACTO NO PLANO REGULAMENTAR.

R: Situação de caducidade do regulamento, art. 145.º/2 CPA. Assim sendo, e partindo do pressuposto que existe um novo ato legislativo que se ocupa da matéria, não se aplicará a parte final do art. 145.º/2 do CPA.

26) CONSIDERE QUE O NOVO ATO LEGISLATIVO, AO ESTABELECER O NOVO QUADRO LEGAL RELATIVO À PRODUÇÃO E COMERCIALIZAÇÃO DO SAL DESTINADO A FINS ALIMENTARES, MANTÉM AS CATEGORIAS DE DOIS TIPOS DE SAL, QUE JÁ CONSTAVAM DO DL REVOGADO. QUAIS SÃO AS CONSEQUÊNCIAS NO PLANO REGULAMENTAR?

R: Aplicação do art. 145.º/2 – assim sendo, há um aproveitamento do ato legislativo anterior, respeitando dois limites:

(i) na medida em que exista compatibilidade com a lei nova e,

(ii) enquanto não existir regulamentação desta.

27) ADMITA, POR FIM, QUE, PERMANECENDO O DL N.º 350/2007 VIGENTE, O MINISTRO QUE HAVIA ELABORADO O RESPETIVO ATO JURÍDICO REGULAMENTAR DECIDE PROCEDER À SUA REVOGAÇÃO. TEM O MINISTRO COMPETÊNCIA PARA PROCEDER A ESSA REVOGAÇÃO?

R: Sim, o Ministro tem competência ao abrigo do art. 146.º/1 CPA.

28) PARTINDO DO PRESSUPOSTO DE QUE O MINISTRO NÃO SUBSTITUIU A REGULAMENTAÇÃO REVOGADA POR OUTRA, INDIQUE QUAIS AS CONSEQUÊNCIAS DE TAL FACTO NO PLANO REGULAMENTAR.

R: A revogação de regulamentos necessários à execução das leis está proibida conforme dispõe o art. 146.º/2 CPA; as normas regulamentares mantêm-se em vigor desde que sejam necessárias à exequibilidade da lei – art. 146.º/3 CPA.

29) ADMITA QUE A CÂMARA MUNICIPAL DE SETÚBAL DELIBEROU ABRIR UM CONCURSO PARA ATRIBUIÇÃO DE UMA LICENÇA PARA EXTRAÇÃO DE MINÉRIOS NUMA ZONA LOCALIZADA JUNTO À SERRA DA ARRÁBIDA. NA SEQUÊNCIA DA ABERTURA DO REFERIDO CONCURSO A ASSOCIAÇÃO AMBIENTALISTA, DENOMINADA OS AMIGOS DA ARRÁBIDA, COM SEDE EM LISBOA, PREOCUPADA COM OS DANOS QUE PODERIAM ADVIR DA EXTRAÇÃO PARA O DIREITO FUNDAMENTAL A UM AMBIENTE SALUBRE, PRETENDE REAGIR JUNTO DOS TRIBUNAIS ADMINISTRATIVOS. IDENTIFIQUE O PEDIDO A DEDUZIR, FORMA DE PROCESSO A UTILIZAR E PRONUNCIE-SE SOBRE O TRIBUNAL COMPETENTE E LEGITIMIDADE ATIVA.

R: O meio de reação idóneo será o da ação administrativa de impugnação de ato administrativo, no caso a impugnação do ato de deliberação para abertura de concurso, partindo do pressuposto que estamos perante um ato impugnável, nos termos do artigo 51.º do CPTA. A pretensão impugnatória tem em vista que seja declarada a nulidade ou determinada a anulabilidade do ato, tendo por referência a argumentação esgrimida. Esta ação administrativa encontra-se prevista no art. 37.º/1, al. a), estando o seu regime processual estabelecido nos termos do art. 50.º e ss do CPTA.

No que concerne ao tribunal no qual deverá ser interposta a ação devemos começar por dizer que é competente a jurisdição administrativa, de acordo com al. e), n.º 1, artigo 4.º do ETAF, e, em relação à hierarquia o tribunal administrativo de círculo, nos termos do art. 44.º do ETAF. Quanto ao território aplicar-se-á a regra supletiva do art. 20.º, tendo em consideração que se trata da prática de ato administrativo emitido por uma autarquia local – assim sendo, será competente o tribunal da área da sede da entidade demandada. Por último, estando em causa um litígio relativos a contratos públicos seria competente o juízo de contratos públicos do Tribunal administrativo de círculo de lisboa, nos termos do artigo 44.º-A do ETAF e do DL n.º 174/2019, de 13 de Dezembro

Relativamente à legitimidade ativa, a regra geral é a do art. 9.º, porém esta disposição sofre inúmeras derrogações, consoante o tipo de pretensão. No caso concreto será aplicável a norma especial do art. 55.º/1, al. c), porquanto se trata de uma entidade que se relaciona com direitos e interesses que lhe cumpra defender, em conformidade com o princípio da especialidade do fim. Como tal, a associação em questão dispõe de legitimidade ativa[125].

30) SUPONHA QUE O MUNICÍPIO DE LISBOA DECIDE RECORRER ILEGALMENTE À FIGURA DO AJUSTE DIRETO ATRIBUINDO, SEM A REALIZAÇÃO DE QUALQUER CONCURSO, UM CONTRATO DE FORNECIMENTO DE EQUIPAMENTO INFORMÁTICO À EMPRESA A, COM SEDE EM LISBOA. ISTO POSTO, A EMPRESA B DECIDE REAGIR EM TRIBUNAL QUANTO À AUSÊNCIA DE PROCEDIMENTO, POIS ENTENDE QUE SERIA A EMPRESA VENCEDORA CASO EXISTISSE CONCURSO. PRONUNCIE-SE QUANTO AO TIPO DE PRETENSÃO, FORMA DE PROCESSO, TRIBUNAL COMPETENTE E LEGITIMIDADE ATIVA.

R: Nota: Não foi utilizada a legislação especial COVID-19[126].

Em conformidade com o CCP o ajuste direto é um procedimento pré-contratual, previsto no artigo 16.º, podendo este mesmo procedimento ser utilizado, tendo por base critérios conexos com o valor do contrato ou critérios materiais. No caso concreto não nos é oferecido nenhum dado que nos permita afirmar que estava em causa qualquer critério material, previsto no artigo 24.º e ss do CCP). Ora, se atendermos exclusivamente ao critério do valor, no que concerne a esta escolha de procedimento de formação de contrato, e estando perante a aquisição de bens móveis (equipamento informático) apenas é válido quando o valor do contrato for inferior a 20.000,00 euros – art. 20.º, n.º 1, al. d) CCP.

Assim sendo, quanto ao tipo de pretensão diga-se que a preterição do procedimento legalmente exigido motivaria a nulidade do ato adjudicação (artigo 161.º, n.º 2, al. l) do CPA), devendo ser este ato impugnado, nos termos do disposto no artigo 51.º do CPTA. Ora, e pressupondo que o contrato ainda não foi celebrado, é necessário proceder à impugnação do ato adjudicação ou, em alternativa, uma ação de condenação à prática de ato devido, nos termos da al. b), n.º 4 do artigo 67.º do CPTA. Quanto à forma do processo o presente litígio é enquadrável na ação administrativa urgente de contencioso pré-contratual, prevista no artigo 100.º e ss do CPTA. De modo que, a legitimidade seria aferida, nos termos do art. 55.º/1, al. a) – isto é, tem legitimidade processual ativa quem alegue ser titular de um interesse direto e pessoal.

No que concerne ao tribunal no qual deverá ser interposta a ação devemos começar por dizer que é competente a jurisdição administrativa, de acordo

[125] Para maiores desenvolvimentos quanto aos pressupostos processuais, ver Aroso de Almeida, "Manual de Processo Administrativo", 5.ª ed., Almedina, 2021.

[126] Legislação ainda em vigor à data da publicação desta edição. Para mais desenvolvimentos ver Costa Gonçalves P., Lopes Martins, L., Santos Azevedo, P., "As medidas especiais de contratação pública anotadas", Almedina, 1.ª ed, 2021.

com al. e), n.º 1, artigo 4.º do ETAF, e, em relação à hierarquia no tribunal administrativo de círculo, nos termos do art. 44.º do ETAF. Quanto ao território, não se aplica o disposto no art. 19.º do CPTA, uma vez que este preceito é destinado às ações relativas à interpretação, validade e execução de contratos. No caso concreto aplicar-se-á a regra supletiva do art. 20.º, tendo em consideração que se trata da prática de ato administrativo emitido por uma autarquia local – assim sendo, será competente o tribunal da área da sede da entidade demandada. Por último, estando em causa um litígio relativo a contratos públicos seria competente o juízo de contratos públicos do Tribunal administrativo de círculo de lisboa, nos termos do artigo 44.º-A do ETAF e do DL n.º 174/2019, de 13 de Dezembro[127].

31) **IMAGINE QUE O PRESIDENTE DA CÂMARA DO PORTO DECIDE ALIENAR DOIS IMÓVEIS DE ELEVADO VALOR PATRIMONIAL E ARTÍSTICO A UM INVESTIDOR CHINÊS. TODAVIA, A ASSEMBLEIA MUNICIPAL ENTENDE QUE A COMPETÊNCIA PARA ALIENAR PATRIMÓNIO IMOBILIÁRIO MUNICIPAL PERTENCE À ASSEMBLEIA MUNICIPAL E NÃO AO PRESIDENTE DA CÂMARA, PELO QUE DECIDE IMPUGNAR A DECISÃO DO PRESIDENTE DA CÂMARA JUNTO DOS TRIBUNAIS ADMINISTRATIVOS. IDENTIFIQUE O TIPO DE PRETENSÃO E PRONUNCIE-SE QUANTO À LEGITIMIDADE PROCESSUAL ATIVA PARA INTENTAR A PRESENTE AÇÃO.**

R: Estamos perante uma situação em que deverá ser interposta uma ação administrativa, na modalidade de impugnação – prevista e regulada nos termos do art. 37.º/1, al. a) e n) e nos artigos 50.º ss CPTA. Quanto à legitimidade ativa, a assembleia municipal tem competência conforme dispõe o art. 55.º/1, al. d) – trata-se de um órgão administrativo, pelo que poderá impugnar uma decisão relativa a atos praticados por outros órgãos da mesma pessoa coletiva pública, mormente por se tratar de uma questão atinente à violação das regras legais relativas à distribuição de competências.

No que concerne ao tribunal, devemos começar por dizer que o presente litígio se insere na jurisdição administrativa, de acordo com a al. j), n.º 1 do artigo 4.º do ETAF, e, em relação à hierarquia no tribunal administrativo de círculo, nos termos do art. 44.º do ETAF. Quanto ao território aplicar-se-á a regra especial do art. 20.º, n.º 1 do CPTA, uma vez que é um processo respeitante à prática de um ato administrativo por parte de autarquia local, será a ação intentada no tribunal da área da sede da entidade demandada, isto é – da autarquia local. No caso concreto, insere-se o litígio no juízo administrativo comum do

[127] Para maiores desenvolvimentos quanto aos pressupostos processuais, ver Aroso de Almeida, "Manual de Processo Administrativo", 5.ª ed., Almedina, 2021.

Tribunal Administrativo e fiscal do Porto, nos termos do artigo 44.º-A do ETAF e do DL n.º 174/2019, de 13 de Dezembro.

Por fim, cumpre sublinhar ainda o desvalor jurídico caso se venha a ter como procedente a pretensão da assembleia municipal – trata-se de um vício quanto sujeito por incompetência relativa. Assim sendo, será o ato anulável, conforme o art. 163.º do CPA.

32) IMAGINE QUE O SINDICATO DEMOCRÁTICO DOS ENFERMEIROS PORTUGUESES (SINDEPOR), COM SEDE EM LISBOA, PRETENDE REAGIR CONTRA UMA DECISÃO DA ORDEM DOS ENFERMEIROS QUE RECUSOU ATRIBUIR O TÍTULO DE ENFERMEIRO ESPECIALISTA AOS ENFERMEIROS ANTÓNIO, MARIANA, BERNARDO, INÊS E JOÃO. O SINDICATO PRETENDE PROPOR UMA AÇÃO NOS TRIBUNAIS ADMINISTRATIVOS COM VISTA À DEFESA DOS INTERESSES DOS TRABALHADORES REFERIDOS. IDENTIFIQUE O PEDIDO A DEDUZIR NA AÇÃO E PRONUNCIE-SE SOBRE O PREENCHIMENTO DOS RESPETIVOS PRESSUPOSTOS PROCESSUAIS, RELATIVOS AO TRIBUNAL E À LEGITIMIDADE DA AUTORA.

R: Trata-se de uma ação administrativa, nos termos e moldes do art. 37.º/1, al. b) CPTA – ação de condenação à prática de ato devido, regulada pelos termos do art. 66.º e ss CPTA – uma vez que se trata de um ato administrativo, regularmente requerido, e ilegalmente recusado, a saber a concessão do estatuto de enfermeiro especialista. Assim, nos termos da al. b), do n.º 1 do artigo 67.º do CPTA, o meio idóneo de reação é a ação administrativa de condenação à prática de ato administrativo. No que concerne à legitimidade ativa a SINDEPOR terá legitimidade, nos termos do artigo 68.º, n.º 1 al. c) do CPTA, afastando-se assim o critério do artigo 9.º do CPTA.

No que concerne às regras de competência do tribunal, o presente litígio é enquadrável na jurisdição administrativa, nos termos do artigo 4.º, n.º 1 al. b) do ETAF. Quanto à hierarquia o litígio é da competência dos tribunais administrativos e fiscais (artigo 44.º do ETAF). Em sede do território será competente, de acordo com a regra do artigo 16.º, o tribunal da residência do autor, isto é, o juízo administrativo comum do Tribunal administrativo de círculo de lisboa (nos termos do artigo 44.º-A do ETAF e do DL n.º 174/2019, de 13 de Dezembro.

33) SUPONHA QUE AS RELAÇÕES ENTRE A ORDEM DOS MÉDICOS E O MINISTRO DA SAÚDE SE TINHAM DETERIORADO AO LONGO DA PRESENTE GOVERNAÇÃO, ATENTOS OS CORTES GRAVES NO FINANCIAMENTO DOS HOSPITAIS PÚBLICOS, TENDO, IGUALMENTE, O PROGRESSO NA CARREIRA MÉDICA HOSPITALAR SIDO CONGELADO, POR IMPOSIÇÃO DO GOVERNO. A, B E C, MÉDICAS NA UNIDADE HOSPITALAR DE

FAMALICÃO (CENTRO HOSPITALAR MÉDIO AVE, E.P.E.), DECIDEM REQUERER, JUNTO DA ADMINISTRAÇÃO HOSPITALAR A SUBIDA À CATEGORIA PROFISSIONAL SEGUINTE E CONSEQUENTEMENTE UM AUMENTO SALARIAL. TODAVIA, A ADMINISTRAÇÃO DESTE HOSPITAL PÚBLICO INDEFERE A PRETENSÃO DAS MÉDICAS COM FUNDAMENTO NA GRAVE CRISE FINANCEIRA QUE ASSOMBRA O SECTOR PÚBLICO DE SAÚDE, EM FACE DA PANDEMIA PROVOCADA PELO COVID-19. EM FACE DO EXPOSTO, A ORDEM DOS MÉDICOS DECIDE INTERVIR EM DEFESA DAS SUAS ASSOCIADAS, INTENTANDO NOS TRIBUNAIS ADMINISTRATIVOS UMA AÇÃO ADMINISTRATIVA, POR FORMA A DEFENDER OS INTERESSES DE ANA, BETINA E CATARINA CONTRA O MINISTÉRIO DA SAÚDE. IDENTIFIQUE O PEDIDO A DEDUZIR E PRONUNCIE-SE SOBRE A LEGITIMIDADE ATIVA DA ORDEM DOS MÉDICOS.

R: O Centro Hospital do Médio Ave, trata-se de um E.P.E e como tal inclui-se na administração indireta do estado.

Relativamente à pretensão e à ação que deveria ser interposta, tendo em consideração que estamos perante um ato de indeferimento, a pretensão do particular seria satisfeita não através de uma impugnação, mas sim através de uma interposição de ação com conteúdo positivo para prática do ato devido regulada nos termos e moldes do art. 37.º/1, al. b) em ligação com o art. 66.º e ss. No que concerne aos pressupostos para interposição da ação, estes encontram-se verificados nos termos e moldes do art. 67.º/1, al. b) – uma vez que foi praticado um ato administrativo de indeferimento.

O cerne da questão assenta nos termos do art. 68.º, no que respeita à legitimidade, isto é – art. 68.º/1, al. c) a ordem dos médicos é uma pessoa coletiva de direito público, contudo coloca-se a questão se esta teria legitimidade para prosseguir fins de interesse privado – no caso a pretensão de três médicas, A, B e C a subirem de categoria. A Ordem não dispõe de legitimidade para interpor a aludida ação, uma vez que não lhe compete prosseguir interesses de fim privatístico – estes seriam prosseguidos pelas próprias ou em último caso por um sindicato, cujo escopo é a proteção dos interesses dos particulares[128].

34) "A" TRABALHAVA NA CÂMARA MUNICIPAL X, UM DIA CHEGOU AO SEU EMPREGO E FOI SIMPLESMENTE DESPEDIDA.

***Quid iuris*? Este processo foi legal? Quais as regras que deveriam ser cumpridas? Que ação deveria "A" intentar? Caso "A" não tenha fonte de rendimentos e 2 filhos a seu cargo o que faria? Quais os critérios a ponderar? O MP poderia recorrer dessa decisão?**

[128] Veja-se quanto à legitimidade das ordens profissionais, o Acórdão do STA, de 30-06-2011, processo n.º 0604/11.

R: Sendo "A" funcionária de uma Câmara Municipal haverá que levar em consideração a LTFP – assim sendo, quanto à possibilidade do empregador exercer sobre o trabalhador o estatuto disciplinar, haverá que sublinhar o disposto no art. 76.º LTFP – que determina a possibilidade do empregador público dispor de poder disciplinar sobre o trabalhador e o seu serviço enquanto vigorar o vínculo de emprego público.

Os poderes disciplinares sancionatórios estão regulados nos moldes do art. 176.º e ss LTFP e em ligação com o art. 32.º/10 CRP – nenhum procedimento disciplinar será válido caso não cumpra as regras definidas na LTFP.

Assim sendo, nenhuma sanção poderá ser aplicada sem a existência de um procedimento para apurar da sua motivação e validade, nomeadamente a indispensabilidade de audiência prévia. Pelo que o ato enfermaria de nulidade nos moldes e termos do art. 161.º/2, al. l) CPA – preterição total do procedimento legalmente exigido.

No que concerne à via contenciosa, seria de interposição ação de impugnação do ato administrativo – prevista e regulada nos termos e moldes do art. 37.º/1, al. a) CPTA em ligação com o art. 50.º e ss. Trata-se da impugnação de um ato administrativo que tem por vista a declaração de nulidade desse ato (art. 50.º/1), sendo passível de impugnação conforme resulta do art. 51.º – por ser uma decisão que no exercício de poderes jurídico administrativos visa produzir efeitos numa situação individual e concreta.

No que concerne à legitimidade da funcionária para impugnar o aludido ato, haverá que levar-se em consideração o disposto no art. 55.º/1, al. a) – tendo em consideração que esta alega ser titular de um interesse direto e pessoal, designadamente por ter sido lesada pelo ato nos seus direitos ou interesses legalmente protegidos.

No que concerne aos pressupostos relativamente ao tribunal apenas nos vamos deter, quanto à competência territorial, aplicar-se-á o disposto no artigo 19.º, n.º 3.º do CPTA. Logo, é territorialmente competente em alternativa o lugar da prestação do trabalho ou domicílio do autor.

No que concerne ao facto de "A" ter 2 filhos a seu cargo e nenhuma outra fonte de rendimento, haveria de ser ponderada a possibilidade de interposição de uma providência cautelar. As providências cautelares encontram-se previstas e reguladas nos moldes e termos do art. 112.º e ss CPTA, tendo estas 3 características essenciais:

(i) instrumentalidade;
(ii) provisoriedade;
(iii) sumariedade.

A providência cautelar idónea a satisfazer a pretensão de A seria a suspensão da eficácia de ato administrativo, uma providência cautelar de natureza conservatória, prevista e regulada nos termos do art. 112.º/22, al. a) e 128.º.

Quanto aos critérios a ter em consideração na decisão, haverá que analisar o disposto no art. 120.º – sendo estes:

(i) *periculum in mora*;

(ii) *fumus bonus iuris*;

(iii) ponderação dos interesses em confronto.

Findo este processo de ponderação dos interesses em confronto o juiz tomaria a decisão final.

Assim sendo, relativamente às espécies de recursos e regime aplicável será de levar em consideração o disposto no art. 140.º, quanto à legitimidade por parte do MP – art. 141.º/1 – poderá interpor recurso o MP se a decisão tiver sido proferida com violação de disposições ou princípios constitucionais ou legais.

35) SUPONHA QUE "A", ESTUDANTE, FICOU SEM BOLSA DE INVESTIGAÇÃO, TENDO-LHE SIDO DITO QUE A RAZÃO FORAM OS CORTES ORÇAMENTAIS ELABORADOS – COMO É CLASSIFICADO DO PRISMA ADMINISTRATIVO A RETIRADA DA BOLSA DE ESTUDOS?

R: A questão versa entre a distinção no procedimento administrativo de revogação e anulação de um ato administrativo – o ato administrativo em causa é o ato administrativo (artigo 148.º CPA), expresso, positivo e favorável, porquanto atribuía a "A" uma bolsa de investigação.

Paralelamente, o regime da anulação e revogação administrativa encontra-se previsto no art. 165.º e ss do CPA.

Na situação em apreço foi dito, em sede de fundamentação do ato, mais concretamente da sua motivação que *ratio* da aplicação desta medida seriam "cortes no orçamento institucional". Isto dito, é patente que esta decisão constitui uma revogação, nos termos do art. 165.º do CPA, adotada atentas razões de mérito, conveniência ou oportunidade, trata-se de um ato administrativo de 2.º grau uma vez que os seus efeitos versam sobre um ato administrativo já existente. Acresce que, estamos perante um ato atributivo de uma bolsa de um estudante, sendo, pois, ato constitutivo de direitos, pelo que a sua revogação só é possível mediante o preenchimento de certos pressupostos regulados no artigo 167.º do CPA. *In casu* parece estar prevista uma alteração objetiva das circunstâncias de fato – isto é – a redução da verba orçamentada. Assim sendo e nos termos do nr. 5 – tratando-se de um beneficiário de boa fé do ato revogado, tem direito a ser indemnizado nos termos do regime geral aplicável as situações de indeminização pelo sacrifício – art. 16.º RREEP.

36) O VIZINHO "X" PEDE UMA LICENÇA PARA CONSTRUIR, TENDO ESTA SIDO DEFERIDA. O VIZINHO "Y", SOLICITA, IGUALMENTE, UMA LICENÇA NAS EXATAS CIRCUNSTÂNCIAS E É INDEFERIDA, PORQUE SE CONCLUIU QUE A PRIMEIRA LICENÇA ATRIBUÍDA A "X" É, AFINAL, ILEGAL. "Y" NÃO SE CONFORMA.

Quid iuris?

R: O princípio da igualdade não confere um direito à igualdade na ilegalidade[129].

37) IMAGINE QUE A CÂMARA MUNICIPAL DE LISBOA APROVA UM NOVO REGULAMENTO PELO QUAL ESTABELECE A PROIBIÇÃO DE CERTOS TIPOS DE VEÍCULOS CIRCULAREM EM DETERMINADOS BAIRROS DE LISBOA. UMA EMPRESA DE TRANSPORTES COM SEDE EM SINTRA, DENOMINADA DE EMPRESA X, NÃO SE CONFORMA COM A PROIBIÇÃO, QUE CONSIDERA ILEGAL, PELO QUE PRETENDE PROPOR UMA AÇÃO CONTRA A CÂMARA MUNICIPAL DE LISBOA NO TRIBUNAL ADMINISTRATIVO E FISCAL DE SINTRA. DIGA QUE TIPO DE PRETENSÃO OU PRETENSÕES DEVE A EMPRESA X DEDUZIR E PRONUNCIE-SE SOBRE OS PRESSUPOSTOS PROCESSUAIS RELATIVOS AO TRIBUNAL E À LEGITIMIDADE DAS PARTES.

R: Contencioso Regulamentar – trata-se da impugnação de normas emitidas ao abrigo de disposições de direito administrativo – pelo que, quanto à interposição da ação será aplicável o art. 37.º/1, al. d) CPTA, em ligação com o regime do art. 72.º e ss.

Tratando-se de uma proibição, pelo que o regulamento em causa incluir-se-á no conceito "normas imediatamente operativas", isto é, não carece de qualquer ato de administrativo de aplicação para que possa lesar os direitos ou interesses legalmente protegidos da empresa X. Assim, e quanto ao tipo de pretensão está em causa um processo de impugnação de normas, tendo em vista a sua declaração de ilegalidade com força obrigatória geral nos termos e moldes do art. 73.º. do CPTA.

Quanto à:

Legitimidade ativa: A empresa em causa teria legitimidade ativa, não se aplicando aqui o regime geral do art. 9.º, mas sim o regime especial do art. 73.º/1/a) – tendo em consideração que a empresa opera em Sintra e arredores é patente que esta seria diretamente prejudicada pela vigência da norma.

Legitimidade passiva: Pertenceria ao Município, conforme dispõe o art. 10.º/2/ 1.ª parte do CPTA.

[129] Para análise de um caso decidido pelo STA em tudo similar à questão e gerador de polémica, veja-se o ac. 01106/02 de 31/01/2003, disponível em http://www.dgsi.pt/jsta.nsf/35fbbbf22e1bb1e680256f8e003ea931/cd906f3112f09a3180256cc50042bbd6?OpenDocument&ExpandSection=1.

No que concerne aos **pressupostos quanto ao tribunal:**

(i) Jurisdição Administrativa: Conforme resulta do art. 4.º/1/al. b) do ETAF;

(i) Competência hierárquica: Art. 44.º ETAF, é a regra, regra geral as ações são interpostas em tribunal de 1.ª instância;

(i) Competência territorial: Art. 20.º, n.º 1 do CPTA tendo em consideração que versa sobre a prática de normas emanadas por uma autarquia local.

38) AO ABRIGO DE UMA DELEGAÇÃO DE PODERES EMITIDA PELO CONSELHO DE GESTÃO, O ADMINISTRADOR DA FACULDADE DE ÉVORA (FE), ANTÓNIO FONSECA, INDEFERIU O PEDIDO DE ISENÇÃO DE PROPINA DE UM ESTUDANTE DE DOUTORAMENTO TIMORENSE. NESTE SENTIDO, AMÂNDIO GUTERRES, REVELANDO MUITO DESALENTO RECORREU AO MAGNÍFICO REITOR, PRESIDENTE DO CONSELHO DE GESTÃO DA FE, INVOCANDO O SEGUINTE:

1. Este ato é inválido, pois o Senhor Administrador não tem competência para decidir. Ela é do Magnífico reitor, sendo certo que, mesmo que tivesse existido delegação de competências, nunca houve qualquer publicação dessa delegação;

2. Que o ato deve ser revogado por inoportunidade, pois a FE tem traçado como sua estratégia a internacionalização e por isso a decisão contrária serviria melhor os objetivos atuais da FE.

Quid iuris?

R:

1. A delegação de poderes é uma das manifestações do princípio da desconcentração administrativa no ordenamento jurídico português, seguindo os ditames do art. 267.º/2 CRP, ou seja, a pulverização do poder administrativo pelas várias ramificações de uma determinada pessoa coletiva. A delegação de poderes encontra-se prevista e regulada nos moldes e termos do art. 44.º e ss do CPA.

O aluno pretende arguir que o ato de delegação não é válido uma vez que não existiu a sua publicação – ora, a sua argumentação, neste ponto será procedente, uma vez que o art. 47.º/2 é bastante explícito quando reconhece a necessidade de existir publicação, devendo esta ser lida em conjunto com o art. 159.º CPA– assim sendo, não existindo publicação do ato de delegação de poderes este será tido como ineficaz não produzindo efeitos jurídicos.

Assim sendo, o suposto "delegado" teria atuado sem as respetivas competências para tal, assim sendo existiria, pois, um vício quanto à competência e tratando-se da uma atuação dentro da mesma pessoa coletiva, será de qualificar como incompetência relativa e como tal passível de anulabilidade segundo o art. 163.º CPA.

2. A segunda argumentação remete-nos para o domínio da discricionariedade administrativa, isto é a existência de poder vinculado por contraposição ao poder discricionário.

Ora, em determinados domínios (por exemplo, no direito do urbanismo) o legislador deixou à Administração espaços de liberdade e conformação das suas decisões – tendo por princípio que aquela determinada pessoa coletiva dispõe de melhor conhecimentos e condições para aferir como o seu interesse será melhor prosseguido. Trata-se de um espaço exclusivo de domínio da administração, não podendo os tribunais sindicar de razões de mérito, conveniência ou oportunidade sob pena de incorrerem na chamada "dupla administração" e se substituirem à administração, correndo o risco de existir uma violação da separação de poderes.

Deste modo, uma argumentação tendo por base razões de mérito e conveniência nunca seria procedente no domínio jurisprudencial.

Contudo, tal não acontece quando estejam em causa razões de legalidade – assim sendo, o aluno poderia invocar a inexistência de publicação obrigatória da delegação de poderes, nos termos e moldes do art. 47.º/2.

Relativamente à possibilidade de interposição de recurso hierárquico – esta possibilidade encontra-se regulada nos termos e moldes do art. 193.º e ss CPA – trata-se de um procedimento administrativo de 2.º grau pois versa sobre um ato administrativo já existente.

Mais uma vez se sublinha a questão da existência de discricionariedade administrativa e ainda que não existam atos totalmente discricionários, tendo em consideração que terão sempre obrigatoriamente subjacente os princípios da atuação administrativa, existem domínios nos quais aferir do mérito/conveniência de determinadas atuações está reservado a determinada entidade.

39) AO ABRIGO DE UMA DELEGAÇÃO DE PODERES PELO CONSELHO DE GESTÃO, O ADMINISTRADOR DA FE, ANTÓNIO, INDEFERIU O PEDIDO DE REDUÇÃO DE PROPINA DE UMA ESTUDANTE BRASILEIRA. NESTE SENTIDO, THAIS ARAÚJO, REVELANDO MUITO DESCONFORTO RECORREU AO MAGNÍFICO REITOR, PRESIDENTE DO CONSELHO DE GESTÃO DA FE, INVOCANDO O SEGUINTE: «ESTE ATO É INVÁLIDO, POIS O SENHOR ADMINISTRADOR NÃO TEM COMPETÊNCIA PARA DECIDIR. E MESMO QUE TIVESSE EXISTIDO DELEGAÇÃO DE COMPETÊNCIAS, NUNCA HOUVE QUALQUER PUBLICAÇÃO DESSA DELEGAÇÃO».

Imagine que o Conselho de Administração delibera negativamente, avocando a competência, não tendo sido, contudo, devidamente convocado o Conselho de Administração para o efeito.

R: O cerne da questão reside nos órgãos da administração pública, seu regime e natureza. É alegado que não foram convocados de forma correta para o efeito da deliberação – tal é regulado nos moldes e termos do art. 28.º CPA, assim sendo, a irregularidade poderá ter-se como sanada quando todos os membros do órgão compareçam à reunião e nenhum suscite logo de início oposição à sua realização – partindo do pressuposto que não existiu oposição por parte destes, o vício ter-se-ia por sanado.

40) MANUEL PIRES FOI NOTIFICADO POR CARTA REGISTADA E RECEBEU MÁS NOTÍCIAS. TOMOU CONHECIMENTO DO SEGUINTE:

1. Que, ao abrigo de uma subdelegação de competências, o vereador do urbanismo decidiu "ordenar a demolição do muro, situado em propriedade sua, que ameaça ruína iminente, pondo em causa a segurança de todos os que transitam naquela rua".

2. Que o presidente da Assembleia Municipal lhe aplicou uma coima no valor de € 700, pois Manuel, muito nervoso, havia tido um comportamento inexplicável durante toda a reunião daquele órgão, lugar onde Manuel resolvera queixar-se das injustiças da vida.

Neste sentido, Manuel questiona-se sobre a validade daquelas decisões, uma vez que entende que nem no primeiro caso nem no segundo os órgãos autárquicos são competentes para praticar tais atos.

R: Vejamos quanto ao ponto 1:

1. Para tal deveremos ter em consideração as disposições do RJUE e do CPA – ora, haverá que levar-se em consideração o disposto no art. 93.º e ss RJUE – trata-se de atos de controlo de conformidade urbanística e de cumprimento de um dever genérico de vigilância. Assim sendo, é possível delegar as competências do presidente da Câmara conforme dispõe o art. 94.º/4, devendo este ser lido em conjunto com os artigos 44.º CPA e ss. A subdelegação de poderes ocorre por via do art. 46.º e é em princípio admissível, "salvo disposição legal em contrário", pelo que quanto a este ponto nada mais se acrescentaria.

O cerne da questão *subjudice* é a ordenação da demolição nos termos e moldes do art. 106.º do RJUE – ora, sendo a demolição encarada como a última *ratio*, devendo ser encarada com especial acuidade no que concerne ao princípio da proporcionalidade, esta dispõe de uma particularidade importantíssima: tendo em consideração que se trata de um ato extremamente violento para o património do visado, terá necessariamente de ser antecedida de audiência do interessado – nos moldes e termos do art. 106.º/4.

Assim sendo, a ordem de demolição é ilegal enfermando de vícios quanto ao procedimento – não foram cumpridos os trâmites obrigatórios para a sua correta efetivação. Como tal, o particular deveria lançar mão da ação prevista nos termos e moldes do art. 115.º – sendo a sua especial especificidade o seu efeito suspensivo automático quanto à ordem de demolição.

Haverá que sublinhar ainda que, regra geral a ordem de demolição vem acompanhada com a cessação da utilização do art. 109.º, tal é relevante no plano em que o efeito suspensivo do art. 106.º apenas é valido para o ato que determina a demolição não sendo estendível à cessação da utilização – sendo que quanto a este seria necessário a interposição de uma providência cautelar para assegurar a sua suspensão e consequentemente não produção de efeitos – art. 121.º/1, al. a) e 128.º CPTA.

2. O presidente não tem qualquer legitimidade para aplicação de coimas de cariz sancionatório penal, como tal o ato seria absolutamente nulo por falta total de competências por parte do Presidente.

A matéria de índole sancionatória para a qual o presidente tem competência é regulada pelo art. 98.º RJUE e versa sobre aplicação de contraordenações em matéria urbanística – uma contraordenação tem como finalidade a repressão de uma infração de cariz administrativo, mediante a imposição de uma sanção administrativa.

41) POR DECISÃO EMITIDA AO ABRIGO DE UMA DELEGAÇÃO DE COMPETÊNCIAS, O DIRETOR DO DEPARTAMENTO DE LICENCIAMENTO DAS ATIVIDADES PRIVADAS DA CÂMARA MUNICIPAL DE LISBOA INTIMOU BENTO PARA "PROCEDER À SUBSTITUIÇÃO DO EQUIPAMENTO NECESSÁRIO AO PREPARO E VENDA DE CASTANHAS EM VIA PÚBLICA, SOB PENA DE LHE SER RETIRADO O CARTÃO DE VENDEDOR AMBULANTE."

Neste contexto, Bento, pretendendo recorrer desse ato junto do TAF de Lisboa, invoca o seguinte:

a) que o ato de delegação de competências é nulo, uma vez que não se conhece que tenha existido qualquer lei de habilitação para o efeito;

R: A questão versa mais uma vez sobre a possibilidade de existir uma delegação de poderes – a delegação de poderes corresponde a uma das possibilidades de materialização do previsto no art. 267.º/2 CRP, isto é, visa dar forma à desconcentração de poderes – dentro da mesma pessoa coletiva, existe repartição de poderes, sendo esta repartição indispensável para se poder não se encontrar centralizado num só órgão, o que poderia gerir morosidade das decisões e eventualmente a sua viciação.

Contudo, a delegação de poderes não pode ser feita "sem mais", devendo obedecer aos requisitos do art. 44.º CPA, sendo um deles a necessidade de existir uma lei habilitante. Assim sendo, a inexistência de uma lei habilitante pode revestir as seguintes consequências sobre a validade do ato emitido:

(i) O autor do ato é órgão da mesma pessoa coletiva na qual se encontra inserido o "falso delegante" - sendo da mesma pessoa coletiva o ato é ferido de incompetência relativa sendo, portanto, anulável, nos termos e moldes do art. 163.º CPA;

(ii) o autor do ato é órgão de outra pessoa coletiva, diversa daquela onde se encontra o falso delegante - assim, o ato está vinculado de incompetência absoluta e como tal é nulo.

b) que o ato que o intima padece do vício de incompetência, já que o ato de delegação de competência do Presidente da Câmara nunca foi publicado no Diário da República;

R: A questão subsume-se ao disposto no art. 47.º/2 CPA - a falta de publicação da delegação de poderes nos termos do art. 47.º configura uma situação de vício por inobservância de disposições que regem os órgãos colegiais - há portanto um vício quanto ao sujeito por falta de legitimação, pelo que a argumentação supra será procedente - há uma anulabilidade, passível de ser invocada em conformidade com o art. 163.º CPA.

c) que não quer recorrer hierarquicamente ao Presidente da Câmara Municipal de Lisboa, uma vez que o ato praticado pelo delegado tem o mesmo valor que teria se fosse praticado pelo delegante. E, ademais, seria duvidoso que tal ato viesse a ser revogado pelo Presidente, pois o Diretor é da sua inteira confiança.

R: A argumentação não é procedente, uma vez que os atos praticados pelo delegado, não são, do prisma jurídico-legal, exatamente equiparáveis aos praticados pelo delegante - aliás, tal resulta muito claro do disposto no art. 49.º CPA - o órgão delegante ou subdelegante tem o poder de avocar, bem como de anular, revogar ou substituir o ato praticado pelo delegado ou sub delegado ao abrigo da delegação de poderes.

Paralelamente, a segunda parte da argumentação pretende apontar para a existência de causas de impedimento - art. 69.º CPA, as garantias de imparcialidade foram criadas para garantir a boa administração e a transparência na Administração. A situação em apreço não parece configurar um caso de garantia de impedimento e consequentemente originar a anulabilidade do ato administrativo nos moldes do art. 163.º CPA. Em princípio, nada obsta a que o Presidente e o Diretor mantenham relações cordiais e arrisco-me dizer que, tendo em consideração a proximidade dos cargos, é necessário que este seja da tua inteira confiança. Pelo que, quanto a eventuais causas de impedimento, a argumentação não parece ser procedente pelas motivações já elencadas.

42) AO ABRIGO DE UMA SUBDELEGAÇÃO DE PODERES, O DIRETOR DO DEPARTAMENTO DE LICENCIAMENTO DAS ATIVIDADES PRIVADAS DA CÂMARA MUNICIPAL DE LISBOA INTIMOU CARLOS PARA "PROCEDER DE IMEDIATO À SUBSTITUIÇÃO DO EQUIPAMENTO NECESSÁRIO AO PREPARO E VENDA DE FRUTA EM VIA PÚBLICA, SOB PENA DE LHE SER RETIRADO O CARTÃO DE VENDEDOR AMBULANTE."

Neste contexto, Carlos, insatisfeito com a decisão, comunica aos colegas.

R: Dois temas em confronto: a autonomia local/intervenção estadual – isto é perceber se estaremos perante competências que fruto de descentralização administrativa passaram a pertencer à esfera das Câmaras Municipais – estas questões encontram-se regulamentadas na LdAL.

a) que não se compreende como podem as autarquias cometer tantas ilegalidades juntas: praticar atos que são da competência de outros órgãos;

R: Assim sendo, mediante a análise da LdAL é percetível que a competência pertence ao presidente da Câmara – art. 35.º/2, al. m) e o art. 38.º/3, al. k) sendo valida uma subdelegação desta competência no dirigente salva a validade do ato.

Em razão do disposto no art. 36.º/1/2 do CPA: a competência é irrenunciável e inalienável, salvo existindo ato de devida habilitada delegação de poderes e a existência de lei habilitante na LdAL: art. 38.º/3, al. k).

Assim, em segundo lugar, em razão da verificação dos requisitos de validade e de eficácia a que se referem os arts 47.º/1/2 e 158.º e 159.º CPA em ligação com o art. 56.º LAL. Observando os pressupostos impostos de conteúdo e publicidade, o ato de delegação não inquina o exercício válido de competências pelo Dirigente (não obstante não ser ele o titular originário da competência referida). O ato praticado tem o mesmo valor que teria se fosse praticado pelo delegado ou delegante, todavia tal não prejudica o recurso nos termos do art. 34.º/2 e 3 e art. 38.º/5 da LdAL.

b) que o desejável seria a intervenção do Primeiro Ministro, António Costa, para dissolver a Câmara agendar eleições antecipadas.

R: Quanto a esta argumentação tudo aponta para ser desprovida de sentido. Uma vez que a dissolução dos órgãos colegiais locais, nos termos da lei da tutela do art. 11.º/1 – sendo da competência dos tribunais administrativos aplicar a perda de mandato ou dissolução dos órgãos colegiais. Assim sendo, qualquer intervenção do Estado neste sentido seria nula enfermando de usurpação de poderes, nos termos do art. 161.º/2, al. a) CPA.

43) O ÓRGÃO DIRETIVO DE UM INSTITUTO PÚBLICO DECIDIU ATRIBUIR UM SUBSÍDIO GLOBAL DE 15.000,00 EUROS ÀS SECÇÕES CULTURAIS CRIADAS PELOS SEUS FUNCIONÁRIOS, DELEGANDO NO SEU PRESIDENTE A COMPETÊNCIA PARA REPARTIR O REFERIDO MONTANTE DA MANEIRA QUE MELHOR LHE APROUVER.

Ao abrigo dos poderes delegados, o Presidente decidiu atribuir 10.000,00 euros à secção musical, 2.000,00 euros à secção de dança e 3.000,00 euros à secção de teatro, justificando que «o maior valor é atribuído à secção musical em virtude dos resultados obtidos nos diversos concursos nacionais; à secção de teatro é atribuído em valor mais elevado que à secção de dança pois aquela comporta um número bastante mais elevado de inscritos».

Descontentes com a decisão, os funcionários inscritos na secção de dança pedem ao órgão diretivo que revogue o ato do seu presidente, invocando o seguinte:

1. A secção de música, não obstante os excelentes resultados obtidos nos concursos nacionais, é apenas formada por uma única funcionária, sendo esta funcionária esposa do presidente do órgão diretivo;

R: Os funcionários, lançando mão da ora aludida alegação, tencionam lançar mão do elenco das "garantias de imparcialidade" prevista no art. 69.º e ss CPA, cuja sua *ratio* é de garantir o princípio da boa administração e o princípio da boa fé – garantia de uma administração pautada por critérios de transparência, no qual o único interesse que deverá ser prosseguido é o interesse público.

Assim sendo, a questão da existência de impedimento no caso do cônjuge estar envolvido, resulta do art. 69.º/1, al. b) – "nele tenha interesse o seu cônjuge", como tal o Presidente não poderia intervir no aludido procedimento, por virtude da existência de impedimento.

2. Não existe na lei orgânica do instituto uma norma que preveja a possibilidade de delegação de poderes pelo órgão diretivo no seu presidente.

R: Se se aferir pela inexistência de lei habilitante, existirá um vício por incompetência relativa – uma vez que é dentro da mesma pessoa coletiva – como tal o desvalor jurídico aplicável é o da anulabilidade do art. 163.º CPA – diga-se que a anulabilidade é o regime regra em matéria de procedimento e processo administrativo.

44) AO ABRIGO DE UMA DELEGAÇÃO DE PODERES, A PRESIDENTE DO CONSELHO CIENTÍFICO DA ESCOLA DE DIREITO DA FE, INDEFERIU O PEDIDO DE ALTERAÇÃO DO TÍTULO DE DISSERTAÇÃO DE DOUTORAMENTO DE BENTO, TENDO JUSTIFICADO A SUA DECISÃO COM O FACTO DE "O ESTUDANTE NÃO SABER O QUE DESEJA, POIS JÁ É A SEGUNDA VEZ QUE SOLICITA TAL AUTORIZAÇÃO NO ESPAÇO DE UM ANO".

Neste sentido, Bento tendo recorrido desta decisão para o Conselho Científico daquela Escola, vem invocar o seguinte:

1. Este ato é nulo, pois a presidente da Escola não tem competência para decidir no caso;

R: Em conformidade com o art. 36.º CPA – a competência é definida por lei ou por regulamento sendo irrenunciável e inalienável – todavia, a lei permite uma das formas de pulverização e desconcentração de competência – sendo esta a delegação de poderes, nos moldes e termos do art. 44.º. Contudo, para esta ser válida, deverão estar preenchidos uma série de pressupostos previstos nos moldes do art. 47.º:

(i) especificar os poderes;
(ii) atos que o delegado ou subdelegado pode praticar;
(iii) mencionar a norma atributiva do poder delegado;
(iv) mencionar a norma que habilita o órgão a delegar.

Assim sendo, e tendo em consideração que não estamos perante nenhum dos poderes indelegáveis do art. 45.º CPA, perante os dados do enunciado não parece assistir razão ao ora recorrente quanto à ilegalidade da delegação.

2. Mesmo que tivesse existido delegação de competências, nunca houve qualquer publicação dessa delegação;

R: No que respeita à inexistência de publicação, haverá que levar-se em consideração o art. 47.º CPA – os atos de delegação e subdelegação estão sujeitos a publicação nos termos do art. 159.º CPA. Assim, não existindo publicação, verifica-se um vício por inobservância de disposições que regem os órgãos colegiais – existe, portanto, um vício quanto ao sujeito por falta de legitimação na modalidade relativa – uma vez que é dentro da mesma pessoa coletiva, o desvalor jurídico será sim a regra – anulabilidade em conformidade com o art. 163.º CPA. Caso fossem pessoas coletivas de natureza diferente, seria um vício absoluto e o desvalor jurídico seria a nulidade em conformidade com o art. 161.º CPA.

3. A delegação de competências, a ter existido, caducou com a eleição da nova presidente da Escola de Direito.

R: A argumentação é procedente – tal resulta do art. 50.º, al. b) CPA em casos de mudança de titulares dos órgãos caducará a respetiva delegação/subdelegação, partindo do pressuposto que esta não foi renovada. Assim sendo, quanto a este ponto, o recorrente teria razão.

45) JOÃO, MEMBRO DA ASSEMBLEIA DE FREGUESIA DE OLIVEIRA DO HOSPITAL, FOI NOTIFICADO DE UMA DECISÃO DO SECRETÁRIO DE ESTADO DA ADMINISTRAÇÃO LOCAL, NA QUAL LHE É DECLARADA A PERDA DE MANDATO, POR TER FALTADO A TRÊS SESSÕES CONSECUTIVAS DAQUELE ÓRGÃO, DUAS ORDINÁRIAS E UMA EXTRAORDINÁRIA.

Neste contexto, João, pretendendo recorrer aos tribunais administrativos daquela decisão, vem invocar o seguinte:

1. Que o ato padece de um vício de incompetência absoluta, uma vez que tal decisão só poderia ter sido proferida pelo Presidente da Assembleia de Freguesia, uma vez que só ele tem poderes para o efeito. E tanto assim é que só o Presidente pode convocar os respetivos membros para as sessões do órgão, através de carta registada com aviso de receção, sendo certo que João nunca compareceu às sessões e nem sequer justificou a sua ausência;

R: A questão *subjudice* versa sobre um caso de tutela administrativa, isto é: no conjunto de poderes de intervenção de uma pessoa coletiva pública na gestão de outra pessoa coletiva, a fim de assegurar a legalidade das suas atuações.

Antes de mais importa sublinhar que a tutela não se presume, isto é, a tutela administrativa só existe quando a lei expressamente a prevê e nos precisos termos em que a estabelecer. Ou seja, apenas existe nas modalidades que a lei consagrar e nos termos e limites dentro dos quais a lei impuser. Por outro lado, a entidade tutelada tem legitimidade para impugnar, quer administrativa quer contenciosamente, os atos pelos quais a entidade tutelar exerça os seus poderes de tutela. Por isso, se a entidade tutelar exercer um poder de tutela em termos prejudiciais à entidade tutelada, tem esta o direito de impugnar esses mesmos atos jurídicos junto dos tribunais administrativos.

Assim sendo, tendo a freguesia uma relação de tutela para com o Estado central, haverá que analisar a Lei n.º 27/96[130] – Lei da tutela administrativa – e perceber se existe poderes respeitantes à perda de mandato que poderão ser exercícios nas condições do caso vertido.

Deste modo, haverá que sublinhar o disposto no art. 8.º, relativamente à perda de mandato, nomeadamente o seu nr.1, al. a) – que refere, quando se, motivo justificativo, não compareçam a 3 sessões.

Todavia as decisões da perda de mandato, em conformidade com o art. 11.º da lei de tutela administrativa, são da competência dos tribunais administrativos de círculo.

[130] Disponível em https://www.pgdlisboa.pt/leis/lei_mostra_articulado.php?nid=282&tabela=leis&so_miolo=.

Assim sendo, a decisão era nula por vício quanto à competência – art. 161.º/1, al. a), existia, portanto, usurpação de poderes.

2. Que a decisão é nula, pois o Secretário de Estado não tem competência para o efeito. E, ainda que tivesse existido uma delegação de competências do Ministro da Tutela, aquela delegação nunca foi publicada.

R: Em conformidade com o art. 11.º da lei da tutela a competência para perda de mandato compete aos tribunais de círculo administrativos e não ao Ministro da tutela.

De qualquer dos modos, tendo em consideração que se trataria de uma delegação de poderes ao abrigo da LdAL e feita no domínio das freguesias – art. 17.º da LdAL, seria sempre imperativa a sua publicação, em conformidade com o art. 47.º/2 – deste modo, a sua falta de publicação originaria um vício por inobservância de disposições que regem os órgãos colegiais – existindo, portanto, um vício quanto ao sujeito por falta de legitimação.

46) NUMA REUNIÃO DA CÂMARA MUNICIPAL DE TERRAS LONGÍNQUAS, PEQUENO MUNICÍPIO DO INTERIOR DO PAÍS, UM VEREADOR PROPÔS QUE O «LARGO DA SÉ» SE PASSASSE A DESIGNAR «LARGO POETA EUGÉNIO DE BEIRIZ». A PROPOSTA FOI APROVADA POR DOIS VOTOS A FAVOR, O DO PROPONENTE-VEREADOR E O DO PRESIDENTE, E UM VOTO CONTRA.

O vereador derrotado pretende que seja lavrado em ata o seu voto de vencido, invocando os seguintes fundamentos:

1. A competência exercida foi-lhe delegada, pelo que a Câmara Municipal não podia ter deliberado sobre tais matérias;

R: A delegação de poderes não é uma verdadeira alienação destes, não se pode afirmar que os poderes do delegado deixem de pertencer ao delegante. Não é isto que acontece na delegação, uma vez que a lei atribui ao delegante um conjunto importante de poderes que provam que ele não alienou nem se pode alhear da competência. Para além de que nos termos do art. 36.º CPA a competência não pode ser transferida por um ato administrativo.

Assim sendo, a delegação de poderes é encarada como um ato pelo qual um órgão de uma pessoa coletiva pública permite que outro órgão, em príncipio da mesma pessoa coletiva, exerça uma competência que continua a ser do primeiro órgão. Com a delegação de poderes cria-se no delegado uma qualificação para o exercício em nome próprio de uma competência alheia – está em causa uma concessão. Quer com isto dizer-se que a competência continua a pertencer, apesar da delegação, ao delegante: apenas o seu exercício para a ser feito por outro órgão.

Assim, a sua argumentação não seria procedente.

2. O vereador proponente é bisneto do poeta, faltando, por isso, o quórum necessário para a deliberação.

R: Existem neste caso dois pontos a ter em consideração. Por um lado, o regime do quórum previsto e regulado nos moldes e termos do art. 29.º CPA e por outro lado o regime dos impedimentos do art. 69.º CPA.

Assim sendo, no que respeita ao regime dos impedimentos do art. 69.º CPA – efetivamente, tendo em consideração que o seu bisavô é parente em linha reta nos moldes do art. 69.º, al. b) CPA – então, o vereador proponente não deveria intervir no aludido procedimento, de molde a garantir a maior imparcialidade e transparência neste.

Paralelamente, quanto ao quórum, haverá que levar em consideração o disposto no art. 29.º/4 – isto é, nos órgãos colegiais compostos por 3 membros, é de 2 o quórum necessário para deliberar – em caso de empate, aplicar-se-iam as regras do art. 33.º, ou seja, o presidente teria o voto de qualidade.

47) ANTÓNIO FOI NOTIFICADO POR CARTA REGISTADA ENVIADA POR SERVIÇO MUNICIPAL DA SUA RESIDÊNCIA E NELA ENCONTROU UMA MÁ NOTÍCIA:

1. Que ao abrigo de uma subdelegação de competências, o vereador do urbanismo decidiu "ordenar a demolição do muro, situado em propriedade sua, que ameaça ruína iminente, pondo em causa a segurança de todos os que transitam naquela rua".

R: Os órgãos autárquicos são responsáveis pela fiscalização e pela aplicação de medidas de tutela da legalidade urbanística visando a reintegração da ordem administrativa violada e não a repressão de uma infração de cariz administrativo.

Deste modo, estamos no domínio do direito do urbanismo e mais propriamente da utilização e conservação do edificado – nomeadamente o art. 89.º RJUE. Assim sendo, no seu nr. 3 é clarificado que "a CM pode oficiosamente ou a requerimento de qualquer interessado, ordenar a demolição total ou parcial das construções que ameacem ruína ou risco para a saúde pública" – todavia, não o poderia realizar sem proceder à audiência dos interessados. A jurisprudência não é unânime no que concerne à necessidade de realizar audiência prévia ou não em momento anterior à demolição, esta questão terá de ser analisada casuisticamente, tendo sempre em consideração princípios gerais norteadores.

Por fim, impõe-se fazer uma alusão à situação de delegação de competências existente: a delegação de competências é uma das manifestações do PP da desconcentração administrativa e visa a pulverização de poderes públicos por vários órgãos, por motivos como simplicidade e agilização administrativa.

No que ao direito do urbanismo concerne, importará realizar uma alusão ao disposto no art. 94.º RJUE deixando claro que nestas matérias é permitida a delegação de poderes, sendo esta regulada pelos termos e moldes do art. 44.º e ss CPA. A subdelegação de poderes é válida nos moldes do art. 46.º, pelo que em princípio nada obstará à sua validade no caso concreto.

O órgão é competente para a prática do ato.

48) O CONSELHO DA ESCOLA DE CIÊNCIAS JURÍDICAS DA UNIVERSIDADE CLÁSSICA DO PORTO, ÓRGÃO COLEGIAL ATIVO COMPOSTO POR CINCO MEMBROS, REUNIU INESPERADAMENTE NA PASSADA SEMANA PARA DELIBERAR SOBRE ASSUNTOS URGENTES. IMAGINE QUE UM DOS SEUS MEMBROS, SERIAMENTE PREOCUPADO COM O TEOR DE DELIBERAÇÕES QUE FORAM APROVADAS NAQUELA REUNIÃO EXTRAORDINÁRIA, VEM PEDIR-LHE CONSELHO SOBRE A EVENTUAL INVALIDADE DAQUELAS DELIBERAÇÕES, TENDO-O INFORMANDO DO SEGUINTE:

1. «(...) houve convocação e convocatória e a ordem do dia incluía muitos assuntos. A reunião nem sequer estava prevista, mas todos compareceram (...)».

R: Sanação de vícios relativos à inobservância das regras de convocação de reuniões – arts. 23.º e 24.º CPA, esta sanação ocorre por força do previsto no art. 28.º CPA.

2. «(...) os professores estavam todos muito exaltados. E o Professor Joaquim, que é o presidente do órgão, teve de acalmar as coisas!».

R: Possibilidade de as deliberações serem nulas por força do art. 161.º/1, al. h) CPA – deliberações tomadas tumultuosamente.

3. «... deliberámos adjudicar o fornecimento de 10 computadores à empresa que é da mulher do Professor Joaquim. Eu queria abster-me, mas... (...). Acho que ficou mal ao Professor ser o primeiro a dizer sim, estou a favor».

R: Casos de impedimento por parte do Professor Joaquim, em conformidade com o art. 69.º/1, al. b) CPA – estando em causa uma situação em que tenha interesse o cônjuge do responsável pelo procedimento. Assim sendo, para estes casos há um vício quanto ao procedimento e o seu desvalor jurídico em conformidade com o art. 76.º será a anulabilidade, sendo esta a regra geral decorrente do art. 163.º CPA. Garante da boa administração e do princípio da transparência.

4. «Além de tudo, o que me custou mais foi ter votado a favor da não renovação do contrato do colega João. Ele já anda perturbado. Todos comentámos que ele não é bom pedagogo. Além disso, é um fascista assumido. Todos votaram... eu vi! (...). Ele vai impugnar a deliberação, com certeza, e ela, ainda por cima, não foi fundamentada."

R: Questão da necessidade de os atos administrativos serem devidamente fundamentados em conformidade com o art. 152.º e art. 153.º do CPA – este dever de fundamentação tem um crivo constitucional, conforme resulta do art. 268.º/3 CRP e caso não seja observado corretamente poderá conduzir à anulabilidade do ato conforme disposto no art. 163.º/1 CPA.

5. «Também deliberámos sobre a contratação de um assistente convidado, por conveniência urgente do serviço. Quatro votaram a favor. E isto nem estava sequer na ordem do dia.».

R: No que concerne à ordem do dia e à sua previsão – esta encontra-se regulamentada nos termos e moldes do art. 25.º CPA e a regra, em conformidade com o art. 26.º é a de que não podem ser tomadas deliberações cujo objeto não se inclua na ordem do dia da reunião. Contudo, a situação apresentada poderá configurar uma das exceções a esta necessidade de figurar na ordem no dia – o art. 26.º/2 determina que desde que 2/3 (dois terços) dos membros reconheçam a urgência da deliberação este poderá ser incluído de imediato na ordem do dia. Pelo que, tendo em consideração este desvio legal, a deliberação poderia ser válida quanto a este ponto.

6. O que é que se pode fazer, tendo em conta que «eu já assinei a minuta da ata». «Quem me dera voltar atrás... (...). Se fosse hoje, ter-me-ia abstido sempre». «... Oxalá, o presidente possa impugnar as deliberações».

R: Poderia ter exercido o seu voto de vencido nos moldes e termos do art. 35.º CPA, sendo que fazendo-o ficaria isento de responsabilidade que daquela eventualmente resulte.

Por outro lado, o presidente poderá sempre impugnar as deliberações, em conformidade com o disposto no art. 55.º/1, al. e) CPA.

49) CONSIDERE QUE, AO ABRIGO DO DECRETO-LEI N.º 30/2015, DE 12 DE FEVEREIRO, QUE ESTABELECE O REGIME DE DELEGAÇÃO DE COMPETÊNCIAS DO ESTADO NOS ENTES LOCAIS, FOI CELEBRADO UM CONTRATO INTER-ADMINISTRATIVO ENTRE O MINISTÉRIO DA CULTURA E O MUNICÍPIO DO PORTO COM VISTA À «GESTÃO DOS ESPAÇOS FÍSICOS, NOMEADAMENTE DE MUSEUS, BIBLIOTECAS, TEATROS, SALAS DE ESPETÁCULO, GALERIAS E EDIFÍCIOS E SÍTIOS CLASSIFICADOS». COMO O

PROPÓSITO DA DESCENTRALIZAÇÃO É INCENTIVAR A EFICIÊNCIA DA GESTÃO DOS RECURSOS PÚBLICOS, PROMOVER A OTIMIZAÇÃO DA UTILIZAÇÃO DOS MEIOS DISPONÍVEIS E, EVENTUALMENTE, REPARTIR RESPONSABILIDADES E CUSTOS ENTRE O ESTADO E A ENTIDADE LOCAL, DO CONTRATO INTER-ADMINISTRATIVO FAZEM PARTE AS SEGUINTES CLÁUSULAS:

a) «Ao cocontratante delegante cabe o acompanhamento e a monitorização da execução do contrato, podendo dirigir ao cocontratante delegado ordens e instruções, bem como também pode intervir para suprir as omissões no exercício da competência delegada».

b) «De modo a garantir a adequação do modelo de descentralização adotado e o cumprimento dos níveis de qualidade dos serviços prestados, é atribuído ao cocontratante delegante o poder de revogar, com fundamento no demérito, as concessões relativas aos serviços culturais mencionados».

1. Caracterize e justifique a figura e os respetivos propósitos.

R: Estamos perante a existência da figura da descentralização de poderes – art. 267.º/2 CRP, ou seja, o exercício da função administrativa encontra-se repartido por diversas pessoas coletivas para além do Estado. Assim é impedido o fenómeno de centralização – isto é, que tal exercício recaia apenas sobre o Estado Administração – os contratos inter-administrativos são o espelho desta necessidade que existe de descentralização, de pulverização do poder administrativos pelas várias entidades – entidades que na grande maioria dos casos estão mais próximas das populações e capazes de dar uma resposta mais positiva perpetuando o princípio da boa administração.

2. Aprecie a validade das referidas cláusulas.

R: A apreciação do conteúdo das cláusulas relaciona-se com o domínio dos tipos de poderes existentes e passíveis de serem exercidos pela Admnistração direta (central).

Assim, o Ministério da Cultura pertence à administração direta, enquanto que o município do Porto pertence à administração autónoma – importa perceber que tipo de relação existe entre a administração direta e a administração autónoma.

Neste ponto seguimos de perto a orientação do Professor Vital Moreira – isto é, esta tutela deve cingir-se exclusivamente à legalidade e deve estender-se a outras entidades da administração autónoma, uma vez que o essencial de administração autónoma é a existência de uma autonomia e orientação político-administrativa, seria incongruente a admissão de outra tutela que não a de legalidade – assim sendo, o controlo apenas se destina a verificar se os respetivos órgãos ultrapassaram os limites impostos por lei – o que nos leva a concluir por uma tutela de estrita legalidade.

Assim, **quanto à cláusula a):** os poderes de dirigir comandos de ordens e instruções estão reservados para as relações de hierarquia ao nível da administração direta – pelo que tal não seria possível tendo em consideração o vínculo estabelecido. O poder que a administração direta pode exercer sobre a administração autónoma limita-se a um controlo de legalidade que poderá em situações limite conduzir a fiscalizações, por exemplo.

No que concerne à possibilidade de suprir omissões: tal poderá ser admissível, mas carece de previsão legal expressa, é a denominada tutela substitutiva.

No que **concerne à cláusula b):** não poderá ser admissível, uma vez que a relação de tutela existente é apenas sobre tutela de legalidade e não sobre tutela de mérito – se esta tutela abrangesse os casos de mérito, então o espaço conformador que caracteriza a administração autónoma seria fortemente comprometido e a descentralização não se realizaria na pureza dos seus ditames. Quanto às autarquias locais não é constitucionalmente admissível uma tutela de cariz revogatório – na dimensão do poder de revogar os atos daquelas entidades.

50) POR RESOLUÇÃO DO CONSELHO DE MINISTRO, O GOVERNO APROVOU A 1 DE JANEIRO DE 2019 AS SEGUINTES NORMAS:

Norma A: A conveniência das despesas realizadas pelos municípios de valor superior a 15.000,00 euros depende da aprovação do Ministério das Finanças;

R: A norma é inválida uma vez que o Ministério das Finanças pertence à administração direta e os municípios pertencem à administração autónoma. Ora, assim sendo, a Administração direta apenas pode exerce uma tutela de legalidade sobre estes – ou seja, a tutela exercida pela administração direta não pode envolver o mérito, a oportunidade e a conveniência da ação administrativa mas, somente a legalidade e a correção jurídica da atuação dos entes tutelados. Assim, deverão ser consideradas inconstitucionais as disposições legais que alarguem, no âmbito das atribuições próprias das autarquias, os poderes de intervenção do governo.

Norma B: As freguesias poderão realizar despesas de interesse local relevante superiores a 7.500,00 euros mediante a aprovação da Câmara Municipal da área territorial respetiva.

R: As freguesias são órgãos dotados de independência, não estando na dependência de autorizações da Câmara Municipal, como tal, a disposição não seria válida por violação de poderes.

51) POR DECISÃO DO MINISTRO DAS FINANÇAS FOI DETERMINADA A RETENÇÃO DE UM VALOR A IMPUTAR NA TRANSFERÊNCIA DE VERBA DO ORÇAMENTO DO ESTADO PARA O MUNICÍPIO DE CASTRO NOVO. SUBJACENTE A ESTA DECISÃO ESTÁ A INTENÇÃO DO MINISTRO DA TUTELA DE PROCEDER AO PAGAMENTO DIRETO DA DÍVIDA DO MUNICÍPIO À ENTIDADE QUE LHE FORNECE A ENERGIA ELÉTRICA, UMA VEZ QUE ESTA PROCEDEU AO CANCELAMENTO DO FORNECIMENTO, PRIVANDO AS POPULAÇÕES DE ILUMINAÇÃO NOTURNA.

Neste contexto, o Presidente da Câmara de Castro Novo, considerando que tal despacho lesa significativamente o Município e que o ato é anulável, invocando o seguinte:

1. Que o Ministro da Tutela não pode substituir-se ao Município no cumprimento daquela obrigação, violando, por isso, a CRP e a Lei de Tutela do Estado sobre as Autarquias Locais.

R: Falso. A tutela que o Governo exerce sobre as autarquias locais quando estejam em causa interesses locais (como no caso) é uma tutela de legalidade – art. 242.º/1 CRP. Sendo o núcleo típico da tutela o poder de fiscalização – o poder de fiscalizar a organização, o funcionamento dos órgãos ou serviços e garantir o seu bom funcionamento. Assim sendo, o Ministro tem poder para aferir da legalidade e realização a correção das atuações jurídicas dos entes tutelados.

2. Que, mesmo tratando-se da necessidade de restabelecer o direito das populações à iluminação noturna, tal função é uma atribuição local e nunca do Estado, violando o princípio da autonomia local.

R: O Estado pode intervir no uso da sua tutela de legalidade tendo em consideração que se trata de interesses locais relevantes nos moldes do art. 242.º/1 CRP – estamos perante em caso em que é necessário corrigir atuações jurídicas do Município pelo que a tutela da legalidade é operativa e pode ser exercida pela administração direta.

52) DIGA SE ATRIBUI PODER DISCRICIONÁRIO A DISPOSIÇÃO LEGAL QUE DISPÕE QUE: «O PRESIDENTE DA CCDR TERRITORIALMENTE COMPETENTE PODE DETERMINAR O EMBARGO, A INTRODUÇÃO DE ALTERAÇÕES, A DEMOLIÇÃO DO EDIFICADO OU A REPOSIÇÃO DO TERRENO EM QUAISQUER OPERAÇÕES URBANÍSTICAS DESCONFORMES COM O DISPOSTO EM PLANO MUNICIPAL OU PLANO ESPECIAL DE ORDENAMENTO DO TERRITÓRIO, SEMPRE QUE NÃO SE MOSTRE ASSEGURADA PELO MUNICÍPIO A ADOÇÃO DAS REFERIDAS MEDIDAS DE TUTELA DE LEGALIDADE URBANÍSTICAS».

Mencione que consequências decorrem dessa possibilidade, do ponto de vista do controlo judicial do exercício de tal competência.

R: A discricionariedade administrativa é o oposto do ato vinculado – que é aquele cujo conteúdo é fixado na lei não cabendo ao agente qualquer possibilidade conformadora – o ato discricionário é aquele que a Administração produz, utilizando para o efeito poderes conferidos pelo legislador para fixar o grau de modificações pretendidas.

Os fundamentos da discricionariedade administrativa são a relação entre a discricionariedade e os princípios da legalidade/juridicidade, da prossecução do interesse público e da separação de poderes – discricionariedade como poder jurídico que obriga a Administração a criar o direito para o caso concreto.

Resta agora analisar se a autorização de atividade em via pública pela entidade local é um ato de conteúdo discricionário.

A atribuição de discricionariedade mediante a indeterminação estrutural das normas é uma perspetiva tradicional. Há discricionariedade quando o legislador tenha estabelecido como elemento de ligação o conceito de "pode" (norma autorizativa ou quando menciona na estatuição incluir ou compreender medidas em alternativa A, B ou C) podendo o agente escolher uma das soluções a adotar.

No entanto, existe discricionariedade podendo ainda ser apurada através da técnica da indeterminação conceitual ou conceptual. Reconhece-se, hoje, que também poderá ser dada discricionariedade à Administração quando o legislador utilizar na norma conceitos indeterminados tipo – cuja margem de preenchimento é deixada ao intérprete existindo uma larga subjetividade na sua valoração. Existe discricionariedade quando é remetida para a Administração pública os **juízos de valor da sua própria responsabilidade.**

No caso concreto, o art. 8.º inclui conceitos imprecisos tipo quanto a situações com elementos determinantes de prognose como por exemplo: "garantir a normalidade do trânsito". E, ainda, pela utilização de conceitos que pela sua extrema vaguidão e/ou ligação a faculdades de ação concedidas pelo legislador, têm de ser entendidos como delegações no poder administrativo: capacidade de escoamento do tráfego e fluidez da circulação. Pelo exposto, existe discricionariedade administrativa.

No que concerne à segunda parte da questão, isto é: se o tribunal poderá ou não conhecer/sindicar destes comportamentos à luz da discricionariedade administrativa.

O Tribunal não pode reapreciar o ato da Administração para o substituir por outro. O controlo é atenuado e em momento algum se poderá transformar em um reexame.

Assim sendo, o juiz deve agir e anular os atos praticados ao abrigo do poder discricionário quando detete:

(i) violação ostensiva ou intolerável dos princípios jurídicos que deverão nortear a ação administrativa;

(ii) a prática de atos discricionários fundada em factos que se verifica serem inexistentes ou falseados (erros de facto) ou fundados numa má avaliação ou qualificação de realidade (erro manifesto de apreciação).

Isto é, quando o tribunal perceba que a Administração na avaliação da situação errou e que a avaliação é manifestamente desacertada e inaceitável e que o erro é ostensivo e notório – pode anular o ato sem que isso se traduza no fenómeno da dupla administração.

No domínio da discricionariedade administrativa, o dever de fundamentação previsto e regulado nos termos do art. 152.º e ss CPA assume um papel fundamental – a obrigatoriedade de fundamentação expressa deve dar notícia da presença dos pressupostos de facto da ação que a normal legal enuncia em abstrato na hipótese (justificação) e, estando em causa poderes discricionários, os interesses que no seu juízo foram determinantes para a definição de um especial conteúdo do ato (motivação). **A fundamentação permite mais facilmente ao tribunal detetar o desvio de poder, o erro de facto, o erro manifesto na apreciação do facto e consequentemente a violação manifesta dos princípios.**

Seria ainda possível referir-se o regime da invalidade do ato – arts. 161.º e 164.º CPA.

53) A LEI QUE CONFERE A UMA AUTORIDADE ADMINISTRATIVA COMPETÊNCIA PARA ENCERRAR FÁBRICAS QUE REPRESENTEM PERIGO PARA A SAÚDE PÚBLICA ATRIBUI PODERES DISCRICIONÁRIOS?

Justifique e diga quais os reflexos da posição que tomou, no caso de um particular pretender recorrer do ato que, ao abrigo daquela norma, ordena o encerramento de uma unidade fabril de que aquele é proprietário.

R: A discricionariedade administrativa é o oposto do ato vinculado – que é aquele cujo conteúdo é fixado na lei não cabendo ao agente qualquer possibilidade conformadora – o ato discricionário é aquele que a Administração produz, utilizando para o efeito poderes conferidos pelo legislador para fixar o grau de modificações pretendidas.

Relativamente ao caso concreto, o conceito de "perigo para a saúde pública" é passível de ser classificado como "relativamente discricionário", contudo, tal não pode ser visto com tamanha leveza. As questões ambientais encontram-se regulamentadas em legislação própria, bem como os níveis de emissões poluentes que poderão ditar a inoperacionalização de uma fábrica – assim sendo, a operacionalização de uma fábrica deveria imperativamente estar sujeita a uma avaliação de impacto ambiental (AIA) e cumprir os requisitos da lei de bases do ambiente e consequentemente as observâncias sanitárias que as leis sobre saúde pública/poluição atmosférica impõe.

Assim sendo o conceito de "perigo para a saúde pública" não será um conceito totalmente discricionário tendo em consideração a quantidade considerável de legislação existente quanto a este ponto.

Outra questão será se a fábrica não estiver regularizada de forma adequada, o que contribuirá para a determinação da sua atividade como ilícita.

No que respeita à atuação do tribunal – o tribunal não pode conhecer razões de mérito ou conveniência, apenas trata sim de questões relacionadas com a ilegalidade sob pena de incorrer no fenómeno de "dupla administração". Deste modo, o tribunal poderá e deverá intervir se considerar que:

(i) existiu um erro grosseiro dos pressupostos de facto que levaram à emissão daquele ato administrativo;

ou ainda,

(ii) uma violação ostensiva e intolerável dos princípios que regem o ordenamento juridico português.

Ainda quanto à possibilidade de intervenção do tribunal nesta matéria – haverá que sublinhar a importância de adequada e bastante fundamentação de um determinado ato administrativo, conforme decorre do art. 152.º do CPA, assim perante a existência de fundamentação, que se parte do pressuposto sendo como suficiente e congruente, o tribunal estará em condições de realizar um juízo sobre a posição da Administração e consequentemente a questão do particular.

54) A REQUERIMENTO DO EMPRESÁRIO "X", A ENTIDADE COMPETENTE CONCEDEU UMA AUTORIZAÇÃO DE EXPLORAÇÃO DE UMA INDÚSTRIA COM UMA ENVERGADURA ECONÓMICA IMPORTANTE E QUE SE REVELARÁ ÚTIL PARA O DESENVOLVIMENTO ECONÓMICO DA REGIÃO ONDE AQUELE RESIDE. CONTUDO, A TÍTULO DE CONTRAPARTIDA DA AUTORIZAÇÃO DA INSTALAÇÃO, A ENTIDADE ADMINISTRATIVA VEIO IMPOR AO EMPRESÁRIO X A CONSTRUÇÃO DE UMA ESTAÇÃO DE TRATAMENTO DE RESÍDUOS, UMA VEZ QUE SE PREVÊ QUE, DO FUNCIONAMENTO DAQUELA INDÚSTRIA, PODE DECORRER UMA EMISSÃO POLUENTE SIGNIFICATIVA. NESTE CONTEXTO, X, INSATISFEITO COM A DECISÃO EM CAUSA, PRETENDE IMPUGNÁ-LA, INVOCANDO O SEGUINTE:

a) A entidade administrativa não teve em conta pareceres técnicos legalmente necessários;

R: O cerne da questão assenta na necessidade de requerimento dos pareceres, sendo estes previstos e regulados nos moldes do art. 91.º e ss CPA. Assim, a regra do ordenamento jurídico português é que os pareceres legalmente previstos são tidos como obrigatórios e não vinculativos, quando nada é dito em contrário. Assim sendo, conforme dispõe o art. 92.º/5 – quando um parecer obrigatório não for emitido dentro dos prazos previstos no número anterior pode o procedimento prosseguir e vir a ser decidido sem o parecer, salvo disposição legal em contrário. Pelo que tal não obstaria à validade do procedimento.

b) Aliás, porque X nunca foi devidamente informado sobre o andamento do processo, não pôde colaborar com o instrutor do processo. Foi por isso mesmo que um pedido que efetuou para realização de uma diligência probatória não obteve resposta.

R: Está aqui em causa o princípio da boa administração em ligação com o princípio da administração aberta e em especial o direito à informação procedimental por parte dos interessados – art. 82.º e ss CPA.

O direito dos interessados à informação do art. 82.º diz respeito ao acesso a informação a um procedimento aberto, ainda em curso. Pretende, pois tutelar os interesses e as posições jurídico subjetivas num dado procedimento visando ainda os princípios da publicidade e da transparência. Versa sobre informação quer relativa ao andamento do processo, quer aquelas que versem sobre resoluções definitivas aí tomadas.

O direito à informação sobre um procedimento no qual é parte constituiu um DLG de natureza análoga conforme dispõe o art. 268.º/2 CRP.

X deveria ter lançado mão do art. 104.º CPTA e requerido uma intimação para a consulta de processo e obtenção de informações, já que a Administração violou o seu dever de decisão conforme dispõe o art. 13.º/2.

c) A entidade administrativa autorizou a instalação de outras indústrias nas mesmas condições, sem impor qualquer tipo encargo do género.

R: O princípio da igualdade não confere igualdade em situações de ilegalidade.

55) A EMPRESA TRATAMENTO DE RESÍDUOS HOSPITALARES E GESTORA X DIRIGIU AO CENTRO HOSPITALAR DO TÂMEGA E SOUSA UM REQUERIMENTO A SOLICITAR QUE A INFORMASSE «SE ALGUMA VEZ FOI ABERTO PROCEDIMENTO ADMINISTRATIVO PARA PRESTAÇÃO DE SERVIÇO DE GESTÃO DE RESÍDUOS HOSPITALARES E, EM CASO AFIRMATIVO, QUANDO FOI E QUAIS OS SERVIÇOS INCLUÍDOS; QUE LHE FOSSE PERMITIDO PARA CONSULTA E EVENTUAL EMISSÃO DE CÓPIAS O ACESSO AOS PROCESSOS DE ADJUDICAÇÃO DOS SERVIÇOS DE GESTÃO DE RESÍDUOS HOSPITALARES REFERENTES A 2017/2018 (INCLUINDO PREÇOS PAGOS).

R: Princípio da administração aberta – art. 17.º CPA, fomenta o princípio da transparência e da publicidade. Todas as pessoas têm o direito de acesso aos arquivos e registos administrativos, mesmo quando nenhum procedimento que lhes diga respeito esteja em curso. Esta possibilidade é regulada igualmente pela LADA (Lei 26/2016[131] de 22 de agosto) – art. 2.º e 5.º.

Ainda de sublinhar que o art. 85.º CPA faz uma extensão ao direito à informação – a quaisquer pessoas que provem ter um interesse legítimo nos conhecimentos dos elementos que pretendam. Assim, e na senda da jurisprudência – por "interesse legítimo" deverá entender-se um interesse específico atendível que deverá ser avaliado casuisticamente dentro de critérios de razoabilidade, assim como a matéria sobre a qual versa a informação.

56) O DIRETOR REGIONAL DO AMBIENTE E RECURSOS NATURAIS DO ALENTEJO ORDENOU O EMBARGO DA OBRA DE A, UMA VEZ QUE A MESMA COLIDIA COM OS LIMITES DA REN (RESERVA ECOLÓGICA NACIONAL), VIOLANDO O REGIME LEGAL APLICÁVEL QUE PROÍBE A CONSTRUÇÃO DE EDIFÍCIOS, A REALIZAÇÃO DE ESCAVAÇÕES E ATERROS E A DESTRUIÇÃO DO COBERTO VEGETAL EM SOLOS DA REN.

Neste contexto, tendo em conta que A pretende impugnar a decisão praticada por aquela entidade pública, pronuncie-se sobre os fundamentos por ele invocados para o efeito:

a) O ato é nulo porque sofre de um vício de usurpação de poderes, já que cumpriria ao Presidente da Câmara praticar aquele ato;

R: O presidente da Câmara é competente tendo em consideração o disposto no art. 102.º-B do RJUE – todavia importa não olvidar que, do prisma da organização administrativa, a administração direta detém sobre a administração autónoma uma tutela de legalidade – ou seja, em casos em que existe uma violação considerada como "grave" ou "ostensiva" a administração direta poderá intervir.

b) O ato é anulável porque padece de vício de forma, visto que não foi realizada a audiência prévia do interessado, tendo sido violado o art. 100.º do CPA;

R: A questão *subjudice* versa sobre uma situação de embargo – prevista e regulada nos moldes e termos do art. 102.º-B do RJUE – assim sendo, o embargo tem como traços distintivos ser uma medida: urgente, preventiva, cautelar ou conservatória, não revestindo carácter sancionatório. Assim sendo, o STA já clarificou que tendo em consideração a existência de uma situação objetiva de

[131] Disponível em https://dre.pt/pesquisa/-/search/75177807/details/maximized.

urgência é afastada a obrigatoriedade de existir audiência prévia, pelo que o desvalor jurídico associado, regra geral, a anulabilidade do art. 162.º CPA, fica afastado. Pelo que a argumentação esgrimida por A não será procedente.

c) O ato é nulo porque padece de um vício de violação de lei, por não respeitar o princípio da proporcionalidade, previsto na CRP e no CPA;

R: O princípio da proporcionalidade encontra-se plasmado nos termos do art. 7.º do CPA e em ligação com o art. 18.º/2 da CRP.

Este subdivide-se em 3 pontos:

(i) adequação;
(ii) exigibilidade/necessidade;
(iii) proporcionalidade/proibição do excesso.

No domínio do direito do urbanismo o princípio da proporcionalidade assume um valor especialmente relevante, tendo em consideração os interesses em confronto estarem relacionados com a habitação.

Assim, levando em consideração os dados fornecidos no enunciado, não parece existir um vício por violação de lei, uma vez que o embargo de obra se prende com violações das disposições resultantes da reserva ecológica nacional.

d) O ato está inquinado por um vício de forma, por falta de fundamentação, por contradizer o art. 152.º CPA, e por isso é anulável;

R: O dever de fundamentação dos atos administrativos encontra-se previsto nos termos do art. 152.º e ss, encontrando igualmente previsão de índole constitucional assegurando o princípio da boa administração e da transparência na relação entre a administração e os administrados.

Os requisitos de fundamentos são os constantes do art. 153.º e em caso de deficiências quanto a estes, o ato poderá padecer de vício de anulabilidade – conforme dispõe o art. 163.º/1, aliás acrescente-se que o desvalor jurídico da anulabilidade é o regime regra em matéria de procedimento administrativo.

57) MARIA, PROPRIETÁRIA DE UM ESTABELECIMENTO SITO NA RUA DO SOUTO, NO QUAL PRETENDIA ABRIR UM TALHO, REQUEREU À CÂMARA MUNICIPAL DE BRAGA A CONCESSÃO DO ALVARÁ DE LICENÇA. A CÂMARA MUNICIPAL, NA SEQUÊNCIA DO SEU PEDIDO, E DEPOIS DE INSTRUÍDO O RESPETIVO PROCEDIMENTO ADMINISTRATIVO, DELIBEROU CONCEDER CONDICIONALMENTE O ALVARÁ DE LICENÇA SOLICITADO. ENTRETANTO, ANA, QUE MORA EM FRENTE AO ESTABELECIMENTO DE MARIA REQUEREU À CÂMARA MUNICIPAL O ENCERRAMENTO DO ESTABELECIMENTO POR ESTE NÃO RESPEITAR AS REGRAS DE HIGIENE E SALUBRIDADE PÚBLICAS. AO MOMENTO, A CÂMARA MUNICIPAL AINDA NÃO SE PRONUNCIOU ACERCA DO REQUE-

RIMENTO DE ANA. ESTA ENTENDE QUE O ESTABELECIMENTO NÃO PODE LEGALMENTE CONTINUAR EM ATIVIDADE.

Considerando que, aquando da deliberação camarária não estava presente a maioria do número legal dos membros da Câmara, identifique e caracterize os atos administrativos em presença, bem como os respetivos vícios e sanções correspondentes.

R: Alvará de licença – trata-se de um ato administrativo, com efeitos individuais, concretos e externos – conforme resulta do art. 148.º CPA.

Requerimento dirigido à Câmara por parte de Ana: Trata-se de uma reclamação nos moldes e termos do art. 184.º CPA, caracteriza-se como um procedimento administrativo de 2.º grau uma vez que versa sobre um ato administrativo já existente. Ana tem legitimidade para reclamar nos termos do art. 186.º/1, al. a) – uma vez que se considera lesada pela prática daquele determinado ato administrativo.

A questão versa sobre o funcionamento dos órgãos colegiais e o desvalor jurídico das suas atuações quando em inobservância da lei. Assim sendo, haverá que levar em consideração o disposto no art. 29.º em ligação com o art. 32.º CPA. Deste modo, deverá ser levado em consideração o disposto no art. 161.º/1, al. h) – isto é, a deliberação será tida como nula, uma vez que não foi respeitado o quórum mínimo exigido.

58) POR DECISÃO EMITIDA AO ABRIGO DE UMA SUBDELEGAÇÃO DE COMPETÊNCIAS, O DIRETOR DO DEPARTAMENTO DE CONSTRUÇÃO E CONSERVAÇÃO DE EDIFÍCIOS E OBRAS DIVERSAS DA CÂMARA MUNICIPAL DE LISBOA ORDENOU A MANUEL PARA «PROCEDER À DEMOLIÇÃO DA OBRA CLANDESTINA EFETUADA E REPOR O LOCAL CONFORME O PROJETO APROVADO».

Neste contexto, Manuel, pretendendo recorrer desse ato junto do Tribunal Administrativo e Fiscal de Lisboa, vem invocar o seguinte:

a. Que o ato padece de usurpação de poderes, já que o ato de delegação de competência do Presidente da Câmara em benefício do Vereador do Urbanismo nunca foi publicado no Diário da República, devendo entender-se que a sucessiva transferência de competência é ilegal, sendo certo que o delegante não autorizou a possibilidade de subdelegação da competência.

R: A necessidade de publicação do ato de delegação de poderes decorre expressamente do art. 47.º/1 do CPA e do art. 56.º da LdAL – assim sendo, não tendo existido publicação, sufragamos da doutrina de Aroso de Almeida quando entende que o que existe é um vício por inobservância de disposições que regem os órgãos colegiais – um vício quanto ao sujeito por falta de legitimação, assim, e estando dentro da mesma pessoa coletiva, trata-se de uma incompetência relativa e não absoluta. Como tal, a sanção é a da anulabilidade em conformidade com o disposto no art. 163.º CPA – aliás é esta a regra quanto ao desvalor jurídico em procedimento administrativo.

Já no que concerne à possibilidade do delegante não ter autorizado a subdelegação de poderes – esta necessidade de autorização infere-se do art. 46.º/1 CPA, e caso não tenha existido, existirá um vício quanto ao sujeito por falta de legitimação, sendo dentro da mesma pessoa coletiva é um vício relativo e como tal anulável nos moldes do art. 163.º CPA.

b. Que o ato é nulo, uma vez que não foi realizada qualquer audiência dos interessados, não podendo entender-se como tal uma conversa que ocorreu inicialmente, aquando da abertura do procedimento de licenciamento daquela obra, nem muito menos se pode aceitar que possa existir uma situação de urgência que impeça a realização de tal direito fundamental.

R: Relativamente à inexistência de audiência dos interessados estando perante uma situação de demolição – o RJUE é bastante claro nas suas disposições quando no art. 106.º/3 afirma que a ordem de demolição é sempre antecipada de audiência dos interessados e que estes dispõem de 15 dias a contar da data da sua notificação para se pronunciar sobre o conteúdo desta.

A nossa jurisprudência tem-se inclinado para a preterição da audiência prévia originar o desvalor jurídico de anulabilidade e não nulidade – seguindo a regra do procedimento administrativo, art. 163.º CPA.

c. Que não vale a pena recorrer daquela decisão para o Presidente da Câmara Municipal de Lisboa, uma vez que o ato praticado pelo subdelegado tem o mesmo valor que teria se fosse praticado pelo delegante, sendo certo que tal tipo de recurso tutelar só existe quando a lei o prevê – o que não é o caso.

R: Relativamente à argumentação esgrimida na primeira parte da questão – sobre o valor do ato praticado pela delegante, assiste-lhe razão e tal encontra-se previsto e regulado nos moldes e termos do art. 44.º/5 CPA. Todavia, quanto à segunda parte da questão, tal não poderá ser procedente uma vez que a LdAL é clara quanto ao seu art. 34.º dispondo que, das decisões tomadas da Câmara Municipal ou pelos vereadores no exercício de competências delegadas ou subdelegadas cabe recurso para a Câmara Municipal sem prejuízo da sua possibilidade de impugnação contenciosa. Mais se acrescenta, em conformidade com o nr. 3 que o recurso para a Câmara Municipal pode ter por fundamento a ilegalidade ou a inconveniência da decisão e é apreciado no prazo máximo de 30 dias – deste modo a argumentação não poderá ter-se como procedente.

59) TENDO EM VISTA A CONCRETIZAÇÃO DE UM PROJETO PRIVADO DE TURISMO DA EMPRESA PORTUCALE- SOCIEDADE DE DESENVOLVIMENTO AGRO-TURÍSTICO, LIGADA AO GRUPO ESPÍRITO SANTO, QUE ENVOLVERÁ A CONSTRUÇÃO DE MORADIAS, HOTÉIS, CAMPO DE GOLFE, CENTRO HÍPICO, UMA BARRAGEM E UM CAMPO DE TIRO, TUDO A REALIZAR NA HERDADE DA VARGEM FRESCA, OS MINISTROS DA AGRICULTURA, DO AMBIENTE E DO TURISMO DECLARARAM A "IMPRESCINDÍVEL UTILIDADE PÚBLICA" DAQUELE PROJETO TURÍSTICO. SEGUNDO O PRESIDENTE DA CÂMARA DE BENAVENTE, A CONCRETIZAÇÃO DO PROJETO TERÁ UM IMPACTO POSITIVO NA ECONOMIA DO MUNICÍPIO, JÁ QUE PROPORCIONARÁ 400 NOVOS POSTOS DE TRABALHO.

Neste contexto, a Associação Ambientalista Quercus, tendo tido conhecimento do despacho conjunto publicado ontem e tendo percebido que a declaração da "imprescindível utilidade pública" daquele projeto turístico se traduzirá numa autorização para se proceder ao imediato abate de 2605 sobreiros existentes naquela Herdade, pretende impugnar judicialmente o ato, considerando o seguinte:

a) Que o ato é anulável, visto que a razão de urgência invocada para afastar a audiência prévia dos interessados não faz sentido;

R: A audiência dos interessados relativamente à produção de atos administrativos consagra uma verdadeira garantia constitucional na modalidade do direito de participação – assim sendo, quer na vertente procedimental de concretização do ato de participação e do dever de colaboração com vista a que a administração encontre a melhor solução.

Todavia, o direito de audiência não é um direito absoluto – assim sendo, situações existem em que este poderá ser afastado por razões de maior importância – estas encontram-se elencadas no art. 124.º CPA. A previsão do elenco do art. 124.º CPA exclui a anulabilidade do vício de preterição da audiência prévia.

Todavia, na situação em apreço não parece enquadrar-se nas exceções do já aludido artigo, pelo que foi violado o direito de audiência prévia e o ato será anulável com base no art. 163.º CPA.

b) Que o ato é nulo porque não é proporcional, uma vez que a realização do empreendimento se fará à custa do abate de um tipo de árvore que é legalmente protegida;

R: A invocação da violação do princípio da proporcionalidade nas suas diferentes dimensões (adequação, necessidade e proporcionalidade) não produziria efeito anulatório. Decorre do art. 163.º/1 que os atos administrativos praticados com ofensa dos princípios gerais serão anuláveis.

c) Que não faz sentido lançar mão de alguma garantia graciosa, mesmo que a lei preveja a reclamação daquela decisão.

R: A argumentação não é procedente – haverá que ter em atenção o disposto no art. 189.º/2 CPA – tratando-se de uma impugnação facultativa em princípio não terá efeito suspensivo, contudo haverá que ter em consideração a análise do artigo – a pedido do interessado, poderá ser considerado que a execução imediata deste ato (o abate dos sobreiros) causa prejuízos irreparáveis ou de difícil reparação ao destinatário (neste caso será a população em geral) e a sua suspensão não causa prejuízo de maior gravidade para o interesse público.

Assim sendo, tendo em consideração que o abate dos sobreiros é um ato absolutamente irreversível parecem estar preenchidos os pressupostos para determinar o efeito suspensivo.

60) MARIQUINHAS, TÉCNICA DA DIREÇÃO-GERAL DA EDUCAÇÃO, FOI A 15 DE JANEIRO DEMITIDA DA FUNÇÃO PÚBLICA POR DECISÃO DO DIRETOR-GERAL, NA SEQUÊNCIA DE UM PROCESSO DISCIPLINAR.

Não conformada, recorreu para o Ministro da Educação que anulou a decisão do Diretor-Geral, uma vez que havia sido desrespeitada uma formalidade essencial no processo disciplinar. Entretanto, Adalberto tinha sido promovido no cargo que Mariquinhas ocupava e Albertina passou a desempenhar as anteriores funções de Adalberto.

Pronuncie-se sobre todas as situações juridicamente relevantes.

R: Numa primeira abordagem cumpre fazer referência à LTFP – nos termos do art. 76.º o empregador público tem poder disciplinar sobre o trabalhador ao seu serviço enquanto vigorar o vínculo de emprego público. Esse poder disciplinar, bem como o seu procedimento, encontra-se regulado nos termos do art. 176.º e ss LTFP. Do ato resultante deste procedimento, conforme dispõe o art. 224.º LTFP, poderá caber impugnação hierárquica nos termos do CPA.

Assim sendo, existindo entre o Diretor Geral de Educação e o Ministro uma relação de hierarquia – este poderá anular ou revogar os atos – *in casu*, procedeu à anulação do ato.

A anulação encontra-se prevista e regulada nos termos e moldes do art. 165.º e ss – sendo a anulação aplicável a questões de invalidade – nr. 2.º. Os condicionalismos aplicáveis à anulação administrativa encontram-se plasmados no art. 168.º.

As consequências da anulação administrativa são o busílis da questão: a situação de Mariquinhas encontra-se expressamente regulada na lei, mais concretamente no seu art. 172.º/4 CPA. Assim sendo, Mariquinhas (a trabalhadora que obteve a anulação) tem o direito a ser provido em lugar ou posto de trabalho vago e na categoria igual ou equivalente àquele em que deveria ter sido colocado, ou, não sendo isso imediatamente possível, em lugar ou posto de trabalho a criar no quadro ou mapa de pessoal da entidade onde exercerá funções.

61) POR DESPACHO DO SECRETÁRIO DE ESTADO DA CULTURA, JEAN JACQUES VIU INDEFERIDO O SEU PEDIDO DE AUTORIZAÇÃO PARA A EXPORTAÇÃO DE UMA PINTURA FLAMENGA A ÓLEO SOBRE MADEIRA DO SÉCULO XVI QUE HAVIA ADQUIRI E LEILÃO PÚBLICO (NO QUAL NÃO FORA ANUNCIADA QUALQUER RESTRIÇÃO OU CONDICIONAMENTO À RESPETIVA COMERCIALIZAÇÃO).

Neste contexto, Jean Jacques, considerando que tal despacho o lesa significativamente (pois, afinal, extingue-lhe faculdades integrantes do direito de propriedade privada e restringe-lhe o respetivo direito sem que o compense com qualquer indemnização), pretende dele recorrer para os tribunais administrativos, não obstante de se tratar de um despacho de um Secretário de Estado, sendo certo que, para o efeito, vem invocar o seguinte:

1. Que tal despacho é nulo, pois viola clara e frontalmente os princípios constitucionais da confiança, boa fé, justiça e justa indemnização;

R: Tendo em consideração o enunciado apresentado, a violação dos princípios supra elencados conduzirá à anulabilidade prevista e regulada nos termos do art. 163.º CPA – regra geral do OJ português quanto a invalidades resultantes de atos administrativos – e não à nulidade do art. 161.º CPA, sendo este aplicado em situações totalmente excecionais.

2. Que o ato é anulável, porque deveria ter sido praticado pelo Instituto Português de Museus, a quem compete decidir sobre a respetiva aquisição;

R: Partindo do pressuposto que o Instituto Português dos Museus é um I.P – este será caracterizado como administração indireta, uma das manifestações da descentralização administrativa prevista no art. 267.º/2 da CRP, assim sendo tendo sido o ato praticado pelo Secretário de Estado da Cultura – pertencente à administração estadual direta – tratam-se pois de pessoas coletivas diferentes, pelo que existe um vício de usurpação de poderes – conforme dispõe o art. 161.º/2, al. a) CPA – pelo que a sanção aplicável seria a nulidade e não a anulabilidade.

3. Que a decisão é anulável, visto que nele não constam quaisquer razões de facto e de direito que o fundamentem, sendo certo que as poucas informações que contém são incompreensíveis;

R: A questão *subjudice* prende-se com a necessária fundamentação dos atos administrativos – esta fundamentação é prevista no art. 152.º e ss do CPA e dispõe igualmente de crivo constitucional, conforme dispõe o art. 268.º/3 CRP. A fundamentação é absolutamente essencial para garantir o princípio da boa administração e da transparência na Administração pública – pelo que, o seu desvalor jurídico em regra será a anulabilidade do art. 163.º CPA. Contudo, na situação em apreço é dito que "as informações que contém são incompreensíveis" – ora assim sendo, o desvalor jurídico a aplicar seria a nulidade e não a anulabilidade, em conformidade com o disposto no art. 161.º/2, al. c) CPA.

4. Que tal ato é nulo, visto que, nos termos da lei, seria necessário solicitar um parecer técnico ao Museu Nacional de Arte Antiga, o qual deveria pronunciar-se sobre o interesse da peça para as coleções nacionais e o pedido de exportação da obra;

R: Relativamente aos pareceres – estes encontram-se regulados nos moldes e termos do art. 91.º e ss CPA. Na inexistência de dados em contrário, aplicar-se-á a regra geral: os pareceres são tidos como obrigatórios e não vinculativos. Assim sendo, dispõe o art. 92.º/5 que, quando um parecer obrigatório não for emitido dentro dos prazos previstos no número anterior, poderá o procedimento prosseguir e vir a ser decidido sem o parecer – salvo disposição legal expressa em contrário.

Por outro lado, e em conformidade com o art. 92.º/6 – no caso do parecer obrigatório ser vinculativo (regime excecional) a decisão final só pode ser proferida sem a prévia emissão daquele desde que o responsável pela direção do procedimento tenha interpelado no prazo de 10 dias o órgão competente para o emitir, sem que este o tenha feito no prazo de 20 dias contados dessa interpelação.

Em resumo, o ato não poderia ser considerado nulo pelas razões anteriormente invocadas.

62) POR DESPACHO DO SECRETÁRIO DE ESTADO DO ORDENAMENTO DO TERRITÓRIO E DAS CIDADES FOI DECLARADA A UTILIDADE PÚBLICA, COM CARÁTER DE URGÊNCIA, DA EXPROPRIAÇÃO DE OITO PARCELAS DE TERRENO, SITAS NA QUINTA DA MUSGUEIRA, FREGUESIA DA CHARNECA, COM VISTA À NECESSÁRIA EXECUÇÃO DO PROGRAMA ESPECIAL DE REALOJAMENTO (PER) DA ZONA DO «ALTO DO LUMIAR». DE ENTRE AS OITO PARCELAS MENCIONADAS CONSTA UMA PARTE DE UMA

PROPRIEDADE DE NESTOR, UMA PARCELA DE TERRENO COM ÁREA DE 11 696 M² A DESTACAR DO PRÉDIO QUINTA DOS MILAGRES – UMA QUINTA DO SÉCULO XVIII, QUE POSSUI UM ENORME PALACETE E UM JARDIM COM ÁRVORES E PLANTAS RARAS.

Tendo em conta que o ato expropriativo de uma parte da Quinta dos Milagres causará provavelmente um prejuízo de difícil reparação a Nestor, uma vez que haverá a destruição desse património arquitetónico e arbóreo e o desalojamento dos agregados familiares lá residentes, diga em que termos (e com que fundamentos) aconselha este particular a recorrer imediatamente de tal ato. Para o efeito, saiba que:

1. Não foram cumpridas as formalidades previstas na lei. E do ato que declara a utilidade pública da expropriação não consta a data nem a assinatura do seu autor;

R: O ato que declara a utilidade pública decorre do art. 13.º do CPA e obriga ao preenchimento dos requisitos aí enunciados. No que concerne à questão da assinatura, será de aplicar o art. 151.º/1, al. g) CPA, sendo que a consequência jurídica para a inexistência da assinatura no documento é a sua inexistência, neste sentido e *a contrario* o art. 155.º/2 CPA.

2. A competência para praticar tal ato pertence ao Ministro do Ambiente. E, ainda que aquele tenha praticado o ato ao abrigo de uma competência delegada, tal entidade não fez qualquer menção desse facto;

R: Ainda que a menção da competência delegada seja considerada uma menção obrigatória nos termos e moldes do art. 151.º/1, al. a) CPA, nos termos do art. 48.º/2 CPA tal não afeta a validade do ato, pelo que a argumentação não seria procedente.

3. A decisão não incorpora uma fundamentação suficiente. Aliás, não houve uma devia ponderação quanto à imprescindibilidade da construção dos referidos fogos (125 fogos para 125 famílias a realojar), naquele exato local – Quinta dos Milagres. E há, por isso, violação do princípio da proporcionalidade.

R: Quanto à questão da fundamentação – esta é imprescíndivel e resulta do art. 13.º do CPA e em paralelo com o art. 152.º e 153.º da CPA, a fundamentação é ainda uma garantia constitucional dos administrados conforme resulta do art. 268.º/3 da CRP. Assim sendo, só por si o vício quanto à fundamentação consubstanciaria a anulabilidade nos moldes do art. 163.º CPA.

Paralelamente, haverá que salientar o carácter agressivo para a esfera dos particulares que um ato expropriativo tem – pelo que apenas deverá ser aplicado como última *ratio*. Assim sendo, é fulcral ter em consideração o princípio da proporcionalidade nas suas 3 vertentes: adequação, necessidade, proporcionalidade em sentido estrito. Haverá que realizar um juízo e perceber se aquele ato é absolutamente indispensável para atingir aquele fim, bem como ponderar devidamente os interesses em confronto. Paralelamente, será ainda de realizar uma alusão ao facto de não existirem atos absolutamente discricionários – ou seja, existe sempre uma vinculação à lei, quanto mais não seja aos princípios gerais, nomeadamente a proporcionalidade e a boa administração.

Assim sendo, o ato seria anulável nos termos do art. 163.º CPA.

63) IMAGINE QUE, NOS TERMOS DA LEI X, A DECISÃO DE ABATE OU VACINAÇÃO DE ANIMAIS INFETADOS COM LYSSAVIRUS (NA QUAL SE INTEGRA O VÍRUS DA RAIVA) É DA COMPETÊNCIA DO MINISTRO DA AGRICULTURA, DEVENDO A MESMA SER PRECEDIDA DE PARECER DO VETERINÁRIO MUNICIPAL ACERCA DA "PREVISIBILIDADE DE CONTÁGIO E GRAVIDADE DA DOENÇA". A 11.04.2019, O MINISTRO DA AGRICULTURA DELEGOU OS PODERES CONFERIDOS PELA LEI X NOS PRESIDENTES DAS CÂMARAS MUNICIPAIS SEM QUE, NO ENTANTO, EXISTISSE LEI DE HABILITAÇÃO PARA O EFEITO.

Nessa sequência, o Presidente da Câmara de Montemor-o-Novo, ordenou o abate imediato de todo o gado bovino da exploração agrícola de Altino. Inconformado com a decisão, Altino pretende impugná-la judicialmente, invocando o seguinte:

a) A decisão não é acompanhada de fundamentação suficiente, visando exclusivamente – ainda que não o declare – eliminar a concorrência que a sua exploração agrícola fazia à idêntica atividade desenvolvida por Gasparino, afilhado do Presidente da Câmara;

R: Dever de fundamentação decorre do art. 151.º e 152.º e paralelamente do art. 268.º/3 da CRP – funciona como uma garantia dos administrados de modo a prevenir arbitrariedades e a garantir que as decisões são tomadas tendo por base os princípios que regem a atividade administrativa – nomeadamente o princípio da imparcialidade e o princípio da boa administração. Assim sendo, existirá um vício sendo o ato anulável nos termos do art. 163.º/1 CPA.

b) Do ato não consta a menção de que é praticado ao abrigo de uma delegação de poderes;

R: O art. 151.º/1, a) CPA prevê que a menção de que o ato é praticado ao abrigo de uma delegação de poderes é uma menção obrigatória – todavia o art. 48.º/2, do mesmo diploma, clarifica que tal não afeta a validade do ato.

1. Poderá o Ministro da Agricultura revogar o ato praticado pelo Presidente da Câmara de Montemor-o-Novo?

R: O Ministro da Agricultura inclui-se na Administração estadual direta – isto é, o núcleo duro do Estado, o denominado poder central. Assim sendo, haverá que ter em consideração que o Presidente da Camara de Montemor-o-Novo se inclui na Administração autónoma, isto é, criada para prosseguir fins próprios de determinadas regiões/localidades que apenas serão devidamente assegurados com a existência de um poder específico para as suas necessidades.

Deste modo, o poder exercido pela administração direta sobre a administração autónoma, é nos termos do art. 242.º da CRP e da Lei da tutela – uma tutela de legalidade – ou seja, a administração direta apenas pode intervir para garantir um controlo em como os respetivos órgãos não ultrapassaram os limites impostos por lei, destina-se a situações nas quais existe uma violação grave e ostensiva de disposições legais.

64) NA SEQUÊNCIA DE UM PROCESSO DE CONTRAORDENAÇÃO INSTAURADO, O VEREADOR DA CÂMARA MUNICIPAL DE ESPOSENDE APLICOU AO PROPRIETÁRIO DA DISCO UMA COIMA NO MONTANTE DE 500 EUROS, UMA VEZ QUE O MESMO NÃO PROCEDEU A OBRAS DE INSONORIZAÇÃO DO SEU ESTABELECIMENTO DE DIVERTIMENTO NOTURNO. NESTE CONTEXTO, TENDO EM CONTA QUE O TRIBUNAL ADMINISTRATIVO DE BRAGA SE CONSIDEROU INCOMPETENTE PARA DECIDIR SOBRE A AÇÃO IMPUGNATÓRIA APRESENTADA NAQUELE TRIBUNAL PELO PROPRIETÁRIO DA DISCO, QUE COMENTÁRIO LHE MERECE ESTA DECISÃO?

R: O TAF de Braga tomou a decisão correta – nos termos do art. 4.º/1, al. l) ETAF, as coimas alvo de responsabilidade dos TAF são apenas as de matéria de direito do urbanismo, pelo que a decisão foi correta.

65) O MUNICÍPIO DE CAMINHA, COM SEDE NA PRAÇA CONSELHEIRO TORRES, VEIO REQUERER CONTRA A EMPRESA EUROSCUT NORTE S.A. O DECRETAMENTO PROVISÓRIO DE UMA PROVIDÊNCIA CAUTELAR, TRADUZIDA NA SUSPENSÃO IMEDIATA DA EXECUÇÃO DAS OBRAS DO IC1, VIANA DO CASTELO/RIBA DE ÂNCORA E LIGAÇÃO A VILA PRAIA DE ÂNCORA, UMA VEZ QUE AS MESMAS AMEAÇAM LESAR IRREVERSIVELMENTE DIREITOS FUNDAMENTAIS DAS PESSOAS RESIDENTES, DESIGNADAMENTE, O DIREITO À SAÚDE, AMBIENTE E QUALIDADE DE VIDA. COMO JUSTIFICAÇÃO, A AUTORA INVOCOU QUE A REQUERIDA, CONCESSIONÁRIA DO ESTADO (ATRAVÉS DAS INFRAESTRUTURAS DE PORTUGAL), ESTARIA A COMETER GRAVES IRREGULARIDADES NA EXECUÇÃO DOS TRABALHOS, INCLUINDO A VIOLAÇÃO DAS MEDIDAS DE MINIMIZAÇÃO A QUE ESTAVA ESTRITAMENTE VINCULADA POR FORÇA DA DECLARAÇÃO DE IMPACTO AMBIENTAL (DIA) E DO RELATÓRIO DE CONFORMI-

DADE AMBIENTAL DO PROJETO DE EXECUÇÃO (RECAPE), PONDO EM RISCO A QUALIDADE DA ÁGUA DO RIO ÂNCORA E, CONSEQUENTEMENTE, PONDO EM CAUSA O ABASTECIMENTO REGULAR DE ÁGUA AO CONCELHO DE CAMINHA.

Que tipo de legitimidade foi invocada pela entidade pública?

R: Legitimidade ativa nos moldes do art. 9.º/2 CPTA – "tem legitimidade para propor e intervir (...) nos termos previstos na lei, em processos principais e cautelares destinados à defesa dos valores e bens constitucionalmente protegidos – nomeadamente a saúde pública, o ambiente e a qualidade de vida".

66) NA SEQUÊNCIA DE UMA PARTICIPAÇÃO APRESENTADA POR ANTÓNIO, O PRESIDENTE DO CONSELHO DE DEONTOLOGIA DO PORTO DA ORDEM DOS ADVOGADOS DECIDIU INSTAURAR UM PROCEDIMENTO DISCIPLINAR CONTRA BERTA, ADVOGADA, RESIDENTE E COM DOMICÍLIO PROFISSIONAL EM BRAGA. FINDA A FASE DA INSTRUÇÃO (E NA SEQUÊNCIA DO DESPACHO DE ACUSAÇÃO PROFERIDO PELO RELATOR), O CONSELHO DE DEONTOLOGIA DELIBEROU APLICAR A BERTA UMA PENA DISCIPLINAR DE MULTA NO VALOR DE € 17 000,00, TENDO AINDA DETERMINADO QUE À MESMA FOSSE DADA PUBLICIDADE IMEDIATA PELAS VIAS PREVISTAS NO ESTATUTO.

Berta, inconformada, pretende impugnar aquela decisão, alegando que a pena é manifestamente exagerada e que não foram tidas em conta as circunstâncias atenuantes, designadamente, o facto de exercer advocacia há 20 anos, sem qualquer sanção disciplinar.

Neste contexto, mencione, justificando:

1. Qual é meio processual adequado a obter a satisfação de tal pretensão;

R: A sanção disciplinar aplicada é considerada um ato administrativo nos termos e moldes do art. 148.º CPA – isto é, uma vez que produz efeitos individuais e externos num determinado caso concreto.

Assim sendo, sendo a sua finalidade aferir pela nulidade ou anulabilidade do ato em questão, a ação correta a interpor seria nos moldes do art. 37.º/1, al. a) CPTA – a impugnação de atos administrativos, devendo este regime ser lido em conjugação com o disposto no art. 50.º e ss CPTA. Trata-se de um ato impugnável, pois preenche o requisito do art. 51.º/1 CPTA – são impugnáveis todas as decisões que no exercício de poderes jurídico administrativos visem produzir efeitos jurídicos externos, numa situação individual e concreta.

2. Considerando que Berta foi notificada da decisão em 10 de março de 2019, diga se é possível propor a ação hoje.

R: Tendo em consideração a argumentação esgrimida por Berta – estaríamos face a um ato anulável, pelo que o prazo de interposição de ação seria de

3 meses, consoante dispõe o art. 58.º/1, al. b). Pelo que, a interposição da ação não seria tempestiva.

3. Imagine que Berta impugnou aquela decisão junto do bastonário e ainda não obteve resposta. *QUID IURIS*?

R: Incumprimento do dever de decisão consoante o disposto no art. 129.º do CPA, assim sendo a regra é a inexistência de diferimento tácito conforme dispõe o art. 130.º. Como tal – este incumprimento do dever de decisão tornaria Berta passível de lançar mão de meios administrativos: reclamação, recurso hierárquico, recurso especial ou via contenciosa: ação de impugnação do ato.

67) ANA, ALUNA DO 3.º ANO DO CURSO DE PSICOLOGIA DA UM, TENDO TIDO CONHECIMENTO DA DECISÃO DO CONSELHO DISCIPLINAR DO SENADO UNIVERSITÁRIO DAQUELA UNIVERSIDADE, NA QUAL PROPÕE A SUSPENSÃO DA FREQUÊNCIA DAS AULAS PELO PERÍODO DE DOIS MESES, VEIO INTENTAR CONTRA A UM UMA AÇÃO PROCESSUAL.

Na realidade, Ana, não obstante confessar ter realizado uma fraude no exame da disciplina de Fundamentos de Estatística em Psicologia, já que propositadamente assinou a prova que pertencia a outra colega, considera a proposta de sanção excessiva. E, por isso, veio impugná- la, mesmo sem aguardar a decisão do Magnífico Reitor da Universidade do Minho.

R: Não existe ainda um ato administrativo, nos moldes do art. 148.º CPA, que coloque fim ao procedimento.

Paralelamente, não se verificam as exceções previstas no art. 51.º/2, al a) CPA – ou seja trata-se de um ato que irá ser apreciado em momento posterior, pelo Reitor assim sendo, não estamos aqui perante a existência de um parecer de natureza vinculativa. Deste modo, Ana deverá aguardar pela decisão final e posteriormente tomar a sua decisão quanto a impugnar ou não.

ÁREAS ADJACENTES DO DIREITO ADMINISTRATIVO[132]

I. CONTRATAÇÃO PÚBLICA

1) QUAIS OS REQUISITOS PARA UMA ENTIDADE SER CONSIDERADA UM "ORGANISMO DE DIREITO PÚBLICO"?

R: Os organismos de direito público para efeitos de contratação pública, encontram-se previstos e regulados nos moldes do art. 2.º/2. CCP[133], podendo ser considerados entidades adjudicantes, obrigando ao preenchimento de determinados pressupostos:

(i) tendo sido criadas especificamente para satisfazer necessidades de interesse geral;
(ii) sem caracter industrial ou comercial;
(iii) atividade económica não submetida à lógica concorrencial de mercado;
(iv) não disporem designadamente de fins lucrativos ou por não assumirem os prejuízos resultantes da sua atividade.

[132] Ainda que, regra geral, conste do aviso de abertura dos concursos, optou-se por não incluir na presente coletânea a matéria de "asilo e contencioso da nacionalidade" tendo em consideração a incerteza legislativa atual relativamente à reestruturação do SEF, bem como do seu funcionamento e normas aplicáveis.

[133] Para um estudo mais aprofundado destas matérias, COSTA GONÇALVES, P., "Direito dos Contratos Públicos", Almedina 4.ª ed., 2021.

2) O QUE É UMA CONTRATAÇÃO IN HOUSE?

R: Prevista nos termos do art. 5.º-A, n.º 1, 2, 3, 4 do CCP – corresponde a uma situação de contratação excluída, pelo que não será aplicada a Parte II do CCP aos contratos celebrados ao abrigo da contratação in-house. Em termos sumários são exigidos os requisitos previstos no n.º 1, do artigo 5.º-A do CCP. No fundo, o co-contratante da entidade adjudicante tem uma relação de dependência jurídica tão profunda que é como se se tratasse de um seu serviço. Situação distinta é a da cooperação horizontal prevista no n.º 5, do artigo 5.º-A do CCP.

3) QUANDO É QUE NÃO PODE SER REALIZADA UMA ADJUDICAÇÃO?

R: Nas situações taxativamente previstas no art. 79.º CCP – nesses casos não existe lugar à adjudicação.

4) O QUE FAZER QUANDO EXISTE INCUMPRIMENTO CONTRATUAL?

R: O incumprimento contratual encontra-se previsto e regulado nos termos do art. 325.º CCP. Assim sendo, verificando-se esta situação deve o contraente público notificá-lo para cumprir dentro do prazo razoável, salvo quando o cumprimento se tenha tornado impossível ou o contraente público tenha perdido o interesse na prestação – nestes casos há inclusivamente a discussão em torno de se tratar de uma perda de interesse encarada do ponto de vista objetivo/ subjetivo. Isto é, se nos regemos aqui pelas disposições civilistas relativamente à perda do interesse com carácter objetivo.

5) UM OPERADOR ECONÓMICO COM DÍVIDAS À SEGURANÇA SOCIAL PODERÁ CONCORRER A UM CONCURSO PÚBLICO?

R: Al. d) do artigo 55.º do CCP consagra como impedimento à participação em procedimentos concursais, as situações de dívidas à segurança social[134]. Note-se que este impedimento poderá ser relevado, nos termos do artigo 55.º-A, n.º 1, casos existe um plano de regularização em curso, de acordo com o Código Contributivo do Sistema Previdencial da Segurança Social.

6) CONTENCIOSO PRÉ-CONTRATUAL E CONTRATOS SUJEITOS A ESTE PROCESSO?

R: Em conformidade com o art. 100.º do CPTA, trata-se de um processo declarativo urgente a título principal, cuja existência decorre da transposição das

[134] Para uma crítica à posição portuguesa quanto a este ponto, CALDEIRA, M., "Impedimentos – Dívidas ao Fisco e à Segurança Social", disponível em https://contratospublicos.net/2016/10/10/dividas-ao-fisco-e-a-seguranca-social/.

diretivas recursos. A ação administrativa de contencioso pré-contratual aplica-se aos procedimentos de formação dos contratos previstos no artigo 100.º/1.º do CPTA. A saber: (i) empreitada de obras públicas, (ii) concessão de obras públicas, (iii) concessão de serviços públicos, (iv) aquisição ou locação de bens móveis, (v) aquisição de serviços.

7) A CELEBRAÇÃO DE UM CONTRATO DE ARRENDAMENTO DE UM IMÓVEL PELO ESTADO, ATRAVÉS DA DIREÇÃO-GERAL DE SAÚDE, ESTA SUJEITA À APLICAÇÃO DO CCP?

R: Análise do âmbito dos artigos 4.º e 5.º do CCP.

Nos moldes e termos do art. 4.º/2, al. c) – o CCP não é aplicável a situações de arrendamento de bens imóveis.

8) O I.P "X" INICIOU UM PROCEDIMENTO DE CONCURSO PÚBLICO PARA A CELEBRAÇÃO DE UM CONTRATO DE EMPREITADA PARA A CONSTRUÇÃO DA NOVA SEDE DO INSTITUTO, TENDO COMO CRITÉRIO DE ADJUDICAÇÃO O CRITÉRIO DO PREÇO MAIS BAIXO. PODERIA O JÚRI RETIFICAR A PROPOSTA DE UM CONCORRENTE QUE CONTINHA "UM LAPSO DE ESCRITA" QUANDO INDICAVA O VALOR?

R: Esta possibilidade encontra-se prevista e regulada nos moldes do art. 72.º/4 CCP – assim sendo, o júri poderá proceder à retificação de erros de escrita ou de cálculo contidos nas candidaturas ou propostas, contando que seja evidente para qualquer destinatário a existência de erro e os termos em que este deverá ser corrigido. Esta questão é amplamente debatida na jurisprudência e na doutrina, a noção do que será considerado a existência de um erro "que seja evidente para qualquer destinatário".

9) O MINISTÉRIO DA ADMINISTRAÇÃO INTERNA DESEJA ADQUIRIR APARELHOS DE AR CONDICIONADO PARA EQUIPAR OS SEUS ESCRITÓRIOS. ESTIMA-SE QUE A DESPESA NÃO ULTRAPASSE 70.000,00 EUROS. QUAL O PROCEDIMENTO PRÉ-CONTRATUAL QUE DEVERIA ADOTAR?

R: A escolha do procedimento a adotar orienta-se pelo art. 18.º e ss do CCP. Os aparelhos de ar condicionado enquadram-se na aquisição de bens móveis, nos moldes e termos do art. 20.º/1. Assim sendo, seria de levar em consideração o disposto na alínea c) – poderia recorrer ao procedimento de consulta prévia, recorrendo ao convite a pelo menos 3 entidades, uma vez que o valor do contrato é inferior a 75.000,00 euros.

10) IMAGINE QUE UMA PONTE PEDONAL SE ENCONTRA NUM ESTADO DE DETERIORAÇÃO ASSINALÁVEL. DESTA FEITA, O MUNICÍPIO PRETENDE ADJUDICAR O CONTRATO DE EMPREITADA À EMPRESA CONSTRUÇÕES AS, TENDO COMO FINALIDADE

A REALIZAÇÃO DE OBRAS DE RESTAURO NESSA MESMA PONTE, COM RECURSO AO AJUSTE DIRETO NO VALOR DE 500.000,00 EUROS. PODERIA O MUNICÍPIO, NOS TERMOS DA LEGISLAÇÃO VIGENTE, ADJUDICAR O CONTRATO À EMPRESA CONSTRUÇÕES AS TENDO POR BASE A FIGURA DO AJUSTE DIRETO?

R: A escolha do procedimento de ajuste direto para empreitada de obras públicas decorre do art. 19.º CCP – assim sendo, o ajuste direto apenas será possível quando o valor do contrato for inferior a 30.000,00 euros.

Todavia, convém sublinhar o art. 24.º, ou seja, em casos excecionais poderá ser usado o ajuste direto em quaisquer contratos. Todavia, não seria este o caso, não seria possível recorrer ao disposto na alínea c) – uma vez que a deterioração de uma ponte não poderá ser tida como um "motivo de urgência imperiosa" nem "resultante de acontecimentos imprevisíveis", salvo raras exceções.

11) O MUNICÍPIO DE LISBOA PRETENDE CRIAR UM PROCEDIMENTO PRÉ-CONTRATUAL, NÃO PREVISTO NO ART. 16.º CCP, POR FORMA A MELHORAR A EFICIÊNCIA DOS SEUS PROCEDIMENTOS. PODERÁ FAZÊ-LO?

R: Não. O elenco do art. 16.º CPP é de carácter taxativo.

12) SUPONHA QUE UM CONTRAENTE PÚBLICO RESOLVE, DE FORMA SANCIONATÓRIA, UM CONTRATO DE EMPREITADA FIXANDO UMA MULTA E UMA INDEMNIZAÇÃO POR ESSA RESOLUÇÃO. TAL CONFIGURARÁ UM ATO ADMINISTRATIVO? TODO OU EM PARTE? PORQUÊ? QUAL É O MODO DE REAÇÃO CONTENCIOSO SOBRE ESTE ATO?

R: Sim. Trata-se de atos administrativos em conformidade com o previsto no art. 307.º/2 CCP – revestem a natureza de ato administrativo. Ora, a reação contra uma resolução sancionatória deverá seguir uma ação de impugnação de ato administrativo, porquanto configura uns litígios relativos a um ato administrativo e não uma pretensão relativa à validade e execução de contratos.

13) O CONTRAENTE PODE MODIFICAR A INSTÂNCIA (PEDIDO + CAUSA DE PEDIR) NO DECORRER DO PROCESSO?

R: A questão versa sobre a possibilidade de ser realizada a ampliação de instância conforme dispõe o art. 63.º do CPTA. Nestes termos, o objeto do processo poderá ser ampliado se: for necessária a impugnação de atos que venham a surgir no âmbito ou na sequência do procedimento em que o ato impugnado se insere, assim como a formulação de novas pretensões que com aquela possam ser cumuladas.

14) COMO SE DEVE REAGIR CONTRA UM ATO DE ADJUDICAÇÃO QUE SE CONSIDERA ILEGAL?

R: Através do recurso à impugnação do ato de adjudicação e interposição de ação pelo contencioso pré-contratual nos moldes e termos do art. 100.º CPTA – sendo que o prazo, seja por questões de anulabilidade, seja por questões de nulidade, será sempre de 1 mês – sendo este mês contado nos moldes do art. 279.º CC, isto é, trata-se de um prazo de natureza substantiva, correndo de forma contínua e, consequentemente, não se suspende aos sábados, domingos ou feriados.

No que concerne ao tribunal competente para decidir da ação – será aplicável o critério geral do art. 16.º do CPTA ou do art. 20.º, n.º 1 do CPTA, não se aplicando aqui o art. 19.º do mesmo diploma – uma vez que este artigo é destinado apenas aos casos de execução e validade de contratos, ora não será essa a questão aqui suscitada. A questão agora debatida versa sim sobre ilegalidades cometidas no âmbito dos procedimentos pré-contratuais, e como tal não se incluirá no âmbito do art. 19.º CPTA.

15) A CÂMARA MUNICIPAL DE BARCELOS APROVOU A ABERTURA DE UM CONCURSO PÚBLICO INTERNACIONAL PARA A CONSTRUÇÃO E EXPLORAÇÃO DE UM ATERRO SANITÁRIO PARA RESÍDUOS SÓLIDOS URBANOS. TENDO SIDO PUBLICADOS OS DEVIDOS ANÚNCIOS, A OBRA FOI ADJUDICADA E O CONTRATO CELEBRADO COM A SOCIEDADE «LIMPEX».

Tendo visto a sua proposta rejeitada, a sociedade «Cidade mais Limpa», pretende impugnar o ato de adjudicação, invocando o seguinte:

a. A proposta da sociedade «Limpex» não cumpriu o caderno de encargos no que concerne ao tipo e à qualidade dos materiais a utilizar na impermeabilização do solo;

R: Interposição de ação administrativa urgente de contencioso pré-contratual de condenação à prática de ato devido (al.b), n.º 4 do artigo 67.º do CPTA), sendo que a ação deveria ser interposta nos termos e moldes do art. 100.º e ss CPTA – o prazo de interposição seria sempre de 1 mês, quer por questões de nulidade, quer por questões de anulabilidade, sendo que este prazo corre de forma contínua e é contado nos moldes do art 279.º CC, isto é – não se suspende aos sábados, domingos e feriados.

b. Não foi considerado o parecer obrigatório de avaliação de impacto ambiental, cujas conclusões eram desfavoráveis à construção do referido aterro;

R: Nos termos do art. 91.º/2 CPA as regras dos pareceres é serem obrigatórios e não vinculativos. Todavia, a DIA é vinculativa e determina a decisão do procedimento quanto ao parecer. Assim sendo, uma decisão tomada contrariamente à DIA originaria um vício quanto aos pressupostos de direito, e por essa razão a anulável – nos moldes e termos do art. 163.º CPA.

1. Pronuncie-se acerca da natureza do contrato celebrado entre a CM-Barcelos e a sociedade «Limpex» e classifique-o.

R: Trata-se de um contrato público, na modalidade de empreitada de obras públicas e concessão de serviços públicos – uma vez que é para construção e exploração de um aterro sanitário.

2. Imagine que a Sociedade Limpex tem vindo a violar sucessivamente as cláusulas contratuais relativas à manutenção e conservação do aterro sanitário, designadamente por não fazer o tratamento devido dos resíduos, que têm vindo a libertar diversos gases poluentes para a atmosfera. Tendo já aplicado algumas sanções à sociedade Limpex, como pode o contraente público reagir?

R: Poderá lançar mão da resolução sancionatória, prevista e regulada nos moldes do art. 333.º CCP[135]. No entanto, trata-se um mecanismo a que se deverá recorrer em última *ratio*, tendo em conta todas as circunstâncias relevantes, especialmente se aquele incumprimento por parte do cocontratante tiver relevância suficiente para se recorrer àquela figura, se aquela prestação tem ou não carácter essencial no contrato e, acima de tudo, o interesse público. Em suma, só avaliando a situação em concreto, isto é, só avaliando a falta do cocontratante é que se poderá aferir em bom rigor se é ou não proporcional ao incumprimento o recurso da resolução sancionatória.

Esta figura da resolução sancionatória, terá sempre que ser utilizada com alguma cautela. Isto porque o recurso a tal figura não significa, apenas, um castigo aplicado ao cocontratante por este não ter cumprido devidamente as suas obrigações contratuais. Esta figura poderá acarretar alguns custos significativos para o contraente público.

[135] Neste sentido e para maiores desenvolvimentos, Costa Gonçalves, P. (org.)., "Cumprimento e incumprimento do contrato administrativo", Estudo de Contratação Pública – I, Coimbra, CEDIPRE, Coimbra Editora, 2008, 569-626.

16) QUAIS OS REQUISITOS PARA O EFEITO SUSPENSIVO AUTOMÁTICO DO ART. 103.º-A, N.º 1 DO CPTA?

R: Com a entrada em vigor da Lei n.º 118/2019, de 17 de dezembro, o artigo 103.º-A do CPTA sofreu profundas alterações, nomeadamente foi reduzido o âmbito de aplicação da suspensão automática do ato adjudicação, resultante das alterações legislativas promovidas em 2015, por forma a garantir uma melhor compatibilização entre o ordenamento interno e as Directivas recursos.

Isto dito, o atual artigo 103.º-A, n.º 1 do CPTA faz depender a verificação do efeito suspensivo automático do ato de adjudicação de dois requisitos cumulativos.

Em primeiro lugar, a suspensão automática do ato de adjudicação só se irá produzir quanto aos atos de adjudicação proferidos no âmbito de procedimentos pré-contratuais sujeitos, de acordo com os artigos 95.º, n.º 3 e 104.º, n.º 1 al. a) do Código dos Contratos Públicos, a um período *standstill* de 10 dias úteis. Assim, apenas quanto a atos de adjudicação emitidos em procedimentos cujo anúncio tenha sido publicitado em Jornal Oficial da União Europeia, tendo sido apresentada mais do que uma proposta e que não visem a celebração de um contrato ao abrigo de acordo quadro, nos termos da al. c) do n.º 4 do artigo 95.º e al. c), n.º 2 do artigo 104.º do Código dos Contratos Públicos, é que se verificar-se-á o preenchimento do primeiro pressuposto do artigo 103.º-A do CPTA.

Em segundo lugar, o artigo 103.º- A, n.º 1 do CPTA exige, também, que ação seja intentada no prazo de 10 dias úteis a contar da notificação do ato de adjudicação a todos os concorrentes. Nesta sede, a intenção do legislador foi fazer coincidir este o prazo de dez dias úteis do artigo 103.º-A, n.º 1 do CPTA com o prazo de 10 dias úteis decorrente do período standstill (cfr. artigo 95.º, n.º 3 e 104.º, n.º 1 al. a), 470.º, n.º 1 do CCP), garantido, assim, uma maior coerência com as obrigações impostas pela Directiva 2007/66/CE cujo propósito é evitar situações de facto consumado.

Caso não se verifiquem os pressupostos anteriormente enunciados, a suspensão do ato de adjudicação apenas poderá ser obtida através de um incidente de adoção de medidas provisórias, nos termos do artigo 103.º-B do CPTA.

17) QUAL O MOMENTO PROCESSUAL ADEQUADO E QUEM TEM LEGITIMIDADE PARA REQUERER O LEVANTAMENTO DO EFEITO SUSPENSIVO AUTOMÁTICO?

R: No que concerne ao levantamento do efeito suspensivo automático cumpre dizer que este incidente poderá ser solicitado, durante a pendência da ação, quer pela entidade adjudicante, quer pelo contrainteressado (cfr. artigo 103.º-A, n.º 2 CPTA).

Todavia, a reforma operada pela Lei n.º 30/2021, de 21 de maio, veio alterar o critério de decisão quanto ao levantamento do efeito suspensivo automático.

Ora, antes da alteração provocada pela entrada em vigor da Lei n.º 30/2021, de 21 de maio, o levantamento do efeito suspensivo apenas poderia ocorrer quando resultasse da suspensão que o diferimento da execução do ato provocaria "grave prejuízo para o interesse público ou consequências lesivas claramente desproporcionadas para os outros interesses envolvidos". Atualmente, não terá que existir grave prejuízo para o interesse público, mas, sim, uma ponderação de interesses.

Isto posto, o artigo 130.º-A, n.º 4 do CPTA prevê, agora, que o juiz procederá ao levantamento do efeito suspensivo quando, devidamente ponderados todos os interesses públicos e privados em presença, os prejuízos que resultariam da sua manutenção se mostrem superiores aos que podem resultar do seu levantamento. O levantamento do efeito suspensivo resultará, assim, de uma ponderação de interesses a efetuar pelo julgador, em face da prova produzida.

A Entidade demanda e/ou os contrainteressados terão que provar, ainda que sumariamente, que ponderados todos os interesses públicos e privados em presença, a não execução imediata do contrato provocaria danos superiores àqueles que poderiam advir de uma execução diferida. Deste modo, é sobre a entidade demandada e ou contrainteressado que decorre o ónus de alegar e provar os prejuízos decorrentes da manutenção do efeito suspensivo[136].

18) QUAL O CRITÉRIO A LEVAR EM CONSIDERAÇÃO NA DECISÃO SOBRE O LEVANTAMENTO DO EFEITO SUSPENSIVO AUTOMÁTICO?

R: Cumprirá levar em consideração o critério de ponderação de interesses que permite o levantamento do efeito suspensivo, mesmo não fazendo apelo à formulação restritiva do "grave prejuízo para o interesse público", deverá, sempre, ser interpretado em conformidade com o teor do artigo 2.º, n.º 5 do Directiva 2007/66/EU, que estabelece que:

"...*Os Estados-Membros podem prever que a instância responsável pelo recurso possa ter em conta as consequências prováveis da aplicação das medidas provisórias atendendo a todos os interesses susceptíveis de serem lesados, bem como o interesse público, e decidir não decretar essas medidas caso as consequências negativas das mesmas possam superar as vantagens*".

De acordo com o acórdão do TCA Sul de 17-03-2022, processo n.º 590/21.4BESNT-S1 é dito, inclusivamente, o teor deste preceito da Direc-

[136] Na jurisprudência, Acórdão do Tribunal Central Administrativo Sul, de 9-10-2020, processo n.º 2476/19.3BELSB-S1, disponível em www.dgsi.pt.

tiva deverá servir de barómetro ao levantamento do automatismo decorrente do regime do artigo 103.º-A, pelo que no nosso entender, apenas quando resultar uma clara desproporcionalidade entre os interesses envolvidos, nomeadamente por ter sido produzida prova concreta e efectiva, não meras possibilidades eventuais, sobre prejuízo para o interesse da entidade adjudicante e/ou contrainteressada é que haverá lugar ao levantamento do efeito suspensivo.

19) QUAL O PRAZO DE CADUCIDADE PARA A IMPUGNAÇÃO DE ATOS ADMINISTRATIVOS RELATIVOS À FORMAÇÃO DE CONTRATOS ABRANGIDOS PELO ART.º 100, N.º 1 DO CPTA?

R: O prazo é de 1 mês em consonância com o previsto no art.º 100, n.º 1, do CPTA. Este mesmo prazo de um mês aplica-se à impugnação de actos administrativos relativos à formação dos contratos referidos no art.º 100.º, n.º 1 do CPTA, independentemente de os vícios que os inquinem gerarem nulidade ou mera anulabilidade dos mesmos[137].

Julgamos, no entanto, que deve considerar-se aplicável (ex vi art.º 97.º, n.º 1, al. c) do CPTA) o disposto no n.º 2 do art.º 58.º do CPTA nos termos do qual *"sem prejuízo do disposto no n.º 4 do artigo 59.º, os prazos estabelecidos no número anterior contam-se nos termos do artigo 279.º do Código Civil, transferindo-se o seu termo, quando os prazos terminarem em férias judiciais ou em dia em que os tribunais estiverem encerrados, para o 1.º dia útil seguinte".*[138]

20) COMO PODEM SER CLASSIFICADOS OS TIPOS DE PROCEDIMENTOS PRÉ CONTRATUAIS?

R: Vigora no nosso ordenamento jurídico um princípio da tipicidade procedimental, isto é, as entidades adjudicantes não têm autonomia decisória quanto à criação de tipos adicionais de procedimentos, além daqueles previstos do artigo 16.º, n.º 1 do Código dos Contratos Públicos, nem tão-pouco podem as entidades adjudicantes tem autonomia para enxertar novas fases procedimentais que vão além daquelas previstas na lei[139].

Note-se que, o TJUE apresenta-se bem mais permissivo quanto a este ponto no acórdão *Monte Sl vs Musikene* (caso C- 546/16), para. 32.

[137] Na jurisprudência, Acórdão do Supremo Tribunal Administrativo, de 30/05/2013, processo 038/13 e Acórdão do Tribunal Central Administrativo Sul de 18/05/2017, processo n.º 460/16.8BECTB, disponíveis em www.dgsi.pt.

[138] Nesse sentido, M. Aroso de Almeida e C.A. Fernandes Cadilha, Comentário ao Código de Processo nos Tribunais Administrativos, Almedina, 2017, 4.ª edição, pág. 810.

[139] Na jurisprudência, Acórdão do Supremo Tribunal administrativo de 26/01/2017, processo n.º 01213/16, disponível em www.dgsi.pt.

Isto dito, podemos classificar os procedimentos pré-contratuais, previstos no artigo 16.º, n.º 1 do CCP, como abertos ou fechados, consoante estes estejam abertos à concorrência de mercado ou não.

Assim, os procedimentos assumem a natureza fechada, tais como o ajuste direto e a consulta prévia (alíneas a) e b) do n.º 1 do artigo 16.º do CCP), quando se iniciam com um convite não estando, pois, abertos à concorrência de mercado. Podemos, por outro lado, classificar os procedimentos como abertos, isto é, sujeitos à concorrência de mercado, inserindo-se aqui aqueles cuja tramitação se inicia com um anúncio em Diário da República ou Jornal Oficial da União Europeia, tais como o concurso público, o concurso limitado por prévia qualificação, o procedimento de negociação, diálogo concorrencial ou parceria para a inovação (alíneas c); d); e); f) e g) do n.º 1 do artigo 16.º do CCP.

Note-se que o procedimento de negociação, diálogo concorrencial ou parceria para a inovação não poderão ser livremente escolhidos pelas entidades adjudicantes, dependendo a sua utilização da verificação dos critérios materiais previstos, respetivamente nos artigos 29.º e 30.º-A do CCP. Também os procedimentos de natureza fechada dependem de critérios de utilização, tais como o critério do valor (v.g., artigos 19.º, alíneas c) e d) e 20.º, alíneas c) e d) do CCP) ou critérios materiais (artigos 23.º e ss).

A decisão de escolha do procedimento deverá ser efetuada, de acordo com as regras fixadas no presente Código dos Contratos Públicos, e deve ser fundamentada e caberá ao órgão competente para a decisão de contratar (artigo 38.º do CCP).

21) DISTINGA ENTRE ATRIBUTOS E TERMOS/CONDIÇÕES DA PROPOSTA?

R: O conceito de proposta decorre do preceituado nos termos e moldes do artigo 56.º, n.º 1 do CCP, definindo-se como, *"[d]eclaração pela qual o concorrente manifesta à entidade adjudicante a vontade de contratar e o modo como se dispõe a fazê-lo."*.

A proposta é constituída por (i) atributos e (ii) termos e condições, resultando a sua definição da interpretação a contrario do disposto no artigo 56.º, nr. 2.º do CCP. Pelo que, os atributos da proposta são definíveis como elementos da proposta que respeitam a aspetos da execução do contrato que se encontrem submetidos à concorrência pelo caderno de encargos. Já no que concerne à definição de termos e condições, estes configuram-se como elementos respeitantes a aspetos não submetidos à concorrência pelo caderno de encargos, dos quais a entidade adjudicante pretende que o concorrente se vincule[140].

[140] Na jurisprudência, Acórdão do Tribunal Central Administrativo Sul de 03.02.2022, processo n.º 91/21.0BEFUN, disponível em www.dgsi.pt.

No que concerne aos atributos da proposta, importará ainda destacar que estes irão ser parte integrante na determinação do critério de adjudicação, tendo em consideração o disposto no artigo 75.º do CCP, sendo os atributos compostos por fatores e subfactores que, pela sua natureza, irão abranger aspetos da execução do contrato que se encontrem submetidos à concorrência[141].

[141] Na jurisprudência, , Acórdão do Tribunal Central Administrativo Sul de 10.12.2022, processo n.º 700/20.9BELSB, disponível em www.dgsi.pt.

II. RESPONSABILIDADE CIVIL EXTRA CONTRATUAL DO ESTADO

1) A TRANSPORTADORA SOUSA E FILHOS PRETENDE DEMANDAR HOJE O MUNICÍPIO DE PENAFIEL COM VISTA A OBTER A SUA CONDENAÇÃO NO PAGAMENTO DE UMA INDEMNIZAÇÃO NO VALOR DE 20 000 EUROS POR DANOS CAUSADOS A UM VEÍCULO AUTOMÓVEL PESADO DE MERCADORIAS, DE QUE É PROPRIETÁRIA. PARA TAL, A AUTORA VEM INVOCAR QUE O DANO, QUE OCORREU EM 10.03.2019, QUANDO O VEÍCULO PASSAVA NA PONTE SOBRE A RIBEIRA DA CAMBA (REDE VIÁRIA MUNICIPAL), SE FICOU A DEVER À FALTA DE OBRAS DE MANUTENÇÃO E À AUSÊNCIA DE SINALIZAÇÃO QUE PROIBISSE A CIRCULAÇÃO NAQUELA VIA. EM CONSEQUÊNCIA DO ACIDENTE, O VEÍCULO FICOU PARCIALMENTE DESTRUÍDO. *QUID IURIS*?

R: Aplicação do RREEP – os municípios incluem-se nos moldes e termos do art. 1.º, assim sendo seria este o regime aplicável.

Quanto à entidade demandada, dispõe o art. 10.º/2 que quando se trata de um Município quem deverá ser demandado é o próprio Município. A transportada tem legitimidade ativa nos moldes e termos do art. 9.º/1 – quando alegue ser parte legítima na relação material controvertida.

No que concerne ao tipo de culpa em causa[142], é dito que se devia a uma falta de manutenção e ausência de sinalização, pelo que existiu um claro funcionamento anormal do serviço – previsto e regulado nos termos do art. 7.º/3 e 4 – apurado mediante a existência de circunstância e padrões médios de

[142] Para maiores desenvolvimentos quanto ao conceito de culpa, CERQUEIRA GOMES, P., "O conceito de possibilidade real no regime da responsabilidade extracontratual do Estado", Revista de Ciências Empresariais e Jurídicas, pp. 159-167, disponível em https://parc.ipp.pt/index.php/rebules/article/view/970.

resultado, tendo em consideração que seria razoavelmente exigível uma atuação suscetível de evitar os danos produzidos.

Há, portanto, uma obrigação de indemnizar nos termos e moldes do art. 3.º – sendo que para tal estão preenchidos os pressupostos da responsabilidade civil:

(i) dano;
(ii) facto danoso;
(iii) ilicitude;
(iv) nexo causal;
(v) imputação ao lesante.

2) CONSIDERE O SEGUINTE: A TRANSPORTADORA DE CARGAS PESADAS LDA. DESEJA PROPOR UMA AÇÃO CONTRA O MUNICÍPIO DE PENAFIEL, COM VISTA A OBTER UMA INDEMNIZAÇÃO POR DANOS CAUSADOS A UM VEÍCULO AUTOMÓVEL PESADO DE MERCADORIAS, DE QUE É PROPRIETÁRIA. PARA TAL, INVOCA QUE O DANO QUE OCORREU QUANDO O VEÍCULO PASSAVA NA PONTE SOBRE A RIBEIRA DA CAMBA (REDE VIÁRIA MUNICIPAL) SE FICOU A DEVER À FALTA DE OBRAS DE MANUTENÇÃO E À AUSÊNCIA DE SINALIZAÇÃO PROIBITIVA DE CIRCULAÇÃO NAQUELA VIA. EM CONSEQUÊNCIA DO ACIDENTE, O VEÍCULO FICOU PARCIALMENTE DESTRUÍDO, RESULTANDO A SUA IMOBILIZAÇÃO POR 10 DIAS.

R: Aplicação do regime da RREEP por factos ilícitos, neste caso a autarquia local insere-se no âmbito de aplicação do art. 1.º do RREEP – assim sendo, para se efetivar esta responsabilidade deverão antes de mais estar cumpridos determinados pressupostos:

(i) dano;
(ii) ação/omissão de pessoa diferente da lesada;
(iii) ilicitude dessa ação ou omissão humana;
(iv) existência de culpa (dolo/negligência) – sendo esta culpa especialmente relevante no domínio da responsabilidade extracontratual do estado, pois é em função desta culpa que se irá definir quem irá ser demandado e ainda;
(v) verificação de um nexo causal entre ação e omissão.

O cerne da questão assenta na questão da culpa, o Estado será sempre tido como responsável por uma questão de garantia de solvabilidade, contudo, em questões de culpa leve por parte dos seus titulares, este manter-se-á o único responsável conforme dispõe o art. 7.º/1. Paralelamente, nos moldes do art. 7.º/3 – encontramos a figura da "falta de serviço" – isto é, quando um determinado comportamento é atribuído a um funcionamento anormal de serviço – parece ser este o caso, uma vez que não existia qualquer sinalização respeitante às obras, o que acabara por originar o acidente.

Assim sendo, existente um funcionamento anormal do serviço (*faute de servisse*)[143] – uma vez que atendendo às circunstâncias e padrões médios de resultado era expectável que fosse razoavelmente exigível uma atuação suscetível de evitar os danos produzidos.

Assim sendo, a falta de colocação de sinalização pelo funcionário configura uma situação de negligência grave, tendo em consideração que o critério aqui utilizado é o funcionário zeloso e cumpridor – sendo que nos termos do art. 8.º/1 este funcionário terá atuado com diligência e zelo manifestamente inferiores àqueles que seriem expectáveis – assim, tendo em consideração o art. 10.º relativamente à culpa, esta deve ser apreciada em função das circunstancias de cada caso, de um titular de órgão, funcionário ou agente zeloso e cumpridor.

Deste modo, há uma obrigação de indemnizar nos termos e moldes do art. 3.º, assim deverão ser analisados o cumprimento dos 5 pressupostos clássicos da responsabilidade civil:

(i) dano;
(ii) facto danoso;
(iii) ilicitude;
(iv) nexo causal;
(v) imputação ao lesante.

A responsabilidade prevista na lei compreende os danos: (i) patrimoniais, (ii) os não patrimoniais, bem como os (iii) danos já produzidos e os (iv) danos futuros.

Assim, havendo negligência grosseira por parte do funcionário este poderia ser demandando em conjunto com o Estado – podendo posteriormente o Estado exercer o seu direito de regresso sobre ele.

Por fim, cumpre sublinhar que em conformidade com o art. 4.º não pareceu existir qualquer culpa do lesado, pelo que tal não será aplicável.

3) A SENTIU UMA FORTE DOR NA REGIÃO DO ABDÓMEN, TENDO-SE, PORTANTO, DIRIGIDO AO HOSPITAL PÚBLICO MAIS PRÓXIMO DA SUA ÁREA DE RESIDÊNCIA. O DIAGNÓSTICO MÉDICO DITOU QUE ANTÓNIO DEVERIA SER SUBMETIDO, COM MÁXIMA URGÊNCIA, A UMA CIRURGIA A UMA HÉRNIA SITA DO LADO ESQUERDO DA SUA CAVIDADE ABDOMINAL. NA SEQUÊNCIA DA OPERAÇÃO, A CONTINUAVA COM FORTES DORES INTENSAS, TENDO-SE CONCLUÍDO QUE TAIS DORES ERAM JUSTIFICADAS

[143] Para mais desenvolvimentos sobre o que determinado setor doutrinal, nomeadamente Aroso de Almeida, apelidam de *"faute de servisse"* ver, Aroso de Almeida, "Teoria Geral do Direito Administrativo", Almedina, 6.ª ed., 2020, pp. 607 e ss.

POR INSTRUMENTOS CIRÚRGICOS QUE TERIAM SIDO "ESQUECIDOS" DENTRO DA CAVIDADE ABDOMINAL DE A, PORÉM NÃO SE CONSEGUIA IMPUTAR ESTE FACTO LESIVO A NINGUÉM. A PRETENDE OBTER UMA INDEMNIZAÇÃO.

***Quid iuris?* Haveria lugar a indemnização? Quem seria demandado na ação (legitimidade passiva)? Qual o tribunal onde seria a ação interposta?**

R: O cerne da questão prende-se com o RREEP, bem como da discussão que existe em torno da responsabilidade médica, isto é: trata-se de uma responsabilidade de natureza extracontratual ou contratual.

Neste caso, tratando-se de um hospital público, a jurisprudência tem sido clara[144] ao afirmar que se trata de uma responsabilidade civil do tipo extracontratual, esta configuração como extracontratual ao invés de contratual tem bastante relevo no que concerne à contagem dos prazos prescricionais, sendo que, tratando-se de responsabilidade extracontratual, o prazo será de 3 anos, nos moldes do art. 5.º, em ligação com o art. 498.º CC, caso a considerássemos como contratual, o prazo seria de 20 anos conforme dispõe o CC.

De molde a aplicar o regime da responsabilidade estadual, haverá que aferir antes de mais, a questão da culpa, isto é, se o agente atuou com negligência ou com negligência grosseira/dolo – tal irá influenciar a decisão entre a aplicação do art. 7.º e do art. 8.º.

Assim sendo, tendo em consideração os dados do enunciado, parece tratar-se-á de uma situação de "falta coletiva", ou seja os danos não podem ser diretamente imputados ao comportamento concreto de alguém, pois resultam de uma atuação do tipo global, que envolve uma responsabilidade dispersa por vários setores ou intervenientes, porventura prolongada ao longo do tempo, sendo por isso imputável a um deficiente funcionamento do serviço, na medida em que se pode afirmar que os danos não seriam causados por um serviço que funcionasse normalmente, isto é, de acordo com padrões médios de resultado – o chamado "*faute de service*". Assim sendo, verificando-se neste ponto um "*faute de servisse*", seria expectável tendo em conta as circunstâncias e os padrões médios de resultado, razoável exigir ao serviço uma atuação suscetível de evitar os danos produzidos.

Assim sendo, parecem estar preenchidos os pressupostos da obrigação de indemnizar, nos moldes do art. 3.º que deverá ser lido em ligação com o art. 563.º do CC relativamente aos pressupostos da responsabilidade civil extracontratual isto é:

[144] Para mais desenvolvimentos sobre os avanços jurisprudenciais quanto a este ponto, ver "A responsabilidade civil médica – decorrente de atos médicos praticados em hospitais públicos", Ebook CEJ, junho 2018, disponível em http://www.cej.mj.pt/cej/recursos/ebooks/Administrativo_fiscal/eb_ResponsabilidadeMedica2018.pdf.

(i) dano;
(ii) facto danoso;
(iii) ilicitude (negligência/dolo);
(iv) nexo causal;
(v) imputação do facto ao lesante.

À luz do que acontece no direito civil, é sempre dada uma preferência à restituição do tipo natural ao invés da restituição em dinheiro, todavia, neste caso não será possível pelo que a reconstituição irá ser realizada em dinheiro, será ainda de sublinhar que os danos emergentes da obrigação de indemnizar são: (i) patrimoniais, (ii) não patrimoniais, (iii) danos já produzidos, (iv) danos futuros. Neste caso, a abrangência deste tipo de danos seria extremamente relevante, uma vez que deixar objetos cirúrgicos dentro do paciente com certeza desenvolveu danos graves para a sua vida.

In casu, não se aplicaria a figura da culpa do lesado mas – haverá que levar em consideração a sua existência, sendo que em determinadas situações, o facto de o lesado ter contribuído para uma determinada situação pode mesmo levar à exclusão total do direito à indeminização.

No que concerne à legitimidade passiva, o demandado, seria o Hospital público, tratando-se de uma pessoa coletiva de direito público seguindo-se a regra do art. 10.º/2, em ligação com o art. 8.º-A/3 CPTA.

No que concerne ao tribunal competente quanto à matéria seria o Tribunal administrativo conforme dispõe o art. 4.º/1, al. k) do ETAF, já no que concerne à competência territorial, aplicar-se-ia a regra do art. 18.º CPTA – a ação deveria ser deduzida no tribunal do lugar em que se deu o facto constitutivo.

4) E CIRCULAVA NA A1, PERTO DE CONDEIXA, A 120KM/H QUANDO INESPERADAMENTE LHE SURGIU EM PLENA CURVA UMA MANADA DE JAVALIS PORTUGUESES. NÃO CONSEGUE EVITAR O CHOQUE, TENDO O SEU VEÍCULO, NA SEQUÊNCIA DO SINISTRO, FICADO INUTILIZADO. A EXPLORAÇÃO E MANUTENÇÃO DA A1 ENCONTRAVA-SE CONCESSIONADA À BRISA, PELO ESTADO PORTUGUÊS.

Quid iuris? **Legitimidade ativa, passiva, tribunal onde a ação seria interposta?**

R: Trata-se de uma questão de aplicação do RREEP regulado pela Lei n.º 67/2007, de 31 de dezembro. Tratando-se a Brisa de uma empresa concessionária, este diploma ser-lhe-á aplicável – conforme dispõe o art. 1.º/5.

De seguida, haverá que aferir da eventual existência de culpa do lesado – conforme dispõe o art. 4.º – ora, assim sendo, não parece existir aqui qualquer culpa do lesado, uma vez que a manada surgiu em uma curva, de forma inesperada e não seria expectável, mesmo ao condutor mais zeloso ou exigente, deparar-se com uma manada de javalis em plena autoestrada.

Assim sendo, estaremos perante a aplicação do art. 7.º – há uma responsabilidade exclusiva por parte da Brisa, uma vez que não parece existir culpa do lesado, pelo que, esta responderá integralmente.

Assim sendo, parece existir aqui uma "falta de serviço" ou "funcionamento anormal" do serviço, em conformidade com o disposto no art. 7.º/4. Tendo em consideração que seria expectável atendendo às circunstâncias e padrões médios de resultado exigir ao serviço uma atuação idónea a colmatar os danos produzidos.

Assim, no que concerne à legitimidade passiva, importa sublinhar que estando em causa uma concessionária, aplicar-se-ia o disposto no art. 10.º/9 CPTA – seria demandada a Brisa. No que respeita à competência material, seria competente o TAC tal como decorre do ETAF, art. 4.º/1, al. k). No que respeita à competência territorial, aplicar-se-ia o art. 18.º CPTA – isto é, o tribunal competente é o tribunal do lugar em que se deu o facto constitutivo da responsabilidade.

5) SUPONHA QUE A CÂMARA DE X SE ENCONTRAVA A REALIZAR ESCAVAÇÕES PARA ABERTURA DA REDE DE GÁS, E QUE TUDO ESTAVA CONFORME, ISTO É, EXISTIAM AS LICENÇAS DEVIDAS, OS PARECERES, AS REGRAS DE SEGURANÇA FORAM CUMPRIDAS. TODAVIA, B ENCONTRAVA-SE A PASSAR NO LOCAL NO MOMENTO EM QUE DECORRIAM AS ESCAVAÇÕES, TROPEÇOU NO PRÓPRIO SINAL DE SINALIZAÇÃO E ACABARA POR TER DE IR PARA O HOSPITAL COM ALGUMAS ESCORIAÇÕES E UM BRAÇO PARTIDO.

B ficou indignado com a situação e deseja interpor uma ação contra os responsáveis – terá procedência? Quais os pressupostos relativos às partes e ao tribunal?

R: A questão *subjudice* reconduz-se a uma situação de RREEP – prevista e regulada nos termos e moldes da Lei n.º 67/2007, de 31 de dezembro.

Assim sendo, tratando-se de uma Câmara Municipal – pessoa coletiva de direito publico e como tal sujeita ao regime – art. 1.º/5.

Vejamos quanto aos pressupostos das partes:

Legitimidade ativa: Regra geral do art. 9.º CPTA, pertenceria a B que terá sofrido as lesões, assim sendo é quem alega a titularidade de uma situação cuja conexão com o objeto da ação proposta o apresente como em condições de figurar como autor.

Legitimidade passiva: Neste caso não parece existir culpa por parte de qualquer funcionário, pelo que o Estado será o único demandado – detendo a responsabilização exclusiva, nos moldes e termos do art. 7.º RREEP – aliás existirá uma presunção de culpa leve que impende sempre contra o Estado nos moldes do art. 10.º/2. Assim, a entidade a demandar seria a Câmara Municipal – nos termos e moldes do art. 10.º/2.

A existência de uma obrigação de indemnização ao lesado nos termos do art. 3.º, obriga ao preenchimento de 5 pressupostos, sendo estes:

(i) dano;
(ii) facto danoso;
(iii) ilicitude – dolo ou negligência;
(iv) nexo causal;
(v) imputação do facto ao lesante – importa perceber se estão preenchidos de molde a compreender se haverá lugar a indemnização ou não.

Todavia, há aqui que levar em consideração a posição de Antunes Varela, replicada no mundo administrativista por Aroso de Almeida, isto é, não existirá uma verdadeira violação objetiva do direito nos casos em que, havendo embora um resultado danoso causado pela ação ou omissão de uma pessoa, esta usou de todas as precauções exigidas pelas normas regulamentares aplicáveis ou pelas regras do comércio jurídico, isto porque não seria de supor que a OJ exige que as pessoas atuem por forma a que tais resultados, apesar de considerados em princípio como ilícitos jamais se verifiquem – desde que, não obstante o prejuízo causado pelo facto, o agente tenha observado o cuidado exigido pelos usos do comércio jurídico, a sua responsabilidade deverá ser afastada *in limine*, por se reconhecer que não agiu ilicitamente, que fez tudo quanto a ordem jurídica poderia razoavelmente exigir.

Assim sendo, partindo dos dados apresentados, transparece uma ideia de que todos os procedimentos legais foram observados, bem como todos os devidos cuidados. Aliás, acrescente-se que B tropeçou na sinalização existente quanto ao perigo de obra, pelo que seria até de equacionar se existiria uma culpa do lesado nos moldes e termos do art. 4.º – isto é, o facto de ter tropeçado na sinalização e ter caído é demonstrativo da falta de atenção e cuidado com que B circulava na via. Todavia, haverá que sublinhar que, recairia sobre a CM a elaboração de prova dos factos que integram a culpa do lesado – cfr. 342.º/2 e 572.º CC sob pena de não se darem por assentes.

III. URBANISMO

1) MANUEL, TITULAR DO ALVARÁ DE LICENÇA DE OBRAS DE CONSTRUÇÃO N.º 830/14, SERIAMENTE INCOMODADO COM O TEOR DO DESPACHO DO VEREADOR Y, QUE LHE ORDENA "NO PRAZO DE 20 DIAS PROCEDER À DEMOLIÇÃO DE TODAS AS OBRAS EXECUTADAS SEM LICENCIAMENTO MUNICIPAL E EM DESCONFORMIDADE COM O PROJETO APROVADO (TODOS OS MUROS E O EDIFÍCIO), SOB PENA DE A CÂMARA MUNICIPAL O FAZER A EXPENSAS DO INFRATOR, NOS TERMOS DO DECRETO-LEI N.º 555/99, DE 16 DE DEZEMBRO", APRESENTOU NO TAF DE BRAGA UMA AÇÃO ADMINISTRATIVA CONTRA A CÂMARA MUNICIPAL Y, COM VISTA A OBTER A ANULAÇÃO DO REFERIDO DESPACHO.

R: A demolição carece de ser sempre encarada como a última *ratio*, conforme dispõe o art. 106.º/2 RJUE[145] – assim, caso o licenciamento seja possível, deverá ser sempre realizado numa primeira abordagem.

Paralelamente, a ordem de demolição deverá ser precedida de necessária audiência do interessado, nos termos e moldes do art. 106.º/3.

Todavia importa sublinhar que a interposição de uma ação com vista a obstar a demolição decorre do art. 115.º, pelo que a sua principal característica é a de incluir efeito suspensivo – conforme dispõe o seu nr. 1.

Importa, contudo, sublinhar que regra geral a ordem de demolição tem como agregado a cessação da utilização do art. 109.º, pelo que quanto a esta, ou seja à cessação da utilização deverá ser interposta uma providência cautelar – no caso de suspensão de eficácia do ato, nos termos do art. 128.º CPTA.

[145] Para uma visão mais abrangente do direito do urbanismo e suas principais questões, PAULA OLIVEIRA, F., "Direito do Urbanismo, Do planeamento à gestão", AEDRL, 3.ª ed, 2018.

2) AS OBRAS DE RECONSTRUÇÃO OBRIGAM À PRESERVAÇÃO DA FACHADA DE UMA EDIFICAÇÃO EXISTENTE?

R: Falso. As obras de reconstrução podem implicar a demolição total da fachada de uma edificação existente, de acordo com o conceito legal contido no artigo 2.º, al. c) do RJUE.

3) PODE O GOVERNO SUSPENDER UM PLANO URBANÍSTICO MUNICIPAL COM FUNDAMENTO NA INCOMPATIBILIDADE COM AS DIRETRIZES DA POLÍTICA NACIONAL DO ORDENAMENTO DO TERRITÓRIO?

R: O art. 126.º/1, al. a) RJIGT prevê que os planos intermunicipais e municipais podem ser suspensos por resolução do conselho de ministros, "em casos excecionais de reconhecido interesse nacional ou regional". Dificilmente as diretrizes da política nacional de ordenamento do território poderão constituir fundamento para a suspensão de um plano municipal, salvo se as mesmas estiverem plasmadas num instrumento de gestão territorial, nomeadamente programa nacional de política de ordenamento do território ou num plano setorial.

4) FLORIVAL REQUEREU À CÂMARA MUNICIPAL INFORMAÇÃO SOBRE A VIABILIDADE DE REALIZAÇÃO DE OBRA DE CONSTRUÇÃO COM BASE EM PROJETO DE ARQUITETURA QUE APRESENTOU. NÃO TENDO OBTIDO RESPOSTA NO PRAZO DE 20 DIAS, CONSIDEROU A SUA PRETENSÃO TACITAMENTE DEFERIDA, PELO QUE, LOGO DE SEGUIDA, DIRIGIU COMUNICAÇÃO PRÉVIA À MESMA ENTIDADE A DECLARAR QUE PRETENDE INICIAR OS TRABALHOS DE REALIZAÇÃO DA OPERAÇÃO URBANÍSTICA NO PRAZO DE 5 DIAS. SETE DIAS VOLVIDOS, FOI NOTIFICADO DE DESPACHO DO VEREADOR DO PELOURO DO URBANISMO, NO USO DE COMPETÊNCIA DELEGADA DA CÂMARA MUNICIPAL, A DETERMINAR O INDEFERIMENTO LIMINAR DA COMUNICAÇÃO POR ESCOLHA INCORRETA DO PROCEDIMENTO E POR FALTA DE PARECERES OBRIGATÓRIOS DE ENTIDADES EXTERNAS AO MUNICÍPIO. NÃO SE CONFORMANDO COM A DECISÃO QUE REPUTA DE ILEGAL, FLORIVAL INICIOU OS TRABALHOS APÓS TER LIQUIDADO AS NECESSÁRIAS TAXAS URBANÍSTICAS. NA SEQUÊNCIA DE UMA DENÚNCIA ANÓNIMA, O PRESIDENTE DA CÂMARA ORDENOU A IMEDIATA DEMOLIÇÃO DAS OBRAS REALIZADAS E A APLICAÇÃO DE UMA COIMA NO VALOR DE €300.000, PARA SERVIR DE EXEMPLO NO COMBATE À ILICITUDE URBANÍSTICA NO CONCELHO.

Quid juris?

R: Florival requereu um pedido de informação prévia nos moldes e termos do art. 14.º RJUE – trata-se de uma faculdade reconhecida a qualquer interessado de solicitar à Câmara Municipal informação sobre a possibilidade de vir a obter uma decisão favorável após a sua comunicação prévia, o procedimento de pedido de informação prévia dará, pois, origem a um verdadeiro ato administrativo nos moldes e termos do art. 148.º CPA, conforme já foi decidido pelo STA.

No caso, Florival tenta invocar o deferimento tácito nos moldes do art. 16.º/1, contudo o prazo aplicável à sua situação seria o de 30 dias e não o de 20 dias, tendo em consideração que se encontra preenchido o requisito do art. 14.º/2, al. b) – foi apresentado um projeto de arquitetura.

De seguida, Florival elabora uma comunicação prévia prevista e regulada nos moldes e termos do art. 34.º e ss RJUE, todavia, a comunicação prévia em nenhuma situação se poderá substituir a uma licença, sendo a comunicação prévia apenas válida para as operações urbanísticas previstas nos moldes do art. 4.º/4. Pelo que, não seria possível o recurso à comunicação prévia ao invés do pedido de licenciamento. Assim sendo, a construção é desde já ilegal.

Relativamente à ordem de demolição do vereador, em princípio esta é uma competência do Presidente da Câmara, conforme dispõe o art. 106.º RJUE, todavia existe uma delegação de poderes e partindo do pressuposto que se encontram previstos os requisitos do art. 44.º e ss CPA, a delegação é válida.

A questão versa sobre a possibilidade de demolição nos moldes e termos do art. 106.º do RJUE, sendo que esta se considera sempre a última *ratio*, devendo ser encarado em sintonia com o princípio da proporcionalidade – apenas sendo de recorrer quando se revele o único meio sancionatório passível de repor a legalidade urbanística a aferir posteriormente à conclusão da apreciação sobre a invalidade de pretensão de legalização.

Assim importa sublinhar o disposto no art. 106.º/2 – isto é, a demolição poderá ser evitada se a obra for suscetível de ser licenciada ou objeto de comunicação prévia, assim como se for possível assegurar a sua conformidade com as disposições legais e regulamentares que lhe são aplicáveis. Paralelamente, a ordem de demolição não poderá ser dada sem a realização de uma audiência dos interessados, pelo que, partindo dos dados do enunciado, esta não terá existido. Assim sendo, existe desde já um vício procedimental – possível interposição de ação contenciosa nos moldes e termos do art. 115.º, devendo este artigo ser necessariamente lido em conjunto com o art. 37.º do CPTA, sendo de sublinhar que a principal característica desta norma (art. 115.º RJUE) é o efeito suspensivo sobre os atos de demolição.

No que respeita à aplicação de uma coima fruto da contraordenação existente – esta encontra-se de acordo com o art. 98.º/1, al. a) – todavia, e partindo do pressuposto que Florival é uma pessoa singular, o limite seria o do nr. 2, ou seja, o máximo de 200.000 euros, pelo que o valor aplicado excedeu o limite legal.

As contraordenações visam a repressão de uma infração de cariz administrativo, mediante a imposição de uma sanção administrativa – não se confundem com as medidas de tutela da legalidade urbanística, que visam a reposição da legalidade urbanística.

Em suma, de modo a reagir contra a aludida atuação, haverá que distinguir dois planos:

(i) A ação de demolição: nos moldes do art. 106.º e 115.º RJUE poderá ser interposta nos moldes e termos do art. 37.º/1, al. a) e art. 50 e ss CPTA relativamente à impugnação de atos administrativos. Assim sendo e nos termos do art. 58.º/1, al. b) CPTA, disporia de um prazo de 3 meses para a interposição desta ação – este prazo é de natureza substantiva, pelo que se conta nos moldes e termos do art. 279.º CC, não se suspendendo ao fim de semana e feriados.

Porém, se Florival quisesse reagir contra a contraordenação aplicada, a sua reação já não seria pelo RJUE ou CPTA mas sim pelo RGCO, mais concretamente pelo art. 59.º.

5) EXISTE ALGUM PRAZO PARA ARGUIR A NULIDADE EM DIREITO DO URBANISMO?

R: Sim contrariamente ao regime geral, tanto do direito civil como do direito administrativo p. exemplo, a nulidade não é invocável a todo tempo, dispondo de um prazo de 10 anos nos moldes e termos do art. 69.º/4 RJUE – findo este prazo o direito caducará e como tal não poderá ser exercido.

6) O SILÊNCIO DA ADMINISTRAÇÃO TEM VALOR JURÍDICO EM MATÉRIA DE DIREITO DO URBANISMO? EXISTE A FIGURA DO DEFERIMENTO TÁCITO?

R: Com a reforma do CPA 2015 a figura do deferimento tácito foi praticamente erradicada do domínio do CPA e CPTA. Todavia, continua a afirmar-se como um dos traços distintivos do direito do urbanismo, nomeadamente no previsto nos arts. 16.º, 113.º e 114.º/2 todos do RJUE – assim sendo, em determinadas situações o silêncio da administração representará valor constitutivo.

7) TRATANDO-SE DE UMA SITUAÇÃO EM QUE HÁ A NECESSIDADE DE UM ATO SER PRATICADO OBRIGATORIAMENTE (P.EX. NO PROCESSO DE LICENCIAMENTO) EXISTE ALGUMA AÇÃO PREVISTA NO RJUE PARA ESTAS QUESTÕES?

R: Sim, existe um processo especificamente orientado para esta questão em matéria de direito de urbanismo – trata-se da intimação judicial para a prática de ato legalmente devido, nos termos e moldes do art. 112.º RJUE.

8) DISTINGA OS CONCEITOS DE "CONTRAORDENAÇÕES URBANÍSTICAS" DE "MEDIDAS DE TUTELA DA LEGALIDADE URBANÍSTICA";

R: A finalidade das contraordenações urbanísticas é a repressão de uma determinada infração de cariz administrativo, mediante a imposição de uma sanção administrativa, nos termos do art. 1.º RGCO as contraordenações tratam-se de factos ilícitos e censuráveis que preenchem tipos legais nos quais cominam as coimas.

Já as medidas de tutela da legalidade urbanística têm como escopo a reposição da legalidade urbanística não dispondo de um carácter de cariz repressivo ou de cariz sancionatório.

9) O TRIBUNAL PODERÁ CONHECER DA JUSTIFICABILIDADE DE UMA DETERMINADA MEDIDA DE TUTELA DA LEGALIDADE URBANÍSTICA OU ESTE DOMÍNIO PERTENCE À DISCRICIONARIEDADE ADMINISTRATIVA?

R: A possibilidade de o tribunal conhecer das razões de mérito ou conveniência de determinada atuação da Administração consubstancia um dos temas mais debatidos da doutrina e da jurisprudência – entramos aqui no domínio da discricionariedade administrativa.

As medidas de tutela da legalidade urbanística visam reintegrar a ordem administrativa violada e não a repressão de uma infração de cariz administrativo e são apelidados de espaços de "autodeterminação".

Assim sendo, o tribunal não poderá aferir pela conveniência da aplicação de uma determinada medida de tutela da legalidade urbanística, mas poderá conhecer caso existe um erro ostensivo/notório na avaliação e aplicação dos pressupostos ou por exemplo uma violação ostensiva do princípio da proporcionalidade, pois tal já não se encontrará na esfera de poderes exclusiva da discricionariedade administrativa. Deste modo conclui-se que o que se encontra vedado ao tribunal é a possibilidade de um reexame, mas não da apreciação de violações ostensivas do direito.

10) EXISTE FORMA DE A DEMOLIÇÃO DO ART. 106.º RJUE SER EVITADA? SE SIM, TRATA-SE DE UMA POSSIBILIDADE DA CM OU UM VERDADEIRO DEVER?

R: A demolição urbanística é o ato urbanístico mais violento para o património do interessado previsto no RJUE, assim sendo deverá ser sempre encarado como a última *ratio* e sujeito a uma rigorosa obediência o princípio da proporcionalidade.

Conforme dispõe o art. 106.º/2 a demolição pode ser evitada se a obra for suscetível de ser licenciada nos termos e moldes do art. 102.º, paralelamente deverá sempre existir audiência prévia imperativa nos moldes do art. 106.º/3.

Em suma, a demolição não poderá ser decretada sem mais, existem uma série de procedimentos a observar em momento anterior.

11) SUPONHA QUE A. FOI NOTIFICADO, POR DESPACHO DA VEREADORA DO URBANISMO, DA DEMOLIÇÃO DE UMA OBRA SUA (ART. 106.º) E SIMULTANEAMENTE DA CESSAÇÃO DA SUA UTILIZAÇÃO (ART. 109.º) – QUE AÇÃO DEVERÁ INTERPOR, QUAL O PRAZO E O SEU MODO DE CONTAGEM?

R: A. terá ao seu dispor a interposição da ação administrativa "especial" do art. 115.º RJUE, devendo ser entendida unicamente como "ação especial" tendo em consideração a unificação das formas de processo com o CPA 2015, sendo a sua principal característica ter como intrínseco o efeito suspensivo do ato administrativo que consagra a demolição. Assim, a ação a interpor seria a do art. 37.º/1, al. a) CPTA em ligação com o art. 50.º – ação de impugnação de ato administrativo. Como tal, o prazo seria contado nos termos e moldes do art. 58.º/1, al. b) – 3 meses – sendo este prazo de natureza substantiva, isto é, conta-se nos termos do art. 279.º CC, suspendendo-se aos sábados, domingos e feriados.

Todavia, seria mais seguro juridicamente para A, cumulativamente, interpor a providência cautelar do art. 128.º CPTA – suspensão do ato administrativo, relativamente à cessação da utilização do art. 109.º RJUE.

12) O EFEITO SUSPENSIVO DO ART. 115.º RJUE (CFR. ART. 106.º) É RELATIVO APENAS À DEMOLIÇÃO? OU ABRANGE A ORDEM DE DEMOLIÇÃO E A CESSAÇÃO DE UTILIZAÇÃO (ART. 109)? SE NÃO ABRANGER A CESSAÇÃO DA UTILIZAÇÃO, *QUID IURIS*?

R: O efeito suspensivo do art. 106.º apenas se produz relativamente à ação de demolição, assim sendo quanto à cessação da utilização do art. 109.º do RJUE terá de ser interposta uma providência cautelar de suspensão de ato administrativo, sob pena de o ato de demolição ser suspenso mas a cessação da utilização manter-se em vigor.

13) QUAL É A NATUREZA JURÍDICA DO PROJETO DE ARQUITETURA?

R: A natureza jurídica do projeto de arquitetura tem vindo a ser amplamente debatido na jurisprudência, sendo que a sua classificação tem fortes implicâncias do prisma contencioso, senão vejamos:

(i) Projeto de arquitetura como um ato preparatório, não consolida direitos – esta tese parece que se encontra a cair em decadência;

(ii) Projeto de arquitetura é um ato impugnável, assim a concluirmos por esta tese há que considerar:

1. que vale o princípio *tempus regit actum* – isto é, o direito aplicável é o do vigor na data da aprovação;

2. que o ato final da aprovação de licença não poderá ser colocado em causa, caso contrário assistiríamos a uma revogação de um ato administrativo, sendo que regra geral estão são proibidas nos moldes do art. 167.º CPA;

3. é autonomamente impugnável.

14) O QUE É O PRINCÍPIO "TEMPUS REGIT ACTUM"?

R: Afere a legalidade do ato administrativo pela situação de facto e de direito existente à data da sua prolação.

15) O MUNICÍPIO PODERÁ SER RESPONSABILIZADO PELAS SUAS AÇÕES OU OMISSÕES? EM QUE TERMOS E MOLDES?

R: Sim, poderá existir responsabilização do Município, quer pelas suas ações, quer pelas suas omissões, nos moldes e termos do art. 70.º RJUE.

16) CASO: SUPONHA QUE A CÂMARA MUNICIPAL DE X INSTAUROU CONTRA AMÉLIA EM 2020 UM PROCEDIMENTO DE APLICAÇÃO DE CONTRAORDENAÇÃO, CUJA DECISÃO FINAL VIRIA A SER PROFERIDA EM 2023, EM VIRTUDE DA CONSTRUÇÃO DE UM MURO SEM LICENÇA EM VIOLAÇÃO DO DISPOSTO NO ART. 98.º, N.º 1, AL. A) DO RJUE.

AMÉLIA, DEFENDE-SE ALEGANDO E PROVANDO QUE CONSTRUIU O MURO EM 2010 E QUE, COMO TAL, A CONTRAORDENAÇÃO SE ENCONTRA PRESCRITA ATENTO O PRAZO DE 5 ANOS DO RGCO.

***QUID IURIS*?**

R: Não dispondo o RJUE de um regime próprio em matéria de prescrição do procedimento, há que recorrer à aplicação subsidiária do RGCO.

Nos termos do preceituado no artigo 27.º do RGCO, o procedimento de contraordenação extingue-se por efeito da prescrição logo que sobre a prática da contraordenação hajam decorridos "*a) Cinco anos, quando se trate de contraordenação a que seja aplicável uma coima de montante máximo igual ou superior a (euro) 49879,79; b) Três anos, quando se trate de contraordenação a que seja aplicável uma coima de montante igual ou superior a (euro) 2493,99 e inferior a (euro) 49879,79; c) Um ano, nos restantes casos.*".

Amélia vem acusada da prática da contraordenação prevista no artigo 98.º, n.º 1, al. a), do RJUE e punida pelo artigo 98.º, n.º 2, do mesmo diploma, com uma coima com moldura abstrata entre os €500,00 até ao máximo de €200.000,00, no caso de pessoa singular, e de € 1.500,00 até € 450.000,00 no caso de pessoa coletiva.

Da conjugação das normas aludidas retiramos que o prazo de prescrição aplicável ao caso concreto é o prazo de 5 (cinco) anos, previsto na alínea a) do artigo 27.º do RGCO, uma vez que a coima máxima abstratamente aplicável à contraordenação em discussão é superior a € 49.879,79 [cf. al. a) do n.º 2 do artigo 98.º do RGCO].

Em seguida cumpre determinar como é determinado o *dies a quo* desse prazo, bem como as causas suscetíveis de originar a sua suspensão e/ou interrupção.

O prazo de prescrição suspende-se nos moldes e termos do art.º 27.º-A do RGCO, não podendo essa suspensão ser superior a 6 meses. Já no que concerne às causas de interrupção do prazo de prescrição, estas encontram-se previstas no artigo 28.º do RGCO.

Aqui chegados, a questão que se pode colocar, é se o ilícito em apreço é de natureza instantânea ou duradoura, atendendo a que o facto aparentemente não se verifica num momento isolado no tempo, mas perpetua-se, até pela própria existência do edificado não licenciado (o muro de vedação). E, com efeito, apurar se se trata de facto instantâneo ou duradouro não é despiciendo, uma vez que influi no momento que marca o termo inicial do prazo de prescrição.

A jurisprudência dos tribunais superiores tem contribuído para a discussão em apreço, com pronuncia maioritária no sentido de que se trata de um facto instantâneo, não obstante a perpetuação no tempo dos efeitos dessa conduta[146].

Os tribunais superiores, contudo, têm-se pronunciado no sentido de que esse *dies a quo* deve fixar-se no momento em que é constatada a existência da prática do ilícito, ou seja, no momento em que é levantado o auto de notícia[147].

Assim, o termo inicial da contagem do prazo de prescrição fixa-se na data em que os factos foram percecionados pelo fiscal da Câmara Municipal X, ou seja, no ano de 2020, não assumindo relevância, contrariamente ao que Amélia tenta argumentar, o ano de construção do muro que originou a instauração do procedimento de contraordenação.

Importa ainda salientar, que no caso em análise, para se proceder à contagem do prazo prescricional, haveria de ser levado em consideração os períodos de suspensão determinados pela pandemia Covid-19[148], ou seja, de 09/03/2020 a 03/06/2020 e 22/01/2021 a 06/04/2021 (cf. artigo 6.º-A, 7.º, da Lei n.º 16/2020, de 29 de Maio e artigo 6.º da Lei n.º 13-B/2021, de 05 de Abri), nunca perdendo de vista que a suspensão não poderá ser superior a 6 meses – cf. art. 27.º-A RGCO.

Pelo que, em 2023, a contraordenação não se encontrava prescrita.

[146] Na jurisprudência, Acórdão Tribunal da Relação de Coimbra, no processo n.º 849/10.6TBCBR.C1, de 19/01/2011, disponível em www.dgsi.pt.

[147] Na jurisprudência, Acórdão do Tribunal Central Administrativo Sul de 13/02/2020, processo n.º 31/17.1BESNT, disponível em www.dgsi.pt.

[148] Na jurisprudência, Acórdão do Tribunal da Relação de Lisboa, proferido em 02.12.2021 no processo n.º 148/21.8Y5LSB.L1-3, disponível em www.dgsi.pt.

IV. TRABALHO EM FUNÇÕES PÚBLICAS (em especial o Estatuto Disciplinar)

1) A MINISTRA DO MAR APLICOU A PENA DE DEMISSÃO A ALBERTINA, FUNCIONÁRIA DO MINISTÉRIO. ALBERTINA CONSIDERA TEREM EXISTIDO IRREGULARIDADES GRAVES NO PROCESSO DISCIPLINAR E QUE O ATO DE DEMISSÃO NÃO PODE PRODUZIR O CORTE DO VÍNCULO À FUNÇÃO PÚBLICA.

Tendo recorrido para o STA, para que lhe fosse reconhecido o estatuto de funcionária pública e os direitos correspondentes, e tendo visto este seu pedido frustrado, pretende agora intentar junto do STA uma ação de responsabilidade civil por facto ilícito culposo, pedindo o ressarcimento de todos os prejuízos que resultam do ato da Ministra do Mar.

Comente do prisma jurídico.

R: Caso de aplicação de LTFP – arts. 73.º e 76.º que determinam a possibilidade do empregador público tem poder disciplinar sobre o trabalhador a seu serviço.

As disposições relativamente ao exercício do poder disciplinar estão previstas e reguladas nos moldes do art. 176.º e ss LTFP.

Albertina poderá recorrer a interpor uma ação – conforme dispõe o art. 1.º/3 do RREEP – uma vez que o ato de despedimento respeita a uma ação adotada no exercício de uma prerrogativa de poder público. Assim sendo, existe obrigação de indemnizar quando estiverem preenchidos os 5 pressupostos devidos:

(i) Dano;
(ii) Facto danoso;
(iii) Ilicitude;

(iv) Nexo causal;

(v) Imputação ao lesante.

Todavia, o cerne da questão reside no facto de existir culpa do lesado – no caso a funcionária Albertina, tal poderia ditar que o seu comportamento culposo tivesse concorrido para a produção ou agravamento dos danos causados. Assim sendo, poderia existir uma exclusão da responsabilidade por virtude da sua conduta dolosa.

2) NUM PROCESSO DISCIPLINAR INSTAURADO CONTRA UM TRABALHADOR ABRANGIDO PELA LTFP, ESTE VEM ALEGAR QUE NÃO EXISTIU AUDIÊNCIA DOS INTERESSADOS AO LONGO DO PROCEDIMENTO DISCIPLINAR, NÃO TENDO SIDO POR ISSO POSSÍVEL APRESENTAR DEFESA – ESTE ATO ENFERMA DE VÍCIO? QUAL O DESVALOR JURÍDICO?

R: Referir que nos termos do art. 76.º da LTFP o empregador público tem poder disciplinar sobre o trabalhador ao seu serviço – conforme dispõe o art. 176.º. O direito de defesa do arguido em processo disciplinar pretende garantir, essencialmente, que ninguém seja condenado sem que lhe seja previamente assegurado o direito de se defender de forma eficaz – aliás, o art. 32.º/10 CRP determina a obrigatoriedade de em matéria sancionatória não poder existir uma decisão sem audiência prévia, trata-se de uma garantia constitucional dos trabalhadores.

Todavia, não só da CRP resulta esta obrigatoriedade – ela encontra-se plasmada na LTFP. A este respeito veja-se o art. 203.º que prevê como desvalor jurídico a nulidade resultante da falta de audiência do trabalhador, sendo insuprível.

3) O PRAZO DE PRESCRIÇÃO DO ART. 178.º LTFP É DE QUE NATUREZA? COMO É CONTADO?

R: O STA já se pronunciou várias vezes sobre a questão – trata-se de um prazo de natureza substantiva e não de um prazo de natureza procedimental, assim sendo, conta-se nos termos do art. 279.º CC e não nos termos do art. 87.º CPA, o que significa que é contado de forma corrida, isto é – não se suspende ao fim de semana ou feriados.

4) SE O EMPREGADOR APLICAR UMA SANÇÃO APÓS DECORRIDO O PRAZO DE PRESCRIÇÃO, ESSA SANÇÃO É VÁLIDA? E SE O QUE TIVER OCORRIDO APÓS O PRAZO DE PRESCRIÇÃO TIVER SIDO A NOTIFICAÇÃO DA SANÇÃO E NÃO A SUA APLICAÇÃO PROPRIAMENTE?

R: A solução é a mesma para ambos os casos. Caso o empregador aplique a sanção ou notifique da mesma para além do prazo de prescrição no procedimento disciplinar – essa mesma sanção disciplinar encontra-se ferida de nulidade – art. 161.º/2, al. g) CPA, pois existe um vício por inobservância de formalismo legal.

5) PODERÁ O TRIBUNAL SINDICAR PELA ESCOLHA DE UMA DETERMINADA SANÇÃO DISCIPLINAR AO INVÉS DE OUTRA? ISTO É, SUPONDO QUE A ENTIDADE PATRONAL OPTOU PELO DESPEDIMENTO DISCIPLINAR TENDO EM CONSIDERAÇÃO QUE A INFRAÇÃO COMETIDA PELO TRABALHADOR FOI DE BAIXA GRAVIDADE?

R: Estamos no domínio da discricionariedade administrativa, isto é, em princípio o tribunal não se poderá substituir à Administração, correndo o risco de incorrer em "dupla administração". Assim sendo, haverá que ter em consideração o art. 180.º LTFP, isto é, a escala das sanções disciplinares a partir da qual se torna percetível que o despedimento, previsto no art. 187.º é a mais gravosa, ou seja, deverá ser aplicável como última *ratio* quando todas as restantes se mostrem insuficientes – o art. 187.º. De sublinhar que, quando se refere pela necessidade de a infração em causa "inviabilizar a manutenção do vínculo de emprego público", paralelamente haverá que levar-se em consideração o disposto no art. 189.º – os fatores a ter em consideração na definição das medidas disciplinares.

Assim sendo, apenas poderá haver sindicância por parte do tribunal, sob pena de incorrerem em dupla administração, quando a violação for de cariz ostensivo e intolerável.

Os atos praticados ao abrigo de poderes discricionários poderão ser anulados com base igualmente em:

(i) **erro de facto** – isto é, a administração baseou a sua decisão em factos inexistentes ou falseados e,

(ii) **erro manifesto de apreciação** – quando se torna evidente que a Administração avaliou ou qualificou mal aquela determinada realidade.

Em suma, não compete aos Tribunais substituírem-se à Administração na avaliação de uma determinada situação, mas compete-lhes anular o ato quando verificarem que a avaliação feita pela Administração é manifestamente desacertada e inaceitável, quando o erro é ostensivo e notório percetível a uma pessoa sem os conhecimentos da administração.

Assim, os poderes discricionários por parte da Administração são suscetíveis de fiscalização pelo juiz mas não de um reexame. Deste modo, se à administração cabe a adoção da solução mais adequada a um dado caso concreto, recaindo sobre si a responsabilidade de prosseguir o interesse público, aos tribunais caberá a fiscalização da atuação administrativa, tendo em conta os vários limites que lhe são impostos, mas abstendo-se de se pronunciar sobre a conveniência dessa atuação.

Garantia essencial dos administrados nesta matéria será a necessária, clara, precisa e fundamentada decisão do processo sancionatório, sendo que neste caso o ónus da prova incidirá sempre sobre o empregador ao invés do trabalhador e que, em caso de dúvida, vigorará o princípio *in dubio pro reo* – por ser aplicável subsidiariamente o Código Penal e Código do Processo Penal, em conformidade com o já veiculado anteriormente pelo STA.

6) COMO PODERÁ O TRABALHADOR DEFENDER-SE DE UMA DECISÃO RESULTANTE DO EXERCÍCIO DO PODER DISCIPLINAR PELO EMPREGADOR?

R: A LTFP consagra os meios de defesa do trabalhador, seja do prisma administrativo, seja do prisma contencioso, haverá que ter em consideração o previsto nos termos do art. 224.º e ss LTFP.

Assim sendo, por remissão do art. 224.º serão aplicáveis as disposições do CPA no que respeita aos procedimentos administrativos de segundo grau, isto é, a interposição de reclamação, recurso hierárquico ou recurso administrativo especial nos moldes dos arts. 191.º, 192.º, 193.º-198.º e 199.º CPA.

O recurso hierárquico ou tutelar é igualmente consagrado no art. 225.º e a regra será a da suspensão da eficácia do despacho ou decisão recorridos, exceto quando o seu autor considere que a sua não execução imediata causa grave prejuízo ao interesse público.

Paralelamente, caso quisesse optar pela via contenciosa, o trabalhador teria igualmente ao seu dispor os meios administrativos contenciosos do CPTA – *in casu*, a impugnação do ato administrativo resultante do procedimento disciplinar, nos termos e moldes do art. 37.º e art. 55.º do CPTA.

7) IMAGINE-SE QUE NÃO EXISTIU AUDIÊNCIA DOS INTERESSADOS, MAS QUE POR UM DETERMINADO MOTIVO, POR EXEMPLO PELA GRAVIDADE DA VIOLAÇÃO DISCIPLINAR, SE CONCLUIU QUE A DECISÃO NÃO PODERIA NUNCA SER OUTRA – PODERIA SER APLICÁVEL O REGIME DO APROVEITAMENTO DO ATO DO CPA?

R: O regime do aproveitamento do ato resulta do CPA do art. 163.º/5 e não poderá ser aplicado neste caso tendo em consideração o disposto no art. 203.º LTFP – a falta de audiência do trabalhador em processo disciplinar constitui uma nulidade insanável. A opção por este regime prende-se com a posição garantística para com os trabalhadores que o legislador assumiu na CRP – art. 32.º/10.

8) SUPONHA QUE POR DESPACHO DO SECRETÁRIO GERAL DO MINISTÉRIO X FOI DETERMINADA A APLICAÇÃO AO TRABALHADOR Y DA SANÇÃO DISCIPLINAR DE DESPEDIMENTO.

O TRABALHADOR Y PRETENDE IMPUGNAR CONTENCIOSAMENTE AQUELE DESPACHO DO SECRETÁRIO GERAL DO MINISTÉRIO X. PODE FAZÊ-LO IMEDIATAMENTE OU TEM PREVIAMENTE DE INTERPOR RECURSO PARA O MINISTRO X?

R: A obrigatoriedade da utilização de meios impugnatórios administrativos, isto é a definitividade vertical dos atos administrativos como condição de impugnabilidade administrativa, foi abandonada, como regime-regra, na revisão do CPA de 2015.

Atualmente, vigora a regra do art. 193.º CPA (aplicável ex vi art. 2.º/5 CPA) relativamente à natureza facultativa da impugnação administrativa de um determinado ato administrativo.

Todavia, uma parte considerável da jurisprudência, tem realizado a leitura deste art. 225.º, n. 4.º, em conjunto com o art. 3.º, n.º 1, al. c) da Lei 4/2015. Daqui se retira que a utilização da expressão *"suspende a eficácia"* (cf. art. 3.º, n.º 1, al. c) da Lei 4/2015) traduz-se numa obrigatoriedade de definitividade vertical do ato, sob pena de se verificar a preclusão do direito à via jurisdicional[149]. No mesmo sentido, inclina-se na doutrina, Vieira de Andrade. J.C., clarificando que, caso esta obrigatoriedade não represente um ónus exacerbado para o trabalhador e, assim, não colocando em crise o princípio da tutela jurisdicional efetiva, poderá concluir-se pela procedência do argumento relativo à necessidade de verificação de uma definitividade vertical destes atos.

Em sentido contrário, pronuncia-se, determinado setor doutrinal, nomeadamente Cavaleiro, V.[150], salientando que o novo CPA estabelece, como regra, que as reclamações e recursos têm caracter facultativa (cf. art..º 185, n.º 2). Pelo que, a impugnação administrativa das decisões proferidas em procedimento disciplinar, nos termos do artigo 225.º da LGTFP, têm natureza facultativa, podendo tais decisões serem impugnadas (alternativamente ou até cumulativamente) pela via administrativa ou contenciosa. Este setor doutrinal considera que, conquanto se tratem de atos lesivos de direitos e interesses legalmente protegidos, o titular desses direitos e interesses pode optar pelo recurso à via administrativa ou à via judicial, não constituindo, por conseguinte, a prévia interposição da impugnação administrativa, um pressuposto da impugnação judicial.

[149] Neste sentido, na jurisprudência, o Acórdão do Supremo Tribunal Administrativo de 08/06/2017, processo n.º 0647/17, bem como o Acórdão do Tribunal Central Administrativo Norte de 18/09/2020, processo n.º 00843/15.0BEAVR-S1, disponíveis em www.dgsi.pt.

[150] Para mais desenvolvimentos, "O poder disciplinar e as garantias de defesa do trabalhador em funções públicas", disponível em https://repositorium.sdum.uminho.pt/bitstream/1822/52128/1/Vasco%20Jos%C3%A9%20da%20Silva%20Cavaleiro.pdf.

Razão pela qual, não existe uma resposta uniforme e unívoca quer na jurisprudência, que na doutrina.

9) **CASO PRÁTICO: LIBANINHO É TRABALHADOR EM REGIME DE CONTRATO DE TRABALHO EM FUNÇÕES PÚBLICAS DA SECRETARIA GERAL DO MINISTÉRIO X. AQUELE TRABALHADOR FOI PRESO PREVENTIVAMENTE NO DIA 09 DE MAIO DE 2019, QUINTA-FEIRA, E EM CONSEQUÊNCIA DEIXOU DE COMPARECER NO SEU LOCAL DE TRABALHO.**
NO DIA 29 DE NOVEMBRO DE 2019 O TRIBUNAL REDUZIU A MEDIDA DE COAÇÃO APLICADA A LIBANINHO PARA TERMO DE IDENTIDADE E RESIDÊNCIA TENDO-SE O TRABALHADOR APRESENTADO PARA TRABALHAR NOS SERVIÇOS DA SECRETARIA GERAL DO MINISTÉRIO X NO DIA 2 DE DEZEMBRO DE 2019, SEGUNDA-FEIRA.
COMO QUALIFICA A AUSÊNCIA DO TRABALHADOR DO LOCAL DE TRABALHO APÓS 9 DE MAIO DE 2019 E QUE CONSEQUÊNCIAS TEM ESSA AUSÊNCIA DO PONTO DE VISTA REMUNERATÓRIO?

R: Em primeira linha importa sublinhar que o dever de assiduidade, consubstancia um dos deveres gerais do trabalhador – art, 73.º, n.º 1 , al. i) que deverá ser lido conjuntamente com o n.º 11 do mesmo artigo. Assim sendo, o trabalhador encontra-se adstrito a comparecer ao serviço de forma regular e contínua.

Todavia, a LGTFP, à semelhança do CT, prevê situações nas quais o trabalhador poderá ausentar-se do seu serviço de forma temporária e justificada. Importa agora, levar em consideração, algumas dessas situações, mormente as situações e o elenco decorrente do art. 133.º e 134.º, que passaremos a analisar de seguida e *in concretum*.

A ausência do trabalhador do seu local de trabalho é caracterizada como falta, nos termos e moldes do art. 133.º, n.º 1 assim, *"Considera-se falta a ausência de trabalhador do local em que devia desempenhar a atividade durante o período normal de trabalho diário."*. Libaninho, ao se encontrar preso preventivamente, estava impossibilitado de comparecer ao local de trabalho. Chegados aqui, importa caracterizar esta falta como "justificada" ou "injustificada", decorrendo tal caracterização do elenco do art. 134.º, n.º 1 e n.º 2.

Assim, é referido que o trabalhador se encontrou em "prisão preventiva", pelo que, tendo em consideração o disposto no art. 134.º, n.º 2, al. d), *in fine*, tal seria subsumível ao conceito de "cumprimento de obrigação legal". Deste modo, inclinamo-nos no sentido da jurisprudência, nomeadamente do TCAS, 09/07/2015, proc. 12299/15[151], no qual foi considerado, num caso em

[151] Disponível em www.dgsi.pt.

tudo idêntico, a justificação da falta do trabalhador em virtude do cumprimento de obrigações de cariz legal.

Pelo que, e em suma, quanto à sua qualificação, seria como "falta", na modalidade de "justificada" na aceção do art. 134.º, n.º 2, al. d), *in fine*.

Paralelamente, resta apurar quais as consequências desta ausência do ponto de vista remuneratório.

Para tal, haverão de ser levados em consideração os arts. 276.º e seguintes, relativamente às situações de redução ou suspensão do vínculo do emprego público.

In casu, tratar-se-á de uma situação típica de suspensão, tendo esta ocorrido entre 09 de maio de 2019 e 29 de novembro de 2019, enquadrando-se no art. 276.º, n.º 1 por se fundamentar na impossibilidade temporária, total, da prestação do trabalho, por facto respeitante ao trabalhador. Quanto aos seus efeitos, aplicar-se-á o art.º 277.º, sendo que no período de duração desta suspensão se mantêm os direitos, deveres e garantias das partes, desde que não pressuponham a efetiva prestação de trabalho, contando-se este tempo para efeitos de antiguidade.

A questão em análise, foi supra caracterizada, como uma suspensão de vínculo por facto respeitante ao trabalhador, assim sendo, caberá no escopo de aplicação do art. 278.º e 279.º, mormente para efeitos de determinação dos seus efeitos em sede de retribuição.

Proceder-se-ia à aplicação do nr. 1, do art. 278.º, tendo em consideração que a situação apresentada haverá de ser caracterizada como "impedimento temporário por facto não imputável ao trabalhador", uma vez que, tratando-se de uma prisão preventiva, valerá sempre o princípio da presunção da inocência (aqui, aplicado numa vertente penalista e não tanto na vertente disciplinar), pelo que, não seria idónea a consideração da prisão preventiva como "imputável ao trabalhador". Pelo que, e tendo-se prolongado por mais de 1 mês, findo este período inicial o trabalhador, veria a sua remuneração suspensa findo este período inicial. Importa sublinhar que, em conformidade com o art. 144.º e 145.º, a remuneração é um direito do trabalhador, todavia, e de acordo com o art. 145.º, n. 3.º, a lei prevê situações em que o direito à remuneração é total ou parcialmente suspenso, nomeadamente os casos do art. 278.º.

Por fim, cumpre apenas realizar uma nota final para a apresentação ao trabalho por parte de Libaninho, no dia 02 de dezembro de 2019. Tendo em consideração o calendário do ano de 2019, tendo em consideração que 29 de novembro foi uma sexta-feira, encontra-se observado o disposto no art. 279.º pelo que, no dia (útil) imediato, Libaninho se apresentou ao serviço, não incorrendo assim em faltas injustificadas.

10) SUPONHA AINDA QUE, LIBANINHO, VEM INVOCAR QUE APENAS DISPÔS DO PRAZO DE 5 DIAS PARA APRESENTAR A SUA DEFESA NO PROCEDIMENTO DISCIPLINAR E QUE TAL INVIABILIZOU O EXERCÍCIO DO SEU DIREITO DE DEFESA. *QUID IURIS*?

R: O processo disciplinar orienta-se por um conjunto de princípios estruturantes e idóneos a proteger os interesses legalmente protegidos do trabalhador. Tendo em consideração o carácter intrusivo e eventualmente gravoso do procedimento disciplinar, devem de ser garantidas a audiência e defesa do trabalhador (artigos 32.º, n.º 10 e 269.º, n. 3.º, da CRP).

Assim, o trabalhador tem direito à existência de um processo disciplinar e a que a nesse processo existam as devidas garantias da sua audição e defesa, esse processo deve configurar-se como um processo justo[152].

A notificação da acusação encontra-se prevista e regulada nos moldes e termos do art. 214.º, n.º 1, pelo que o prazo fornecido será entre 10 e 20 dias, sendo o direito de audição uma refração do próprio direito de defesa, sobretudo o é o direito ao contraditório, cuja efetivação demanda conhecimento pelo trabalhador de toda a matéria acusatória e uma real possibilidade de lhe responder, em prazo razoável, oferecendo as provas e requerendo as diligências pertinentes ao apuramento da verdade. O momento disciplinar por excelência da operacionalização do contraditório é o da confrontação com a acusação e a possibilidade de lhe responder, recaindo sobre a acusação as exigências de determinabilidade precisa dos factos imputados ao trabalhador e sua qualificação jurídica.

A compressão deste prazo de defesa constitui uma violação do direito de defesa em prazo razoável, razão pela qual nos termos do artigo 203.º da LGTFP a omissão de quaisquer diligências essenciais para a descoberta da verdade constitui nulidade insuprível do procedimento disciplinar sendo por isso a decisão sancionatória disciplinar nula, tendo em consideração que *in concretum* aquela omissão colocou em causa o núcleo essencial do direito fundamental de defesa do trabalhador – artigos 32.º n.º 10 e 269.º, n.º 3 da CRP, pelo que enfermará de nulidade por vício de violação de lei por ofensa de do conteúdo essencial de um direito fundamental (artigos 32.º n.º 10 e 269.º, n.º 3 da CRP).

[152] Neste sentido, na jurisprudência, Acórdão do Tribunal Central Administrativo Norte de 19/02/2021, processo n.º 00976/12.4BEAVR, disponível em www.dgsi.pt.

V. AMBIENTE

1) QUAIS SÃO OS DOIS PRINCÍPIOS BASILARES DO DIREITO DO AMBIENTE?

R: Tendo em consideração a análise da Lei n.º 19/2015[153], haverá que sublinhar os principais princípios são:

(i) **prevenção e precaução:** que obrigam à adoção de medidas antecipatórias com o objetivo de obviar ou minorar, prioritariamente na fonte, os impactes adversos do ambiente, com origem natural ou humana, tanto em face de perigos imediatos e concretos como em face de riscos futuros e incertos, da mesma maneira como podem estabelecer, em caso de incerteza científica que o ónus da prova recaia sobre a parte que alegue a ausência de perigos ou riscos – há uma preocupação crescente com a necessidade de tomar medidas adequadas a preservar o ambiente, aliás tal reveste uma índole marcadamente europeia com o desenvolvimentos de planos para uma "europa verde" mais focada na qualidade de vida de todos nós.

(ii) **poluidor pagador:** a sua base assenta num juízo ético de responsabilidade, isto é, o responsável pela poluição terá imperativamente de assumir os custos tanto da atividade poluente como da introdução de medidas internas de prevenção e controle necessárias para combater as ameaças e agressões do ambiente.

O príncipio do poluidor pagador assumiu uma relevância considerável nos casos C-378/08[154] e C-543/13[155] – tratam-se de casos nos quais existiu uma

[153] Disponível em https://www.pgdlisboa.pt/leis/lei_mostra_articulado.php?nid=2091&tabela=leis&ficha=1&pagina=1&so_miolo=.

[154] Disponível em https://curia.europa.eu/juris/liste.jsf?language=en&jur=C,T,F&num=C-378/08&td=ALL.

[155] Disponível em https://curia.europa.eu/juris/liste.jsf?num=C-543/13.

obrigação e descontaminação e pagamento de valores respeitantes a indemnização ainda que o operador não seja a mesma pessoa jurídica – existe aqui uma utilização do critério da continuidade da atividade, ou seja, é independente de se tratar ou não da entidade que iniciou a atividade – o que é verdadeiramente relevante é o facto de esta atividade não ter sido travada pelo atual poluidor, é esta atitude de inércia que é censurável e consequentemente poderá conduzir à aplicação do regime de prevenção e reparação do dano ecológico.

A aplicação do regime do dano ecológico pressupõe a verificação dos pressupostos da responsabilidade civil, isto é:

(i) facto;
(ii) dano;
(iii) nexo causal entre o facto e o dano;
(iv) ilicitude;
(v) imputação da ação ou omissão ilícita ao lesante.

Sendo que em domínio da responsabilidade ambiental esta poderá revestir um cariz objetivo ou subjetivo sendo a culpa do lesado indispensável para aferir da responsabilidade civil que haverá a aferir.

2) QUAIS SÃO AS ATIVIDADES QUE ESTÃO SUJEITAS À AIA? ONDE ESTÃO DEFINIDAS?

R: Decorrem do mapa anexo ao regime de avaliação de impacto ambiental (DL n.º 151-B/2013[156]) que prevê os procedimentos que estão sujeitos à declaração de impacto ambiente emergente do procedimento de impacte ambiental.

3) QUE MEIOS DE TUTELA EXISTEM À DISPOSIÇÃO DOS VISADOS PARA IMPUGNAR DECISÕES QUE RESULTEM DA AIA?

R: Art. 37.º RAIA – qualquer interessado pode impugnar administrativamente através de reclamação, recurso hierárquico ou recurso tutelar nos termos do CPA ou contenciosamente nos termos do CPTA – qualquer ato ou omissão.

4) AS DECISÕES RELATIVAMENTE A CONTRAORDENAÇÕES AMBIENTAIS SÃO IMPUGNÁVEIS NOS TRIBUNAIS ADMINISTRATIVOS?

R: Não. Ainda que à primeira vista e por um critério de natureza material pudessem ser imputadas aos tribunais administrativos, o ETAF é claro quando refere que apenas as contraordenações abrangidas pela jurisdição administrativa são apenas as urbanísticas, pertencendo todas as restantes à jurisdição judicial.

[156] Disponível em http://www.pgdlisboa.pt/leis/lei_mostra_articulado.php?artigo_id=2837A0034&nid=2837&tabela=leis&pagina=1&ficha=1&so_miolo=&nversao=.

5) E SE EXISTIR CUMULAÇÃO ENTRE CONTRAORDENAÇÃO ADMINISTRATIVA E URBANÍSTICA?

R: Aqui a questão já se afigura como mais delicada. O tribunal de conflitos[157] pronunciou-se já sobre esta questão tendo clarificado que nestes casos a jurisdição competente será a jurisdição judicial e não a administrativa.

[157] A este respeito, o ac. do Tribunal de Conflitos, proc. 033/17 de 09/11/2017, disponível em http://www.dgsi.pt/jcon.nsf/-/45C5E138CAA7EBD680258lDE0035E059.

VI. DIREITO/PROCESSO/PROCEDIMENTO TRIBUTÁRIO

1) DIGA O QUE ENTENDE PELO PRINCÍPIO DA LEGALIDADE TRIBUTÁRIA.

R: O princípio da legalidade tributária[158] exige que as leis de imposto sejam votadas pelo parlamento democraticamente eleito e que essas leis fixem os elementos essenciais do imposto com a densidade bastante para garantir a segurança dos contribuintes. Vale por isto dizer que, o princípio da legalidade tributária, se analisa em primeiro lugar (i) na exigência formal da reserva de lei parlamentar em matéria fiscal e em segundo lugar (ii) na tipicidade ou determinabilidade das leis de imposto.

A reserva de lei parlamentar continua a servir um propósito de garantia, agora orientado num sentido em que o procedimento legislativo parlamentar, continua a desempenhar uma função útil na defesa das minorias contra a agressão fiscal da maioria votante assim como na promoção de uma participação plural na formação dos conteúdos da legislação tributária.

2) DIGA O QUE ENTENDE POR PRINCÍPIO DA SEGURANÇA JURÍDICA (RETROATIVIDADE 1.º E 2.º GRAU E RETROSPETIVIDADE – QUAIS SÃO ADMITIDAS? EM QUE CASOS? QUAL A POSIÇÃO DO TC?

R: A segurança jurídica[159] constituiu um valor com especial importância no domínio do direito tributário – num Estado de direito como o é o Estado PT, é imperativo que o Estado se comporte sempre como uma pessoa de bem e que

[158] Para mais desenvolvimentos sobre os princípios da lei fiscal, Vasques, S., "Manual de Direito Fiscal", Almedina, 2021, pp. 289 e ss.

[159] Para mais desenvolvimentos, Freitas da Rocha, J., "Lições de Procedimento e Processo Tributário", Almedina, 7.ª ed., 2020, pp. 39 e ss.

não frustre nunca de modo infundado as expectativas legítimas dos cidadãos, menos ainda as expectativas que assentem na própria lei.

O princípio da segurança jurídica assume no plano do direito tributário uma redobrada acuidade. É indispensável a existência de previsibilidade e constância da lei tendo em consideração que estamos perante o pagamento de taxas, contribuições e impostos.

O princípio da segurança jurídica conduz-nos à inevitável discussão entre a possibilidade (ou não) de existirem normas fiscais retroativas – assim, numa primeira análise do art. 103.º/3 CRP, a conclusão será a de que não poderão existir impostos retroativos, todavia a lei não deverá ser analisada de forma tão estanque e imutável – existem dois tipos de retroatividade e ainda a retrospetividade.

Retroatividade forte[160]: Proibida. Surge tendencialmente mais gravosa para os contribuintes, na medida em que o facto tributário está já plenamente formado, não lhes restando qualquer hipótese de compensar o sacrifício adicional que a lei lhes traz, tudo se encontra consolidado no passado.

Retroatividade fraca: Surge por comparação à retroatividade forte e é tida como tendencialmente menos gravosa, pois, estando o facto tributário ainda em formação, resta aos contribuintes ainda alguma margem para compensar o sacrifício adicional que a lei inesperadamente lhes impõe. A retroatividade fraca foi já admitida em casos limite, por exemplo, em 2009, no pico da crise, foi introduzida em Dezembro uma modificação que produziu o agravamento das taxas de imposto do IRS – tal foi levado ao TC e entendeu-se dever ser admissível tendo em consideração a situação anormal e grave que o país se encontrava a atravessar do prisma económico e, paralelamente, a questão de o facto tributário não estar ainda completamente solidificado.

Retrospetividade: Produz-se quando a lei dispõe sobre factos tributários passados, sejam aqueles que já se formaram por completo, sejam aqueles cuja formação se encontra ainda em curso. O fenómeno da retrospetividade da lei fiscal, por seu turno, dá-se quando a lei nova, dispondo embora quanto a factos futuros, lesa expectativas fundadas no passado, ex: é criada uma lei sobre benefícios relacionados com o IRC para produzir efeitos entre 2020-2025, e é revogada, sem nada o fazer prever, em 2023. Ora, com certeza existem expectativas legítimas por parte dos contribuintes, uma tutela jurídica necessária da confiança, que deverá ser acautelada.

[160] Para um aprofundamento doutrinal e jurisprudencial destas questões, Vasques, S., "Manual de Direito Fiscal", Almedina, 2021, pp. 340 e ss.

Assim sendo, o apuramento da (in) admissibilidade de a lei produzir ou não efeitos retrospetivos haverá que ter em consideração um princípio de proporcionalidade de modo a aferir os interesses e valores conflituantes.

3) DIGA O QUE ENTENDE POR PRINCÍPIO DA IGUALDADE TRIBUTÁRIA.

R: Tendo em consideração que em todos os domínios o legislador está vinculado com o princípio da igualdade tributária[161] do art. 13.º CRP – o domínio tributário não poderia ser exceção. A igualdade constitui o mais importante princípio da nossa constituição fiscal, tal decorre não exclusivamente do art. 13.º, mas igualmente do art. 103.º e art. 104.º, estabelecendo todo um programa de intervenção para o sistema fiscal e subordinando os impostos sobre o rendimento, património e consumo a preocupações de índole de justiça material.

O clássico ditame "tratar igual o que é igual e diferente o que é diferente", possui significado diverso conforme as categorias de tributos públicos a que nos refiramos. Assim sendo, no domínio dos impostos é indissociável o PP da capacidade contributiva, ou seja, cada um deverá contribuir na justa medida dos seus rendimentos, tal decorre, p.ex., da aplicação de taxas de natureza progressiva do art. 68.º do CIRS. Já no que respeita às taxas e contribuições, o princípio a observar de modo a garantir a igualdade será o do princípio da equivalência, isto é, o valor a pagar deverá corresponder ao valor do serviço prestado.

4) DEFINA O PRINCÍPIO DA CAPACIDADE CONTRIBUTIVA.

R: Traduz-se no expoente de "personalização do imposto"[162], representa o critério material de igualdade adequado aos impostos. Aos impostos encontra-se, pois, inerente uma ideia de solidariedade, visto que quem os sofre não fica constituído no direito de exigir qualquer prestação do Estado, cumprindo um mero dever de cidadania. Significa isto que, ao pagarmos os impostos, sabemos que custeamos prestações que aproveitam a terceiros, não nos restando mais do que a expectativa difusa de beneficiar do modo como o estado emprega estes recursos.

A capacidade contributiva é o critério de repartição para o qual aponta inequivocamente o princípio da igualdade logo que o projetamos sobre o domínio dos impostos, razão pela qual o princípio da capacidade contributiva não carece de consagração constitucional explícita, bastando, para fundamentar nesta área do sistema, o princípio geral de igualdade acolhido pelo art. 13.º da CRP.

[161] Para mais desenvolvimentos, Freitas da Rocha, J., "Lições de Procedimento e Processo Tributário", Almedina, 7.ª ed., 2020, pp. 39 e ss.

[162] Para um aprofundamento doutrinal e jurisprudencial destas questões, Vasques, S., "Manual de Direito Fiscal", Almedina, 2021, pp. 340 e ss.

O princípio da capacidade contributiva diz-nos que os impostos devem adequar-se à força económica do contribuinte e por isso o seu alcance mais elementar está na exigência de que o imposto incida sobre manifestações de riqueza que lhe fiquem sujeitas. Na verdade, para que o imposto corresponda à força económica de quem o paga, é forçoso que incida sobre realidades economicamente relevantes, realidades que se poderão reconduzir sinteticamente ao rendimento, ao património e ao consumo.

O princípio da capacidade contributiva obriga a que o imposto só deva começar onde comece a força económica de capacidade contributiva.

5) DISTINGA OS CONCEITOS DE "IMPOSTO", "TAXA" E "CONTRIBUIÇÕES";

R: Importa desde logo clarificar que impostos, taxas e contribuições financeiras[163] se traduzem no que o legislador classificou de "tributos" conforme dispõe o art.º 4 da LGT. O cerne da sua distinção assenta sim na sua gênese – isto é, o que está subjacente ao pagamento daquele tributo, a *ratio legis*.

(i) **Impostos** tratam-se de prestações de natureza coativa que versão sobre a tributação desde o património ao consumo – trata-se de uma prestação unilateral e a sua função é distributiva da riqueza e de equilíbrio social. Assim sendo, os impostos não têm associados uma contrapartida imediata e inequívoca, existe apenas uma presunção de que o sujeito passivo irá beneficiar deles como um todo através do sistema de repartição de riqueza e estado social. De sublinhar ainda que os impostos não são uma realidade estática, isto é, existe uma panóplia de classificações quanto a estes. Estão sujeitos ao princípio da capacidade contributiva, ou seja, um sistema justo de impostos é um sistema onde cada uma participe tendo em consideração o seu nível de riqueza e rendimento apurado.

(ii) **Taxas** são tal como os impostos prestações de natureza coativa e pecuniária, todavia o seu traço distintivo para com os impostos é o facto de terem a elas associada uma contrapartida efetivamente aproveitada ou provocada pelo sujeito passivo, p. exemplo: taxas moderadoras, assentam no pagamento pela prestação de um serviço pelo serviço nacional de saúde.

(iii) **Contribuições** constituem prestações de cariz pecuniário e coativo, exigidas por uma entidade pública em contrapartida de uma prestação administrativa, contudo a diferença primordial para com as taxas assenta no facto de esta prestação ser presumida/eventual. As contribuições podem ser de dois tipos:

[163] Para um aprofundamento doutrinal e jurisprudencial destas questões, VASQUES, S., "Manual de Direito Fiscal", Almedina, 2021, pp. 214 e ss.

i. **Financeiras:** a favor de entidades públicas, assentam em prestações cuja provocação ou o aproveitamento podem ser tidos como seguros quando referidos ao grupo mas apenas prováveis quando referidos aos indivíduos que o integram.

ii. **Especiais:** versam sobre um determinado grupo que presumivelmente irá beneficiar daquela prestação, ex: as empresas proprietárias de camiões TIR estariam obrigadas ao pagamento de uma determinada taxa uma vez que se chegou à conclusão que estas utilizavam as estradas mais do que as pessoas singulares no seu próprio veículo, e ainda que as danificavam consideravelmente, fruto do peso das suas estruturas, criando desníveis e falhas essencialmente na parte do alcatrão da via. Outro exemplo ilustrativo desta questão é o das pessoas que viram as suas casas fortemente valorizadas com a criação no Parque das Nações aquando a Expo 98, zona que até então era constituída maioritariamente por terrenos baldios e construções não legalizadas – assim sendo, vendo os seus terrenos valorizar de forma astronómica os moradores da zona deveriam pagar uma contribuição especial, pois iriam beneficiar especialmente da reabilitação da zona.

6) SUBSTITUIÇÃO TRIBUTÁRIA E RESPONSABILIDADE TRIBUTÁRIA, O QUE SÃO? COMO SE CLASSIFICAM?

R: A **substituição tributária**[164] encontra-se prevista nos termos do art. 20.º LGT e acontece quando, por imposição legal, a prestação tributária vai ser entregue ao sujeito ativo não pelo sujeito que realizou o facto tributário, mas por um terceiro que com ele mantém relações especiais e por isso, lhe vai exigir a prestação em causa. Na maior parte dos casos a técnica financeira mediante a qual a substituição tributário se efetiva é através do mecanismo de retenção na fonte – a qual significa que determinados rendimentos, ao serem pagos ou colocados à disposição, serão objeto de uma amputação imediata a título de pagamento do tributo, recebendo o respetivo credor um montante menor do que aquele que receberia sem a verificação desta técnica: recebe o rendimento a que teria direito menos a importância retira. Tal é utilizado em sede de IRS na vertente de retenção na fonte, originado por razões de simplificação fiscal aliadas à necessidade de garantir o pagamento do tributo e paralelamente do Estado encontrar aqui liquidez de um modo periódico e reiterado.

[164] Para mais desenvolvimentos, Freitas da Rocha, J., & Flores Da Silva, H., "Teoria Geral da Relação Jurídica Tributária", Almedina, 2019, pp. 91 e ss.

A **responsabilidade tributária** verifica-se quando alguém, por imposição legal, é chamado ao pagamento de dívidas tributárias de outra pessoa ou entidade após o incumprimento desta.

A responsabilidade tributária pode ser de dois tipos:

(i) solidária: nos casos em que ao património do incumpridor se junta o património do responsável sem ser preciso esgotar-se o primeiro;

(ii) subsidiária: nos casos em que ao património do incumpridor se junta o património do responsável, mas apenas após se ter verificado o benefício da excussão prévia – isto é, após ser demonstrada a patente insuficiência do primeiro, por exemplo os casos de reversão fiscal.

7) QUAL A NOÇÃO DE FACTO TRIBUTÁRIO?

R: O facto tributário corresponde ao conjunto de circunstâncias, hipoteticamente previstas na norma, cuja verificação, através do encontro da situação real com a norma, origina o nascimento de uma obrigação tributária concreta.

8) O QUE É UM TRIBUTO?

R: Toda a prestação coativa com finalidades financeiras – no ordenamento jurídico português a classificação dos tributos decorre do art. 3.º LGT.

9) JUROS TRIBUTÁRIOS, DIFERENÇAS E MODALIDADE – INDEMNIZATÓRIOS, COMPENSATÓRIOS, MORATÓRIOS;

R: **Juros indemnizatórios:** A favor do contribuinte, art. 43.º/1 LGT. Têm em vista compensar o contribuinte dos prejuízos causados por uma atuação ilegal lesiva, tentando repor a situação que existia antes da lesão. A concessão de juros indemnizatórios obriga ao preenchimento de determinados pressupostos:

(i) a existência de um erro imputável aos serviços na autoliquidação;

(ii) a existência de um processo de reclamação graciosa ou impugnação judicial;

iii) que desse erro tenha resultado o pagamento indevido.

Juros compensatórios: A favor do Estado, art. 35.º da LGT. Os juros compensatórios são prestações pecuniárias a favor do Fisco, devidas pelos contribuintes ou outros obrigados tributários, com base numa violação dos respetivos deveres acessórios de cooperação como a entrega de declarações, retenções de quantias na fonte, etc.

Juros moratórios: Podem ser devidos pelo contribuinte ou pelo Estado. Visam ressarcir os prejuízos decorrentes de certas atuações, quer por parte dos contribuintes, quer por parte do fisco, pois qualquer um deles, não respeitando os prazos prescritos pelo OJ para a consecução das suas atuações, poderá incorrer em mora.

10) O QUE É A CLÁUSULA GERAL ANTI ABUSO? PARA QUE SERVE?

R: A CGAB encontra-se prevista e regulada nos termos e moldes do art. 38.º LGT e tem como escopo a cobertura/previsão de situações que poderão configurar situações de fraude e evasão fiscal – há aqui uma tentativa de previsão de alguns dos esquemas mais comumente utilizados e que poderão servir como indícios de planeamento fiscal ilícito. A utilização da CGAB efetua-se através do procedimento do art. 63.º CPPT.

A sua relação com o DUE é bastante estreita – veja-se a este respeito as inovações realizadas em matéria de DAC6[165].

11) CASO PRÁTICO: CANTOR PORTUGUÊS AUFERE ROYALTIES DOS SEUS CONCERTOS EM FRANÇA – ONDE SERÁ TRIBUTADO?

R: Aplicação da regra do IRS consta do art. 13.º – sendo um residente, ele será tributado pelo rendimento mundial, a denominada tributação pelo *World Wide Income*. Todavia, tal irá originar provavelmente uma situação de dupla tributação – uma vez que poderá existir tributação no estado da fonte (França) e igualmente no estado de residência (Portugal) – assim sendo, o estado da residência, será sempre o responsável por eliminar a dupla tributação, sendo que estas questões são reguladas por CDT's[166]. Portugal, utiliza regra geral o crédito do método de imposto – isto é, o valor pago pelo imposto de forma dupla poderá ser deduzido.

12) A TRIBUTAÇÃO DO IRS/IRC É PROGRESSIVA?

R: Sendo o IRS um imposto pessoal, sobre o rendimento, esta tributação é progressiva, sendo esta imposição de índole constitucional – art. 104.º CRP.

Já no que concerne ao IRC a taxa é fixa, ainda que possa variar conforme a região na qual se encontra sediada a empresa, ex: nos Açores e na Madeira é mais baixa que no continente.

13) O IVA É SUPORTADO POR QUEM?

R: Pelo consumidor final – a questão reconduz-se ao âmbito da incidência subjetiva do art. 2.º do CIVA.

[165] Para mais desenvolvimentos, NORONHA, C., "Novo Regime Fiscal de Comunicação Obrigatória – Esquemas de Planeamento Fiscal", Almedina, 2021.

[166] Poderão ser consultadas em: https://info.portaldasfinancas.gov.pt/pt/informacao_fiscal/convencoes_evitar_dupla_tributacao/convencoes_tabelas_doclib/Pages/index-5623.aspx.

14) QUAL É O CONCEITO DE LUCRO PARA EFEITOS DE IRC? COMO É?

R: O conceito de lucro emerge da conjugação do art. 3.º/2 e do art. 17.º CIRC[167] – lucro tributável. Assim, o lucro consiste na diferença entre os valores do património líquido no fim e no início do período de tributação, com as devidas correções previstas no código – estas correções são absolutamente indispensáveis para assegurar que a tributação é realizada pelo lucro real e não com base em lucro presumido ou fictício.

Ainda para um conceito completo de lucro para efeitos do IRC, haverá que levar em consideração o disposto no art. 17.º – sendo necessariamente complementado pelas disposições adjacentes do SNC, nomeadamente em observância do princípio do rendimento acréscimo – ponto 22 da estrutura conceptual do SNC.

15) NATUREZA DOS PRAZOS QUANTO AO PROCEDIMENTO E PROCESSO – ESPECIAL ENFOQUE NA RECLAMAÇÃO GRACIOSA E IMPUGNAÇÃO JUDICIAL – COMO É QUE ESTES PRAZOS SÃO CONTADOS E QUAL A SUA NATUREZA? SUBSTANTIVA OU PROCESSUAL?

R: **Reclamação graciosa:** Art. 68.º CPPT. Deverá ser apresentada no prazo de 120 dias, sendo que este prazo, de acordo com o art. 57.º/3, é um prazo de natureza procedimental, contínuo e contado nos termos do art. 279.º CC, não se suspende aos sábados, domingos e feriados. Regra geral, no OJ português a reclamação graciosa assume um carácter facultativo. Exceção a este carácter facultativo da reclamação graciosa: Art. 131.º do CPPT[168].

Impugnação judicial: Deverá ser apresentada num prazo de 3 meses, sendo estes 3 meses contados nos moldes e termos do art. 20.º/1 LGT, em ligação com o art. 57.º/3 LGT sendo que à contagem destes prazos aplicam-se as regras substantivas previstas no art. 279.º CC – isto é, os prazos contam-se de forma contínua não se suspendendo aos sábados, domingos ou feriados.

16) QUAL É A *RATIO* DOS IMPOSTOS?

R: Os impostos têm natureza coativa, unilateral e pecuniária[169] – assumem ainda uma função redistributiva da riqueza e paralelamente asseguram liquidez estadual para a prestação de serviços básicos pelo Estado, por exemplo: funcionamento de hospitais públicos, universidades, entre outros.

[167] Para uma abordagem iminentemente prática sobre o mecanismo do IRC, Martins Sarmento, J., *et al.*, "Manual Teórico Prático de IRC", Almedina, 2021.

[168] Na jurisprudência, Acórdão do Supremo Tribunal Administrativo de 17/06/2020, processo n.º 03229/15.3BEBRG, disponível em www.dgsi.pt.

[169] Na jurisprudência, Acórdão do Supremo Tribunal Administrativo de 23/11/1994, processo n.º 013593, disponível em www.dgsi.pt.

17) IMPUGNAÇÃO UNITÁRIA – O QUE É? ONDE SE ENCONTRA PREVISTA CÓDIGO?

R: Decorre do art. 54.º CPPT e traduz-se na necessidade da impugnação contenciosa versar sobre um ato com conteúdo decisório final – salvo nas situações em que exista uma lesão imediata dos direitos do contribuinte. Assim e em suma, apenas podem ser impugnados os atos finais e não os atos interlocutórios decorrentes ao longo do procedimento.

18) RECLAMAÇÃO GRACIOSA – PRAZOS. QUAL É A REGRA DO OJ PORTUGUÊS: FACULTATIVA OU OBRIGATÓRIA? EM QUE CASOS É QUE SE PREVÊ UMA OBRIGATORIEDADE DE RECLAMAÇÃO GRACIOSA E QUAL A *RATIO* DESTA OBRIGAÇÃO? COMO SÃO CONTADOS OS SEUS PRAZOS?

R: O procedimento de interposição de RG encontra-se previsto e regulado nos termos e moldes do art. 68.º e ss CPPT. A regra no ordenamento jurídico português é que a elaboração de RG é um procedimento de natureza facultativa – todavia são consagradas exceções nomeadamente: arts. 131.º, 132.º e 133.º – trata-se dos casos de auto liquidação, e como tal considera-se que a AT ainda não teve a possibilidade de se pronunciar sobre aquela questão, como tal não será admissível o recurso imediato à via contenciosa, pretende-se assim minimizar o "entupimento" desnecessário da via judicial.

Relativamente aos prazos da RG, este está previsto nos moldes e termos do art. 70.º, é de 120 dias revestindo este prazo natureza procedimental (contrapondo-se à natureza substantiva do art. 279.º CC) conforme dispõe o art. 57.º/3 LGT, isto é: a sua contagem suspende-se aos sábados, domingos e feriados.

19) OS RENDIMENTOS ILÍCITOS SÃO TRIBUTADOS EM SEDE DE IRS? E EM IRC?

R: Sim. O artigo 10.º LGT estabelece que «*o carácter ilícito da obtenção de rendimentos ou da aquisição, titularidade ou transmissão dos bens não obsta à sua tributação quando esses atos preencham os pressupostos das normas de incidência aplicáveis*».

Com esta disposição o legislador não criou uma nova forma de tributação. A tributação de rendimentos ou atos ilícitos só terá lugar se um concreto rendimento ou um concreto ato estejam previstos nas leis fiscais como geradores de imposto.

O que o legislador pretendeu com este regime do artigo 10.º da LGT foi estabelecer que, se um rendimento ou ato são tributáveis, a circunstância de tais rendimentos ou de tais atos serem ilícitos não impede a sua tributação.

A justificação é a seguinte: se um determinado rendimento ou ato obtido ou realizado de forma lícita são tributados, não faria sentido que um mesmo rendimento ou um mesmo ato, se obtidos ou realizados de forma ilícita, não fossem tributados.

Este princípio está, também, expressamente consagrado nos Códigos do IRS e do IRC.

No primeiro, diz-se, no respetivo art. 1.º, que «*o imposto sobre o rendimento das pessoas singulares (IRS) incide sobre o valor anual dos rendimentos das categorias seguintes, mesmo quando provenientes de atos ilícitos...*».

Por sua vez, o artigo 1.º do Código do IRC estabelece que «*o imposto sobre o rendimento das pessoas coletivas (IRC) incide sobre os rendimentos obtidos, mesmo quando provenientes de atos ilícitos no período de tributação, pelos respetivos sujeitos passivos, nos termos deste Código*».

20) DESPESAS NÃO DOCUMENTADAS EM SEDE DE IRC: ONDE SÃO ENQUADRÁVEIS?

R: Em consonância com a previsão do art. 23.º CIRC, tais despesas não são dedutíveis e são tributadas tendo por base a aplicação de taxa autónoma do art. 81.º CIRC. A opção legislativa que subjaz ao disposto nos arts. 23.º e 81.º do CIRC teve em vista a implementação de um mecanismo de tentativa de minimizar a fraude e evasão fiscal[170].

21) O QUE É A DUPLA TRIBUTAÇÃO? COMO FUNCIONA, QUAIS SÃO OS CRITÉRIOS QUE CONDUZEM À TRIBUTAÇÃO? COMO PODE SER EVITADA?

R: A dupla tributação ocorre quando existe tributação do rendimento em mais que um local, ou seja, no Estado da Fonte e no Estado da Residência, assim sendo e tendo em consideração os princípios do direito tributário, nomeadamente o da capacidade contributiva, a dupla tributação deverá ser eliminada[171].

A eliminação da dupla tributação está sempre a cargo do estado da residência e não do estado da fonte – as forma de eliminação da dupla tributação são muito variadas e constam de CDT's.

No caso de Portugal, segue-se o modelo da OCDE e regra geral o regime português é utilizado o método do crédito de imposto.

22) O IVA É UM IMPOSTO DIRETO OU INDIRETO?

R: O IVA é um imposto indireto uma vez que a tributação incide sobre os recursos consumidos ou utilizados e não nos rendimentos obtidos. Outro exemplo de imposto indireto são os impostos especiais de consumo, ex: impostos sobre os alimentos especialmente açucarados.

[170] Na jurisprudência, Acórdão do Supremo Tribunal Administrativo de 02/02/2022, processo n.º 02421/15.5BEPRT, disponível em www.dgsi.pt.

[171] Para mais desenvolvimentos, na doutrina, JOÃO SÉRGIO RIBEIRO, "Direito Fiscal da União Europeia: Tributação Direta", 2.ª edição, Almedina, 2019, págs. 103 a 115.

23) QUEM É O SUJEITO PASSIVO DE IVA?

R: São sujeitos passivos de IVA as pessoas singulares ou coletivas que exerçam uma atividade económica ou que, praticando uma só operação tributável, essa preencha os pressupostos de incidência real de IRS ou IRC.

De sublinhar que determinado setor doutrinal realiza em sede de IVA a distinção entre contribuinte de facto e de direito – isto é, o contribuinte de direito será o prestador do serviço, uma vez que é este que entrega aos cofres estaduais o valor do IVA, todavia o contribuinte de facto é o consumidor, pois é este que suporta o valor.

24) UM SUJEITO PASSIVO AUFERIU RENDIMENTOS PROVENIENTES DE DIREITOS DE AUTOR. ESSES RENDIMENTOS ESTÃO SUJEITOS A IRS? COMO SÃO TRIBUTADOS? EXISTE ALGUMA ISENÇÃO?

R: Sim – tratam-se de rendimentos provenientes de propriedade intelectual – como tal, enquadram-se nos termos e moldes do art. 3.º/1, al. c) CIRS.

A sua tributação pode ser realizada por:

(i) regime de contabilidade organizada, assim os rendimentos são tributados pelo seu lucro real;

(ii) regime simplificado, o rendimento tributável corresponde a 95% dos rendimentos de direito de autor (ou seja, existe uma presunção de apenas 5% de custos).

Todavia importa sublinhar que os rendimentos de propriedade intelectual poderão, desde que preenchidos os pressupostos, estar sujeitos ao art. 58.º EBF, podendo beneficiar de uma isenção de 50% do valor se o seu titular reunir as seguintes condições:

(i) ser titular de direitos de autor;

(ii) for uma pessoa singular;

(iii) seja residente em Portugal;

(iv) a importância não poderá exceder os 10.000 euros.

25) E OS RENDIMENTOS AUFERIDOS GENERICAMENTE SÃO TRIBUTADOS NA SUA TOTALIDADE?

R: Não, seja no regime da contabilidade organizada, seja no regime simplificado, há sempre gastos que poderão ser deduzidos, sejam gastos efetivos, sejam gastos presumidos. A tributação sobre os rendimentos auferidos genericamente seria ostensivamente violadora do princípio da capacidade contributiva, pelo que é imperativa a existência de deduções para se apurar o quantum verdadeiro relativamente aos ganhos existentes.

26) INDIQUE DOIS CASOS EM QUE É UTILIZADO O MECANISMO DA SUBSTITUIÇÃO TRIBUTÁRIA.

R: Casos de retenção na fonte, **por exemplo** um professor, seja funcionário público ou de uma faculdade privada – esta faculdade irá reter parte do seu salário, o valor correspondente à tributação e entregará aos cofres estaduais.

Existe igualmente substituição tributária no que concerne à entrega dos valores vencidos relativamente aos juros por depósitos feitos nos bancos – isto é, o banco torna-se o responsável subsidiário nesta substituição tributária – assim, nos termos do art. 28.º LGT, caso não proceda à sua entrega, será o banco o responsável, assim como a Faculdade, e não o contribuinte de facto, uma vez que este nunca sequer chegou a ter acesso aos valores em dívida.

27) PODERIA CONSIDERAR-SE QUE AS TAXAS LIBERATÓRIAS SÃO INCONSTITUCIONAIS?

R: As taxas liberatórias decorrem do art. 71.º do CIRS e não poderão ser consideradas como inconstitucionais, uma vez que estas formam um "direito legal de opção" – isto é, no seu nr. 8.º é prevista a possibilidade de realizar o seu englobamento recorrendo às taxas progressivas do art. 68.º, como tal está na disposição do contribuinte optar pelo regime que será mais vantajoso no seu caso concreto.

28) AS TAXAS LIBERATÓRIAS SÃO RETENÇÃO NA FONTE?

R: Sim, art. 71.º CIRS.

29) O QUE SÃO IMPOSTOS EXTRA-FISCAIS?

R: Tratam-se de impostos que não têm na sua *ratio* como elemento primordial e basilar a obtenção de receita para os cofres estaduais. A sua motivação prende-se com razões que vão além do direito fiscal, um bom exemplo é o imposto sobre os produtos açucarados ou sobre o tabaco, funcionando como um desincentivo à compra e consumo destes produtos que são cientificamente comprovados como nocivos para a saúde da população.

30) O QUE CONSAGRA O ART. 23.º DO CIRC?

R: O modo de determinação do lucro tributável, sendo dedutíveis todos os gastos e perdas que o sujeito passivo incorreu na sua atividade;

31) O QUE SÃO DEDUÇÕES À COLETA?

R: As deduções à coleta são um dos modos de garantir que a tributação é realizada com base no rendimento real. As deduções à coleta consagram a possibilidade de deduzir despesas, sendo estas gerais, familiares, saúde, habitação, educação, lares. Só assim é possível aferir qual será o rendimento tributável – art. 78.º CIRS.

32) AS MENOS-VALIAS SÃO TRIBUTADAS EM SEDE DE IRS? E EM IRC?

R: Não, para a questão das menos-valias está previsto inclusivamente o mecanismo de "dedução de perdas" do art. 55.º CIRS.

Para o IRC, o raciocínio legal é igual ao aplicado em sede de IRS – conforme dispõe o art. 52.º CIRC.

33) QUAL É A DIFERENÇA ENTRE UMA TAXA PROPORCIONAL E UM TAXA PROGRESSIVA?

R: A taxa proporcional é fixa e independente dos rendimentos do seu titular, a taxa é estática. Já por outro lado, a taxa progressiva é adaptável em função dos rendimentos do sujeito, é o caso do art. 68.º do CIRS.

34) AS DESPESAS NÃO DOCUMENTADAS ESTÃO SUJEITAS A ALGUM REGIME ESPECÍFICO EM SEDE DE IRC?

R: Sim, encontram-se previstas nos moldes e termos do art. 23.º-A e são tributadas a taxa autónoma nos moldes e termos do art. 81.º. Trata-se de uma medida de combate à fraude e evasão fiscal, desencorajando as empresas a ocultar os seus rendimentos.

35) O ART. 23.º DO CIRC (GASTOS E PERDAS) É TAXATIVO?

R: Não, aliás decorre claro e expressamente da letra da lei mediante a utilização do vocábulo "nomeadamente".

36) QUAL É A DIFERENÇA FUNDAMENTAL ENTRE O CÁLCULO DO IMPOSTO DE IVA E DO IMPOSTO DE IRS?

R: Em primeira linha, importa clarificar que se tratam de impostos de diferente natureza. O IRS versa sobre o rendimento pessoal e o IVA versa sobre a tributação ao consumo. Como tal, as taxas correspondentes aos impostos serão necessariamente diferentes, uma vez que pela CRP a tributação pelo rendimento deverá assegurar uma série de requisitos, nomeadamente a distribuição de riqueza e uma tributação na esteira dos rendimentos obtidos pelos visados. Já quanto à tributação do consumo, esta é estática e não obedece a critérios de diferenciação entre os rendimentos dos visados, a pessoa X pode ter um vencimento de 1M de euros irá pagar exatamente a mesma taxa de IVA sobre um pacote de arroz que uma pessoa que ganha o salário mínimo nacional. Por outro lado, esta pessoa que recebe de salário 1M de euros irá pagar de IRS um valor elevadíssimo, enquanto a pessoa que recebe o salário mínimo nacional estará isenta.

37) QUAL O PRINCÍPIO QUE ESTÁ NA BASE DA CRIAÇÃO DAS TAXAS?

R: O princípio basilar da criação das taxas é o princípio da equivalência[172]. Traduz-se na necessidade de existir uma correspondência entre o valor pago e o valor respeitante ao pagamento daquele serviço, uma vez que, como o próprio nome indica deverá existir uma equivalência entre as prestações em confronto (gozo do serviço *vs* custo de prestação do serviço),

38) QUAL É O PRINCÍPIO QUE ESTÁ NA BASE DOS IMPOSTOS?

R: O princípio que subjaz à criação dos impostos é o princípio da capacidade contributiva. Os impostos têm um escopo unilateral e de redistribuição de riqueza e assim o sendo, na senda do preconizado por SÉRGIO VASQUES resta-nos, quanto a estes acreditar que todos iremos usufruir do pagamento dos impostos. O que está na sua base é o princípio da igualdade e o seu corolário do princípio da capacidade contributiva – ou seja, cada uma deverá contribuir na estrita medida da sua riqueza[173].

O princípio da capacidade contributiva exprime e concretiza o princípio da igualdade fiscal ou tributária na sua vertente de "uniformidade" – o dever de todos pagarem impostos segundo o mesmo critério – preenchendo a capacidade contributiva o critério unitário da tributação», entendendo-se esse critério como sendo aquele em que «a incidência e a repartição dos impostos – dos "impostos fiscais" mais precisamente – se deverá fazer segundo a capacidade económica ou "capacidade de gastar" de cada um e não segundo o que cada um eventualmente receba em bens ou serviços públicos (critério do benefício). Não obstante o silêncio da Constituição, é entendimento generalizado da doutrina que a "capacidade contributiva" continua a ser um critério básico da nossa "Constituição fiscal" sendo que a ele se pode (ou deve) chegar a partir dos princípios estruturantes do sistema fiscal formulados nos artigos 103.º e 104.º da CRP.

Importa, no entanto, levar em consideração que o princípio da capacidade contributiva não dispensa o concurso de outros princípios constitucionais. Na senda do decidido pelo Tribunal Constitucional no Acórdão n.º 711/2006, *«é claro que o "princípio da capacidade contributiva" tem de ser compatibilizado com outros princípios com dignidade constitucional, como o princípio do Estado Social, a liberdade de conformação do legislador, e certas exigências de praticabilidade e cognosci-*

172 Para mais desenvolvimentos, SÉRGIO VASQUES, "O Princípio da Equivalência como Critério de Igualdade Tributária", 2008, Almedina e, na jurisprudência o Acórdão do Tribunal Constitucional n.º 365/2008, de 2 de Julho, proc. n.º 22/2008, disponível em www.tribunalconstitucional.pt.

173 Cf. SÉRGIO VASQUES, *op. cit.*

bilidade do facto tributário, indispensáveis também para o cumprimento das finalidades do sistema fiscal». E prossegue: «*Averiguar, porém, da existência de um particularismo suficientemente distinto para justificar uma desigualdade de regime jurídico, e decidir das circunstâncias e fatores a ter como relevantes nessa averiguação, é tarefa que primariamente cabe ao legislador, que detém o primado da concretização dos princípios constitucionais e a correspondente liberdade de conformação. Por isso, o princípio da igualdade se apresenta fundamentalmente aos operadores jurídicos, em sede de controlo da constitucionalidade, como um princípio negativo (...) – como proibição do arbítrio*». Em suma, na síntese do Acórdão n.º 695/2014, "*o princípio da igualdade tributária pode ser concretizado através de vertentes diversas: uma primeira, está na generalidade da lei de imposto, na sua aplicação a todos sem exceção; uma segunda, na uniformidade da lei de imposto, no tratar de modo igual os contribuintes que se encontrem em situações iguais e de modo diferente aqueles que se encontrem em situações diferentes, na medida da diferença, a aferir pela capacidade contributiva; uma última, está na proibição do arbítrio, no vedar a introdução de discriminações entre contribuintes que sejam desprovidas de fundamento racional*".

39) UM EXEMPLO DE UMA TAXA PROPORCIONAL E DE UMA TAXA PROGRESSIVA.

R: Para a taxa proporcional: taxa de IVA a 23%.

Quanto à taxa progressiva: taxa de IRS de 48%.

40) O QUE AS DISTINGUE?

R: A taxa proporcional é independente dos rendimentos auferidos pelo sujeito passivo, enquanto a taxa progressiva é definida em função deles, tem subjacente uma ideia de proporcionalidade.

41) AS DESPESAS QUE UMA EMPRESA, SUJEITO PASSIVO DE IRC, TEVE COM UMA ADVOGADA PELA IMPUGNAÇÃO DE COIMAS APLICADAS PELA AT SÃO DEDUTÍVEIS EM SEDE DE IRC?

R: Não, art. 23.º-A/1, al. e) CIRC – o legislador tomou esta oposição legislativa de molde a não existir qualquer tipo de benefício das empresas sobre eventuais práticas de infrações fiscais.

42) UMA EMPRESA, SUJEITO PASSIVO DE IRC, FAZ MECENATO – NA MODALIDADE DE DONATIVOS – ESTES SERÃO ENQUADRAVÉIS NOS TERMOS DO ELENCO DO ART. 23.º DO CIRC?

R: Sim. Nos moldes e termos do art. 62.º EBF, são considerados os donativos para efeitos de dedução de determinação do lucro tributável das empresas.

43) CASO: A EMPRESA Z É SUJEITO PASSIVO DE IVA E ENCONTRA-SE ENQUADRADA NO REGIME DE PERIOCIDADE TRIMESTRAL. EM 10 DE OUTUBRO DE 2010 APRESENTOU A DECLARAÇÃO DE IVA DA QUAL RESULTOU UM VALOR DE AUTOLIQUIDAÇÃO DE 75.500,00 EUROS, QUE A EMPRESA PAGOU NO MESMO DIA.

A maio de 2012, a empresa verificou que não havia considerado naquela autoliquidação de IVA o valor de 15.400,00 euros que havia suportado numa compra a um fornecedor das mercadorias que a empresa Z revende.

a) Poderá a empresa Z reagir contra esta autoliquidação?

R: A empresa Z, para efeitos de aplicação da norma de incidência subjetiva enquadra-se nos termos e moldes do art. 2.º/1, al. a), sendo sujeito passivo de IVA. No que concerne aos modos de apuramento do pagamento de imposto, haverá que *in casu* ter em consideração o disposto no art. 27.º – isto é, trata-se de uma situação na qual existe uma autoliquidação. No que concerne à possibilidade de Z reagir contra a liquidação por si efetuada tendo em consideração que detetou um erro – tal será possível, todavia configura uma das exceções à não obrigatoriedade de reclamação graciosa do OJ português – art. 131.º CPPT.

Z poderia reagir, mas necessitaria de reagir em primeira linha, administrativamente – esta opção legislativa verifica-se pois, considera-se que a AT ainda não teve a possibilidade de se pronunciar sobre aquela determinada situação, como tal, não deverá ser imediato o recurso pela via contenciosa.

b) Qual(is) o(s) mecanismo(s) processua(is) e respetivo(s) prazo(s)?

R: Há uma obrigatoriedade de reclamação graciosa necessária, nos moldes e termos do art. 131.º, e o prazo é de 2 anos após a apresentação da declaração – tendo sido esta apresentada em outubro de 2010, o prazo apenas se teria findo em outubro de 2012, assim sendo e tendo em consideração que estamos (hipoteticamente) em Maio de 2012, a reclamação graciosa é tido como tempestiva.

c) Quais os efeitos da anulação?

R: Previstos nos termos do art. 99.º CIVA, anulada a liquidação, quer oficiosamente, quer por decisão da entidade ou tribunal competente, restitui-se a respetiva importância mediante o processamento do correspondente título de crédito.

44) CASO, EM CASO DE IRC, SEJAM DEDUZIDOS ENCARGOS EXCESSIVOS, DE QUE MECANISMO DISPÕE A AT PARA CONTROLAR ESTE (ALEGADO) EXCESSO?

R: A AT poderá lançar mão do recurso ao mecanismo da cláusula geral anti abuso – art. 38.º LGT. Para estes casos, o legislador consagrou um procedimento próprio – previsto e regulado nos moldes e termos do art. 63.º CPPT.

45) A CRP TOMA ALGUMA POSIÇÃO QUANTO À BASE LEGAL DOS DIPLOMAS QUE CRIAM IMPOSTOS – QUAL?

R: Sim, sujeita-os a um regime de reserva de competência orgânica por parte da AR, previsto nos moldes do art. 165.º/1, al. i) CRP – isto é, apenas é possível legislar sobre os impostos por Lei ou DL autorizado.

46) SE A ENTIDADE RESPONSÁVEL PELO PAGAMENTO NÃO REALIZAR A RETENÇÃO NA FONTE E, CONSEQUENTEMENTE, NÃO O ENTREGAR AOS COFRES ESTADUAIS – DE QUEM É A RESPONSABILIDADE TRIBUTÁRIA POR ESTA OMISSÃO?

R: Em conformidade com o disposto no art. 28.º LGT, tendo a retenção na fonte, a natureza de pagamento por conta do imposto, cabe ao substituído a responsabilidade originária e ao substituto a responsabilidade subsidiária – sendo este último (o substituto tributário – a entidade responsável pelo pagamento) o responsável pelo pagamento de juros compensatórios, conforme previsto no n.º 2 do art. 28.º da LGT.

47) E NO CASO DE A ENTIDADE RESPONSÁVEL TIVER RETIDO OS VALORES, MAS NÃO TIVER PROCEDIDO À SUA ENTREGA AOS COFRES ESTADUAIS?

R: Neste caso aplicar-se-á o disposto no art. 28.º/1 LGT – a entidade é responsável pelas importâncias retidas e não entregues, ficando o substituído desonerado do seu pagamento.

48) FINDO O ENGLOBAMENTO, EM SEDE DE IRS, QUAL É O PASSO SEGUINTE?

R: O englobamento encontra-se previsto nos termos e moldes do art. 22.º CIRS, posteriormente a este processo irá ser apurado o rendimento coletável – ao qual se irão aplicar as deduções à coleta (cf. art. 78.º do CIRS).

49) COMO SÃO TRIBUTADOS OS DIVIDENDOS EM SEDE DE IRS?

R: Os dividendos correspondem a lucros e, assim o sendo, serão tributados nos moldes e termos da categoria E – art. 5.º/2, al. h) CIRS.

A tributação de dividendos pode ser efetuada mediante a escolha do sujeito passivo, conforme o que for mais vantajoso para a sua situação. Assim sendo, poderá ser tributado pelo art. 71.º/1 CIRS mediante a aplicação de uma taxa liberatória à taxa de 28% – ou seja, existindo uma taxa liberatória tal significa que se tem por verificada uma substituição total, efetivada pelo mecanismo de retenção na fonte a título definitivo. O mecanismo de retenção na fonte é caracterizado por existir um terceiro (a entidade responsável pela tributação) que por imposição da lei tem a obrigação de deduzir os rendimentos procedendo à sua entrega aos cofres estaduais. Acrescente-se que, pese embora, seja o contribuinte que detenha a verdadeira capacidade contributiva, este não entrará de facto nesta relação jurídica.

Mas, o contribuinte poderá optar pela tributação realizada nos moldes e termos do art. 71.º/8 CIRS – isto é, optando pelo englobamento e consequentemente estando sujeito às taxas progressivas do art. 68.º CIRS – esta opção poderá revelar-se consideravelmente mais vantajosa para as situações em que os contribuintes aufiram baixos rendimentos e a sua taxa de englobamento do art.º 68 seja inferior a 28%.

50) O RENDIMENTO DA VENDA DE AÇÕES É TRIBUTADO? SE SIM, EM QUE TERMOS?

R: Sim nos termos do art. 10.º/1, al. b) CIRS.

51) O QUE SIGNIFICA OS RENDIMENTOS ESTAREM SUJEITOS A UMA TAXA LIBERATÓRIA?

R: Os rendimentos estão sujeitos a uma taxa liberatória quando existe uma substituição total consubstanciada numa retenção na fonte a titulo definitivo. Assim, nestes casos, existe um terceiro que por imposição da lei tem obrigação deduzir rendimentos, entregando-os ao Estado, pelo que, embora o contribuinte seja o sujeito passivo que dispõe da capacidade tributária, este não entra sequer na relação jurídica.

52) SE EU VENDER UM LIVRO A UM COLEGA TORNO-ME SUJEITO PASSIVO DE IVA? SE NÃO, QUE REQUISITO SE ENCONTRA EM FALTA?

R: Análise dos pressupostos do art. 2.º do CIVA – incidência subjetiva. A incidência subjetiva para efeitos do CIVA obedece a requisitos específicos previstos no elenco do art. 2.º do diploma. Neste caso, com a mera venda de um livro a um colega, não se tem por verificado (i) o carácter de habitualidade, nem (ii) o exercer de atividades a título de produção, comércio ou prestação de serviços. Assim, tratando-se de uma venda esporádica, sem qualquer relação profissional ou carácter de habitualidade, encontra-se excluído do escopo de previsão do art. 2.º, n.º 1, al. a) CIVA.

53) QUAL É A DIFERENÇA ENTRE UMA TAXA PROPORCIONAL E UMA TAXA PROGRESSIVA? EXEMPLIFIQUE.

R: Uma taxa progressiva obedece ao expoente máximo de tributação conforme os rendimentos do sujeito passivo, há uma maior proteção no que concerne à necessidade de esta taxa ser adequada à realidade do sujeito passivo do prisma económico tendo em consideração os seus rendimentos.

Exemplos: Art. 68.º do CIRS, uma vez que o Imposto sobre o Rendimento das Pessoas Singulares sendo uma tributação sobre o rendimento pessoal, tem de ser necessariamente progressivo, em consonância com os ditames constitucionais (cf. art. 104.º da CRP).

Por seu turno, uma taxa proporcional é uma taxa que se mantém constante independentemente dos rendimentos do sujeito passivo. Um bom exemplo de taxas proporcionais são as taxas do CIVA previstas no art. 18.º, uma vez que para a aplicação destas taxas, é indiferente o rendimento do sujeito passivo. Assim o sendo, o sujeito passivo irá suportar 6% de IVA em bens essenciais sendo milionário ou vivendo abaixo do limiar da pobreza.

54) EM SEDE DE IRS, OPTANDO O SUJEITO PASSIVO POR NÃO REALIZAR ENGLOBAMENTO, PODERÁ USUFRUIR DAS DEDUÇÕES À COLETA?

R: Não – apenas há lugar a deduções à coleta caso exista opção pelo englobamento (cf. art. 68.º do CIVA).

55) CONSIDERA ADMISSÍVEL ELIMINAR DA ORDEM JURÍDICA AS DEDUÇÕES À COLETA PREVISTAS PELO CIRS? JUSTIFIQUE DE FORMA SUCINTA.

R: Não, pois, por referência ao art. 104.º/1 CRP – o imposto sobre o rendimento pessoal visa a diminuição de desigualdades sociais e, por essa razão deve ser único e progressivo. Assim sendo, visando a eliminação das desigualdades, parte do pressuposto que deverão ser levados em consideração todas as despesas (ainda que com um limite máximo) que aquele sujeito passivo teve durante o ano[174].

56) SUPONHA QUE A. FAZIA DA VENDA DE LIVROS UMA ATIVIDADE PROFISSIONAL. A. VENDE 100 LIVROS A 5 EUROS CADA, O QUE PERFEZ UM TOTAL DE 500 EUROS DE RENDIMENTO BRUTO. A., TERÁ DIREITO ALGUMA DEDUÇÃO?

R: No que concerne às deduções, deverá ser levado em consideração o disposto no art. 19.º/2 CIVA. Isto posto, apenas confere direito à dedução o imposto mencionado nos documentos que cumpram os requisitos enunciados no art. 36.º/5 CIVA.

Contudo, não se olvide que a venda dos livros poderia incluir-se no campo das isenções de IVA nas operações internas partindo do pressuposto que A. seria o autor dos livros que vendia (cf. art. 9.º/17 CIVA).

[174] A título exemplificativo, Acórdão do Tribunal Constitucional, processo n.º 313/07, disponível em www.tribunalconstitucional.pt e na doutrina, Jorge Miranda e Rui Medeiros, "Constituição Portuguesa Anotada", tomo II, Coimbra Editora, 2006, nota II ao art. 104.º, pág. 226.

57) RENDIMENTO DE CAPITAL NO VALOR DE 100.000,00 EUROS REFERENTE AO PAGAMENTO DE JUROS: EM QUE CATEGORIA DO IRS SE INCLUI ESTE RENDIMENTO E COMO SERÁ TRIBUTADO?

R: O rendimento emergente de lucros, inclui-se na categoria E – art. 5.º CIRS. Quanto ao *modus operandi* da tributação, cumpre aludir às duas opções que o sujeito passivo tem ao seu dispor:

(i) Por taxa liberatória nos moldes do art. 71.º/1 CIRS, será tributado à taxa de 28% ou,

(ii) Por englobamento – para tal terá de escolher em conformidade com o art. 71.º/8 e será tributado com as taxas progressivas do art. 68.º CIRS – o que neste caso não seria vantajoso pois, tratando-se de um valor muito elevado seria tributado a uma taxa superior à taxa liberatória.

58) QUAL A PARTICULARIDADE DESTES RENDIMENTOS?

R: Enquadram-se no disposto no art. 40.º-A CIRS e, assim o sendo, os lucros devidos por pessoas coletivas sujeitas e não isentas de IRC serão considerados em <u>apenas 50%</u> do seu valor para efeitos de tributação.

59) SERIA POSSÍVEL ELIMINAR DA ORDEM JURÍDICA AS DEDUÇÕES À COLETA RELATIVAS À SAÚDE? QUAL SERIA O PRINCÍPIO CONSTITUCIONAL TRIBUTÁRIO AQUI EM CAUSA?

R: Não seria possível eliminar as deduções à coleta relativas à saúde. Estaria em causa uma violação do princípio da proibição do retrocesso social e do princípio do Estado Social. Por outro lado, não será despiciendo referir que as deduções à coleta quanto a despesas de saúde, previstas no art. 78.ºC do CIRS, têm na sua génese no disposto no art.º 104, n.º 2 da CRP, tendo como objetivo a diminuição das desigualdades sociais, tendo em conta as necessidades e os rendimentos do agregado familiar.

60) PODERÁ UM ADVOGADO, EM SEDE DE IVA, DEDUZIR CUSTOS RELACIONADOS COM A SUA ATIVIDADE PROFISSIONAL?

R: Sim, pode. No entanto, note-se que para beneficiar de tais deduções de custos deverão estar preenchidos os pressupostos do art. 19.º/2 CIVA, isto é – só confere direito à dedução o imposto mencionado em documentos que cumpram os requisitos do art. 36.º/5 CIVA. Todavia nem todos os custos e operações serão passíveis de serem deduzidos para efeitos de IVA, assim, relativamente às operações que conferem direito à dedução haverá de ser levado em consideração o disposto no art. 20.º CIVA que prevê um elenco <u>taxativo</u> de operações que conferem o direito à dedução.

61) IMAGINE QUE UM EMPREGADOR NÃO FAZ A RETENÇÃO NA FONTE EM RELAÇÃO AOS RENDIMENTOS DE UM SUJEITO DA CATEGORIA A, TRABALHADOR DEPENDENTE. QUEM DEVERÁ SER RESPONSABILIZADO PELA NÃO RETENÇÃO NA FONTE?

R: Caso de responsabilidade em caso de substituição tributária – art. 28.º/2 LGT, assim sendo, cabe ao substituído a responsabilidade originária pelo imposto não retido e ao substituto a responsabilidade subsidiária ficando este ainda sujeito aos juros compensatórios devidos desde o termo do prazo de entrega até ao termo do prazo para apresentação da declaração pelo responsável originário ou até à data da entrega do imposto retido, se anterior.

62) SUPONHA QUE AUFERE JUROS PAGOS POR UM BANCO INGLÊS. ESTE RENDIMENTO É TRIBUTADO? COM QUE FUNDAMENTO LEGAL?

R: Sim, estes rendimentos serão tributados partindo do pressuposto que se trata de um residente em Portugal – art. 15.º e art. 16.º CIRS, será tributado pelo *world wide income*, isto é rendimento obtido a nível mundial. O IRS incide sobre a totalidade dos seus rendimentos, incluindo os obtidos fora desse território[175].

63) O QUE É A TRIBUTAÇÃO AUTÓNOMA EM IRC E QUAL A SUA *RATIO*?

R: Prevista e regulada nos termos do art. 88.º CIRC. É uma tributação adicional com o objetivo de combater a fraude e evasão fiscal. Incide sobre gastos empresariais que não se encontram relacionados com produção própria – as taxas de tributação autónoma são tributadas avulsamente sendo envaradas como uma obrigação única, assim já definiu o TC.

64) A ANALOGIA É PROIBIDA NO DIREITO FISCAL? DÊ EXEMPLO DE UMA SITUAÇÃO EM QUE É PROIBIDA.

R: A questão da analogia em direito fiscal encontra-se prevista no art. 11.º/4 LGT. Assim, a aplicação analógica no direito fiscal é de âmbito muito limitado – existe uma ponderação necessária entre o princípio da igualdade tributária e o princípio da segurança jurídica – assim, o legislador definiu qual o ponto de equilíbrio excluindo a aplicação analógica às lacunas resultantes de normas tributárias abrangidas pela reserva de lei – art. 165.º CRP.

[175] Para mais desenvolvimentos, na doutrina, João Sérgio Ribeiro, "Direito Fiscal da União Europeia: Tributação Direta", 2.ª edição, Almedina, 2019. Para mais desenvolvimentos sobre as convenções de dupla tributação e o seu funcionamento à escala global, consultar https://www.oecd.org/tax/treaties/.

Exemplo: A analogia é proibida em normas que prevejam a isenção de impostos, embora consinta a sua interpretação extensiva, como por exemplo, no caso do art. 10.º do EBF[176].

65) O PRINCÍPIO DA LEGALIDADE FISCAL IMPLICA QUE TODAS AS QUESTÕES TRIBUTÁRIAS SEJAM REGULADAS POR LEI DA AR?

R: Não. A questão prende-se com o art. 165.º/1, al. i) e art. 103.º/2 CRP. Apenas a criação e a disciplina dos elementos essenciais dos impostos estão abrangidas pelo princípio da legalidade. Exclusão de outras figuras como as taxas e as contribuições financeiras.

66) COMENTE: "AS DÍVIDAS TRIBUTÁRIAS CADUCAM NO PRAZO DE 8 ANOS, CONTADOS NOS IMPOSTOS PERIÓDICOS A PARTIR DO TERMO DO ANO EM QUE SE VERIFICOU O FACTO TRIBUTÁRIO E, NOS IMPOSTOS DE OBRIGAÇÃO ÚNICA, A PARTIR DA DATA EM QUE O FACTO TRIBUTÁRIO OCORREU."

R: A caducidade e a prescrição são duas figuras diferentes do direito fiscal.

Assim sendo, a prescrição encontra-se prevista nos termos e moldes do art. 48.º LGT e define-se como o prazo que a AT dispõe para exigir o pagamento das dívidas tributárias já liquidadas – o prazo de prescrição é sim de 8 anos. A prescrição consagra uma série de causas interruptivas tal como decorre do art. 49.º, ocorrendo citação, reclamação, recurso hierárquico, impugnação e pedido de revisão oficiosa da liquidação da tributação o prazo iniciará a sua contagem zero. De igual modo, a prescrição compreende causas suspensivas, o exemplo mais paradigmático e recente foram as suspensões de prazos pela covid-19[177].

Por outro lado, a caducidade encontra-se prevista e regulada nos moldes do art. 45.º LGT – caracterizando-se esta como o prazo que a AT dispõe para quantificar, liquidar, determinar e fixar o valor do imposto a pagar pelo contribuinte, bem como de o notificar – este prazo é de 4 anos.

67) EXISTE ALGUMA SITUAÇÃO EM QUE A LEI EXIJA PRÉVIA RECLAMAÇÃO GRACIOSA COMO POSTERIOR CONDIÇÃO DE IMPUGNAÇÃO JUDICIAL?

R: Sim, existe. Nos termos do art. 68.º CPPT, a regra é que a reclamação graciosa tem carácter facultativo. Todavia, o legislador preveu desvios a esta regra para situações em que se considerou que a AT ainda não teria tido a oportunidade de pronunciar sobre os factos em discussão.

[176] Neste sentido, Acórdão do Supremo Tribunal Administrativo de 23/11/2011, processo n.º 0592/11, disponível em www.dgsi.pt.

[177] Lei n.º 1-A/2020 e Lei n.º 13-B/2021.

Exemplos: situações de autoliquidação, como as previstas nos arts. 131.º, 132.º, 133.º CPPT.

68) PARA EFEITOS DA SUA CRIAÇÃO, AS CONTRIBUIÇÕES POR MAIOR DESPESA (ESPECIAIS) E AS CONTRIBUIÇÕES FINANCEIRAS ESTÃO SUJEITAS AO REGIME DOS IMPOSTOS?

R: As contribuições podem ser de dois tipos:

(i) financeiras: as contribuições financeiras têm como finalidade compensar prestações administrativas e realizadas, de que o sujeito passivo seja presumidamente beneficiário. O elemento distintivo mais saliente das contribuições financeiras face aos impostos é a finalidade compensatória a que se dirigem[178]. Exemplo: contribuição sobre o setor bancário[179].

(i) especiais: versam sobre um determinado grupo que presumivelmente irá beneficiar daquela prestação. Ex: Contribuição especial sobre terrenos situados na zona da Foz do douro (Porto) em virtude da sua valorização e ainda a contribuição especial que incidiu sobre os prédios rústicos resultante da possibilidade da sua utilização como terrenos para construção, situados na zona envolvente da Expo 98[180].

Assim sendo, as **contribuições financeiras** seguem o regime dos impostos – isto é, nos termos e moldes do art. 165.º/1, al. i) em ligação com o art. 103.º/3, ambos da CRP – ou seja, são obrigatoriamente criadas por lei, sendo que esta lei determina a sua incidência, taxa, benefícios fiscais e as garantias dos contribuintes – dispõe de um regime mais idêntico ao dos impostos.

Por outro lado, as contribuições especiais não estão sujeitas a uma delimitação tão estrita e delineada como a dos impostos – como aliás resulta do art. 103.º CRP – contudo, estarão sujeitas sim ao regime geral das taxas.

69) CONSIDERA QUE À SUBSTITUIÇÃO FISCAL SE ASSOCIAM VANTAGENS APENAS PARA O ESTADO? OU OS CONTRIBUINTES TAMBÉM PODERÃO BENEFICIAR DESTE MECANISMO?

R: A substituição tributária encontra-se prevista, em moldes gerais, no art. 20.º da LGT e é pulverizada ao longo do código – nomeadamente no CIRS – no qual é exemplo o art. 71.º, no qual se consagra as taxas liberatórias.

[178] Na jurisprudência, Acórdão do Supremo Tribunal Administrativo de 26/09/2018, processo n.º 0394/13.8BEVIS, disponível em www.dgsi.pt

[179] Para mais desenvolvimentos, na jurisprudência, Acórdão do Supremo Tribunal Administrativo, de 23/06/2021, processo n.º 02359/14.3BEPRT, disponível em www.dgsi.pt.

[180] Na jurisprudência, Acórdãos do Tribunal Central Administrativo Norte de 12/06/2014, processo 00104/03-Porto e do Supremo Tribunal Administrativo de 07/02/2007, processo n.º 01290/05, disponíveis em www.dgsi.pt.

A substituição tributária assenta em razões de praticidade tanto para o Estado como para o contribuinte. Esta também se verifica na situação de pagamento por conta a imposto devido a final, assim através da substituição, há vantagens para ambos os sujeitos da relação jurídica, o substituído vê o seu imposto ser retirado de imediato sem ter de se preocupar com cumprimento de prazos e entrega de declarações, enquanto que, simultaneamente, o Estado garante que recebe o que lhe é devido no tempo certo.

70) O IRS E O IMI SÃO IMPOSTOS PESSOAIS?

R: O IRS incide sobre o valor anual dos rendimentos das pessoas singulares, como tal é um imposto de índole marcadamente pessoal (cf. art. 103.º CRP e art 1.º CIRS).

Já no que concerne ao IMI, este caracteriza-se como um imposto que incide sobre o valor patrimonial tributário dos prédios rústicos e urbanos situados em território Portugal – ou seja, é uma tributação sobre o património (cf. art. 1.º do CIMI).

71) A PROIBIÇÃO CONSTITUCIONAL DE IMPOSTOS RETROATIVOS ABRANGE A RETROATIVIDADE INAUTÊNTICA?

R: A questão da retroatividade da lei fiscal deverá ser analisada de forma casuística. Isto é, a regra do art. 103.º/3 CRP é que a retroatividade seja proibida, contudo há que distinguir dois planos de retroatividade: (i) forte e (ii) fraca. E ainda uma outra categoria, a retrospetividade (inautêntica).

Assim sendo e contrariamente à retroatividade, a retrospetividade não será, em princípio proibida[181], uma vez que, esta se caracteriza como uma lei nova que embora disponha sobre factos futuros irá lesar expectativas fundadas no passado. Assim a "chave mestra" para definir se uma retroatividade poderá ou não ser admissível é a elaboração do "teste das expectativas" e a observância do princípio da proporcionalidade. Seguindo a orientação de SÉRGIO VASQUES, *"(...) É evidente que podem resultar gravemente frustradas as expectativas que os contribuintes formaram com base na própria lei. Estes são os casos que aconselham o uso de cláusulas de salvaguarda com vista a proteger os interesses dos contribuintes que fizeram as suas opções de investimento confiando na lei anterior, uma solução que o legislador, no entanto, nem sempre tem o cuidado de adotar."*.

[181] Para uma abordagem bastante elucidativa sobre esta questão, veja-se a posição de VASQUES, S., "Manual de Direito Fiscal", Almedina, 2021, pp. 348 e ss.

72) AS NORMAS ANTI-ABUSO PRETENDEM EVITAR ABUSOS DE PODER DA AT?

R: Não. As normas anti-abuso são dirigidas aos contribuintes e direcionadas para a luta contra a fraude e evasão fiscal e não contra a AT. A norma anti-abuso por excelência no OJ português é o art. 38.º da LGT a que corresponde o procedimento tributário do art. 63.º do CPPT.

As normas anti-abuso tem na sua *ratio* a tentativa de combater a fraude e evasão fiscal, tirando partido de disposições legais lacunosas ou dúbias.

A aplicação da norma geral anti-abuso, ínsita no n.º 2, do art.º 38.º, da LGT, fundamenta-se na necessidade de obstar à elisão fiscal, através da requalificação tributária dos negócios ou actos praticados pelos contribuintes.

Os respetivos pressupostos , tipicamente elencados de forma exaustiva na supra referida norma, baseiam-se nos seguintes elementos aí contidos, sendo estes[182]:

i. Existência de uma vantagem fiscal contrária à finalidade da lei tributária aplicável;
ii. A obtenção de tal vantagem é uma das finalidades dos actos ou negócios utilizados, por meios ou esquemas artificiosos ou fraudulentos, concretamente verificados;
iii. Tal prática determina a sua ineficácia fiscal e a sua requalificação segundo as normas de tributação tipificadas na lei.

73) ANTÓNIO, ESTUDANTE DO 2.º ANO DA LICENCIATURA EM DIREITO E PRATICANTE ASSÍDUO DE JOGOS DE POKER ONLINE, BEM COMO APOSTADOR "CRÓNICO" DO PLACARD, ADQUIRIU UM APARTAMENTO NO VALOR DE 300.000,00 EUROS EM COIMBRA. A AT TOMANDO CONHECIMENTO DA AQUISIÇÃO E PORQUE CONSTATOU QUE ANTÓNIO NUNCA EFETUOU QUALQUER DECLARAÇÃO DE RENDIMENTOS, NOTIFICOU-O DE QUE TINHA PROCEDIDO À FIXAÇÃO OFICIOSA DE MATÉRIA TRIBUTÁVEL EM SEDE DE IRS NO VALOR DE 60.000,00 EUROS.

Suponha que é abordado por António que pretende saber se a AT podia proceder no sentido exposto, dado que o valor que tinha ganho no jogo (275.000,00 euros) não estava sujeito a IRS e bem assim como e com que fundamentos poderá reagir à decisão administrativa.

R: A AT lançou mão dos métodos indiretos na modalidade de manifestações de fortuna – conforme decorre do art. 87.º-A LGT – tal acontece quando, na esfera jurídica do sujeito passivo há um acréscimo patrimonial não justificado de valores considerados bastante superiores ao normal.

[182] Cf. Na jurisprudência, Acórdão do Tribunal Central Administrativo Sul de 16/12/2020, processo n.º 77/09.3BELRS, disponível em www.dgsi.pt.

Todavia importa sublinhar que, nos moldes de termos do art. 60.º/1, al. d) LGT existiu uma preterição do direito de audiência prévia, sendo a audição do visado indispensável tendo em consideração que estamos perante a aplicação de métodos indiretos na modalidade de manifestações de fortuna.

O rendimento do jogo não é tributado em sede de IRS, pois considera-se que o seu valor sofre já tributação fruto da Lei do Jogo.

No que concerne às manifestações de fortuna, foi aplicável a António o rendimento padrão de quando se compra um imóvel de valor igual ou superior a 250.000,00 euros – ou seja, supõe-se que este auferiu rendimentos no valor de 60.000,00 euros (300.000 x 0.20).

António poderia reagir por recurso ao mecanismo previsto no art. 89.ºA/7 LGT – desta decisão de aplicação de métodos indiretos, caberá recurso para o tribunal tributário, com efeito suspensivo, e tramitada como processo urgente, não sendo aplicável o procedimento constante do art. 91.º e seguintes da LGT[183]. Para tal, ao nível contencioso, irão aplicar-se com as necessárias adaptações a tramitação prevista no art. 146.º-B do CPPT.

De sublinhar que para lançar mão do mecanismo previsto no art. 89.A/7 da LGT, António disporia de um prazo muito curto para o fazer – 10 dias, contados desde a notificação da decisão, sendo este prazo contado nos moldes e termos do art. 20.º/2 CCPT – isto é, a contagem do prazo não se suspende aos sábados, domingos ou feriados.

74) MARIA É PROPRIETÁRIA DE UM PRÉDIO URBANO, QUE LHE HAVIA SIDO DOADO PELA SUA MÃE, TENDO-O POSTERIORMENTE VENDIDO A MANUEL POR 200.000,00 EUROS. MANUEL ARRENDOU ESSE IMÓVEL POR 11.000,00 EUROS ANUAIS A MÁRCIA – ADVOGADA QUE O TRANSFORMOU NO SEU ESCRITÓRIO.

Enquadre os factos tributários referidos no âmbito das normas de incidência dos impostos a que respeitam.

i. **Doação da mãe à sua filha** – art. 1.º/1 Imposto de selo – no entanto, a doação é isenta nos moldes do art. 6.º.
ii. **Propriedade do prédio urbano pela Maria:** Arts. 1.º e 2.º do CIMI. Imposto sobre o património. Sujeição passiva nos moldes do art. 8.º CIMI. Imposto sobre o património – sujeição passiva por parte de Manuel uma vez que é agora proprietário do prédio urbano e sujeito passivo de IMI – art. 8.º CIMI.

[183] Para maiores desenvolvimentos, na jurisprudência, Acórdão do Supremo Tribunal Administrativo de 18/11/2020, processo n.º 01161/16.2BEPNF, disponível em www.dgsi.pt.

iii. **Transmissão onerosa de bem imóvel de Maria para Manuel:** Arts. 1.º e 2.º CIMT. Imposto sobre o património. Sujeição passiva: art. 4.º do CIMT – por parte de Manuel. Imposto de Selo – celebração do contrato: art. 1.º, n.º 1 do CIS. Sujeição passiva: Arts. 2.º e 3.º.

iv. **Venda do prédio doado pela Maria:** Tributável na categoria G – art. 9.º e 10.º/1, al. a) e 4.º do CIRS, salvo se verificada a hipótese prevista no art. 10.º/5, uma vez que, os requisitos são

v. **Arrendamento do imóvel por Manuel a Márcia:** Art. 1.º/1 do CIS: celebração do contrato. Sujeição passiva: arts. 2.º e 3.º, n. 3, al. b) – Manuel.

vi. **Obtenção de rendimentos com o arrendamento do imóvel:** Opção por parte de Manuel, este poderá optar por ser tributado pela categoria B – art. 4.º/2 ao que denominamos o fenómeno de "empresarialização de rendimentos" ou poderá optar pelo regime regra – o art. 8.º, relativos aos rendimentos prediais. A escolha entre um dos dois regimes produzirá efeitos essencialmente no que concerne às deduções realizáveis – uma vez que enquanto a categoria B será sempre pelo englobamento do art. 68.º, a categoria F poderá realizar as deduções previstas no art. 41.º. Assim sendo, esta escolha parte do sujeito passivo de molde a perceber o que será mais vantajoso para o seu caso concreto.

vii. **Obtenção de rendimentos pela Márcia com a prestação de serviços de advogada:** atividades enquadráveis nos moldes do CIRS, art. 1.º, 3.º n. 1, al. b) imposto sobre o rendimento e sujeição passiva de Márcia nos termos do art. 13.º CIRS.

viii. **Prestação de serviços por parte de Márcia:** Art. 1.º, n.º 1 CIVA – imposto sobre o consumo. Sujeição passiva nos moldes do art. 2.º/1, al. a).

75) MARTA AUFERE ANUALMENTE JUROS DE UM DEPÓSITO A PRAZO DE QUE É TITULAR NUM BANCO. JÁ CARLOS E CARLA SÃO TRABALHADORES DA EMPRESA DE QUE MARTA É GERENTE – RECEBENDO UMA REMUNERAÇÃO MENSAL NO VALOR DE 1300,00 EUROS.

R: A substituição tributária encontra-se prevista e regulada nos moldes do art. 20.º LGT – trata-se de uma forma de simplificação e agilização fiscal, que acarreta vantagens tanto para a esfera do contribuinte como do Estado.

No caso, relativamente aos juros estes estão previstos em sede de IRS, nos termos do art. 71.º CIRS e determinam-se como "taxas liberatórias" – caracterizadas pela existência de uma substituição total, sendo esta apelidada de retenção na fonte a título definitivo. Assim, existe um terceiro que por imposição da lei terá obrigatoriamente de deduzir rendimentos entregando-os ao

Estado, o contribuinte com verdade capacidade tributária não entra sequer na relação tributária.

Já no que respeita aos salários dos trabalhadores – haverá que se levar em consideração o disposto no art. 98.º e 99.º CIRS quanto à retenção na fonte, sendo relativamente aos trabalhadores por conta de outrem feito a título de pagamento por conta de imposto devido a final.

76) SUPONHA QUE A. PRETENDE IMPUGNAR JUDICIALMENTE O ATO DE AUTOLIQUIDAÇÃO DE IVA RELATIVO AO ÚLTIMO TRIMESTRE DE 2014. PODERÁ FAZÊ-LO?

R: A regra no ordenamento jurídico português é de que a reclamação graciosa assume um carácter facultativo, sendo residuais as exceções que a lei comporta a esta voluntariedade.

As questões relativas a autoliquidações, nomeadamente em sede de IVA, são uma das exceções a esta voluntariedade (cf. art. 131.º, n.º 1 do CPPT[184]) – tornando a impugnação judicial dependente desta. A reclamação poderá ser realizada no prazo de 2 anos. Pelo que, em princípio, em 2021, a reclamação não seria tempestiva.

77) CASO: A., SUJEITO PASSIVO DE IRS, ENTREGOU TEMPESTIVAMENTE A SUA DECLARAÇÃO MODELO 3. PORÉM, POUCOS DIAS APÓS A ENTREGA, FOI-LHE DIAGNOSTICADO UM TUMOR MALIGNO (CANCRO). A., REQUEREU AO SEU MÉDICO DE FAMÍLIA O ATESTADO MULTIUSOS DE INCAPACIDADE PARA BENEFICIAR DO REGIME DAS DEDUÇÕES À COLETA EM IRS PARA PESSOAS COM DEFICIÊNCIA. VOLVIDOS 6 MESES, A. OBTEVE O ATESTADO MULTIUSOS E NESSE MESMO DIA APRESENTOU RECLAMAÇÃO GRACIOSA PARA REAVER RETROATIVAMENTE OS VALORES DE IRS DEVIDOS, PORÉM A AUTORIDADE TRIBUTÁRIA ARGUMENTOU QUE JÁ SE ENCONTRAVA ULTRAPASSADO O PRAZO DE 120 DIAS DE RECLAMAÇÃO GRACIOSA? *QUID IURIS*?

R: Decorre do disposto no artigo 70.º, n.º 1, do CPPT, que a reclamação graciosa pode ser deduzida com os mesmos fundamentos previstos para a impugnação judicial e será apresentada no prazo de 120 dias contados a partir dos factos previstos no artigo 102.º, n.º 1, do CPPT.

Contudo, o legislador contemplou, no artigo 70.º, n.º 4, do CPPT, uma exceção à forma de contagem do prazo previsto no n.º 1 do mesmo normativo ao prever que "*Em caso de documento ou sentença superveniente, bem como de qualquer outro facto que não tivesse sido possível invocar no prazo previsto no n.º 1, este*

[184] Na jurisprudência, Acórdão do Tribunal Central Administrativo Sul de 03/05/2018, processo n.º 1719/10.3BELRS, disponível em www.dgsi.pt.

conta-se a partir da data em que se tornou possível ao reclamante obter o documento ou conhecer o facto".

Assim, é indubitável que Atestado Médico de Incapacidade Multiusos é um documento superveniente à entrega da Declaração de IRS, pelo que, quanto ao modo de contagem do prazo de reclamação graciosa, incluir-se-á neste n.º 4, ou seja, o prazo de contagem dos 120 dias apenas se inicia com a obtenção do referido atestado pois, que sem a certificação da incapacidade não poderia ser reconhecido nem o direito ao benefício fiscal, nem a possibilidade de impugnar, administrativa ou judicialmente, as liquidações sindicadas.

Em conclusão, estando a prova da situação de deficiência dependente da comprovação através de Atestado Médico de Incapacidade Multiusos, nunca poderia a A., em momento anterior, ter informado a Autoridade Tributária da sua situação tributária em virtude da sua deficiência que lhe confere uma incapacidade[185].

Razão pela qual, a reclamação graciosa é tempestiva.

78) CASO: SUPONHA QUE O SUJEITO PASSIVO B., BASTANTE IDOSO E DEBILITADO, AO PREENCHER O ANEXO G "MAIS-VALIAS E OUTROS INCREMENTOS PATRIMONIAIS" DA DECLARAÇÃO MODELO 3 DE IRS, AO INVÉS DE DECLARAR O VALOR DE €10.000,00, INSCREVEU POR MERO LAPSO, O VALOR DE €1.000.000,00. VOLVIDOS 2 ANOS, OS FILHOS DE B., DETETARAM O LAPSO E PRETENDEM CORRIGI-LO. A AUTORIDADE TRIBUTÁRIA ARGUMENTA QUE JÁ FOI ULTRAPASSADO O PRAZO DE RECLAMAÇÃO GRACIOSA E QUE NADA PODERÁ SER FEITO.
QUID IURIS?

R: Os filhos de B., poderão lançar mão do mecanismo de revisão do ato tributário (cf. art.º 78.º da LGT). A revisão do ato tributário no âmbito da LGT, constitui um meio administrativo de correção de erros de atos de liquidação de tributos, que é admitido como complemento dos meios de impugnação administrativa e contenciosa desses atos, a deduzir nos prazos normais respetivos e que tem em vista possibilitar sanar injustiças de tributação tanto a favor do contribuinte como a favor da administração (cf. artigo 78.º, n.º 6, da LGT e artigo 86.º, n.º 4, al. a) do CPPT), assegurando a observância dos princípios da legalidade, justiça, igualdade e imparcialidade [cf. artigo 266.º, n.º 2, da Constituição da República Portuguesa "CRP")].

[185] Na jurisprudência, Acórdãos do Supremo Tribunal Administrativo a 02/11/2011, processo n.º 0329/11 e Tribunal Central Administrativo Sul de 14/02/2019, processo n.º 1184/09.8SNT, ambos disponíveis em www.dgsi.pt.

Resulta, assim, do preceituado no art.º 78 da LGT que a possibilidade de revisão do ato tributário se encontra, quer na esfera dos sujeitos passivos, quer da própria Autoridade Tributária, sendo que a doutrina e jurisprudência dos tribunais superiores tem entendido, de forma unânime, que existe, efetivamente, um dever de a Autoridade Tributária concretizar a revisão de atos tributários, a favor do contribuinte, quando detetar uma situação de ilegalidade, seja por sua iniciativa ou a pedido do contribuinte[186].

O caso em análise enquadrar-se-ia no disposto no art.º 78/4 da LGT, que prevê que o dirigente máximo do serviço pode autorizar, excecionalmente, nos três anos posteriores ao do ato tributário, a revisão da matéria tributável apurada com fundamento em "injustiça grave" ou "notória", desde que o erro não seja imputável a comportamento negligente do contribuinte. Por seu turno, o n.º 5 do mesmo artigo qualifica como "injustiça notória" aquela que se apresenta ostensiva e inequívoca, e, "grave" aquela que resulta de tributação manifestamente exagerada e desproporcionada com a realidade ou, que consubstancia um elevado prejuízo para a Fazenda Nacional.

Ora, o caso apresentado não pode ser configurado como uma situação de "comportamento negligente" pois, A., sendo idoso e debilitado é facilmente compreensível a dificuldade de preenchimento das declarações de rendimentos, configurando um *lapsus calimi.* Por outro lado, o facto de A., ser tributado por 1.000.000,00€ ao invés de €10,000,00 configura um exemplo paradigmático de "injustiça grave e notória".

Assim, não assiste razão à Autoridade Tributária, estando esta, inclusivamente, obrigada a realizar a sua revisão oficiosa na senda da jurisprudência mais recente do Supremo Tribunal Administrativo.

79) CASO: SUPONHA QUE C., EMIGRANTE NA SUÍÇA DURANTE DE 40 ANOS, REFORMA-SE E REGRESSA A PORTUGAL PARA USUFRUIR DA SUA REFORMA. ASSIM, A FIM DE PREPARAR O SEU REGRESSO, REQUEREU A ISENÇÃO DO IMPOSTO SOBRE VEÍCULOS NA IMPORTAÇÃO PARA PORTUGAL DO VEÍCULO DE PASSAGEIROS QUE ADQUIRIU E UTILIZAVA NA SUIÇA PARA OS SEUS PASSEIOS DE FIM DE SEMANA. A ALFÂNDEGA DE LISBOA, POR DESPACHO, DEFERIU O PEDIDO DE ISENÇÃO. CONTUDO, VOLVIDOS 3 ANOS, A ALFÂNDEGA VEIO ANULAR O ATO, RGUMENTANDO QUE MELHOR ANALISADO O SEU CASO, NÃO SE ENCONTRAVAM, AFINAL, VERIFICADOS OS PRESSUPOSTOS PARA USUFRUI DA ISENÇÃO DO IMPOSTO SOBRE VEÍCULOS.

[186] Na jurisprudência, Acórdão do Supremo Tribunal Administrativo de 10/11/2021, processo n.º 0209/13.7, disponível em www.dgsi.pt.

PODERIA A ALFÂNDEGA DETERMINAR A SUA ANULAÇÃO VOLVIDOS 3 ANOS? QUAL SERIA O MEIO PROCESSUAL CORRETO PARA REAGIR CONTRA ESTA ANULAÇÃO?

R: A isenção de ISV caracteriza-se como um benefício fiscal dependente de reconhecimento (cf. arts.º 2.º/2 e 5.º/3 EBF). A isenção constitui, por conseguinte, facto impeditivo do nascimento da obrigação tributária, na medida em que impede ou paralisa a eficácia constitutiva do facto tributário, e pode resultar de aplicação automática ou depender de ato administrativo de reconhecimento, nos termos conformados pela lei em cada caso[187].

Importa trazer à colação o disposto no art. 14.º, n.º 4 do EBF que prevê a proibição da revogação do ato administrativo que concede um benefício fiscal, salvo se houver inobservâncias das obrigações impostas imputáveis ao beneficiário, ou se o benefício tiver sido indevidamente concedido, caso em que o ato pode ser revogado[188].

Ora, o despacho que reconheceu a isenção a C., caracteriza-se como o ato de reconhecimento de direito ao autor do benefício fiscal, configura um ato administrativo pois, através desse ato administrativo, praticado no exercício de podres vinculados, a Alfândega reconheceu e declarou que estão verificados os pressupostos de facto e de direito fixados na norma que atribuiu o benefício fiscal.

Assim o sendo, a jurisprudência dos tribunais superiores é uniforme relativamente ao regime legal aplicável quanto à determinação das consequências jurídicas da invalidade de ato administrativo em matéria tributária de concessão de benefício fiscal, no conspecto da possibilidade legal da sua anulação. Haverá, pois, que aplicar as normas do Código do Procedimento Administrativo, mais precisamente as regras dos art.º 165/2 e seguintes, em conformidade com o que dispõe o art. 2.º, al. e) do CPPT e 2.º da LGT.

O ato de reconhecimento de isenção de ISV é um ato constitutivo de direitos na aceção do art. 167.º/3 do CPA, pelo que, está sujeito ao prazo de anulação do art.º 168/2 CPA isto é, 1 ano a contar da respetiva emissão.

No caso apresentado, o ato foi anulado volvidos 3 anos da sua emissão, pelo que, a sua anulação é extemporânea e não poderá produzir efeitos, mantendo-se a isenção validamente na ordem jurídica.

O meio processual correto é a ação administrativa em matéria tributária [cf. art.º 97/1/al. p) do CPPT].

[187] Na jurisprudência, Acórdão do Supremo Tribunal Administrativo, processo n.º 0566/12 de 15/05/2013, disponível em www.dgsi.pt.

[188] Na jurisprudência, Acórdão do Supremo Tribunal Administrativo, processo n.º 0590/11 de 23/11/2011, disponível em www.dgsi.pt.

80) SERÁ A EMPRESA MUNICIPAL "PARQUE DE EXPOSIÇÕES – EXPO2024, E.M." SUJEITO PASSIVO DE IVA? JUSTIFIQUE.

R: Para se determinar se uma empresa municipal será sujeito passivo de IVA haverá de ser conjugado o disposto no art. 2.º/2 do CIVA com a jurisprudência do TJUE. Da análise da jurisprudência do Tribunal de Justiça da União Europeia ("TJUE"), resulta o entendimento jurisprudencial reiterado de que por via da aplicação do artigo 13.º, n.º 1, 1.º parágrafo, da Diretiva 2006/112/CE (correspondente ao artigo 2.º, n.º 2 do CIVA), se encontra excluída de sujeição a IVA a atividade desenvolvida por organismos de direito público quando exercida na qualidade de autoridade pública[189].

Pelo que, de forma a apreciar e decidir se, a empresa municipal apesar de desenvolver uma atividade económica que se encontra, em princípio, sujeita a tributação em IVA, deverá ter como verificados os requisitos do artigo 13.º, n.º 1, 1.º parágrafo, da Diretiva 2006/112/CE, segundo o qual, *"(...) os organismos de direito público não são considerados sujeitos passivos relativamente às atividades ou operações que exerçam na qualidade de autoridades públicas (...)"*, o que pressupõe a verificação cumulativa de três requisitos que resultam da interpretação do artigo 2.º, n.º 2 do CIVA, em consonância com a jurisprudência europeia supracitada. A saber:

i) o exercício da atividade por um organismo de direito público;
ii) que atue na qualidade de autoridade pública e,
iii) que a sua não sujeição não origine distorções de concorrência significativas.

Conclui-se, portanto, que a classificação de uma empresa municipal como sujeito passivo de iva, depende pois, de uma análise casuística em consonância com a jurisprudência da união europeia.

81) QUAIS OS REQUISITOS PARA A ATRIBUIÇÃO DE JUROS COMPENSATÓRIOS?

R: Nos termos do disposto no artigo 43.º, n.º 1 da LGT, há direito a juros indemnizatórios quando, em reclamação graciosa ou impugnação judicial, se determine que houve erro imputável aos serviços, de que resulte pagamento da divida tributária em montante superior ao legalmente devido.

O pagamento de juros indemnizatórios obedecer à verificação de quatro requisitos de índole cumulativa, os quais se passam a elencar[190]:

i. Que haja um erro no ato de liquidação do tributo;

[189] Na jurisprudência, Acórdãos do TJUE, C-202/90, de 12/09/2001, C-276/97, de 21/05/2008, C-456/07, de12/06/2008, disponíveis em curia.eu.

[190] Na jurisprudência, Acórdãos do Supremo Tribunal Administrativo de 20/01/2010 e 02/12/2009, proferidos nos processos n.ºs 0937/09 e 0892/09, disponíveis em www.dgsi.pt.

ii. Que a existência desse erro seja imputável aos serviços;
iii. Que a existência desse erro seja determinada em processo de reclamação graciosa ou impugnação judicial;
iv. Que desse erro tenha resultado o pagamento de uma dívida tributária superior ao legalmente devido.

82) CASO: SUPONHA QUE A AUTORIDADE TRIBUTÁRIA, EM 2020, REALIZOU UMA INSPEÇÃO TRIBUTÁRIA À "TUDOBARATUXO, LDA.". FINDA A INSPEÇÃO, APLICOU MÉTODOS INDIRETOS PARA DETERMINAÇÃO DA MATÉRIA COLETÁVEL POR RECURSO À MATÉRIA TRIBUTÁVEL DO ANO MAIS PROXIMO (2017) QUE SE ENCONTRAVA DETERMINADA PELA AT.
A., GERENTE DA "TUDOBARATUXO, LDA.", ACEITOU O RECURSO A MÉTODOS INDIRETOS, PORÉM NÃO SE CONFORMA COM O CRITÉRIO UTILIZADO POR CONSIDERAR DESAJUSTADO EM VIRTUDE DO IMPACTO NO COMÉRCIO DA PANDEMIA COVID-19.
A QUEM COMPETE O ONÚS DA PROVA ESTE ERRO NA QUANTIFICAÇÃO? SERIA PROCEDENTE?

R: O recurso a matéria tributável do ano ou anos mais próximos que se encontre determinada pela administração tributária constituiu, em abstrato, um método adequado para a quantificação da matéria tributável por métodos indiretos, encontrando-se expressamente previsto nos termos e moldes do artigo 90.º, n.º 1, alínea g) da LGT e sendo comumente abordado pela jurisprudência[191].

Pelo que, caberá neste ponto ao sujeito passivo, demonstrar que existiu erro grosseiro ou manifesto no apuramento da matéria tributável, evidenciado desacerto nos critérios utilizados pela Administração Tributária.

Ora, trata-se de um facto notório (cf. art.º 411.º CPC), não carecido de invocação ou produção de prova, os efeitos nefastos económicos produzidos pela pandemia covid-19. Razão pela qual, a utilização de matéria tributável do ano de 2017 para a fixação dos valores respeitantes a 2020, ano em que durante meses a fio o comércio se manteve fechado por imposições governamentais, só poderá conduzir a resultados distorcidos e desfasados da realidade do sujeito passivo.

Em suma, o ónus da prova impendia sobre o sujeito passivo, sendo que, face à situação em análise, existirá erro na quantificação por esta se encontrar desfasada da realidade do ano de tributação (2020).

[191] Na jurisprudência, Acórdão do Tribunal Central Administrativo Norte de 05/11/2020, processo n.º 004653/04, disponível em www.dgsi.pt.

83) CASO: O SUJEITO PASSIVO B., FOI ALVO DE UMA INSPEÇÃO TRIBUTÁRIA, TENDO-LHE SIDO APLICADOS MÉTODOS DIRETOS. B., INDIGNADO, CONSIDERA QUE EXISTINDO UMA INPSEÇÃO TRIBUTÁRIA TERIA O DIREITO DE SER TRIBUTADO POR RECURSO A MÉTODOS INDIRETOS. TERÁ RAZÃO?

R: O sujeito passivo B., não tem razão. Sempre que esteja em causa, apenas a qualificação jurídica dos factos fiscalmente relevantes, na medida em que estes sejam efetivamente do domínio da AT, porque incontroversos, desde logo porque revelados pelos contribuintes ou porque cheguem ao seu conhecimento através de terceiros, o Fisco, concluindo pela falta de aderência à realidade dos elementos declarados pelo contribuinte, apenas os poderá corrigir através de meras correções técnicas/aritméticas.

Ou seja, o pressuposto inultrapassável para que a AF, vinculadamente, lance mão dos métodos diretos, tal possibilidade radica na circunstância de os factos fiscalmente relevantes serem, à luz dos parâmetros de razoabilidade e normalidade incontroversamente conhecidos – caso em que não pode deixar de corrigir aritmeticamente, obstando à aplicação dos métodos indiretos[192].

84) QUAIS OS PRESSUPOSTOS PARA O RECEBIMENTO DE INDEMNIZAÇÃO POR PRESTAÇÃO INDEVIDA DE GARANTIA?

R: Os pressupostos para o recebimento de indemnização resultante da prestação indevida da garantia, encontram-se plasmados nos termos do art.º 53 da LGT e do art. 171.º do CPPT.

Da interpretação conjunta dos dois normativos resulta que o devedor que tenha obtido a suspensão da execução fiscal contra si instaurada através da prestação de garantia bancária (ou equivalente) tem o direito de ser indemnizado total, ou parcialmente, pelos prejuízos emergentes dessa prestação, quando se verificar em sede de impugnação judicial que a liquidação impugnada tem na sua gênese erro imputável à Administração Tributária, devendo, nesse caso, o pedido indemnizatório ser formulado no processo de impugnação judicial contra essa liquidação.

Simultaneamente à verificação dos aludidos requisitos, cabe ao Tribunal verificar o valor da indemnização nos termos e moldes do disposto no artigo 53.º, n.º 3 da LGT recorrendo a um juízo que permita avaliar os efetivos prejuízos resultantes da sua prestação, nos termos do n.º 1, carecendo tais valores de quantificação e comprovação pelo requerente. Mais se acrescenta que, tal comprovação é apenas passível de ser realizada nos casos em que o requerente

[192] Na jurisprudência, Tribunal Central Administrativo Norte, em acórdão proferido a 30/09/2015, no âmbito do processo n.º 196/09.6BEAVR, disponível em www.dgsi.pt.

da indemnização dê cumprimento ao seu ónus de alegação e prova da efetiva existência de prejuízos resultantes da prestação da garantia, quantificando o seu respetivo valor.

85) SUPONHA QUE A ASSOCIAÇÃO RECREATIVA "PASSARINHOS DA RIBEIRA", SEM ESCOPO LUCRATIVO E NÃO SUJEITO PASSIVO DE IVA, EMITIU RECIBOS NOS QUAIS, POR LAPSO, FEZ CONSTAR "IVA INCLUÍDO". SUPORTARÁ O IVA MENCIONADO? SE SIM, POR QUE RAZÃO?

R: Sim. Dispõem os arts. 2.º, n.º 1, alínea c) e 26.º, n,.º 2 do CIVA que tornam-se sujeitos passivos de IVA, as pessoas singulares ou coletivas que, em fatura ou documento equivalente, mencionem indevidamente IVA. Sendo que após esta menção, deverão entregar o correspondente imposto devido no prazo de 15 dias após a emissão da fatura.

Assim sendo, da conjugação das normas citadas resulta que nos casos de IVA indevidamente mencionado, ainda que por erro ou ignorância, haverá lugar à sua entrega nos cofres estaduais. Pelo que, quanto a este ponto o procedimento adotado pela Autoridade Tributária não merece censura.

Na senda de jurisprudência consolidada do Supremo Tribunal Administrativo, *"(...) a simples menção do IVA nos referenciados documentos, mesmo que porventura descabida, por não haver lugar ao mesmo, origina obrigação de imposto."*[193]

Não poderia ser outra a solução jurídica tendo em consideração que o sujeito passivo destinatário da fatura usufruiu do direito de dedução respetivo, uma vez que, a simples menção do IVA em fatura origina a obrigação de pagar, independentemente da qualidade do emissor. Assim, o destinatário que seja sujeito passivo terá sempre o direito a deduzir o IVA constante da fatura, tenha sido esta indevidamente (ou não) emitida.

Na verdade, esta disposição constante da al. c) do n.º 1 do artigo 2.º do CIVA, "(...) visa garantir que existe uma correspondência entre a obrigação de pagamento do imposto e o direito à dedução, que resulta da condição de sujeito passivo", sendo que em matéria de imposto indevidamente mencionado e repercutido também a jurisprudência europeia[194].

[193] Na jurisprudência, Acórdão do Supremo Tribunal Administrativo de 27/01/2016, processo n.º 0807/15, disponível em www.dgsi.pt.

[194] A título exemplificativo, Acórdão *Fatorie* C-424/12 de 06 de fevereiro de 2014, disponível em curia.eu.

86) QUE DOCUMENTOS SERÃO EXIGIDOS PARA COMPROVAR OS GASTOS OU PERDAS NA ACEÇÃO DO ART. 23.º DO CIRC?

R: O disposto no art.º 23 do CIRC encontra-se conexionado com o disposto no art.º 42/1/g) do mesmo diploma que prevê não serem dedutíveis para efeitos da determinação do lucro tributável os encargos não devidamente documentados.

A questão da documentação dos custos em sede de IRC tem vindo a ser amplamente discutida na jurisprudência dos tribunais superiores[195].

No que respeita à dedutibilidade de gastos em sede de imposto sobre o rendimento, não se justificam exigências formais de índole tão severa como as previstas para o IVA, pressupondo-se, em regra, para efeitos de dedutibilidade dos custos fiscais em IRC, a elaboração de um documento justificativo com a menção das características fundamentais da operação, competindo à Administração Tributária a prova da sua inexatidão ou da inexistência (total ou parcial) da relação subjacente. Ainda que, em sede de IRC, a dedutibilidade de custos não revista um regime tão específico e completo como o do IVA, tal não desonera o sujeito passivo de possuir um suporte formal idóneo com uma certa densidade.

Sublinhe-se que não é todo e qualquer documento que se afigura como apto para documentar um custo, já que apenas o são aqueles que contenham os elementos essenciais da operação que titulam, por forma a possibilitar à Administração Tributária quer o controle da legalidade da dedução para efeitos fiscais do gasto, quer da respetiva tributação dos montantes auferidos pelos prestadores de serviço[196].

87) SE A RECLAMAÇÃO GRACIOSA FOR APRESENTADA INTEMPESTIVAMENTE HÁ LUGAR À EXCEÇÃO DILATÓRIA DE CADUCIDADE DO DIREITO DE AÇÃO?

R: Não. A concluir-se pela extemporaneidade da reclamação graciosa, a posterior impugnação judicial não deve ser julgada extemporânea, mas terá de improceder por <u>inimpugnabilidade do ato</u> e não por caducidade do direito de impugnar judicialmente[197].

[195] A título exemplificativo, veja-se o Acórdão do Tribunal Central Administrativo Norte de 27/10/2021, processo n.º 00446/09.9BEPRT, disponível em www.dgsi.pt.

[196] Na doutrina, Moura Portugal, A., "A Dedutibilidade dos Custos na Jurisprudência Portuguesa", Coimbra Editora, 2004, p. 189 e Cantista Tavares, T., "Da relação de dependência parcial entre a contabilidade e o direito fiscal na determinação do rendimento tributável das pessoas colectivas: algumas reflexões ao nível dos custos", Ciência e Técnica Fiscal, 396, pp. 123 e seguintes.

[197] Na jurisprudência, Acórdão do Supremo Tribunal Administrativo de 31/05/2017, processo n.º 01609/13, disponível em www.dgsi.pt.

88) PODE A AUTORIDADE TRIBUTÁRIA CONVOLAR UMA RECLAMAÇÃO GRACIOSA EM PEDIDO DE REVISÃO OFICIOSA?

R: As possibilidades de convolação para o procedimento tributário estão previstas no art.º 52, do CPPT.

A revisão oficiosa é um poder-dever da AT, atento o princípio da legalidade, motivo pelo qual a jurisprudência dos nossos Tribunais superiores vem sublinhando que, e atendendo ao expressamente disposto no referido n.º 7 do art. 78.º da LGT, a revisão oficiosa nos termos reservados à AT pode ser realizada a "pedido do sujeito passivo", que a pode espoletar ainda que se mostre ultrapassado o prazo para a reclamação graciosa, ou que a reclamação graciosa prevista no art. 131.º do CPPT não tenha sequer chegado a ser interposta.

Caso se tenham como verificados os requisitos atinentes ao pedido de revisão oficiosa do art. 78.º da LGT, a AT encontra-se obrigada a efetuar a convolação em obediência ao princípio da colaboração com os contribuintes (cf. art. 59.º da LGT e 48.º, n.º 1 do CPPT), assim como aos princípios da celeridade e eficiência [cf. arts. 55.º da LGT, e 10.º do CPA, na redação então em vigor, aplicável ex vi art. 2.º, alínea d) do CPPT][198].

89) PODE O JUIZ CONVOLAR UMA IMPUGNAÇÃO JUDICIAL EM PEDIDO DE REVISÃO OFICIOSA?

R: Não. A possibilidade de convolação processual está prevista no art.º 52.º da LGT para o procedimento tributário e no art.º 98 da LGT para o processo judicial. Todavia, não há, assim, qualquer suporte legal para em caso de utilização indevida de um meio procedimental, as peças processuais poderem ser aproveitadas como processo judicial, nem o inverso, desde logo, porque as entidades competentes para tal decisão de convolação são diferentes[199].

90) QUAL A FORÇA PROBATÓRIA DE UM AUTO DE DECLARAÇÕES LAVRADO PELA AUTORIDADE TRIBUTÁRIA? E SE, EM AUDIÊNCIA, O IMPUGNANTE EM DECLARAÇÕES DE PARTE, REFERIR QUE MENTIU NAS DECLARAÇÕES PRESTADAS NO AUTO DE DECLARAÇÕES POR, NO MOMENTO, SE ENCONTRAR EXTREMAMENTE NERVOSO?

R: Recorrendo a conceitos de índole civilística, este "auto de declarações" configura, na aceção do artigo 362.º, 2.ª parte do CC, um documento, pois "*(...) diz-se documento qualquer objeto elaborado pelo homem com o fim de reproduzir ou representar uma pessoa, coisa ou facto.*". Trata-se pois, de um documento autên-

[198] Na jurisprudência, Acórdão do Tribunal Central Administrativo Norte de 15/04/2021, processo n.º 02010/12.6BEPRT, disponível em www.dgsi.pt.

[199] Na jurisprudência, Acórdão do Supremo Tribunal Administrativo de 20/04/2020, processo n.º 0627/04.1BECBR, disponível em www.dgsi.pt.

tico na aceção do art.º 363/2 do CC. Assim o sendo, a sua força probatória é a prevista no art. 371.º do CC e assim o sendo, *"os documentos autênticos fazem prova plena dos factos que regerem como praticados pela autoridade ou oficial público respetivo"*. Pelo que, que resulta do disposto no artigo 371.º do CC e se encontra pacificado nos tribunais das instâncias superiores é que, apenas os factos que o documento refere terem sido praticados por autoridade ou oficial público é que fazem prova plena[200].

Quanto à hipótese de o impugnante alegar que o auto de declarações não é verdade pois, mentiu nas declarações, sublinha-se que os factos que resultam das declarações prestadas vertidas no "termo de declarações", não revestem força probatória plena, e, portanto, a sua elisão não se encontra vinculada à invocação da falsidade do documento[201].

As declarações tomadas configuram tão-somente um reconhecimento dos factos que declarou, mas que admite sempre que seja feita prova de que os factos declarados não correspondem à verdade, e admite também que o próprio declarante possa retratar-se por erro, e fazer prova de que os factos declarados não são verdadeiros, como sucedeu no caso dos autos.

91) HÁ LUGAR AO PAGAMENTO DE JUROS INDEMNIZATÓRIOS QUANDO A LIQUIDAÇÃO IMPUGNADA TENHA POR FUNDAMENTO A CADUCIDADE DO DIREITO DE AÇÃO?

R: Nos termos do disposto no artigo 43.º, n.º 1 da LGT, há direito a juros indemnizatórios quando, em reclamação graciosa ou impugnação judicial, se determine que houve erro imputável aos serviços, de que resulte pagamento da divida tributária em montante superior ao legalmente devido.

Em resumo, o pagamento de juros indemnizatórios obedecer à verificação de quatro requisitos de índole cumulativa, os quais se passam a elencar:

i. Que haja um erro no ato de liquidação do tributo;
ii. Que a existência desse erro seja imputável aos serviços;
iii. Que a existência desse erro seja determinada em processo de reclamação graciosa ou impugnação judicial;
iv. Que desse erro tenha resultado o pagamento de uma dívida tributária superior ao legalmente devido.

É jurisprudência consolida do Supremo Tribunal Administrativo que, quando o ato de liquidação objeto de impugnação é anulado por caducidade

[200] Na jurisprudência, Acórdão do Supremo Tribunal de Justiça de 23/05/2019, processo n.º 3583/16.4T8BR, disponível em www.dgsi.pt.

[201] Acórdão do Tribunal da Relação de Guimarães de 20/01/2022, processo n.º 7105/19.2T8GMR.G1, disponível em www.dgsi.pt.

do direito à liquidação, não há suporte, ao abrigo do disposto no artigo 43.º da LGT, para a atribuição de juros indemnizatórios ao impugnante, uma vez que, não implica a existência de qualquer erro sobre os pressupostos de facto ou de direito da liquidação[202].

92) ENUNCIE OS PRESSUPOSTOS QUE DEVERÃO ESTAR PREENCHIDOS PARA O INCIDENTE DE EMBARGOS DE TERCEIROS SER PROCEDENTE.

R: Os Embargos de Terceiro, tal como determina al. a) do n.º 1 do art.º 166 do CPPT, são um dos incidentes admitidos no âmbito do processo de execução fiscal, disciplinado nos arts.º. 237 e 238 do CPPT, e no que nestes artigos não estiver estabelecido, pelas disposições aplicáveis à oposição à execução, nos termos do estatuído no art.º 167 do CPPT.

Ora, analisando aquele preceito legal, verifica-se que a procedência do incidente de Embargos de Terceiro depende da verificação cumulativa dos seguintes pressupostos:

i) que o embargante seja terceiro;
ii) que tivesse posse ou outro direito incompatível com a realização da diligência, suscetível de ser atendida e reconhecida em juízo;
iii) que essa posse ou direito seja ofendido por diligência judicial;
iv) que a petição de embargos tenha sido tempestivamente apresentada.

93) ENUNCIE OS PRESSUPOSTOS DE QUE DEPENDE O DECRETAMENTO DO ARRESTO.

R: O arresto consiste numa apreensão judicial de bens, destinada a garantir a cobrança dos créditos tributários, o qual pode ser requerido antes da instauração do processo de execução fiscal, ao abrigo do disposto no art.º 136 do CPPT, ou já na sua pendência, nos termos do art.º 214 do CPPT.

O decretamento do arresto depende da verificação cumulativa dos seguintes requisitos:

i) Haver fundado receio da diminuição da garantia de cobrança de créditos tributáveis;
ii) O tributo em causa estar liquidado ou em fase de liquidação;

Mais se acrescenta que compete ao requerente o ónus da prova dos factos integrantes do fundado receio de diminuição das garantias do crédito tributário, não bastando um receio meramente eventual ou hipotético, mas um receio apreciado objectivamente e não apenas na óptica pessoal do requerente. Deverá ainda relacionar e identificar devidamente os bens que pretende ver

[202] Na jurisprudência, Acórdão do Supremo Tribunal Administrativo de 08/06/2022, processo n.º 0503/19.3BELRS, disponível em www.dgsi.pt.

rrestados, os quais devem ser suficientes para garantir a cobrança do respetivo crédito fiscal (cf. arts. 136.º, n.º 4 e 137.º, n.º 2 do CPPT).

Importa ainda não olvidar que as providências cautelares devem ser proporcionais ao dano que visam evitar, bem como, não produzir "dano de impossível ou difícil reparação" (cf. art.º 51.º, n.º 2 da LGT), e ainda na obrigação de, sendo o arresto requerido em bens de valor superior ao necessário para a "segurança normal do crédito", o reduzir aos "justos limites" (art.º 393.º, n.º 2 do CPC *ex vi* do art.º 139.º do CPPT).

94) SUPONHA QUE É JUIZ NO TAF DE BEJA E QUE EM ADMISSÃO LIMINAR LHE É CONCLUSA UMA PETIÇÃO INICIAL DIRIGIDA AO TAF DO PORTO. O QUE FARIA?

R: Nesse caso o juiz deveria dar um despacho a pedir esclarecimentos sobre qual o tribunal a que pretende que a petição inicial seja dirigida, fixando um prazo de 10 dias (cf. artigo 23.º do CPPT), sob cominação da sua rejeição liminar na ausência de resposta.

95) CASO: SUPONHA QUE A., MANDATÁRIO, NA SUA PETIÇÃO INICIAL INDICA 3 TESTEMUNHAS RESIDENTES FORA DA ÁREA DE JURISDIÇÃO DO TRIBUNAL, INDICANDO A MORADA DESTAS E NADA MAIS REQUERENDO. QUAL É A REGRA EM PROCESSO TRIBUTÁRIO PARA A SUA APRESENTAÇÃO EM JUÍZO?

R: A regra é a do art.º 119/1 do CPPT, sendo as testemunhas residentes fora da área de jurisdição do tribunal, serão a apresentar. Poderiam ser notificadas pelo tribunal, caso o mandatário, na apresentação do requerimento probatório, fundadamente requeresse a notificação.

96) SUPONHA QUE NA FASE DE ADMISSÃO LIMINAR LHE É CONCLUSA UMA RECLAMAÇÃO DE ATOS DO ÓRGÃO DE EXECUÇÃO FISCAL (RAOEF) DA QUAL NÃO CONSTAM CONCLUSÕES. *QUID IURIS*?

R: Neste caso, o juiz deverá realizar um despacho de aperfeiçoamento, dando nota ao reclamante que a formulação de conclusões em sede de RAOEF é obrigatória em obediência ao art. 277.º/1 do CPPT.

97) RECEBIDOS OS ARTICULADOS E FINDA A FASE DA INSTRUÇÃO, O QUE SE SEGUE?

R: Abre-se prazo para alegações escritas (cf. art.º 120/1 do CPPT), sem prejuízo das partes prescindirem desse prazo (cf. art.º 120/2 do CPPT).

98) FINDO O PRAZO PARA ALEGAÇÕES, QUAL O MOMENTO PROCESSUAL QUE SE SEGUE?

R: Abre-se vista ao Ministério Público para emissão do parecer (cf. art.º 121 do CPPT).

99) CASO: A., APRESENTOU OPOSIÇÃO À EXECUÇÃO A FIM DE CONTESTAR O DESPACHO DO ÓRGÃO DE EXECUÇÃO FISCAL QUE DETERMINOU A ENTREGA DAS CHAVES DO IMÓVEL VENDIDO EM PROCESSO DE EXECUÇÃO FISCAL. *QUID IURIS*?

R: Visando o Executado a contestação de uma decisão do órgão da execução fiscal, apontando-lhe ilegalidades várias, era através da reclamação prevista no art.º 276 do CPPT que poderia almejar tal resultado, uma vez que, a oposição à execução não é o meio adequado a contestar o despacho do órgão de execução fiscal[203]. Cabia ao juiz perceber se a convolação no meio processual correto era útil por tempestiva.

Nos termos do disposto no art.º 277/1 do CPPT, a reclamação é apresentada no prazo de 10 dias a contar da notificação da decisão, prazo este que se conta nos termos do artigo 138.º do CPC (cf. art.º 20/2 do CPPT), uma vez que o processo de execução fiscal assume uma natureza judicial, tal como resulta do disposto no art.º 103/1 da LGT; o prazo de apresentação da reclamação suspende-se em período de férias judiciais e, terminando durante as férias, sábado, domingo, feriado ou dia de tolerância de ponto, o termo do prazo transferir-se-á para o primeiro dia útil seguinte; tratando-se de prazo de natureza judicial é-lhe aplicável também o disposto no artigo 139.º do CPC, ou seja, a possibilidade de o ato ser praticado dentro dos três primeiros dias úteis subsequentes ao termo do prazo, ficando a sua validade dependente do pagamento imediato de uma multa. Pelo que, teria de ser levada em consideração a data em que ocorreu a notificação do despacho reclamado e a da propositura da oposição, de molde a apurar se seria possível a convolação desta por se encontrar dentro do prazo de 10 dias do art. 277.º/1 CPPT.

100) TRIBUTAÇÃO POR RECURSO A MÉTODOS INDIRETOS – EM QUE CONDIÇÕES PODE A ADMINISTRAÇÃO TRIBUTÁRIA LANÇAR MÃO DESTE MECANISMO?

R: De acordo com o disposto no artigo 81.º, n.º 1 da LGT, a matéria tributável é avaliada ou calculada diretamente segundo os critérios de cada tributo, só podendo a Administração Tributária proceder a avaliação indireta nos casos e condições expressamente previstos na lei. Este preceito legal determina a regra da utilização da avaliação direta como meio de determinação da matéria coletável e o consequente carácter subsidiário da avaliação indireta, que apenas será admitida quando se mostre impossibilitado o recurso à avaliação direta. Razão pela qual se verifica uma preferência legal indubitável pelo recurso à utilização de métodos que permitam a avaliação direta, sendo a avaliação indireta a última ratio.

[203] Na jurisprudência, Acórdão do Tribunal Central Administrativo Sul de 19/05/2016, processo n.º 19/05/2016, disponível em www.dgsi.pt.

Uma vez que a avaliação direta da matéria tributável constitui o regime regra do qual a avaliação indireta é exceção, impende sobre a Administração Tributária o ónus de demonstrar não apenas que a contabilidade do contribuinte não merece credibilidade, por existência de irregularidades, inexatidões ou falsidade, mas também que não seja possível apurar a matéria tributável, por métodos diretos, com base na contabilidade ou em elementos concretos fornecidos pelo contribuinte ou ao dispor da Administração Tributária.

101) QUAL A DIFERENÇA ENTRE AS CONTRIBUIÇÕES E AS TAXAS ?

R: A distinção entre as contribuições e as taxas assenta essencialmente na circunstância de aquelas não se dirigirem à compensação de prestações efetivamente provocadas ou aproveitadas pelo sujeito passivo, mas, à compensação de prestações que apenas presumivelmente são provocadas ou aproveitadas pelo sujeito passivo, correspondendo a uma relação de bilateralidade genérica .

JUÍZO DE EXECUÇÃO FISCAL/RECURSOS CONTRA ORDENACIONAIS

EXECUÇÃO FISCAL

1) QUAL O MEIO DE REAÇÃO ADEQUADO PARA O REVERTIDO PARA REAGIR CONTRA A INSTAURAÇÃO DE REVERSÃO FISCAL?

R: O meio de reação adequado é o previsto no art. 204.º CPPT , sob a epígrafe "*Fundamentos da oposição à execução*", isto é, através de oposição à execução.

Esta tem sido a posição adotada reiteradamente pelo STA, encontrando-se pacificado na jurisprudência que a impugnação do art. 99.º do CPPT não é o meio adequado. Todavia, caso a forma do processo seja errada, em obediência ao disposto no art. 97.º/3 LGT, impende sobre o Tribunal o dever de convolação na forma de processo adequada, desde que se encontre dentro do prazo de 30 dias do art. 203.º. É pacífico na jurisprudência que este prazo para deduzir oposição previsto no n.º 1 do art. 203.º do CPPT é um prazo para a prática de um ato no processo de execução fiscal, que tem natureza judicial (art. 103.º da LGT), motivo por que se lhe aplicam as regras de contagem previstas no CPC, como determina o art. 20.º, n.º 2, do CPPT[204].

[204] Na jurisprudência, Acórdão do Supremo Tribunal Administrativo de 19/04/2017, processo n.º 0214/17, disponível em www.dgsi.pt.

2) A PRESCRIÇÃO APENAS É PASSÍVEL DE SER CONHECIDA EM SEDE DE OPOSIÇÃO À EXECUÇÃO? QUAL É O MEIO PROCESSUAL ADEQUADO?

R: Depende, a questão não é líquida. Só pode conhecer-se da prescrição da obrigação tributária, em impugnação judicial, incidentalmente, como eventual causa de inutilidade superveniente da lide, se o processo disponibilizar, sem necessidade de averiguação, todos os elementos factuais necessários[205]. No entanto, cumpre sublinhar que a prescrição da obrigação tributária não é de conhecimento oficioso no processo de impugnação judicial do ato de liquidação, por não consubstanciar vício invalidante desse ato, cuja verificação possa conduzir à procedência da respetiva impugnação.

Não obstante, o juiz pode tomar conhecimento da prescrição, na impugnação judicial da liquidação, para retirar dela, não a procedência da impugnação e a anulação da liquidação, mas a declaração de extinção da instância, por inutilidade superveniente da lide.

3) CASO: MARIA É GERENTE DE DIREITO DA EMPRESA XPTO, LDA DESDE MARÇO DE 2014. NA SEQUÊNCIA DE UM PROCEDIMENTO DE INSPEÇÃO TRIBUTÁRIA, RELATIVO AO EXERCÍCIO DE 2013, A ADMINISTRAÇÃO TRIBUTÁRIA PROCEDEU A UMA CORREÇÃO DA MATÉRIA TRIBUTÁVEL POR MÉTODOS INDIRETOS, DA QUAL RESULTOU UMA LIQUIDAÇÃO ADICIONAL, A TÍTULO DE IRC, NO MONTANTE DE 30.000,00 EUROS. DECORRIDO O PRAZO LEGAL, A XPTO, LDA. NÃO EFETUOU O PAGAMENTO DA DÍVIDA TRIBUTÁRIA. ACRESCE QUE ESTA EMPRESA TAMBÉM NUNCA EFETUOU QUALQUER RETENÇÃO AOS SEUS TRABALHADORES, NÃO TENDO, POR ISSO, ENTREGUE NOS COFRES DA FAZENDA PÚBLICA QUALQUER MONTANTE A ESSE TÍTULO. REVERTIDA A DÍVIDA CONTRA MARIA (GERENTE DE DIREITO), A MESMA ENTENDE QUE A AT NÃO PROVOU A SUA GERÊNCIA DE FACTO E PRETENDE AINDA IMPUGNAR A LIQUIDAÇÃO ADICIONAL POR ENTENDER TER HAVIDO UM ERRO NA QUANTIFICAÇÃO DA MATÉRIA COLETÁVEL.

1. De que meio(s) é que Maria se pode socorrer para reagir com base naqueles dois fundamentos?

R: A correção da matéria tributável versa sobre valores do ano de 2013, assim o sendo, Maria não era gerente nesse período temporal, pois apenas iniciou funções em 2014. Porém o prazo de pagamento terminou durante o exercício seu cargo, ou seja, o ónus da prova em como não exerceu a gerência de facto impendia sobre Maria (cf. art.º 24/1, al. b) LGT).

[205] Na jurisprudência, Acórdão do Supremo Tribunal Administrativo de 04/07/2018, processo n.º 01433/17, disponível em www.dgsi.pt.

Isto é, era sobre Maria que recaía o ónus da prova de que não lhe é imputável a falta de pagamento, uma vez que, por beneficiar de uma presunção de culpa ao abrigo da alínea b), do n.º 1, do artigo 24.º da LGT, a Administração não tem de provar a culpa do revertido. Assim o sendo, impende sobre os revertidos a demonstração em como sobre o seu exercício de gerência não pode ser realizado um juízo de censura quanto ao modo como a efetuaram. Isto posto, a AT não tem de provar a culpa do revertido, pois sobre eles impende uma presunção legal de culpa. De sublinhar que, ainda que a AT não tenha de provar a culpa do revertido, existem 3 pontos que esta deverá levar em consideração em momento prévio à reversão:

(i) Fundada insuficiência de bens penhorados do devedor principal – art. 23.º/2 LGT;
(ii) Exercício de facto de funções de gerência – art. 24.º/1 LGT;
(iii) Que o prazo legal para o pagamento da dívida tenha terminado no período do exercício do cargo do revertido – art. 24.º/1, al. b), LGT.

Em seguida e no que concerne aos meios de reação:

Tratando-se de uma reversão fiscal, existe debate minoritário na doutrina sobre se o modo de reação contra o despacho de reversão ser a reclamação do art. 276.º CPPT por contraposição à oposição à execução do art. 204.º CPPT[206].

A maioria da jurisprudência[207] parece inclinar-se para o meio adequado ser o da oposição à execução (art. 204.º CPPT).

Todavia, o âmago da questão versa sobre a aplicação de métodos indiretos, uma vez que, Maria tenciona impugnar a revisão da matéria coletável. Ora nos casos de impugnação da matéria coletável fixada por métodos indiretos, o legislador criou um ónus de impugnação prévia administrativa conforme dispõe o art. 86.º/5 da LGT – é necessário proceder primeiro ao pedido de revisão da matéria coletável, nos termos do art. 91.º LGT.

O responsável subsidiário pode formular pedido de revisão da matéria coletável apurada através de métodos indiretos na sequência da sua atuação no processo executivo data a partir da qual se inicia a contagem de 30 dias. Mais se acrescenta que este prazo reveste natureza substantiva, sendo contado nos termos e moldes do art. 279.º CC, ou seja, não se suspende aos sábados, domingos ou feriados.

[206] Na doutrina, Freitas da Rocha, J., "Lições de Processo e Procedimento Tributário", Almedina, 8.º edição, 2022, pág. 365.

[207] Em sentido contrário e minoritário, Acórdão do Tribunal Central Administrativo Sul, processo n.º 151/22.0BELRS, disponível em www.dgsi.pt.

2. Quem pode ser, e em que termos, ser considerado responsável pelo pagamento das importâncias que não foram retidas pela entidade patronal aos trabalhadores e não entregues nos cofres da fazenda pública?

R: Identificação da figura: Estamos perante uma situação de responsabilidade em casos de substituição tributária.

Não tendo a entidade responsável (substituta) retido as importâncias devidas, será aplicável o art. 28.º/2 LGT – deste modo, caberá ao substituído a responsabilidade originária pelo imposto não retido e ao substituto a responsabilidade subsidiária – ficando ainda sujeito ao pagamento de juros compensatórios, conforme dispõe o art. 35.º LGT.

3. Imagine agora que Maria foi condenada ao pagamento da dívida tributária, mas acaba por falecer sem efetuar esse pagamento. Poder-se-á responsabilizar os seus herdeiros pelo pagamento da dívida?

R: A regra geral é que a obrigação fiscal é indisponível, conforme decorre do art.º 29 da LGT. Todavia, no n.º 2 do art. 29.º é consagrada uma exceção a esta regra determinando-se que as obrigações tributárias originárias e subsidiárias se transmitem mesmo que ainda não tenham sido liquidadas (pagas) em caso de sucessão universal por morte.

4) NO REGIME REGRA DA RESPONSABILIDADE TRIBUTÁRIA, PODERÁ O CREDOR TRIBUTÁRIO EXIGIR O PAGAMENTO VOLUNTÁRIO DA DÍVIDA TANTO AO DEVEDOR ORIGINÁRIO COMO DOS RESPONSÁVEIS SUBSIDIÁRIOS?

R: Em conformidade com a previsão do art. 22.º LGT, a responsabilidade pode ter um cariz solidário e subsidiário, todavia este não é o regime regra da responsabilidade tributária. Assim sendo, em princípio, a dívida apenas poderá ser exigida aos sujeitos passivos originários – conforme dispõe explicitamente o art.º 22.º/4 LGT: a responsabilidade tributária por dividas de outrem é, salvo determinação em contrário, apenas subsidiária.

Todavia, não se ignora que poderão existir casos em que o credor tributário poderá exigir o pagamento da dívida aos responsáveis que não os originais, nestas situações, o caso mais representativo é o da reversão fiscal (cf. arts. 23.º e 24.º da LGT).

5) CASO: SUPONHA QUE FOI INSTAURADO UM PROCESSO DE EXECUÇÃO FISCAL CONTRA A SOCIEDADE COMERCIAL POR QUOTAS "XPTO. LDA", POR FALTA DE PAGAMENTO DO IRC DO EXERCÍCIO ECONÓMICO DO ANO DE 2013. A SOCIEDADE NÃO POSSUI BENS SUFICIENTES PARA O PAGAMENTO DA DÍVIDA.

SUPONHA AGORA QUE APESAR DE MIGUEL ESTAR REGISTADO NA CONSERVATÓRIA DO REGISTO CIVIL COMO GERENTE DE DIREITO DA SOCIEDADE, É JOANA, SUA IRMÃ, QUEM EXERCE, DE FACTO, A GERÊNCIA DAQUELA. QUEM, SEGUNDO A PREVISÃO DA LGT, SERÁ CHAMADO A RESPONDER PELA DIVIDAS TRIBUTÁRIAS DA SOCIEDADE?

R: A questão versa sobre a responsabilidade tributária subsidiária prevista no art. 24.º LGT, ou seja, a responsabilidade que impende sobre gerentes ou administradores na pendência de processo de reversão tributária, conforme resulta previsto do art. 159.º CPPT.

No caso em apreço estão preenchidos os pressupostos do art. 24.º/1, alínea b) LGT – ou seja o ónus da prova recaía sobre Joana, isto é, era a esta que incumbia provar que a empresa não tinha capacidade de efetuar os pagamentos em falta e ainda que a insuficiência patrimonial não se deveu a culpa sua.

A AT goza de uma presunção de culpa sobre o revertido, todavia deverá provar outros elementos:

(i) a fundada insuficiência de bens penhoráveis do devedor principal – art. 23.º/2 LGT;
(ii) o exercício de facto de funções de gerência – art. 24.º/1 LGT;
(iii) que o prazo legal para o pagamento da divida tenha terminado no período do exercício do revertido – art. 24.º/1, al. b) LGT.

Razão pela qual, Joana seria revertida, tornando-se responsável pelas dívidas tributárias da empresa devedora originária, na eventualidade de não ilidir o ónus da prova que sobre si impendia.

6) COMO SE PODERÁ DEFENDER JOANA: QUAL O MEIO ADEQUADO E RESPETIVO PRAZO E MODO DE CONTAGEM?

R: Para se defender da reversão, Joana deveria lançar mão do mecanismo de oposição à execução previsto no art. 204.º CPPT, dispondo para tal de um prazo de 30 dias, contados a partir da citação, sendo este prazo de natureza processual e como tal contado nos moldes do art. 157.º CPC. Importa referir que é jurisprudência consolidada do STA que o meio de reação adequado contra o despacho de reversão é a oposição à execução e não a reclamação ao órgão de execução fiscal[208].

[208] Na jurisprudência, por todos, Acórdão do Supremo Tribunal Administrativo de 13/09/2017, processo n.º 0161/17, disponível em www.dgsi.pt.

7) CASO: SUPONHA QUE JOANA ERA CASADA, MAS QUE O SEU MARIDO NADA TEM QUE VER COM A EMPRESA DA QUAL JOANA É GERENTE. NO PROCESSO DE REVERSÃO DA EXECUÇÃO FISCAL, É PENHORADA A TOTALIDADE DE UMA CONTA BANCÁRIA COMUM A JOANA E AO SEU MARIDO. DE QUE MEIO JUDICIAL DEVE LANÇAR MÃO O MARIDO DE JOANA PARA DEFENDER OS SEUS DIREITOS?

R: O marido de joana deverá lançar mão do incidente de embargos de terceiro, para defesa dos seus direitos relativamente a um bem comum penhorado, tendo em conta que a penhora não pode incidir sobre esse bem mas apenas sobre o direito que o executado detém no património comum –(cf. art. 237.º CPPT)[209].

8) E SE O MARIDO DE JOANA TIVER LANÇADO MÃO DE OPOSIÇÃO À EXECUÇÃO?

R: Neste caso, haverá um erro na forma do processo – assim sendo, o juiz tem o poder dever de nos termos do art. 97.º/3 CPPT ordenar a correção/convolação do processo. Contudo, note-se que a convolação apenas é possível, na eventualidade do meio processual correto ser tempestivo, ou seja, quando na data em que foi apresentada a petição de oposição fosse ainda tempestivo o início do processo que corretamente corresponde aos fundamentos invocados (embargos de terceiro).

**9) CASO: CONTRA A., GERENTE DA EMPRESA DE RESTAURAÇÃO "TUDOAOMOLHO, LDA.", FOI REVERTIDA DÍVIDA DA EXECUTADA ORIGINÁRIA "TUDOAOMOLHO, LDA." (ART.º 24/2/ALÍNEA B) LGT), POR FALTA DE PAGAMENTO DE IVA NO ANO DE 2021. A., SUSTENTA QUE ERA APENAS GERENTE DE DIREITO, TENDO ACEITADO O CARGO APENAS PARA SATISFAZER O SONHO DO SEU FILHO B., GERENTE DE FACTO DA EMPRESA, QUE SEMPRE QUIS ABRIR UM RESTAURANTE.
SOBRE QUEM RECAI O ONÚS DA PROVA DO EXERCÍCIO DA GERÊNCIA DE FACTO? EXISTE ALGUMA PRESUNÇÃO DE GERÊNCIA?**

R: Da conjugação do art.º 23/2 e 24.º/1/alínea b) do CPPT, resulta que a responsabilidade é atribuída em virtude da função efetiva do cargo de administração/gerência e reportada ao período em que é exercida, posto que a responsabilização, a título subsidiário, dos administradores e gerentes não se basta com mera nomeação jurídica, impondo antes um exercício efetivo, e de facto, do cargo social, no período a que se reporta o pressuposto da responsabilização.

Na verdade, constitui jurisprudência constante dos nossos Tribunais Superiores que para integrar o conceito de tal administração de facto ou efetiva à

[209] Para mais desenvolvimentos, veja-se, na jurisprudência, Acórdão do Supremo Tribunal Administrativo de 18/11/2020, processo n.º 0185/16.4BESNT, disponível em www.dgsi.pt.

Administração Tributária cabe provar, para além dessa gerência/administração de direito assente na nomeação para o cargo, de que o mesmo gerente/administrador tenha praticado, em nome e por conta da pessoa colectivas, concretos atos dos que normalmente por eles são praticados, vinculando-a com essa sua intervenção[210]. Dito de outro modo, ainda que se mostre provada a gerência/ administração de direito, continua a caber à Administração Tributária provar que à designação correspondeu um efetivo exercício da função, posto que a lei não se basta com a mera designação, desacompanhada de qualquer verificação do concreto exercício dos poderes de administração.

Vale isto para dizer que a gerência/administração de facto não se presume, sem mais, da gerência/administração de direito, embora o exercício dos poderes de facto, se possa inferir do global conjunto da prova que venha a ser recolhida, mediante o recurso às regras da experiência, recaindo sobre a Administração Tributária o ónus de demonstrar que o gerente/administrador de direito, contra quem pretende reverter a execução fiscal, exerceu, de facto, tais funções.

No caso apresentado, a reversão foi efetuada por aplicação da al. b), do n.º 1 do art.º 24 da LGT, ou seja, por a Administração Tributária ter apurado que se está aqui perante dívidas tributárias, cujo prazo legal de pagamento terminou numa fase em que o A., era alegadamente gerente de facto da devedora originária.

Pelo que, face ao exposto, no caso do direito à reversão de dívidas tributárias, incumbe à Fazenda Pública provar a gerência de facto, por referência a atos concretamente praticados pelos potenciais revertidos, suscetíveis de demonstrar a efetividade do exercício de funções, entendendo-se como tal a prática de atos com caráter de continuidade, efetividade, durabilidade, regularidade, com poder de decisão e com independência das funções exercidas.

10) SUPONHA QUE A FAZENDA PÚBLICA ALEGA QUE A., EXERCEU A GERÊNCIA DE FACTO POIS, A DECLARAÇÃO MODELO 22 (IRC) ERA ASSINADA POR SI. SERIA ESTE UM INDÍCIO BASTANTE PARA A PROVA DO EXERCÍCIO DA GERÊNCIA?

R: Não se afigura como um indício bastante. Tal não poderá configurar prova do exercício da gerência de facto pelo oponente, pois, tal realidade fáctica não permite, *per si*, inferir a gerência de facto, desde logo, por se traduzir num ato isolado. Neste sentido em particular, citamos, por concordarmos na íntegra com tal posição jurisprudencial, o seguinte excerto *"[d]e um acto isolado praticado*

[210] Na jurisprudência, Acórdão do Pleno da Secção de Contencioso Tributário do Supremo Tribunal Administrativo de 28/02/2007, processo n.º 1132/06, disponível para consulta em www.dgsi.pt.

pelo Oponente, em que, aparentemente, terá agido em representação da executada originária num momento concreto [...] não é viável, à luz das regras de experiência comum, extrair a conclusão de que o mesmo exerceu, de facto, a gerência da dita sociedade..."[211]. Logo, da assinatura de atos pontuais pelo oponente, não é viável, à luz das regras de experiência comum, extrair a conclusão de que o mesmo exerceu, de facto, a gerência da dita sociedade.

11) E NA EVENTUALIDADE DA FAZENDA PÚBLICA ALEGAR QUE A., AUFERIA RENDIMENTOS PROVENIENTES DA DEVEDORA ORIGINÁRIA E ENQUADRÁVEIS NA CATEGORIA A DE IRS?

R: A circunstância do oponente ter recebido rendimentos da Categoria A, não o compromete com a gerência de facto, pois, esta factualidade por si só, isoladamente, nada significa para o cumprimento do ónus probatório que impendia sobre a Fazenda Pública[212].

12) CASO: SUPONHA QUE A. E B. DISSOLVERAM O SEU CASAMENTO POR SENTENÇA TRANSITADA EM JULGADO NO ANO DE 2004, NÃO TENDO CHEGADO A REALIZAR A MEAÇÃO DOS BENS COMUNS DO CASAL.
EM 2020, B., NÃO PAGOU O VALOR DO IMI DOS SEUS IMÓVEIS ADQUIRIDOS NA CONSTÂNCIA DO MATRIMÓNIO CONTRAÍDO EM REGIME DE COMUNHÃO DE ADQUIRIDOS, TENDO SIDO A. (SUA EX-CÔNJUGE) NOTIFICADA DA LIQUIDAÇÃO E CITADA PARA PROCEDER AO PAGAMENTO EM SEDE DE EXECUÇÃO FISCAL.
A., APRESENTOU OPOSIÇÃO À EXECUÇÃO, SUSTENTANDO QUE NÃO SER RESPONSÁVEL PELO PAGAMENTO DA DÍVIDA POR JÁ SE ENCONTAREM DIVORCIADOS HÁ CERCA DE 20 ANOS. TERÁ RAZÃO?

R: Cumpre trazer à colação o art. 21.º/1 da LGT que prevê que quando os pressupostos do facto tributário se verifiquem em relação a mais de uma pessoa, todas são solidariamente responsáveis pelo cumprimento da dívida tributária. De igual modo, o art.º 8/1 do CIMI prevê que o imposto é devido pelo proprietário do prédio em 31 de Dezembro do ano a que o mesmo respeitar, ou seja, o facto tributário é a propriedade do prédio no ano a que respeita o imposto. Pelo que, o cerne da questão é o de determinar a titularidade da propriedade dos imóveis a que se refere a dívida de IMI em execução fiscal.

[211] Na jurisprudência, Acórdão do Tribunal Central Administrativo Norte, de 20/12/2011, proferido no processo 639/04.5BEVIS-AVEIRO, disponível em www.dgsi.pt.
[212] Na jurisprudência, Acórdão do Tribunal Central Administrativo Norte, de 21/06/2019, proferido no processo n.º 01602/13.0BEBGR, disponível em www.dgsi.pt.

As dívidas exequendas correspondem a IMI com origem em prédios que eram propriedade de ambos os cônjuges, uma vez que, foram adquiridos na constância do matrimónio em conformidade com o disposto no artigo 1724.º, alínea b), do CC. Assim o sendo, na aceção do artigo 1694.º, n.º 1, do CC, as dívidas fiscais que oneram bens comuns do casal, tornam-se dívidas comuns.

Assim o sendo, pese embora o casamento celebrado entre a oponente e o seu ex-cônjuge se encontre dissolvido, o património comum subsistirá até à partilha, não passando os bens comuns a pertencer aos cônjuges em compropriedade.

Razão pela qual, apenas se poderá concluir que a titularidade da propriedade do imóvel, à luz do n.º 1 do artigo 8.º do CIMI, a 31 de dezembro de 2010, pertencia, em conjunto, à oponente e ao seu ex-cônjuge, em virtude de não ter existido uma partilha de bens ou tornes pois, tal dívida versa sobre património comum indiviso dos ex-cônjuges.

Pelo que, não assiste razão à oponente.

13) E CASO A., NÃO TIVESSE SIDO NOTIFICADA DA LIQUIDAÇÃO SENDO APENAS CITADA PARA O PROCESSO DE EXECUÇÃO FISCAL?

R: O direito à notificação constitui uma garantia não impugnatória dos contribuintes, que se destina não apenas a levar ao seu conhecimento o ato praticado pela Administração Tributária como a permitir-lhes reagir contra ele em caso de discordância[213].

Ora, resulta da jurisprudência consolidada dos tribunais superiores e da interpretação concatenada do disposto nos arts.º 113, 119/1 e 2 e 120/1 do CIMI que quando a liquidação do IMI ocorre no prazo normal, definido no n.º 2 do art.º 113.º e dando lugar ao pagamento do imposto nos prazos fixados no n.º 1 do art.º 120.º, a lei apenas impõe que seja enviado ao sujeito passivo o documento de cobrança a que se refere o art.º 119.º, n.º 1.

Contudo, quando a liquidação ocorre fora do referido prazo normal, a lei impõe a sua notificação ao sujeito passivo, como decorre do que dispõe o n.º 2 do art.º 120 do CIMI. Assim, a violação do n.º 2, do art.º 120 do CIMI, em virtude da falta de notificação da liquidação de IMI à agora oponente e respeitante à divida da "meação" do seu ex-cônjuge, tem a virtualidade de tornar inexigível a dívida que se encontra em cobrança coerciva em PEF autuado contra esta.

[213] Na jurisprudência, Acórdão do Supremo Tribunal Administrativo de 30/05/2018, processo n.º 0830/17, disponível em www.dgsi.pt.

14) CASO: SUPONHA QUE CONTRA A., FOI INSTAURADO PROCESSO DE EXECUÇÃO FISCAL PARA COBRANÇA COERCIVA DE PROPINAS DO INSTITUTO POLITÉCNICO DE CASTELO BRANCO. A., NÃO SE CONFORMA E INTENTA OPOSIÇÃO À EXECUÇÃO, NA QUAL SUSTENTA QUE NÃO FOI NOTIFICADA DA LIQUIDAÇÃO DA PROPINA, PELO QUE, NÃO A DÍVIDA NÃO SÓ É INEXIGÍVEL COMO SE ENCONTRA CADUCA. TERÁ RAZÃO?

R: O âmago da questão se reconduz à (des)necessidade da notificação da liquidação que viria a dar origem à instauração do PEF e, consequentemente, a sua relevância jurídica na aplicabilidade do regime da caducidade do direito à liquidação. Assim, importa não perder de vista que A caducidade do direito à liquidação de tributos, encontra-se intrinsecamente relacionada com o regime geral da notificação das liquidações aos contribuintes (cf. arts. 35.º a 43.º do CPPT).

Assim o sendo, realizando uma interpretação a *contrario sensu* (em sentido contrário), conclui-se que o instituto da caducidade do direito à liquidação previsto nos artigos 45.º e seguintes da LGT pressupõe que exista um dever (legal ou, pelo menos, regulamentar) de liquidação (oficiosa) do tributo e da sua notificação ao destinatário do respetivo ato[214].

Pelo que, pressupondo o regime da caducidade um exercício válido do direito, o legislador pressupôs a existência de um dever (legal ou regulamentar) da emissão de liquidação. Com base neste pressuposto, tem entendido a jurisprudência do Supremo Tribunal Administrativo que, nas situações em que o ato respetivo tenha um "carácter de autoliquidação", não é aplicável regime previsto no artigo 45.º da LGT[215].

Sucede que o legislador, não só não estabeleceu regras específicas para a liquidação da "taxa de frequência", também designada de "propina", como também nem sequer estabeleceu o dever de liquidação. Assim o sendo, o dever do sujeito ativo da obrigação tributária de proceder a um ato formal de liquidação depende da respetiva previsão legal na legislação própria atinente a cada tributo. O dever de liquidar a propina, configura o que a doutrina e jurisprudência têm vindo a qualificar de "liquidações destituídas de exigências de forma"[216].

Em suma, o pagamento destes tributos resultam de "autoliquidações" e, por isso, não decorre da lei ou de regulamento a previsão de um dever de realizar a

[214] Na jurisprudência, Acórdão do Supremo Tribunal Administrativo de 28/04/2021, processo n.º 0866/14.7BELRA, disponível em www.dgsi.pt.

[215] Na jurisprudência, Acórdão do Supremo Tribunal Administrativo de 26/02/2014, processo n.º 1481/13, disponível em www.dgsi.pt.

[216] cf. Oliveira Garcia, N., "Contencioso das Taxas – Liquidação, Audição e Fundamentação", Almedina, 2011, pág. 58.

notificação resultante da liquidação. Tal pagamento configura uma obrigação que impende unicamente sobre a oponente, não estando, em nenhum momento, a sua validade e eficácia na dependência da sua notificação à aqui oponente.

Razão pela qual, concluir-se-á que a situação jurídica em causa não é subsumível ao regime da caducidade do direito à liquidação previsto no art.º 45 da LGT.

15) A SUSPENSÃO DO PRAZO DE PRESCRIÇÃO DA DÍVIDA POR INSTAURAÇÃO DE PROCESSO DE INSOLVÊNCIA É APLICÁVEL AO RESPONSÁVEL SUBSIDIÁRIO REVERTIDO?

R: Não é aplicável ao responsável subsidiário. Importa levar em consideração o Acórdão do Tribunal Constitucional n.º 557/2018 de 14/11/2008, no qual se decidiu que a norma constante do artigo 100.º, do C.I.R.E., aprovado pelo Decreto de Lei n.º 53/2004, de 18/03, não suspende o prazo prescricional das dívidas tributárias imputáveis ao responsável subsidiário no âmbito do processo de execução fiscal, uma vez que a mesma foi declarada inconstitucional, com força obrigatória geral.

16) NUMA REVERSÃO CONTRA O RESPONSÁVEL SUBSIDIÁRIO REALIZADA AO ABRIGO DA ALÍNEA B), DO N.º 1, DO ART. 24.º DA LGT, SOBRE QUEM IMPENDE O ONÚS PROBATÓRIO DA DEMONSTRAÇÃO DA CULPA?

R: Nos termos da alínea b) do n.º 1 do art.º 24 da LGT, terminado o prazo legal de pagamento no exercício a seu cargo, a lei presume a culpa dos administradores, diretores e gerentes das sociedades executada, cabendo-lhes, conforme acima explanado, ilidir tal presunção, tendo ao seu dispor todos os meios de prova admissíveis em direito.

17) ATRAVÉS DE QUE MEIO DEVERÁ SER ARGUIDA A NULIDADE DA CITAÇÃO EM PROCESSO DE EXECUÇÃO FISCAL?

R: Deverá ser arguida mediante requerimento ao órgão de execução fiscal e apenas na eventualidade deste não a reconhecer poderá ser interposta reclamação de atos do órgão de execução fiscal (cf. art.º 277 do CPPT)[217].

18) O ATO QUE RESULTA DA APRECIAÇÃO DO PEDIDO DE DECLARAÇÃO DA NULIDADE DA CITAÇÃO REVESTE A NATUREZA DE ATO ADMINISTRATIVO EM MATÉRIA TRIBUTÁRIA?

R: Ao decidir da invocada nulidade da citação o OEF não está a praticar um ato decisório que exprima uma vontade própria no âmbito do exercício da

[217] Na jurisprudência, Acórdão do Supremo Tribunal Administrativo de 14/03/2018, processo n.º 0186/18, disponível em www.dgsi.pt.

função tributária, um ato emanado no exercício de poderes jurídico-administrativos, com o objetivo de produzir efeitos jurídicos externos numa situação individual e concreta; e, muito menos, na prática desse ato lhe cabe qualquer poder de avaliação.

Pelo contrário, afigura-se-nos que está apenas a assegurar a normal tramitação da execução fiscal, em que a citação surge como uma fase imprescindível ao pagamento coercivo da dívida exequenda. Na prática desse ato, que não contende com qualquer composição de interesses, está apenas a praticar um ato legalmente previsto e regulado em ordem à obtenção do fim a que o processo se destina: o pagamento da dívida exequenda[218].

Conclui-se, portanto, que o conhecimento e apreciação de nulidades ocorridas no processo de execução fiscal por violação das regras relativas à citação do executado traduz-se, meramente, na prática de atos processuais que o órgão da execução fiscal está adstrito, ao abrigo da 1.ª parte da alínea f) do n.º 1 do artigo 10.º do CPPT.

19) SUPONHA QUE A., CONSIDERA QUE EXISTIRAM IRREGULARIDADES NUMA VENDA JUDICIAL NA QUAL É PARTE. DE QUE MEIO DEVERÁ LANÇAR MÃO?

R: Deverá lançar mão da reclamação de atos do órgão de execução fiscal (cf. art.º 277 do CPPT).

20) SOBRE QUEM RECAI O ONÚS DA PROVA QUANTO À INEXISTÊNCIA DE BENS EM SEDE DE EXCUSSÃO PRÉVIA?

R: O benefício da excussão prévia resulta do disposto no art.º 23/2 e 239/2 do CPPT. Assim, a conformidade legal do despacho de reversão com qualquer das normas citadas, não passa pela total inexistência de bens penhoráveis do devedor originário, bastando-se com a fundada insuficiência do património do devedor para a satisfação da dívida exequenda e acrescido.

Acrescente-se que no que concerne à inexistência de bens da devedora originária para dar pagamento à quantia exequenda, nem sequer se mostra necessário que esta não possua bens, mas tão só que os mesmos sejam insuficientes para pagamento da quantia exequenda[219].

[218] Na doutrina, Lopes de Sousa, J., "Código de Procedimento e de Processo Tributário Anotado e Comentado", Áreas Editora, 6.ª edição, volume IV, anotação 2 ao artigo 276.º, págs. 267/268. Na jurisprudência, o Acórdão do Supremo Tribunal Administrativo de 02/04/2020, processo n.º 0600/19.5BELLE, disponível em www.dgsi.pt. No entanto, salienta-se que não é um tema pacífico na doutrina e na jurisprudência, existindo posições divergentes e igualmente defensáveis.

[219] Na jurisprudência, Acórdão do Tribunal Central Administrativo Norte, de 19/01/2006, 2.ª Secção – Contencioso Tributário, processo n.º 00032/05.2BEPNF, disponível em www.dgsi.pt.

O ónus da prova impende sobre a Autoridade Tributária que deverá proceder às averiguações necessárias, demonstrando a inexistência de bens da devedora originária face ao montante em dívida.

21) CASO: SUPONHA QUE A., CONSIDERA QUE SE DERAM POR VERIFICADAS IRREGULARIDADES NUMA VENDA JUDICIAL REALIZADA PELA AUTORIDADE TRIBUTÁRIA NA QUAL ERA CONTRAINTERESSADO. DE QUE MEIO DEVERÁ LANÇAR MÃO PARA DEFENDER OS SEUS DIREITOS?

R: Para se defender, A. deverá lançar mão da reclamação para o órgão de execução fiscal (cf. art-.º 277 CPPT).

CONTRAORDENAÇÕES TRIBUTÁRIAS

1) EM AUDIÊNCIA DE PROCESSO CONTRAORDENACIONAL TRIBUTÁRIO AS TESTEMUNHAS SÃO AJURAMENTADAS?
R: As testemunhas não são ajuramentadas (cf. art.º 44 do RGCO)[220].

2) CASO: A GNR DE SANTA COMBA DÃO REALIZOU UMA AÇÃO INSPETIVA NO ESTABELECIMENTO COMERCIAL "BEBEDOCANECO, LDA.". NO DECORRER DA AÇÃO INSPETIVA FORAM ENCONTRADOS GARRAFÕES, EM COZINHA ANEXA, SEM QUAISQUER DIZERES E QUE SE VEIO A APURAR CONTEREM NO SEU INTERIOR AGUARDENTE DE BAGAÇO.
A., ARGUIDO E DONO DO CAFÉ, VEM ALEGAR QUE OS GARRAFÕES ENCONTRADOS SE ENCONTRAVAM NA COZINHA DE SUA CASA QUE É CONTÍGUA AO CAFÉ E QUE ERAM PARA USO PESSOAL E NÃO PARA VENDA AO PÚBLICO. JUNTOU O COMPROVATIVO DE PAGAMENTO DA TAXA DE RESÍDUOS SÓLIDOS QUE CONFIRMA QUE NO MESMO NÚMERO POLICIAL COEXISTE O ESTABLECIMENTO E A HABITAÇÃO DOMÉSTICA.
A GNR E A ALFÂNDEGA, DEVIDAMENTE NOTIFICADAS PARA SE DEFENDEREM SOBRE A ALEGAÇÃO DE OBTENÇÃO DE PROVA ILEGAL, NADA DISSERAM.
QUE PRINCÍPIO DO DIREITO PENAL CABERIA APLICAR AO TRIBUNAL?

R: Subsistindo dúvidas para o Tribunal sobre a obtenção ilegal de prova e consequentemente, não sendo possível concluir, de forma isenta de dúvidas, que se encontrem previstos os pressupostos do artigo 9.º, n.º 1, alínea b) do CIEC e consequentemente, que se dê por verificada a infração tributária do

[220] Sobre esta questão, na jurisprudência, Acórdão do Tribunal da Relação do Porto de 01/10/2008, processo n.º 0843223, disponível em www.dgsi.pt.

artigo 96.º, n.º 1, alínea a) e 109.º, n.º 1 do RGIT, sempre terá que aplicar o princípio *in dubio pro reo* (cf. artigo 32.º, n.º 2 da CRP).

3) É POSSÍVEL SUBSTITUIR A APLICAÇÃO DE COIMA EM VIRTUDE DE CONTRA ORDENAÇÃO TRIBUTÁRIA PELA PENA SUBSTITUTIVA DE ADMOESTAÇÃO?

R: Quanto à possibilidade de aplicação da pena de admoestação, impõe-se referir que são requisitos desta punição, em substituição da coima fixada, nos termos do artigo 51.º, do RGCO, a reduzida gravidade da infração e da culpa do agente.

Os nossos tribunais superiores têm vindo afirmando, num primeiro momento de uma forma implícita, que a pena de admoestação é possível de ser aplicada em situação em que se esteja perante uma contra-ordenação tributária grave. Sendo que tal posição é, agora, já assumida de uma forma explícita, ao afirmar que o facto de uma contra-ordenação ser classificada como grave à luz do critério estabelecido pelo n.º 3 do artigo 23.º do RGIT, apenas tem como efeito o de possibilitar a aplicação de sanções acessórias, mas não implica necessariamente que, nos casos em que não é aplicada sanção acessória, fique arredada a possibilidade de ser sancionada com uma admoestação[221].

4) SUPONHA QUE A., PREENCHE OS REQUISITIOS DE APLICAÇÃO DA DISPENSA DE COIMA AO ABRIGO DA NOVA REDAÇÃO DO ART.º 29/1 DO RGIT, PORÉM A PRÁTICA DO FACTO QUE ORIGINOU A APLICAÇÃO DA CONTRAORDENAÇÃO OCORREU EM 2018. PODERÁ A., BENEFICIAR DA APLICAÇÃO RETROATIVA DO REGIME DA DISPENSA DE COIMA?

R: A questão versa sobre a aplicação do mecanismo da dispensa de aplicação da coima previsto, atualmente, no artigo 29.º do RGIT na redação introduzida pela Lei n.º 7/2021, de 26/02.

Cumpre levar em consideração que, encontrando-se controvertido nos autos matéria de domínio contraordenacional, aplicar-se-á imediata e retroativamente a lei contraordenacional mais favorável à situação do arguido [cf. artigo 2.º, n.º 4 do Código Penal ("CP")].

Pelo que, de molde a determinar qual a lei mais favorável ao recorrente, cumpre confrontar as disposições do RGIT respeitantes à dispensa de aplicação de coima, por um lado, na redação anterior e, por outro, na redação mais recente dada pela Lei n.º 7/2021, de 26/02.

[221] Na jurisprudência, Acórdãos do Supremo Tribunal Administrativo de 10/10/2018 e 24/04/2019, processos n.º 0560/18 e 01154/16.0BESNT, ambos disponíveis em www.dgsi.pt.

Razão pela qual, a resposta é afirmativa: ou seja, A. tem direito à aplicação do regime de dispensa de coima desde que preencha os requisitos do art.º 29/1 ou 2 do RGIT.

5) **E CASO A., NÃO PREENCHA OS REQUISITOS DO ART.º 29/1 DO RGIT? FICARÁ, DE IMEDIATO, AFASTADA A APLICAÇÃO DO MECANISMO DE DISPENSA DE COIMA?**

R: Não. Caso não se tenham por verificados os requisitos do art.º 29/1 do RGIT, haverá que ponderar o preenchimento dos requisitos do art.º 29/2 do mesmo diploma.

6) **O REGIME DE DISPENSA DE APLICAÇÃO DE COIMA[222] DEVE SER REQUERIDO PELO ARGUIDO OU É DE APLICAÇÃO OFICIOSA?**

R: Face à redação adotada pelo legislador e à correspondente interpretação, a utilização da locução *"não pode ser aplicada coima"* remete para a ponderação da aplicação do regime da dispensa de coima ser imposta quer à entidade administrativa quer ao juiz em sede de recurso judicial, como no caso dos presentes autos. Assim, na eventualidade do arguido não a requerer, tal não desonera a entidade administrativa e o tribunal de ponderar a sua verificação.

7) **SUPONHA QUE LHE É CONCLUSO UM PROCESSO DE RECURSO CONTRAORDENACIONAL DO QUAL NÃO CONSTAM NO PROCESSO OS ELEMENTOS PARA A APRECIAÇÃO DO MECANISMO DA DISPENSA DE COIMA. O QUE FARIA?**

R: Seria necessário a elaboração de um despacho para a AT requerendo os elementos necessários de molde a aferir se se encontravam verificados os pressupostos.

8) **CASO: A GNR DE SANTA COMBA DÃO REALIZOU UMA AÇÃO INSPETIVA NO ESTABELECIMENTO COMERCIAL EXPLORADO POR B., "MAISUMARODADA, LDA.", TENDO APREENDIDO GARRAFAS DE 1.5L, SEM APOSIÇÃO DA ESTAMPILHA ESPECIAL E COM OS DIZERES "ÁGUA DE LUSO", E QUE SE VEIO A APURAR CONTEREM NO SEU INTERIOR AGUARDENTE DE BAGAÇO.**

B., SUSTENTA QUE A AGUARDENTE ERA USADA APENAS PARA "ASSAR CHOURIÇOS" OU OFERECER "CAFÉ COM CHEIRINHO" AOS SEUS MELHORES CLIENTES, NÃO SENDO EM NENHUM MOMENTO COMERCIALIZADA E, COMO TAL, NÃO HAVENDO LUGAR À APLICAÇÃO DA CONTRAORDENAÇÃO. *QUID IURIS*?

R: No caso vertente não se encontra controvertido que as garrafas se encontravam no interior do estabelecimento comercial de B., defendendo-se, sim, em como o conteúdo das garrafas não seria comercializado.

[222] Lei n.º 7/2021, de 26/02.

Aqui chegados, importa sublinhar que o facto de o recorrente ter alegado que o conteúdo daquele garrafão não era para ser comercializado, mas sim destinado a "ofertas" aos clientes em virtude de fornecerem "café com cheirinho" e "assarem chouriços", mesmo que fosse dado como provado, não seria bastante para eximir o ora recorrente da responsabilidade contraordenacional que lhe é imputada, uma vez que, não há qualquer dúvida que a garrafa e o garrafão em questão foram encontrados em parte dependente do estabelecimento comercial por si explorado.

Como tal, encontra-se preenchida a previsão normativa do artigo 9.º, n.º 1, alínea b), do CIEC, que estatui que se considera introdução no consumo de produtos sujeitos a imposto a detenção fora do regime de suspensão do imposto desses produtos sem que tenha sido cobrado o imposto devido, uma vez que, a prática da infração imputada basta-se com a detenção da garrafa de aguardente, sem que tenha sido cobrado o imposto devido. Mais se aduz que, o sujeito passivo para estes fins, é a pessoa que detenha os produtos sujeitos a imposto ou qualquer outra pessoa envolvida na sua detenção, em caso de detenção irregular, ou seja, no caso dos autos, o recorrente (cf. artigo 4.º, n.º 2, do CIEC).

Assim o sendo, naturalmente, o proprietário/comerciante é o responsável por todo o recheio que compõe o seu estabelecimento, tanto bastando para que se dê como verificada a infração que lhe vem imputada [cf. artigos 4.º, n.º 2 e 9.º, n.º 1, alínea b) e 86.º do CIEC e n.ºs 1 e 4 do art.º 26.º por força da alínea d) do n.º 1 do art.º 96, ambos do RGIT].

Pelo que, a sua argumentação estaria destinada ao insucesso.

9) O QUE ENTENDE POR NULIDADES INSUPRÍVEIS NA DECISÃO DE APLICAÇÃO DE COIMA?

R: Quando invocadas, o conhecimento das nulidades insupríveis precede o de quaisquer outras questões invocadas [cf. artigo 63.º, n.º 1, alínea d) e artigo 79.º, n.º 1, ambos do RGIT].

As nulidades indicadas no n.º 1 do artigo 63.º do RGIT constituem nulidades insupríveis, acarretando a anulação dos termos subsequentes do processo, o seu conhecimento precede o de qualquer outra questão invocada. E no que especificamente se refere à falta dos requisitos legais da decisão de aplicação das coimas, importa ainda ter presente o disposto no artigo 79.º do RGIT que prevê os requisitos da decisão que aplica a coima[223].

[223] Para mais desenvolvimentos, Lopes de Sousa, J., e Simas Santos, M., em "Regime Geral das Infrações Tributárias Anotado", 4.ª Edição, Áreas Editora, Lisboa, 2011, pág. 517.

10) SUPONHA QUE A., ALEGA QUE A DECISÃO DE APLICAÇÃO DE COIMA ESTÁ FERIDA DE NULIDADE INSUPRÍVEL POIS, NÃO IDENTIFICA SE A INFRAÇÃO FOI COMETIDA A TÍTULO NEGLIGENTE OU DOLOSO, APENAS REFERINDO QUE "*O ARGUIDO NÃO ATUOU COM DIMINUTO GRAU DE CULPA*".
***QUID IURIS*?**

R: As infrações contraordenacionais tributárias, salvo disposição expressa da lei em contrário, são sempre puníveis a título de negligência (cf. art.º 24, n.º 1, do RGIT), sendo que, para serem puníveis a título de dolo será exigível que a autoridade administrativa demonstre a vontade do agente em praticar o ilícito contraordenacional imputado.

Ora, atendendo a que as infrações tributárias são sempre puníveis a título de negligência, bastará demonstrar, para poder ser punida a este título (de culpa), que o arguido tinha praticado um facto típico e ilícito declarado punível por lei tributária anterior.

Na senda do já decidido pelo Supremo Tribunal Administrativo[224], considera este Tribunal que, a referência feita na decisão administrativa de aplicação de coima em como *"o arguido não atuou com diminuto grau de culpa"* deverá ter-se como bastante para que se considere respeitada a referência ao elemento subjetivo da infração, não existindo violação do art.º 79, n.º 1, alínea c) do RGIT.

11) A., NOTIFICADO DA DECISÃO DE APLICAÇÃO DE COIMA POR FALTA DE PAGAMENTO DAS "SCUTS", VEM REAGIR JUNTO DO TRIBUNAL, CONSIDERANDO QUE A DECISÃO ENFERMA DE NULIDADE INSUPRÍVEL POR "AUSÊNCIA DE DESCRIÇÃO SUMÁRIA DOS FACTOS". DA DECISÃO DE APLICAÇÃO DE COIMA CONSTA O SEGUINTE[225]:

[224] Na jurisprudência, Acórdão de 10/04/2019, processo n.º 0260/17, disponível em www.dgsi.pt.

[225] Por razões de proteção de dados pessoas e privacidade o nome do arguido e matrícula do veículo foram ocultados. Todavia, para efeitos académicos suponha que a identificação/matrícula dos veículos se encontra devidamente explicitada. Excerto retirado do Acórdão do Supremo Tribunal Administrativo de 14/10/2020, processo n.º 0645/17.0BELLE, disponível em www.dgsi.pt.

Descrição Sumária dos Factos

Ao(À) arguido(a) foi levantado Auto de Notícia pelos seguintes factos: 1. Imposto/Tributo: Taxa de portagem; 2. Data/hora da infração: 2013-11-23 12:46:45; 3. Local da infração: A5; 4. Entrada: - Saída: Oeiras II; 5. Identificação da viatura: .... / .... (J10) / ..../ 2; 6. Montante da taxa de portagem: 0,65; 1. Imposto/Tributo: Taxa de portagem; 2. Data/hora da infração: 2013-11-23 11:15:34; 3. Local da infração: A1; 4. Entrada: - Saída: Carregado; 5. Identificação da viatura: ..../ .... (J10) / ..../ 4; 6. Montante da taxa de portagem: 50,10; 1. Imposto/Tributo: Taxa de portagem; 2. Data/hora da infração: 2013-11-21 16:00:04; 3. Local da infração: A2; 4. Entrada: - Saída: Paderne PV; 5. Identificação da viatura: .... / .... (J10) / .... / 4; 6. Montante da taxa de portagem: 74,40; 1. Imposto/Tributo: Taxa de portagem; 2. Data/hora da infração: 2013-11-23 13:05:20; 3. Local da infração: A5; 4. Entrada: - Saída: Oeiras I; 5. Identificação da viatura: ..../ .... (J10) / ..../ 2; 6. Montante da taxa de portagem: 0,65; 1. Imposto/Tributo: Taxa de portagem; 2. Data/hora da infração: 2013-11-21 10:43:00; 3. Local da infração: A2; 4. Entrada: - Saída: Pinhal Novo PV; 5. Identificação da viatura: ..../ .... (J10) /................4; 6. Montante da taxa de portagem: 51,20; 1. Imposto/Tributo: Taxa de portagem; 2. Data/hora da infração: 2013-11-20 21:38:08; 3. Local da infração: A2; 4. Entrada: - Saída: Paderne PV; 5. Identificação da viatura: ..../ .... (J10) / ..../ 4; 6. Montante da taxa de portagem: 74,40; 1. Imposto/Tributo: Taxa de portagem; 2. Data/hora da infração: 2013-11-23 10:16:00; 3. Local da infração: A2; 4. Entrada: - Saída: Pinhal Novo PV; 5. Identificação da viatura: ..../ .... (J10) / ..../ 4; 6. Montante da taxa de portagem: 51,20; 1. Imposto/Tributo: Taxa de portagem; 2. Data/hora da infração: 2013-11-30 17:28:16; 3. Local da infração: A2; 4. Entrada: - Saída: Coina PV; 5. Identificação da viatura: ..../ .... (J10) / ..../ 2; 6. Montante da taxa de portagem: 35,40; 1. Imposto/Tributo: Taxa de portagem; 2. Data/hora da infração: 2013-11-22 18:14:14; 3. Local da infração: A2; 4. Entrada: - Saída: Paderne PV; 5. Identificação da viatura: .... / .... (J10) / ..../ 4; 6. Montante da taxa de portagem: 74,40; 1. Imposto/Tributo: Taxa de portagem; 2. Data/hora da infração: 2013-11-23 12:29:25; 3. Local da infração: A1; 4. Entrada: - Saída: Alverca PV; 5. Identificação da viatura: .... / .... (J10) / ..../ 2; 6. Montante da taxa de portagem: 37,50; 1. Imposto/Tributo: Taxa de portagem; 2. Data/hora da infração: 2013-11-22 11:32:49; 3. Local da infração: A1; 4. Entrada: - Saída: Carregado; 5. Identificação da viatura: .... / .... (J10) / ..../ 4; 6. Montante da taxa de portagem: 50,10; 1. Imposto/Tributo: Taxa de portagem; 2. Data/hora da infração: 2013-11-23 15:24:21; 3. Local da infração: A2; 4. Entrada: - Saída: Paderne PV; 5. Identificação da viatura: ..../ .... (J10) / ..../ 2; 6. Montante da taxa de portagem: 52,05; 1. Imposto/Tributo: Taxa de portagem; 2. Data/hora da infração: 2013-11-20 17:42:20; 3. Local da infração: A1; 4. Entrada: - Saída: Carregado; 5. Identificação da viatura: .... / .... (J10) / ..../ 4; 6. Montante da taxa de portagem: 50,10; 1. Imposto/Tributo: Taxa de portagem; 2. Data/hora da infração: 2013-11-21 11:13:13; 3. Local da infração: A1; 4. Entrada: - Saída: Carregado; 5. Identificação da viatura: .... / .... (J10) / ..../ 4; 6. Montante da taxa de portagem: 50,10; 1. Imposto/Tributo: Taxa de portagem; 2. Data/hora da infração: 2013-11-20 16:38:08; 3. Local da infração: A2; 4. Entrada: - Saída: Pinhal Novo PV; 5. Identificação da viatura: .... / .... (J10) / ..../ 4; 6. Montante da taxa de portagem: 51,20; 1. Imposto/Tributo: Taxa de portagem; 2. Data/hora da infração: 2013-11-22 10:48:39; 3. Local da infração: A2; 4. Entrada: - Saída: Pinhal Novo PV; 5. Identificação da viatura: .... / .... (J10) / ..../ 4; 6. Montante da taxa de portagem: 51,20, os quais se dão como provados.

TERÁ RAZÃO?

R: O requisito de *"descrição sumária dos factos"* imposta pelo art.º 79, n.º 1, al. b), do RGIT deve ser interpretado à luz das garantias constitucionais do direito de defesa consagrado no art.º 32/10 da CRP e julgar-se observado sempre que a descrição factual que consta da decisão de aplicação de coima é suficiente para que o arguido compreenda os factos que lhe são imputados e, com base nessa perceção, seja capaz de adequadamente se defender[226]. Tal requisito da decisão administrativa de aplicação de coima deve ser examinado em correlação necessária com o tipo legal no qual se prevê a infração concretamente imputada ao arguido, pelo que os factos que importa descrever sumariamente na decisão se reconduzem aos que integram o tipo-de-ilícito em causa.

Assim sendo, bastando-se a lei com uma descrição sumária dos factos, afigura-se-nos que esta exigência se há-de considerar satisfeita quando, como no caso sub judice, o elemento essencial do tipo – a falta de pagamento da

[226] Na doutrina, Lopes De Sousa, J., E Simas Santos, M., "Regime Geral das Infracções Tributárias Anotado", Áreas Editora, 2010, 4.ª edição, anotação 1 ao art. 79.º, pág. 517.

taxa de portagem pela circulação de veículo automóvel em infra-estruturas rodoviárias, designadamente auto-estradas e pontes – está descrito na decisão administrativa[227].

Pelo que, não se tem por verificada a nulidade insuprível do art.º 79, n.º 1, al. b), do RGIT.

12) SUPONHA QUE A., FOI NOTIFICADO DA DECISÃO DE APLICAÇÃO DE COIMA, PORÉM, APESAR DE CONTER UMA DESCRIÇÃO DOS FACTOS PELO QUAL FOI PUNIDO, TAL DECISÃO É OMISSA QUANTO À NORMA INFRIGIDA. *QUID IURIS*?

R: O requisito da decisão administrativa de aplicação de coima "descrição sumária dos factos" [cfr. art. 79.º, n.º 1, alínea b), primeira parte, do RGIT] tem de ser interpretado em correlação necessária com o tipo legal no qual se prevê e pune a infracção imputada ao arguido, pelos que os factos que importa descrever sumariamente na decisão de aplicação da coima não são senão os factos essenciais que integram o tipo de ilícito em causa.

A apreciação dos termos concisos e sumários em que deve ser efetuada essa descrição sumária dos factos pode ser encarada de forma mais ou menos exigente, até porque estamos perante decisões em que essa descrição é feita em aplicações informáticas com campos formatados, mas esse entendimento tem como limite o direito do arguido a exercer a sua defesa.

Pelo que sendo fundamental que a indicação das normas punitivas permita à arguida tomar conhecimento da conduta que lhe foi reprovada e ao abrigo de que norma lhe foi imputada a contraordenação, de modo a assegurar-lhe a possibilidade do exercício efetivo do seu direito de defesa, em face da matéria de facto apurada nos autos, tem de concluir-se que no caso vertente tal não foi respeitado, o que configura a nulidade prevista na alínea b) do n.º 1 do artigo 79.º do RGIT[228].

[227] Na doutrina, Marques da Silva, G., "Contra-ordenações Tributárias 2016 [Em linha]", Centro de Estudos Judiciários, 2016, pág. 20, disponível em http://www.cej.mj.pt/cej/recursos/ebooks/Administrativo_fiscal/eb_contraordenacoes_t_2016.pdf.

[228] Na jurisprudência, Acórdão do Supremo Tribunal Administrativo de 16/09/2020, processo n.º 03155/16.9BELRS, disponível em www.dgsi.pt.

ÍNDICE